NS-Herrschaft: „Volksgemeinschaft" und Verbrechen

Erarbeitet von
Dr. Wolfgang Jäger

Kurshefte Geschichte

Cornelsen

Kurshefte Geschichte

**NS-Herrschaft:
„Volksgemeinschaft" und Verbrechen**

Das Lehrwerk wurde erarbeitet von
Dr. Wolfgang Jäger, Berlin

Didaktische Beratung:
Joachim Biermann, Bersenbrück
Daniela Brüsse-Haustein, Haren

Redaktion: Britta Köppen unter Mitarbeit
von Stefan Reinhold und Marian Spode-Lebenheim
Grafik und Karten: Dr. Volkhard Binder, Berlin
Bildassistenz: Dagmar Schmidt
Umschlaggestaltung: Cornelsen Verlag Design
Umschlagbild vorne: Felix Nussbaum, Selbstbildnis mit Judenpass,
akg-images/© VG Bild-Kunst, Bonn 2010
Umschlagbild hinten: Fotografie vom Reichsparteitag Nürnberg 1936
© Bettmann/CORBIS
Layout und technische Umsetzung: Uwe Rogal, Berlin

www.cornelsen.de

Die Links zu externen Webseiten Dritter, die in diesem Lehrwerk angegeben sind, wurden vor Drucklegung sorgfältig auf ihre Aktualität geprüft. Der Verlag übernimmt keine Gewähr für die Aktualität und den Inhalt dieser Seiten oder solcher, die mit ihnen verlinkt sind.

1. Auflage, 4. Druck 2023

Alle Drucke dieser Auflage sind inhaltlich unverändert
und können im Unterricht nebeneinander verwendet werden.

© 2012 Cornelsen Verlag, Berlin
© 2021 Cornelsen Verlag GmbH, Berlin

Das Werk und seine Teile sind urheberrechtlich geschützt.
Jede Nutzung in anderen als den gesetzlich zugelassenen Fällen bedarf
der vorherigen schriftlichen Einwilligung des Verlages.
Hinweis zu §§ 60a, 60b UrhG: Weder das Werk noch seine Teile dürfen ohne eine solche Einwilligung an Schulen oder in Unterrichts- und Lehrmedien (§ 60b Abs. 3 UrhG) vervielfältigt, insbesondere kopiert oder eingescannt, verbreitet oder in ein Netzwerk eingestellt oder sonst öffentlich zugänglich gemacht oder wiedergegeben werden.
Dies gilt auch für Intranets von Schulen.

Druck: AZ Druck und Datentechnik GmbH, Kempten

ISBN: 978-3-06-063974-8

Inhalt

Zur Arbeit mit diesem Buch 4

1 Einführung: „Hitler und die Deutschen" 6
   - Vorwissenstest 10

2 **Das Scheitern der Weimarer Republik** 11
   - Methode: Schriftliche Quellen interpretieren 26
   - Kompetenzen überprüfen 34

3 Die Errichtung der NS-Diktatur – eine Revolution? 36
   - Kompetenzen überprüfen 52

4 Der Führerstaat – Organisation und Methoden 54
   - Methode: Karikaturen interpretieren 67
   - Vertiefung: Propaganda und Erlebnisangebote des NS-Staates 70
   - Kompetenzen überprüfen 74

5 Die NS-Wirtschaft – eine Ökonomie der Zerstörung? ... 76
   - Methode: Ein historisches Urteil entwickeln 89
   - Kompetenzen überprüfen 94

6 Die NS-Gesellschaft – eine „Volksgemeinschaft"? 96
   - Vertiefung: Geschlechterrollen 106
   - Kompetenzen überprüfen 112

7 Die Verfolgung der Juden 1933–1939 114
   - Vertiefung: Weitere Opfergruppen: Sinti und Roma ... 127
   - Kompetenzen überprüfen 130

8 Der Völkermord an den Juden 1939–1945 132
   - Methode: Historische Spielfilme analysieren 152
   - Kompetenzen überprüfen 154

9 Die deutsche Außenpolitik 1933–1939 156
   - Kompetenzen überprüfen 166

10 Der Zweite Weltkrieg 1939–1945 168
   - Vertiefung: Das Gedenken an den 8. und 9. Mai 1945 .. 179
   - Kompetenzen überprüfen 182

11 Opposition gegen Hitler – „Widerstand ohne Volk"? ... 184
   - Kompetenzen überprüfen 192

12 Aufarbeitung der NS-Vergangenheit nach 1945 194
   - Vertiefung: Der 27. Januar als Gedenktag 201
   - Kompetenzen überprüfen 204

13 **Lernen aus der Geschichte? – Deutschlands Selbstverständnis nach 1945** 206
   - Kompetenzen überprüfen 213

Anhang 214

Zur Arbeit mit diesem Kursheft

Das Kursheft ist eine thematisch orientierte Materialsammlung für den Geschichtsunterricht in der Oberstufe. Im Zentrum jedes Kapitels steht eine umfangreiche Quellensammlung, die ergänzt wird durch einführende Darstellungen, Methodenseiten (gelber Balken) und Vertiefungen (grüner Balken). Die Doppelseite „Kompetenzen überprüfen" (blauer Balken) schließt das Kapitel ab.

Sach-, Urteils- und Methodenkompetenzen, die im Kapitel erworben werden

Einleitende Darstellungen

Literaturtipps, Erläuterungen und Verweise in der Randspalte

Webcodes führen zu Internettipps. Einfach die Zahlenkombination aus dem Buch eingeben unter **www.cornelsen.de/webcode**

Hinweise zur Arbeit mit den Materialien: Überblick über die Quellenauswahl mit Leitfragen und Kompetenzen

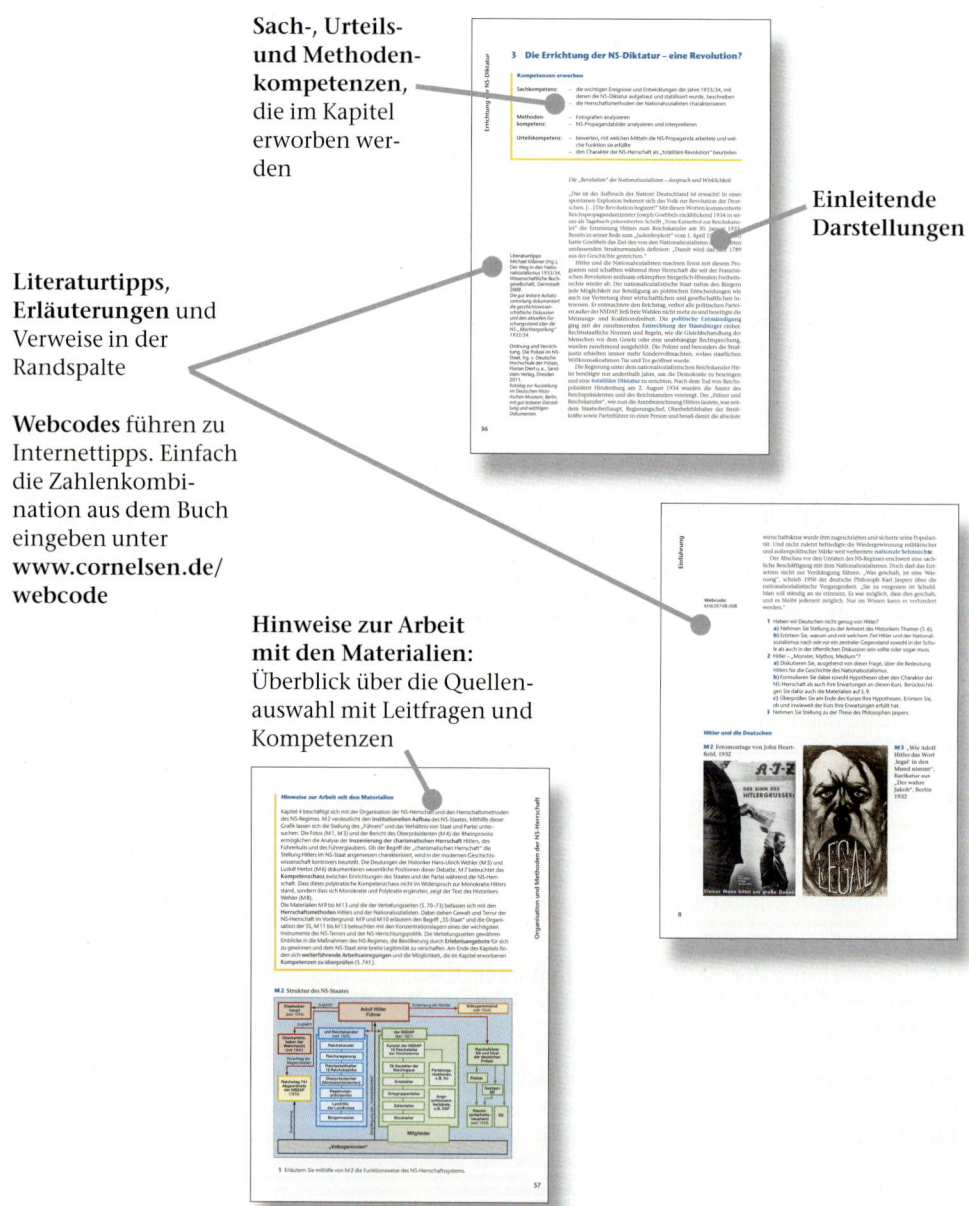

Zur Arbeit mit diesem Kursheft

Einzelarbeitsaufträge zu allen Materialien; besondere Arbeitsformen (Referate, Gruppenarbeit etc.) sind blau hervorgehoben.

Besondere Schwerpunkte:
– Geschichte und Theorie
– Geschichte kontrovers

Methodenseiten

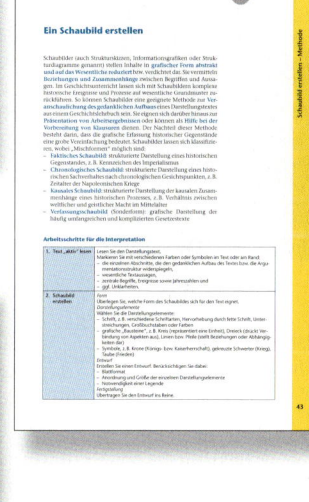

Die Seite **„Kompetenzen überprüfen"** mit weiterführenden Arbeitsanregungen und kompetenzorientierten Aufgaben

Vertiefungen

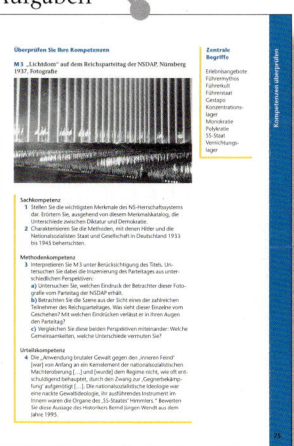

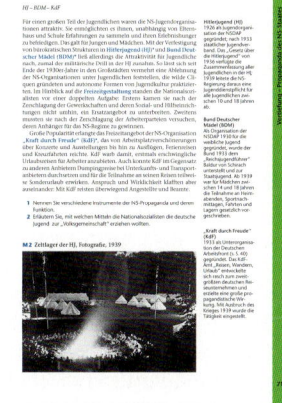

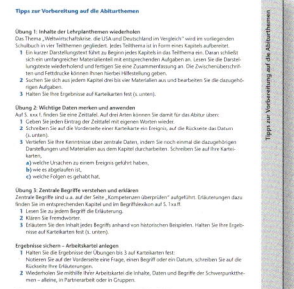

Der Anhang:
– Tipps für die Abiturvorbereitung
– Probeklausur
– Serviceseiten

Begriffslexikon
Personenlexikon
Fachliteratur
Sachregister

1 Einführung: „Hitler und die Deutschen"

M1 Titelblatt des Ausstellungskatalogs „Hitler und die Deutschen", 2010

Literaturtipp
Hitler und die Deutschen. Volksgemeinschaft und Verbrechen. Im Auftrag der Stiftung Deutsches Historisches Museum Berlin hg. v. Hans-Ulrich Thamer u. Simone Erpel, Sandstein Verlag, Dresden 2010.

Haben wir Deutschen nicht genug von Hitler?

„Hitler und die Deutschen. Volksgemeinschaft und Verbrechen" war der Titel einer Ausstellung des Deutschen Historischen Museums in Berlin, die im Oktober 2010 eröffnet wurde. Der Besucheransturm übertraf alle Erwartungen. Nach vier Monaten hatten eine Viertelmillion Menschen aus dem In- und Ausland die Ausstellung gesehen; Zeitungen und Fernsehen beschäftigten sich eingehend mit der Ausstellung, die rund 600 Objekte und 400 Fotografien zeigte. Auf die Frage, ob die Deutschen nicht genug von Hitler hätten, antwortete der Historiker Hans-Ulrich Thamer, der die Schau organisiert hat: „Ich habe diese Ausstellung gemacht, um das Wissen über Hitler zu verbreiten. Außerdem kann man das Thema Hitler nicht einfach loswerden, indem man sagt, man habe schon genug gehört."

„Volksgemeinschaft" und Verbrechen

„Am 30. April 1945 war ich zufällig Soldat in jenem Teil der US-Army, der als Erster in München eintraf", berichtete der amerikanische Historiker Raul Hilberg 1989 in einer Diskussion über den Nationalsozialismus. „Dort habe ich einen ganz besonderen Fund gemacht: die persönliche Bibliothek von Adolf Hitler. Darin fand ich viele Bücher über Friedrich den Großen und über Architektur; über Juden kaum etwas! Hitler war Architekt – natürlich nicht im engsten Wortsinne –, er dachte, dass er es war. Die Zerstörung war seine Kunst."

Die zerstörerischen Kräfte des NS-Regimes entfalteten sich in allen politischen Bereichen. Die Außenpolitik war von Anfang an auf Eroberung und Unterwerfung anderer Völker ausgerichtet, das nationalsozialistische Deutschland entfesselte den Zweiten Weltkrieg bewusst und planmäßig. Konsequent verwirklichten die Nationalsozialisten ihre auf Ausgrenzung und Tötung von Menschen zielende Ideologie, deren Grundpfeiler ein fanatischer Rassismus und Antisemitismus waren. Der NS-Rassenkrieg begann mit der sogenannten „Euthanasie" und gipfelte während des Weltkrieges in der Vernichtung der deutschen und europäischen Juden. Dieses Verbrechen ist einzigartig in der Geschichte. Noch nie zuvor hatte, so der Historiker Eberhard Jäckel, „ein Staat mit der Autorität seines verantwortlichen Führers beschlossen und angekündigt […], eine bestimmte Menschengruppe einschließlich der Alten, der Frauen, der Kinder und der Säuglinge möglichst restlos zu töten, und diesen Beschluss mit allen nur möglichen staatlichen Machtmitteln in die Tat" umgesetzt.

Es sind aber nicht nur die Zeugnisse dieser Barbarei, die die Geschichte der nationalsozialistischen Herrschaft 1933–1945 in unserem Bildgedächtnis, in Archiven und Museen dokumentieren. Hitler und die NS-Propaganda haben darüber hinaus mit großem Geschick ein idealisierendes Bild von der deutschen „Volksgemeinschaft" erzeugt und verbreitet, das all die Verbrechen des NS-Regimes ausblendete. Kein überliefertes Hitlerfoto, stellt der Historiker Thamer fest, „zeigt den Diktator neben einem Toten oder gar in einem KZ in einer gewaltsam-sadistischen Haltung oder gar mit einem Gewehr". Stattdessen beschworen die Nationalsozialisten die Einheit von „Führer" und „Volk". An der Spitze der Deutschen stand mit Hitler der **charismatische* „Führer"**, der das deutsche Volk in eine glanzvolle Zukunft führen werde. Hitler präsentierte sich dabei als nationaler Messias, der Deutschland aus größter Not errettet habe. Dieser politische Heiland versprach nicht nur die nationale Wiedergeburt des Deutschen Reiches, das durch ihn größer und mächtiger werde, sondern wollte auch das deutsche Volk zu einer Einheit verschmelzen. Alle sozialen Unterschiede sollten verschwinden, die Deutschen wollte er zu einem einheitlichen ethnischen Verband, nämlich der von allen inneren Konflikten und Schwächen befreiten „Volksgemeinschaft" zusammenführen. Stimmten die Verheißungen des „Führers" mit den Erwartungen, vor allem aber mit den konkreten Erfahrungen des „Volkes" überein?

Charismatische Herrschaft
Der Soziologe Max Weber unterschied verschiedene Typen von Herrschaft. Eine davon bezeichnete er als charismatische Herrschaft. Sie beruhe „auf der außeralltäglichen Hingabe an die Heiligkeit oder die Heldenkraft oder die Vorbildlichkeit einer Person und der durch sie offenbarten oder geschaffenen Ordnungen".

Forschungsfragen und -perspektiven

Die Berliner Zeitung „Der Tagesspiegel" betitelte ihren Bericht über die Ausstellungseröffnung mit der Frage: **Hitler – „Monster, Mythos, Medium"?** Historiker, die sich mit Hitler und dem Nationalsozialismus beschäftigen, müssen außerdem fragen: Wie war Hitler möglich? Welchen Charakter besaß die Herrschaft Hitlers und der Nationalsozialisten? Welche Folgen hatte die nationalsozialistische Politik für Deutschland, für Europa und darüber hinaus für die Welt? Und welche Lehren können wir heute aus dieser Zeit für die Gegenwart ziehen?

Wer auf diese Fragen eine angemessene Antwort sucht, darf nicht bei der Analyse der persönlichen und politischen **Biografie** dieses Diktators stehenbleiben. Er muss auch die politischen, gesellschaftlichen, wirtschaftlichen und mentalen **Bedingungen und Folgen der Herrschaft Hitlers und der Nationalsozialisten** untersuchen: Wie konnte ein zivilisiertes Volk wie die Deutschen den Völkermord an den Juden und anderen als „rassisch minderwertig" eingestuften Menschen mit vollziehen oder zumindest stillschweigend dulden? Warum haben sich die Deutschen nach der Katastrophe des Ersten Weltkrieges erneut zu einem Krieg verleiten lassen?

Auf diese Fragen gibt es keine einfachen Antworten. Aber man findet durchaus Erklärungen, wenn man das **Gedankensystem** analysiert, mit dem die Nationalsozialisten ihr Handeln begründeten, und dabei untersucht, auf welche **Traditionen** in der deutschen Geschichte die NS-Ideologie zurückgriff. Es ist ebenso wichtig zu verstehen, dass die nationalsozialistische Diktatur zwar auf Gewalt und Willkür beruhte. Aber der NS-Staat arbeitete auch mit den bereits bestehenden Gesetzen und Verwaltungseinrichtungen und hielt so den **Schein legaler Herrschaft** aufrecht. Bei der Beantwortung der Frage, warum der überwiegende Teil der Bevölkerung dem Regime folgte und diejenigen, die sich widersetzten, bis zum Schluss in der Minderheit blieben, muss überdies die **öffentliche Wirkung Hitlers** zur Sprache kommen. Seine Macht und Durchsetzungsfähigkeit beruhten sicherlich zum großen Teil auf seinem besonderen propagandistischen Geschick. Doch auch der langsame **wirtschaftliche Aufstieg** Deutschlands nach der Welt-

Literaturtipp
Ludolf Herbst, Hitlers Charisma. Die Erfindung eines deutschen Messias, S. Fischer, Frankfurt/Main 2010.
Ausführliche Erläuterung des Begriffs der „charismatischen Herrschaft" und Darstellung des persönlichen und politischen Werdegang Hitlers.

Webcode:
KH639748-008

wirtschaftskrise wurde ihm zugeschrieben und sicherte seine Popularität. Und nicht zuletzt befriedigte die Wiedergewinnung militärischer und außenpolitischer Stärke weit verbreitete nationale Sehnsüchte.

Der Abscheu vor den Untaten des NS-Regimes erschwert eine sachliche Beschäftigung mit dem Nationalsozialismus. Doch darf das Entsetzen nicht zur Verdrängung führen. „Was geschah, ist eine Warnung", schrieb 1950 der deutsche Philosoph Karl Jaspers über die nationalsozialistische Vergangenheit. „Sie zu vergessen ist Schuld. Man soll ständig an sie erinnern. Es war möglich, dass dies geschah, und es bleibt jederzeit möglich. Nur im Wissen kann es verhindert werden."

1 Haben wir Deutschen nicht genug von Hitler?
  a) Nehmen Sie Stellung zu der Antwort des Historikers Thamer (S. 6).
  b) Erörtern Sie, warum und mit welchem Ziel Hitler und der Nationalsozialismus nach wie vor ein zentraler Gegenstand sowohl in der Schule als auch in der öffentlichen Diskussion sein sollte oder sogar muss.
2 Hitler – „Monster, Mythos, Medium"?
  a) Diskutieren Sie, ausgehend von dieser Frage, über die Bedeutung Hitlers für die Geschichte des Nationalsozialismus.
  b) Formulieren Sie dabei sowohl Hypothesen über den Charakter der NS-Herrschaft als auch Ihre Erwartungen an diesen Kurs. Berücksichtigen Sie dafür auch die Materialien auf S. 9.
  c) Überprüfen Sie am Ende des Kurses Ihre Hypothesen. Erörtern Sie, ob und inwieweit der Kurs Ihre Erwartungen erfüllt hat.
3 Nehmen Sie Stellung zu der These des Philosophen Jaspers.

Hitler und die Deutschen

M2 Fotomontage von John Heartfield, 1932

M3 „Wie Adolf Hitler das Wort ‚legal' in den Mund nimmt", Karikatur aus „Der Wahre Jacob", Berlin 1932

M 4 Grundsteinlegung zum großen Volkswagen-Werk bei Fallersleben (Wolfsburg) anlässlich Hitlers 50. Geburtstag, Fotografie, 1938

M 5 Plakat für deutsche Behörden und Schulräume seit 1938/39

NS-„Volksgemeinschaft"?

M 6 Plakat der Kreisleitung der NSDAP Miesbach, 1935

M 7 Geschäftspostkarte, München, 1939

1 Erstellen Sie ein Denkblatt zum Thema „Hitler und die Deutschen". Nehmen Sie dazu ein DIN-A4-Blatt und notieren Sie alles, was Ihnen zu diesem Thema einfällt.
2 **Gruppenarbeit:** Untersuchen Sie arbeitsteilig M 2 bis M 5: **a)** Beschreiben Sie die Bilder und arbeiten Sie die zentralen Aussagen über Hitler und die Deutschen heraus. **b)** Erörtern Sie, aus welcher Sicht Hitler bzw. das Verhältnis zwischen Hitler und den Deutschen dargestellt wird.
3 Erstellen Sie ein Denkblatt zum Thema „NS-,Volksgemeinschaft' und Verbrechen".
4 **Gruppenarbeit:** Untersuchen Sie arbeitsteilig M 6 und M 7: Beschreiben Sie, welche Aspekte der Wirklichkeit im nationalsozialistischen Deutschland dargestellt werden.
5 Formulieren Sie mithilfe der Ergebnisse aus der Gruppenarbeit Leitfragen für Ihre Beschäftigung mit dem Nationalsozialismus.

Testen Sie Ihr Vorwissen zur Geschichte des Nationalsozialismus

1 Wie viele seiner Generation meldete sich Hitler freiwillig zum Kriegsdienst und wurde, obwohl er österreichischer Staatsbürger war, zu einem bayerischen Infanterieregiment eingezogen. Er verbrachte den Krieg an der Westfront, zuerst als Infanterist, dann als Meldegänger, und wurde mehrfach wegen Tapferkeit ausgezeichnet. Welchen Dienstgrad erreichte Hitler während des Ersten Weltkrieges?
 A *General*
 B *Unteroffizier*
 C *Gefreiter*

2 Eine wichtige Quelle für die Analyse von Hitlers Weltanschauung ist das Buch, das er während seiner Festungshaft in Landsberg zu schreiben begann. Der erste Band erschien 1925, der zweite 1926. Seit 1930 erschienen beide Teile in einem Band. Welchen Titel trug diese Propaganda- und Rechtfertigungsschrift?
 A *Der Mythos des 20. Jahrhunderts*
 B *Mein Kampf*
 C *In Stahlgewittern*

3 Welches politische Amt übernahm Adolf Hitler am 30. Januar 1933?
 A *Reichskanzler*
 B *Reichspräsident*
 C *Chef des Generalstabes*

4 Was bedeutete für die Nationalsozialisten „Lebensraum"?
 A *Zynische Bezeichnung für Gefängniszellen*
 B *Mindestgröße von Wohnraum*
 C *Aneignung von Territorien im Osten Europas für Deutsche*

5 Wer erhielt im nationalsozialistischen Deutschland das Mutterkreuz?
 A *Mütter, die gefährliche Situationen während des Zweiten Weltkrieges unter Einsatz ihres Lebens meisterten*
 B *Frauen, die mehr als vier Kinder zur Welt brachten*
 C *Mütter, die sich freiwillig im Osten ansiedelten*

6 Was waren Volksempfänger?
 A *Spottname für Nazi-Spitzel*
 B *Preiswertes Rundfunkgerät*
 C *NS-Bezeichnung für Empfänger von Sozialleistungen*

7 Was war der Kreisauer Kreis?
 A *Widerstandsgruppe gegen die Nationalsozialisten*
 B *Eliteeinheit der Wehrmacht*
 C *Gruppierung innerhalb der NSDAP*

8 Wer war von 1933 bis 1941 „Stellvertreter des Führers" Adolf Hitler?
 A *Ernst Röhm*
 B *Heinrich Himmler*
 C *Rudolf Heß*

9 Worüber wurde das Münchener Abkommen 1938 abgeschlossen?
 A *Zusammenschluss von Deutschland und Österreich*
 B *Bündnis zwischen dem faschistischen Italien und dem nationalsozialistischen Deutschland*
 C *Abtretung der überwiegend von Deutschen bewohnten Gebiete der Tschechoslowakei an das Deutsche Reich*

10 Ab wann wurden im NS-Deutschland Lebensmittelkarten ausgegeben?
 A *1933*
 B *1939*
 C *1941*

11 Wann errichteten die Nationalsozialisten das erste Konzentrationslager?
 A *1933*
 B *1939*
 C *1941*

12 Wie endete im Mai 1945 für das Deutsche Reich der Zweite Weltkrieg?
 A *Waffenstillstand*
 B *Friedensvertrag*
 C *Bedingungslose Kapitulation*

M4 Grundsteinlegung zum großen Volkswagen-Werk bei Fallersleben (Wolfsburg) anlässlich Hitlers 50. Geburtstag, Fotografie, 1938

M5 Plakat für deutsche Behörden und Schulräume seit 1938/39

NS-„Volksgemeinschaft"?

M6 Plakat der Kreisleitung der NSDAP Miesbach, 1935

M7 Geschäftspostkarte, München, 1939

1 Erstellen Sie ein Denkblatt zum Thema „Hitler und die Deutschen". Nehmen Sie dazu ein DIN-A4-Blatt und notieren Sie alles, was Ihnen zu diesem Thema einfällt.
2 **Gruppenarbeit:** Untersuchen Sie arbeitsteilig M 2 bis M 5: **a)** Beschreiben Sie die Bilder und arbeiten Sie die zentralen Aussagen über Hitler und die Deutschen heraus. **b)** Erörtern Sie, aus welcher Sicht Hitler bzw. das Verhältnis zwischen Hitler und den Deutschen dargestellt wird.
3 Erstellen Sie ein Denkblatt zum Thema „NS-‚Volksgemeinschaft' und Verbrechen".
4 **Gruppenarbeit:** Untersuchen Sie arbeitsteilig M 6 und M 7: Beschreiben Sie, welche Aspekte der Wirklichkeit im nationalsozialistischen Deutschland dargestellt werden.
5 Formulieren Sie mithilfe der Ergebnisse aus der Gruppenarbeit Leitfragen für Ihre Beschäftigung mit dem Nationalsozialismus.

Testen Sie Ihr Vorwissen zur Geschichte des Nationalsozialismus

1. Wie viele seiner Generation meldete sich Hitler freiwillig zum Kriegsdienst und wurde, obwohl er österreichischer Staatsbürger war, zu einem bayerischen Infanterieregiment eingezogen. Er verbrachte den Krieg an der Westfront, zuerst als Infanterist, dann als Meldegänger, und wurde mehrfach wegen Tapferkeit ausgezeichnet. Welchen Dienstgrad erreichte Hitler während des Ersten Weltkrieges?
   A General
   B Unteroffizier
   C Gefreiter

2. Eine wichtige Quelle für die Analyse von Hitlers Weltanschauung ist das Buch, das er während seiner Festungshaft in Landsberg zu schreiben begann. Der erste Band erschien 1925, der zweite 1926. Seit 1930 erschienen beide Teile in einem Band. Welchen Titel trug diese Propaganda- und Rechtfertigungsschrift?
   A Der Mythos des 20. Jahrhunderts
   B Mein Kampf
   C In Stahlgewittern

3. Welches politische Amt übernahm Adolf Hitler am 30. Januar 1933?
   A Reichskanzler
   B Reichspräsident
   C Chef des Generalstabes

4. Was bedeutete für die Nationalsozialisten „Lebensraum"?
   A Zynische Bezeichnung für Gefängniszellen
   B Mindestgröße von Wohnraum
   C Aneignung von Territorien im Osten Europas für Deutsche

5. Wer erhielt im nationalsozialistischen Deutschland das Mutterkreuz?
   A Mütter, die gefährliche Situationen während des Zweiten Weltkrieges unter Einsatz ihres Lebens meisterten
   B Frauen, die mehr als vier Kinder zur Welt brachten
   C Mütter, die sich freiwillig im Osten ansiedelten

6. Was waren Volksempfänger?
   A Spottname für Nazi-Spitzel
   B Preiswertes Rundfunkgerät
   C NS-Bezeichnung für Empfänger von Sozialleistungen

7. Was war der Kreisauer Kreis?
   A Widerstandsgruppe gegen die Nationalsozialisten
   B Eliteeinheit der Wehrmacht
   C Gruppierung innerhalb der NSDAP

8. Wer war von 1933 bis 1941 „Stellvertreter des Führers" Adolf Hitler?
   A Ernst Röhm
   B Heinrich Himmler
   C Rudolf Heß

9. Worüber wurde das Münchener Abkommen 1938 abgeschlossen?
   A Zusammenschluss von Deutschland und Österreich
   B Bündnis zwischen dem faschistischen Italien und dem nationalsozialistischen Deutschland
   C Abtretung der überwiegend von Deutschen bewohnten Gebiete der Tschechoslowakei an das Deutsche Reich

10. Ab wann wurden im NS-Deutschland Lebensmittelkarten ausgegeben?
    A 1933
    B 1939
    C 1941

11. Wann errichteten die Nationalsozialisten das erste Konzentrationslager?
    A 1933
    B 1939
    C 1941

12. Wie endete im Mai 1945 für das Deutsche Reich der Zweite Weltkrieg?
    A Waffenstillstand
    B Friedensvertrag
    C Bedingungslose Kapitulation

2 Das Scheitern der Weimarer Republik

Kompetenzen erwerben

Sachkompetenz:
- beschreiben, welche gesellschaftlichen Strukturen und Kräfte für das Scheitern der Weimarer Demokratie Verantwortung trugen
- erläutern, welche Einstellungen und Mentalitäten in der Bevölkerung diese Entwicklung beförderten
- erläutern, welche Ursachen den Aufstieg Hitlers ermöglichten
- zentrale Merkmale der NS-Ideologie skizzieren

Methodenkompetenz:
- schriftliche Quellen interpretieren

Urteilskompetenz:
- die Handlungsspielräume und -alternativen der historischen Akteure am Ende der Weimarer Republik und während des Aufstiegs der Nationalsozialisten beurteilen
- bewerten, warum die „Zähmung" der Nationalsozialisten misslang

„Die Geschichte des Nationalsozialismus ist die seiner Unterschätzung."

Am 30. Januar 1933 ernannte **Reichspräsident Paul von Hindenburg** (1847–1934, Präs. 1925–1934) den „Führer" der Nationalsozialistischen Deutschen Arbeiterpartei (NSDAP) zum Reichskanzler. Dem Kabinett gehörten außer Hitler nur zwei NSDAP-Minister an, die allerdings die Verfügungsgewalt über die Polizei besaßen. Neben Vertretern anderer rechter Gruppierungen traten Alfred Hugenberg von der Deutschnationalen Volkspartei (DNVP) und Franz Seldte vom „Stahlhelm" in die Regierung ein. Die bürgerlichen Koalitionspartner Hitlers glaubten, dass sie die Nationalsozialisten zähmen könnten. „Wir haben ihn [Hitler] uns engagiert!", triumphierte Vizekanzler Franz von Papen, der dem rechten Flügel der katholischen Zentrumspartei angehörte.

„Die Geschichte des Nationalsozialismus ist" jedoch, wie der Zeithistoriker Karl Dietrich Bracher zu Recht feststellte, „die Geschichte seiner Unterschätzung." Tatsächlich scheiterte die geplante **Zähmung der Nationalsozialisten**. Hitler und die NSDAP dachten nicht daran, sich ihren Koalitionspartnern unterzuordnen. Sie wollten im Gegenteil die ganze Macht in Staat und Gesellschaft. Bereits nach einem Jahr hatten sie die Weimarer Demokratie beseitigt und eine Diktatur errichtet.

Wie lassen sich das Scheitern der Weimarer Demokratie sowie der Aufstieg Hitlers und der NSDAP erklären? Welche Ziele verfolgten die Nationalsozialisten mit ihrem „Führer" Hitler? Mit welchen Mitteln strebten sie an die Macht? Und unter welchen Bedingungen und wie gelangten sie an die Regierung? Haben die Zeitgenossen die Gefährlichkeit Hitlers und der NS-Bewegung erkannt?

M1 Hitler in der Nacht zum 31. Januar 1933 bei seiner ersten Rundfunkansprache als Reichskanzler, Fotografie

**Adolf Hitler
(1889–1945)**
1905 Abbruch der Realschule
1907–1913 Ohne feste Arbeit in Wien
1913 Umzug nach München
August 1914 Freiwilliger im Ersten Weltkrieg
Okt. 1918 Schwere Verwundung und teilweise Erblindung
1918–1919 Verdeckter Agent der Reichswehr
1919 Eintritt in die Deutsche Arbeiterpartei (DAP; seit 1920: NSDAP)
1921–1945 NSDAP-Vorsitzender
1923 Gescheiterter Putsch gegen die Reichsregierung
1924 Festungshaft in Landsberg; Aufgabe der österr. Staatsbürgerschaft, staatenlos
1925 Neugründung der NSDAP; „Mein Kampf", Bd. 1
1927 „Mein Kampf", Bd. 2
1932 Dt. Staatsbürger
1933 Reichskanzler
1934 „Führer und Reichskanzler"
1938 Übernahme des Oberbefehls über die gesamte Wehrmacht
1941 Oberbefehlshaber des Heeres
1945 Selbstmord

Literaturtipp
Ian Kershaw, Hitler 1889–1945. Aus dem Englischen von Klaus Kochmann, Jürgen Peter Krause u. Jörg W. Ragemacher, 2. Aufl., Pantheon Verlag, München 2009.
Umfangreiche Hitler-Biografie auf dem aktuellen Forschungsstand.

Wie war Hitler möglich?

„Wie konnte ein so gewöhnlicher, den bürgerlichen Bildungs- und Karrierevorstellungen so wenig entsprechender Mann wie Adolf Hitler eine solche Wirkung erlangen?" So spitzte der Historiker Ludolf Herbst 2010 in seinem Buch „Hitlers Charisma" die Frage nach dem Aufstieg Hitlers vom politischen und sozialen Niemand zum Diktator zu. Und der Geschichtswissenschaftler Ian Kershaw gestand seinen Lesern zu Beginn seiner Hitler-Biografie: „Während der Abfassung des Buches hat mich [...] weniger der merkwürdige Charakter des Mannes interessiert, der zwischen 1933 und 1945 das Schicksal Deutschlands in seinen Händen hielt, als die Frage, wie Hitler möglich war: nicht nur, wie dieser für ein hohes Staatsamt anfänglich untauglicher Anwärter die Macht erlangte, sondern auch, wie er diese Macht ausdehnte, bis sie absolut wurde, bis Feldmarschälle bereit waren, die Befehle eines ehemaligen Gefreiten zu befolgen, ohne Fragen zu stellen, bis hoch qualifizierte ‚Profis' und kluge Köpfe aus allen Milieus sich bereit fanden, unkritisch einem Autodidakten zu gehorchen, dessen einzige unumstrittene Begabung darin bestand, die niedrigen Empfindungen der Massen aufzupeitschen." Auf diese Fragen gibt es keine einfachen Antworten. Bei der Suche nach tragfähigen Erklärungen für die Erfolge Hitlers und der Nationalsozialisten darf man sich jedoch nicht auf die Analyse der persönlichen Eigenschaften und Fähigkeiten des „Führers" beschränken. Man muss den Blick auch auf die politischen, gesellschaftlichen, wirtschaftlichen und kulturellen wie mentalen Umstände richten, die ihm und der NSDAP zur Macht verhalfen. Zeitgenossen wie Historikern war und ist bewusst, dass die Ernennung Hitlers zum Reichskanzler und die Errichtung der NS-Diktatur auf eine Vielzahl an Ursachen zurückgeführt werden müssen.

Scheitern der ersten deutschen Demokratie

Einige Zeitgenossen, die die damaligen Ereignisse miterlebt haben, vertreten die Auffassung, die Arbeitslosigkeit von fast 6 Mio. Menschen im Jahre 1932, also zu Beginn der Weltwirtschaftskrise, die Verdrossenheit über die vielen Parteien und die häufig wechselnden Regierungen, die Verbitterung über den Versailler Friedensvertrag – all das habe dazu geführt, dass sich viele Menschen von der Demokratie abgewendet und Hitler gewählt hätten. Der sozialdemokratische Politikwissenschaftler Franz Neumann schrieb 1933: „Die deutsche Demokratie hat Selbstmord verübt und ist gleichzeitig ermordet worden." Historiker unserer Zeit sprechen von einer „Republik ohne Republikaner" oder einer **„Demokratie ohne Demokraten"**.

Andere Forscher vertreten die Auffassung, das Scheitern der Republik sei bereits in ihren Anfängen begründet gewesen. Die Revolution von 1918/19 habe nicht „konsequent" genug Politik, Wirtschaft und Gesellschaft umgestaltet. Es sei versäumt worden, die Wirtschaft zu sozialisieren, Verwaltung und Heer seien nicht durchgreifend demokratisiert und die alten Eliten aus der Kaiserzeit nicht konsequent ausgetauscht worden. Einige Wissenschaftler erkennen diese Defizite der Novemberrevolution zwar an, betonen aber stärker die **Belastungen der jungen Republik** durch die **militärische Niederlage** und das Erbe des Kaiserreiches. Hierzu gehörten die Staatsschulden aus den Kriegsanleihen, die die Republik bezahlen musste. Dies wiederum setzte bis Oktober 1923 eine Inflation in Gang, durch die Millionen Sparer ihr Geld verloren, wofür sie die Republik verantwortlich machten. Hinzu kamen Gebietsabtretungen und Reparationszahlungen an die Siegermächte. Beinahe mehr als die materiellen Verluste erregte die Deutschen der Artikel 231 des Versailler Vertrages, der Deutschland für den Kriegsausbruch 1914 verantwortlich machte. Für viele Zeitgenossen war der Versailler Friedensvertrag daher ein Dokument der Demütigung und Niederhaltung der Deutschen. Die 1929 ausbrechende Weltwirtschaftskrise verstärkte die antidemokratischen und nationalistischen Einstellungen. Der Niedergang der Republik hatte aber auch sozialpolitische Gründe: Deutschland war zwar durch die Revolution zu einer parlamentarischen Demokratie geworden, doch gelang es nicht, die politische durch eine soziale Demokratie zu ergänzen. Zwar hatte es in den Revolutionsmonaten 1918 Ansätze zu einer Sozialpartnerschaft zwischen Gewerkschaften und Unternehmern gegeben, aber diese wurde Schritt für Schritt von den Unternehmern ausgehöhlt und schließlich 1928 aufgekündigt.

Keine der genannten Ursachen für den Niedergang der Weimarer Demokratie hat allein zur „Machtergreifung" der Nationalsozialisten geführt. Wer den Aufstieg der NSDAP und das Scheitern Weimars in seiner ganzen Komplexität erfassen will, muss alle krisenhaften Erscheinungen der Zeit in den Blick nehmen und vor diesem Hintergrund die Frage stellen, welche Handlungsspielräume und Möglichkeiten die Demokratie zu ihrer Bewältigung besaß. Aus dieser Sicht erscheint dann die Geschichte der Weimarer Republik als ein Lehrstück für die Gefährdungen einer Demokratie in einer Epoche tief greifender krisenhafter Umbrüche.

Literaturtipps
Reiner Marcowitz, Weimarer Republik 1929–1933, 2. Aufl., Wissenschaftliche Buchgesellschaft, Darmstadt 2007.
Guter Überblick über die Endphase bzw. das Scheitern der Weimarer Republik.

Kurt Bauer, Nationalsozialismus. Ursprünge, Anfänge, Aufstieg und Fall, Böhlau, Weimar 2008.
Ausführliche Darstellung der Ursprünge und des Aufstieges des Nationalsozialismus.

Nutznießer der Krise: Hitler und die NSDAP

Während der 1920er-Jahre blieb die NSDAP, die nach dem Ersten Weltkrieg gegründet worden war, eine Splitterpartei am rechten Rand des politischen Spektrums. Erst zu Beginn der 1930er-Jahre, als die Weltwirtschaftskrise in Deutschland das Vertrauen vieler Menschen in die politischen Institutionen (Regierung, Parlament und Parteien) und deren Fähigkeit zur Lösung der wirtschaftlichen und sozialen Probleme erschütterte, gelang der NSDAP der Durchbruch zu einer Massenpartei. Die Nationalsozialisten fanden zunehmend Glauben mit ihrer Propaganda, dass das bestehende „Weimarer System" beseitigt werden müsse. Nur ein „starker Mann" an der Spitze des Deutschen Reiches, als der sich ihr „Führer" Adolf Hitler präsentierte, sei in der Lage, Deutschland aus der Wirtschaftskrise herauszuführen und den nationalen Wiederaufstieg des Reiches durchzusetzen. Einige konservative Gegner der Weimarer Republik, allen voran Reichspräsident Paul von Hindenburg, verhalfen 1933 Hitler zur Macht. Dabei verfolgten sie eigene Interessen: Sie wollten Hitler und die NSDAP benutzen, um das demokratische durch ein autoritäres politisch-gesellschaftliches System zu ersetzen. Doch der Plan misslang: Hitler und die NSDAP errichteten in Deutschland eine totalitäre Diktatur und gestalteten Politik und Wirtschaft, Gesellschaft und Kultur nach ihren Vorstellungen um.

"Volksgemeinschafts"-Ideologie

Am 24. Februar 1920 verkündete Adolf Hitler im Münchener Hofbräuhaus das 25-Punkte-Programm der NSDAP. In Artikel 4 hieß es: „Staatsbürger kann nur sein, wer Volksgenosse ist. Volksgenosse kann nur sein, wer deutschen Blutes ist, ohne Rücksichtnahme auf die Konfession. Kein Jude kann daher Volksgenosse sein." Dieser Programmpunkt des 1921 für „unabänderlich" erklärten Parteiprogramms führt in das Zentrum der nationalsozialistischen Weltanschauung. Sie beruhte auf der Ausgrenzung der Juden aus der Gemeinschaft der „Volksgenossen". Der zu schaffenden „Volksgemeinschaft" durften nur Menschen „deutschen Blutes" angehören. Damit machte Hitler unmissverständlich klar, dass die Nationalsozialisten eine völkische*, rassistische und antisemitische Ideologie vertraten. Sie teilte die Menschen in eine Gruppe von Zugehörigen zur „Volksgemeinschaft", der allein „Arier"* angehören durften. Juden sowie andere ethnische und soziale Gruppierungen, z. B. Sinti und Roma, blieben ausgeschlossen. Grundlage dieser radikalen Unterscheidung bildete die Auffassung von der Ungleichwertigkeit der Menschen. Für die Nationalsozialisten stand fest, dass bestimmte Menschen unabänderlich weniger wert seien als andere. Den jüdischen oder slawischen „Untermenschen" stellte die NS-Bewegung die „germanischen Herrenmenschen" gegenüber, die zur Herrschaft bestimmt seien. Diese inhumane Spaltung der Menschheit bestimmte auch die Herrschaftspraxis. Der Ausgrenzung, Entrechtung, Beraubung der Juden in den Jahren von 1933 bis 1939 folgten während des Zweiten Weltkrieges 1939 bis 1945 die Deportation und Ermordung. Die Nationalsozialisten präsentierten sich als klassenübergreifende Partei, die keine Einzelinteressen, sondern das gesamte Volk vertrete. Unter „Volk" verstanden sie die mythische Einheit einer nach den Grundsätzen der Rassenlehre gestalteten nationalen Gemeinschaft. Von Anfang an machten sie deutlich, wer nicht zur „Volksgemeinschaft" gehören durfte, allen voran die Juden.

Rassenantisemitismus, „Lebensraumpolitik" und Radikalnationalismus

In der NS-Ideologie verbanden sich Antisemitismus und Rassismus zum Rassenantisemitismus, dessen Wurzeln ins 19. Jahrhundert zurückreichen. Neu war die Ablehnung oder Bekämpfung der Juden nicht mehr allein aus religiösen oder sozialen Gründen. Rassenantisemiten konstruierten eine jüdische „Rasse", die gegenüber der „arischen" minderwertig sei und sich nur an den Gütern höher stehender Rassen und Völker bediene. Sie betrachteten daher „das Judentum" als Feind der Menschheit. Seit der NS-Machtübernahme wurde der Rassenantisemitismus zum Dreh- und Angelpunkt staatlichen Handelns. Deswegen bezeichnet der Historiker Michael Wildt den nationalsozialistischen Judenhass als „Antisemitismus der Tat", weil darin der Unterschied zum Antisemitismus der Kaiserzeit lag. Die Ideen von gesetzlichen Einschränkungen oder Erwägungen, Juden physisch zu vernichten, wie sie z. B. der Philosoph und Antisemit Karl Eugen Dühring (1833–1921) angestellt hatte, waren da, blieben aber Theorie. In der NS-Zeit hingegen wurden daraus Aufrufe zur Tat und staatliche Politik, die das Ziel verfolgte, die „Volksgemeinschaft" herzustellen.

„Völkisch"
Das seit dem späten 19. Jh. gebrauchte Schlagwort bedeutete zunächst „volkstümlich", wurde dann aber rassistisch aufgeladen und bekam eine fremdenfeindliche Ausrichtung, es war mit dem Antisemitismus und einer Eroberungspolitik verbunden („Blut und Boden", „Deutschblütige", „deutsch-völkisch", „Volk ohne Raum" usw.); in der NS-Zeit oft ein Synonym für „nationalsozialistisch".

„Arisch"
Der Begriff „Arier" bezeichnete ursprünglich die indogermanischen Völker bzw. Sprachfamilien. Die „Rassenlehre" des 19. Jahrhunderts gab dem Begriff neue Inhalte, die durch keinerlei wissenschaftliche Erkenntnisse gestützt waren. Gemeint waren nun die Angehörigen der weißen „Rasse" mit den Germanen als Krönung. Die NS-Ideologie benutzte den Begriff zur Ausgrenzung der Juden.

Kennzeichnend für rassistisches Denken ist erstens die pseudo-wissenschaftliche Auffassung, dass biologische und damit erbliche Merkmale das gesamte menschliche, also auch das politisch-gesellschaftliche Verhalten bestimmen. Zweitens unterstellt der Rassismus die Höher- bzw. Minderwertigkeit unterschiedlicher „Rassen". Mit dieser Annahme untrennbar verbunden ist eine sozialdarwinistische Interpretation der Geschichte: Sie erscheint als ständiger Kampf der Individuen und Völker, der Staaten und „Rassen", wobei sich stets die Stärkeren gegenüber den Schwächeren durchsetzten. Dieses sozialdarwinistische Denken verbanden die Nationalsozialisten mit ihrer imperialistischen „Lebensraumpolitik" und einem Radikalnationalismus. Mit der Behauptung, die „germanische Rasse" besäße die besten Anlagen, rechtfertigten Hitler und die NS-Bewegung den Herrschaftsanspruch des Deutschen Reiches gegenüber anderen Staaten und Völkern. Die Slawen hingegen stempelte man zu einer den „Ariern" untergeordneten Rasse, die in Gebieten lebte, die zum „natürlichen Lebensraum" der deutschen Bevölkerung gehörten. Das angeblich biologistische Prinzip des Lebenskampfes wurde so zur Legitimation einer expansionistischen Kriegs- und Vernichtungspolitik herangezogen und mit dem Begriff „Lebensraumpolitik" verharmlost.

Webcode:
KH639748-015

1 Nennen Sie Ursachen für das Scheitern der Weimarer Demokratie.
2 Arbeiten Sie die zentralen Merkmale der nationalsozialistischen „Volksgemeinschafts"-Ideologie heraus. Berücksichtigen Sie auch M 2.
3 Erläutern Sie die Begriffe „Rassenantisemitismus" und „Antisemitismus der Tat". Arbeiten Sie dabei die Unterschiede zwischen dem traditionellen und dem NS-Antisemitismus heraus.
4 Erläutern Sie den Begriff „Lebensraumpolitik".

M 2 „Rassekundlicher" Unterricht in einem Schulungslager für Schulhelferinnen in Nürtingen, Fotografie, 1943

Hinweise zur Arbeit mit den Materialien

Dieses Kapitel beschäftigt sich zunächst mit dem **Aufstieg Hitlers und der NSDAP** sowie mit dem **Scheitern der Weimarer Demokratie**. Die Frage, wie Hitler möglich war, lässt sich angemessen nur beantworten, wenn man die grundlegenden Strukturprobleme und Entwicklungen der ersten deutschen Demokratie kennt (M 3). Um die Erfolgsgeschichte Hitlers und der NSDAP zu erklären, muss man sich darüber hinaus mit der Biografie Hitlers und seiner Bedeutung für die Geschichte der NSDAP (M 4) befassen. Die Materialien M 5 bis M 8 ermöglichen eine gründliche Auseinandersetzung mit der Organisation, Strategie und Taktik der NSDAP (M 5), ihren Wahlkämpfen (M 7) und Wahlergebnissen bei den Reichstagswahlen (M 6) sowie dem Sozialprofil ihrer Mitglieder und Wähler (M 8). Wie kamen die Nationalsozialisten an die Macht? Mit diesem Problem befasst sich M 9, das die Rolle von Reichspräsident Hindenburg bei der Ernennung Hitlers zum Reichskanzler thematisiert.

Sodann stehen die Weltanschauung Hitlers und die **Ideologie der Nationalsozialisten** im Mittelpunkt der Materialien. Eine wichtige Quelle zum Verständnis von Hitlers Denken ist seine Schrift „Mein Kampf" (1925/26). Auszüge daraus dokumentiert M 10. Auch in seinen zahlreichen Reden hat Hitler seine Ziele ausführlich erläutert. Mithilfe der auf den **Methodenseiten**, M 1, S. 26 ff., abgedruckten Ansprache aus dem Jahre 1920 lässt sich sowohl die „Volksgemeinschafts"-Ideologie charakterisieren als auch die **Interpretation schriftlicher Quellen** üben. Das Parteiprogramm der NSDAP von 1920 (M 11) und die Karikatur (M 12) veranschaulichen Ideologie und Propaganda der NS-Bewegung sowie ihre Zielgruppen. Die zeitgenössischen Stellungnahmen zur Ernennung Hitlers zum Reichskanzler (M 13 a–c und M 14 a–c) ermöglichen eine fundierte Diskussion über die Frage: **War die Geschichte des Nationalsozialismus die Geschichte seiner Unterschätzung?** M 13 zeigt unterschiedliche parteipolitische Reaktionen auf die Machtübernahme der Nationalsozialisten, M 14 verdeutlicht verschiedene Meinungsäußerungen in der Bevölkerung. Am Ende des Kapitels finden sich **weiterführende Arbeitsanregungen** und die Möglichkeit, die im Kapitel erworbenen **Kompetenzen zu überprüfen** (S. 34 f.).

M 3 Musste die Weimarer Demokratie scheitern?

Der Historiker Eberhard Kolb fasst den aktuellen Forschungsstand zusammen (2009):
Angesichts des Unheils, das die Herrschaft des Nationalsozialismus über Deutschland und die Welt gebracht hat, steht die Beschäftigung mit der Weimarer Republik notwendigerweise immer unter der Frage, ob das Scheitern der Demokratie […] unvermeidlich war, ob und welche Alternativen zu diesem Ausgang es gegeben hat […]. Eine Antwort auf diese Fragen ist nicht einfach, und es kann daher nicht überraschen, dass sehr unterschiedliche Antworten gegeben wurden und gegeben werden.

Gewiss war die erste deutsche Republik im Ergebnis der Gründungsphase mit einer fundamentalen Schwäche behaftet. In ihrer 1919 konstituierten konkreten Gestalt wurde die parlamentarische Demokratie nur von einer Minderheit der Bevölkerung wirklich akzeptiert und mit kämpferischem Elan verteidigt, breite Bevölkerungsschichten verharrten in Distanz, Skepsis und offener Ablehnung, bereits im Verlauf der Gründungsphase organisierten sich auf der politischen Rechten und der äußersten politischen Linken die antidemokratischen Kräfte zum Kampf gegen die Republik. Unter diesen Umständen muss es als ein kleines Wunder – und als eine beachtliche Leistung – gelten, dass es den republikanischen Politikern gelang, die Weimarer Demokratie durch die von komplexen innen- und außenpolitischen Gefährdungen erfüllten Anfangsjahre hindurchzuretten und schließlich einen bemerkenswerten Grad von politischer und wirtschaftlicher „Normalisierung" zu erreichen. Aber schon in diesen Jahren einer relativen Stabilisierung setzte auch jene Entwicklung ein, die dann seit 1929 in eine rasch voranschreitende Desintegration des politischen Systems überging: die Abkehr großer Teile des Bürgertums und insbesondere der alten Führungseliten vom pluralistischen Sozialstaat Weimarer Prägung und damit vom „Gründungskompromiss" der Jahre 1918/19, durch den der Staat von Weimar auf einem politischen Zusammengehen von sozialdemokratischer Arbeiterschaft und demokratischem Bürgertum aufgebaut wurde. Zu diesem „Gründungskompromiss" gehörte auch und vor allem der partnerschaftliche Interessenausgleich von Kapital und Arbeit, der von den Unternehmern seit […] 1928 schrittweise aufgekündigt wurde. In dieser Perspektive gewinnen die Vorgänge und Entscheidungen der Jahre 1929/30 ihre signifikante Bedeutung als eigentliche Weichenstellung auf dem Weg in die Katastrophe. Mit dem Übergang zum Präsidialsystem[1] wurde nämlich eine Abwendung von der parlamentarischen Regierungsweise vollzogen und die Position gerade der republiktreuen und staatsbejahenden Kräfte empfindlich geschwächt, noch ehe die Auswirkungen der Weltwirtschaftskrise die sozialen Ängste ins Unermessliche steigerten und die Loyalität breiter Bevölkerungsschichten gegenüber der bestehenden Staatsordnung immer mehr schwinden ließen, sodass die extrem nationalistische und demokratiefeindliche NSDAP jenen Auftrieb erhielt, der sie zur Massenbewegung machte. Aber trotz aller Erfolge bei der Massenmobilisierung und an den Wahlurnen war die NSDAP nur deshalb schließlich siegreich, weil die alten Eliten in Großlandwirtschaft und Industrie, Militäraristokratie und Großbürgertum zur autoritären Abkehr von Weimar entschlossen waren und glaubten, die nationalsozialistische Massenbewegung für sich benutzen zu können. Zwar erstrebten sie nicht eine totalitäre Diktatur, wie sie seit dem 30. Januar 1933 Wirklichkeit wurde, aber im Kampf gegen Demokratie, Parlamentarismus und organisierte Arbeiterschaft war die NSDAP für sie ein akzeptabler Bundesgenosse.

Wohl wird man behaupten dürfen, dass die nationalsozialistische Machtergreifung auch seit Sommer 1932 nicht objektiv unvermeidbar war. Aber unter den Voraussetzungen der bestehenden politischen Frontstellungen, Zielsetzungen und Kräfteverhältnisse sowie des inzwischen erreichten Grades der Aushöhlung des Verfassungssystems bestand seit 1932 zweifellos ein außerordentlich starker Trend in Richtung einer Hitler-Lösung. Um diesen vermeintlichen Ausweg aus der Systemkrise zu blockieren, hätte es eines hohen Maßes an politischer Phantasie und an politischem Verantwortungsbewusstsein bedurft, vor allem bei jener Gruppe eigentlicher Entscheidungsträger, die seit der Errichtung des Präsidialregimes das parlamentarische Machtvakuum ausfüllten. Aber gerade in diesem Kreis war der Wille zur Erhaltung einer demokratischen Ordnung in Deutschland nur schwach entwickelt. Es dominierte der Wille zur autoritären Umgestaltung von Staat und Gesellschaft, und damit reduzierte sich das Spektrum möglicher politischer Kombinationen so sehr, dass an einem Arrangement mit der Hitler-Partei kaum vorbeizukommen war, sofern man nicht entschlossen war, sich auf den Weg des Staatsnotstands zu begeben. Bezeichnenderweise kam dieses Arrangement in dem Moment zustande, als die NSDAP beträchtliche Rückschläge hinnehmen musste, sich andererseits aber […] eine Bündniskonstellation anbahnte, die der Arbeiterbewegung die Rückkehr auf die politische Bühne hätte ermöglichen können. Um dies zu verhindern, ging man den Pakt mit dem Nationalsozialismus ein, dessen ideologisches Fundament die gemeinsame Frontstellung gegen die organisierten Arbeiterinteressen und die republikanische Ordnung war.

Allerdings darf aber auch nicht übersehen werden, dass sich die demokratischen Parteien den Schwierigkeiten der Krisensituation keineswegs gewachsen zeigten. Immobilismus und Konzeptionslosigkeit von SPD- und Gewerkschaftsführung sowie die schwächliche Haltung beim Papen'schen Staatsstreich gegen Preußen[2] sind hier ebenso zu erwähnen wie die Rechtsentwicklung im Zentrum, das eine Koalition mit der NSDAP nicht prinzipiell ausschloss. Bei allen Gruppen der demokratischen Mitte und Linken gab es politische Illusionen und verharmlosende Fehleinschätzungen des Nationalsozialismus, schließlich flüchteten sie in eine Haltung fatalistischen Abwartens. Die Kritik an der Schwäche derer, die aufgrund ihres historischen Auftrags und ihres eigenen politischen Selbstverständnisses berufen und verpflichtet waren, den demokratischen Rechtsstaat und den parlamentarischen Verfassungsstaat zu verteidigen, sollte jedoch nicht auf derselben Ebene angesiedelt werden wie die Kritik an denjenigen, die Republik wie Demokratie in Deutschland zerstören wollten und denen bei diesem Vorhaben – durch ein Zusammentreffen sehr verschiedenartiger Umstände – Erfolg beschieden war. […]

Nicht in erster Linie der sozialdemokratischen Arbeiterschaft und ihren Organisationen, der immer stärker schrumpfenden Gruppe republiktreuer bürgerlicher Demokraten und dem Lager des politischen Katholizismus ist der Untergang der Republik anzulasten, sondern den nationalistischen und autoritären Gegnern der Weimarer Demokratie, die – skrupellos in der Wahl der Mittel – den Staat von Weimar in einer großangelegten Offensive zertrümmerten.

Eberhard Kolb, Die Weimarer Republik, 7. Aufl., Oldenbourg, München 2009, S. 150–153.

---

1 Präsidialsystem, Präsidialkabinett: Bezeichnung für Regierungen in der Endphase der Weimarer Republik, die allein vom Vertrauen des Reichspräsidenten abhängig waren. Der Präsident konnte Notverordnungen mit Gesetzeskraft erlassen und jederzeit den Reichstag auflösen, um ein Misstrauensvotum des Parlamentes gegen die Regierung zu umgehen.
2 Staatsstreich in Preußen: Am 20. Juli 1932 ließ Reichskanzler von Papen durch eine Notverordnung des Reichspräsidenten die amtierende demokratische Landesregierung Preußens unter dem Ministerpräsidenten Braun (SPD) für abgesetzt erklären. Als Reichskommissar übernahm von Papen die Regierungsgewalt in Preußen.

---

1 Arbeiten Sie mithilfe von M 3 die wichtigsten Gründe für das Scheitern der Weimarer Demokratie heraus.
2 Diskutieren Sie die Frage, ob die Weimarer Republik scheitern musste.

M 4 Hitlers Bedeutung für die NSDAP

Der Historiker Michael Wildt schreibt 2008 über die Rolle Hitlers in der NSDAP vor 1933:
Hitler, der 1919 noch für die Reichswehr tätig war, um die rechtsradikale Szene in München zu bespitzeln, erhielt im September den Auftrag, eine Versammlung der Deutschen Arbeiterpartei zu besuchen, die Anfang des Jahres von dem Werkzeugschlosser Anton Drexler mit finanzieller Hilfe wohlhabender Gönner gegründet worden war, um völkisches Gedankengut unter Arbeitern zu verbreiten. Die kleine Partei entdeckte rasch das Rednertalent Hitlers und warb ihn an, wie auch er in der Gruppe ein Betätigungsfeld für seine politischen Ambitionen sah. Am 16. Oktober 1919 hielt Hitler seine erste öffentliche Rede für die Partei vor gut hundert Zuhörern, aber deren Zahl stieg rasch an. Ende Februar 1920 fanden sich etwa bereits 2 000 Zuhörer ein. Hitler, der kurz darauf aus der Reichswehr ausschied, um sich ganz auf die Parteiarbeit zu konzentrieren, wurde zum Star-Redner der Partei; über seine öffentliche Agitation – er bestritt jede Woche mehrere Versammlungen – gewann die Nationalsozialistische Arbeiterpartei Deutschlands, wie sie seit Anfang 1920 hieß, zunehmend mehr Mitglieder.

Zweifellos besaß Hitler Fähigkeiten, die ihn zu einem politischen Talent machten. Diese zu unterschätzen, hieße denselben Fehler wie etliche Zeitgenossen zu begehen, die Hitler ins Lächerliche zogen. Aber ohne die Zeitumstände, ohne die politischen Emotionen, die viele erfassten, wäre er ein Niemand geblieben. Hans Frank, später der Rechtsanwalt Hitlers und rechtstheoretischer Führer des NS-Regimes sowie nach 1939 Chef der deutschen Besatzungsverwaltung in Polen und verantwortlich für millionenfachen Massenmord, schrieb in der Nürnberger Todeszelle über seinen ersten Eindruck von Hitler als Redner in München 1920, den er als 19-jähriger Jugendlicher gewonnen hatte: „Seine Methode war eine völlig klare, einfache. Er behandelte damals das überragend im Vordergrund stehende Thema des Versailler Diktats und stellte die Frage aller Fragen: Was nun, deutsches Volk? Was ist die wirkliche Lage? Was ist jetzt allein notwendig? Er sprach über zweieinhalb Stunden, oft von geradezu frenetischen Beifallsstürmen unterbrochen – und man hätte ihm weiter, immer weiter zuhören können. Er sprach sich alles von der Seele und uns allen aus der Seele."

Hitler sprach aus, was seine Zuhörer dachten und fühlten, er bekräftigte ihre Ressentiments und entfachte ihre Leidenschaften. Entsprechend der Theorie Max Webers, der in seiner Soziologie den Typus charismatischer Herrschaft entworfen hatte, besaß Hitler nicht einfach Charisma, sondern es wurde ihm von seinen Anhängern zugesprochen. Es sei ganz gleichgültig, so Weber, wie die Qualität einer Führerpersönlichkeit objektiv zu beurteilen sei, sondern es komme allein darauf an, „wie sie tatsächlich von den charismatisch Beherrschten, den ‚Anhängern', bewertet wird". Aus dieser Perspektive [...] stellt sich die alte Kontroverse, ob man statt von Nationalsozialismus nicht besser von „Hitlerismus" (Klaus Hildebrand) sprechen müsse, anders dar. Denn bei aller Unverzichtbarkeit Hitlers für die Entwicklung der nationalsozialistischen Bewegung war er doch immer ein Ausdruck seiner Zeit. Ohne die Erwartungen, Hoffnungen, Wünsche der Millionen Deutschen, die ihm und der NSDAP folgen sollten, wäre Hitler bloß der Agitator einer rechtsradikalen Partei, nicht aber der „Führer" geworden.

Michael Wildt, Geschichte des Nationalsozialismus, Vandenhoeck & Ruprecht, Göttingen 2008, S. 23–25.

1 Beschreiben Sie mithilfe von M 4 die Bedeutung Hitlers für die NSDAP vor 1933. Berücksichtigen Sie auch die biografischen Daten, S. 12.
2 Untersuchen Sie die Anziehungskraft Hitlers für die NSDAP sowie die Anhänger Hitlers und der NSDAP. Verwenden und erläutern Sie dabei den Begriff „Charisma". Ziehen Sie dazu die Definition, S. 7, heran.

M 5 **Organisation, Strategie und Taktik der NSDAP vor 1933**

Der Historiker Eberhard Kolb schreibt 2009:
Der Aufstieg des Nationalsozialismus lässt sich gewiss nicht monokausal erklären. Vor allem zwei unterschiedliche Bedingungskomplexe sollten akzentuiert werden. Die eine entscheidende Voraussetzung dafür, dass eine Splitterpartei in relativ kurzer Zeit einen Massenanhang gewinnen und sich zur mitglieder- und wählerstarken Partei entwickeln konnte, bildete das Vorhandensein einer brisanten innen- und gesellschaftspolitischen Konstellation. Dass eine solche gesamtpolitische, sozioökonomische und sozialpsychologische Krisensituation seit Anfang 1930 bestand, dürfte keinem Zweifel unterliegen.
Etwas Weiteres musste aber noch hinzukommen. Eine Partei, die sich bis dahin in einer völlig isolierten Außenseiter-Position befunden hatte, war nur dann in der Lage, unter Ausnutzung dieser Krisensituation zum Frontalangriff auf die politischen und gesellschaftlichen Grundlagen der staatlichen Ordnung anzutreten, wenn sie zu diesem Zeitpunkt durch die Schaffung eines ebenso festgefügten wie elastischen Parteirahmens bereits innerparteiliche Organisationsstrukturen ausgebildet hatte, die eine rasche Umstellung von der Kaderpartei zur Sammlungsbewegung ermöglichten, sodass die Partei als das große Auffangbecken für alle Gegner des demokratischen Systems, für alle Enttäuschten, Verbitterten und Fanatisierten fungieren konnte. Als eine solche Partei präsentierte sich die NSDAP um die Jahreswende 1929/30.
Die Nationalsozialisten selbst haben immer sehr stark die Kontinuität der Parteientwicklung von den bescheidenen Anfängen im Jahr 1919 bis zum erfolgreichen Durchbruch zur Massenbewegung nach 1929 in den Vordergrund gestellt. Elemente einer solchen Kontinuität sind gewiss aufweisbar. Um nur die wichtigsten zu bezeichnen: Hitler war spätestens seit 1921 die dominierende Figur in dieser Partei und sein engerer persönlicher Mitarbeiterkreis blieb all die Jahre hindurch relativ geschlossen; auch die Schlagworte, mit denen in der Endphase der Weimarer Republik die Agitation bestritten wurde, waren im Wesentlichen dieselben wie die, mit denen die NSDAP in ihrer Frühzeit operiert hatte. Trotzdem unterschied sich die NSDAP der Jahre nach 1925 hinsichtlich des Parteiaufbaus und der politischen Strategie so erheblich von der NSDAP der Zeit bis 1923, dass heute überwiegend die Auffassung vertreten wird, 1925 sei sozusagen eine „neue Partei" auf der Bildfläche erschienen – und dies nicht nur in dem oberflächlich-vordergründigen Sinne einer formalen Neugründung der Partei durch Hitler nach seiner Entlassung aus der Festungshaft. [...]
Aus dem gescheiterten Putsch hatte Hitler eine dreifache Lehre gezogen, die er beim Neuaufbau der Partei rigoros zur Anwendung brachte. Erstens: Die Putschtaktik wurde durch eine Legalitätstaktik ersetzt, die zwar nicht ausschloss, dass auch das Mittel der Gewaltanwendung zum Einsatz kam, die aber zunächst auf eine Massenmobilisierung

abzielte. Dies bedingte – zweitens –: Die Partei musste auf zahlenmäßig breiter und regional weitgefächerter Basis straff organisiert werden, wobei auch eine klare organisatorische Trennung von den übrigen Gruppen des völkischen und nationalistischen Lagers erfolgen sollte; die paramilitärische Parteigliederung der SA hatte sich der politischen Führung der Partei eindeutig unterzuordnen. Schließlich drittens: Die Partei sollte zu einem bedingungslos gehorsamen Instrument des Führerwillens geformt werden. Hitler war daher entschlossen, sich beim Neuaufbau der Partei von vornherein die Stellung eines unangefochtenen Parteidiktators zu sichern, und dies ist ihm ohne allzugroße Schwierigkeiten gelungen. [...]

Die nationalsozialistische Bewegung war in den Jahren nach der Neugründung der Partei gekennzeichnet durch die Tendenz zur Herstellung eines „sozial-moralischen Milieus" (Rainer M. Lepsius). Um die NS-Bewegung zu einem Mikrokosmos der Gesellschaft auszubauen, um die Mitglieder- und Anhängerschaft auch im Bereich ihrer Sonderwünsche, ihrer Berufs- und Altersinteressen zu erfassen, wurde eine große Zahl von Hilfsorganisationen, „Gliederungen" der Partei, ins Leben gerufen. In einigen Fällen gab dazu die Parteiführung den Anstoß, noch häufiger aber ging die Initiative von einzelnen Parteiaktivisten aus, die solche Organisationen gründeten und dann den Segen der Parteiführung erhielten. [...]

Eine zweite Stoßrichtung der organisatorischen Aktivitäten zielte auf einige der großen wirtschaftlichen Interessenverbände. Die Schaffung von organisatorischen Querverbindungen zu diesen Verbänden sollte es der NSDAP erleichtern, in breitere Wählerschichten einzudringen; zu nennen sind vor allem die Angestelltenbewegung und die Agrarverbände.

Eberhard Kolb, Die Weimarer Republik, 7. Aufl., Oldenbourg, München 2009, S. 112f., 114, 118, 120.

1 Beschreiben Sie Organisation, Strategie und Taktik der NSDAP seit der Wiedergründung 1925.

2 Charakterisieren Sie anhand von M6 das Wahlverhalten der deutschen Bevölkerung in der Weimarer Republik. Unterscheiden Sie dabei drei Phasen: 1919–1923, 1924–1928 sowie 1930–1932.

M6 Ergebnisse der Reichstagswahlen 1919–1933

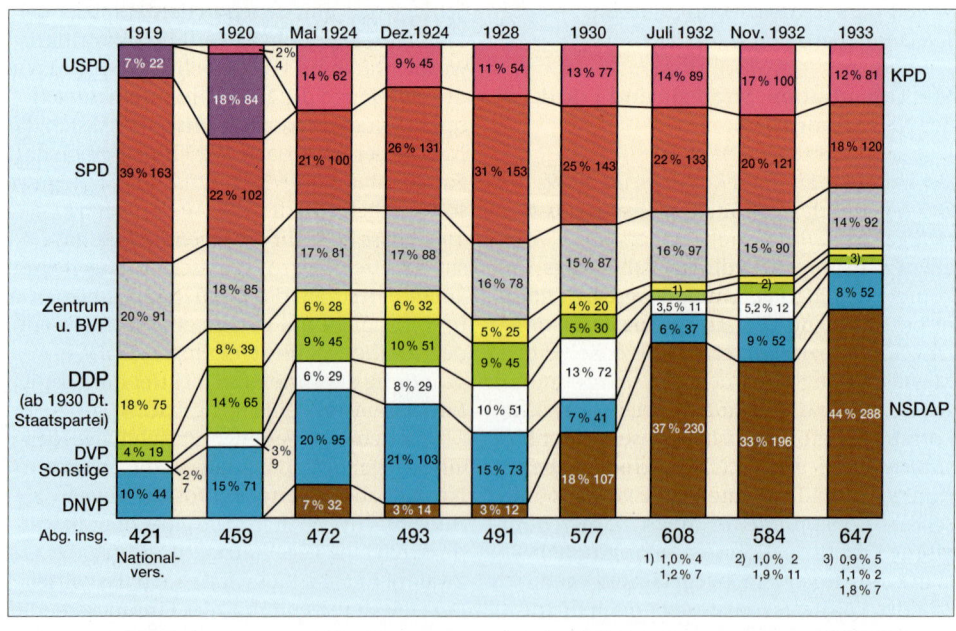

M 7 NSDAP-Plakate zu den Reichstagswahlen 1930 und 1932

1 Analysieren Sie mithilfe dieser Wahlplakate, wie die NSDAP propagandistisch vorging, wer dabei ihre Hauptgegner und ihre wichtigsten Zielgruppen waren.
2 **Bildrecherche:** Sammeln Sie weitere NS-Wahlplakate und erweitern Sie Ihre Analyse um Beispiele aus späteren Jahren.

M 8 Der Historiker Reiner Marcowitz über das soziale Profil der NSDAP-Mitglieder und -wähler (2007)

Wer wählte die Partei? Mit diesem Thema hat sich die Forschung erst relativ spät eingehender beschäftigt. Zunächst herrschten drei verschiedene – empirisch unzureichend gesicherte – Erklärungsmuster vor:
1. Der klassentheoretische Ansatz: Die NSDAP sei ein reines Mittelstandsphänomen gewesen.
2. Der massentheoretische Ansatz: Die NSDAP mobilisierte Unpolitische und bisherige Nichtwähler für sich.
3. Der konfessionstheoretische Ansatz: Das katholische Milieu erwies sich als resistenter gegenüber einer nationalsozialistischen Infiltration als das protestantische.

Empirisch fundierte Aussagen liegen erst seit Ende der 1970er-/Anfang der 1980er-Jahre vor, auch dank der Arbeiten des Wahlforschers Jürgen Falter, der mithilfe elektronischer Datenverarbeitung eine große Anzahl von Sozial- und Wahldaten ausgewertet und Korrelationen hergestellt hat: Demzufolge konnte die NSDAP bei den Reichstagswahlen von 1930, 1932 (31. Juli) und 1933 wie keine andere Partei Neuwähler mobilisieren. Die größten Zuströme kamen jedoch aus den Reihen der DNVP, der bürgerlichen Mittelparteien sowie der Interessen- und Regionalparteien. Und auch die SPD gab – allerdings in deutlich geringerem Maße – Wähler an die NSDAP ab. Sehr viel resistenter zeigten sich nur die Anhänger von Zentrum, BVP und KPD. Alles in allem lässt sich sagen, dass 1930 jeder dritte DNVP-Wähler, jeder vierte DVP/DDP-Wähler, jeder siebte Nichtwähler und jeder zehnte SPD-Wähler seine Stimme der NSDAP gab. 1932 war es dann jeder zweite Wähler der Splitterparteien, jeder dritte Wähler der Liberalen und der Deutschnationalen, jeder fünfte Nichtwähler und jeder siebte SPD-Wähler. Folglich kann man beim Sozialprofil der Wähler auch nicht mehr von einer Dominanz des Kleinbürgertums ausgehen. Vielmehr präsentierte sich die soziale Schichtung der NS-Wählerschaft sehr viel heterogener: Die Wähler kamen zwar durchaus zahlreich aus dem Mittelstand, aber ebenso aus dem höheren Bürgertum und der Arbeiterschaft, wobei mit Blick auf Letztere jener Teil dominierte, der bereits vorher bürgerlich und konservativ – auch die DNVP – gewählt hatte. Hingegen folgten die „klassischen" Arbeiter in den großen Industriebetrieben den Aufrufen der NSDAP in der Regel nicht. Angestellte und Beamte wiederum wählten nicht überdurchschnittlich, sondern eher durchschnittlich nationalsozialistisch. Hingegen war der „alte Mittelstand" – Landwirte, Handwerker und Einzelhändler – deutlich überrepräsentiert. Arbeitslose tendierten mehrheitlich ebenfalls nicht primär zur NSDAP – wie früher angenommen –, sondern zur KPD und – in geringerem Maße – zur SPD. Allenfalls arbeitslose Angestellte bildeten eine Ausnahme von dieser Regel.

Eindeutig war die konfessionelle Verteilung: Bei ihrem größten Wahlerfolg im Juli 1932 gewann die NSDAP nur 16% der Katholiken, aber 38% […] der Nichtkatholiken für sich, was mit der ausgesprochen nationalen Einstellung der evangelischen Landeskirchen zusammenhing. Frauen wiederum wählten eher unterdurchschnittlich nationalsozialistisch; sie tendierten bis 1933 stärker zu den traditionell konservativen und religiösen Parteien. Zusammenfassend lässt sich mit Blick auf die Wählerschaft der NSDAP sagen, dass die Partei eine „sozial gemischte, sowohl für Arbeiter als auch für Mittelschicht- und Oberschichtangehörige – wenn auch in unterschiedlichem Maße – attraktive Partei" war (Jürgen Falter). Insofern stellte die NSDAP von der sozialen Zusammensetzung ihrer Wählerschaft her so etwas wie eine „*catch-all party of protest*" (Thomas Childers) dar, deren innere Bindekraft ein starker Nationalismus war.

Auch die Zahl der NSDAP-Mitglieder stieg binnen sieben Jahren auf mehr als das Doppelte: 1923 hatte sie nur etwa 50 000 betragen, 1930 waren es rund 130 000 und im Januar 1933 schließlich fast 850 000. Diese rekrutierten sich überdurchschnittlich aus der jüngeren Generation, d. h. den nach 1890 Geborenen. Von ihrer sozialen Herkunft waren es vor allem Mittelständler bzw. Kleinbürger – kleine Angestellte, Beamte und Handwerker, später kamen auch Angehörige des Bildungsbürgertums hinzu. Daneben waren Bauern im Vergleich zu ihrem Anteil an der Zahl aller Erwerbstätigen signifikant überrepräsentiert, aber auch Arbeiter bildeten innerhalb der NSDAP-Mitgliedschaft eine starke Gruppe, wenngleich sie deutlich unter ihrem Anteil an der erwerbstätigen Bevölkerung insgesamt blieben.

Allerdings wies die NSDAP sowohl in puncto Wählerschaft als auch im Hinblick auf ihre Mitgliedschaft eine starke Fluktuation auf: Vor 1933 gelang es der Partei nicht, die Wähler dauerhaft an sich zu binden. Die seit 1930 zu verzeichnenden bemerkenswerten Zuwächse änderten nichts daran, dass die NSDAP bei Neuwahlen jeweils bis zu einem Fünftel ihrer vorherigen Wähler verlor, was allerdings durch den Zugewinn aus dem Reservoir von DNVP, DVP sowie bürgerlichen Interessen- und Regionalparteien wieder kompensiert wurde. Der signifikante und politisch bedeutsame Verlust in den Reichstagswahlen vom November 1932 erklärte sich sowohl aus dem Verlust bäuerlicher Wähler, die wieder zur DNVP zurückkehrten, als auch durch den Anstieg der Nichtwähler. Zudem erwies sich nun die Heterogenität der nationalsozialistischen Anhängerschaft als negativ.

Insofern war die NSDAP im Sommer 1932 bereits auf dem Höhepunkt ihres Erfolgs. Die Hoffnung auf ein unaufhaltsames Wachstum, die Hitler weiter aufrechterhielt, entpuppte sich als Trugbild […]. Ähnlich fluktuierend wie die Wählerschaft waren im Übrigen auch die Mitglieder der NSDAP: Bis zur „Machtergreifung" büßte die Partei von den bis 1930 eingetretenen Mitgliedern mehr als die Hälfte ein, von den danach Hinzugekommenen ein gutes Drittel. Der harte Kern der Mitglieder umfasste nur wenig mehr als 300 000 Mitglieder und wies die NSDAP damit als eine recht instabile politische Organisation aus, die ihr Überleben „nur durch ein schneeballartiges Wachstum" (Hans Mommsen) sichern konnte, das die Erzeugung einer permanenten Krisenstimmung voraussetzte, um die Ernüchterung und Abwanderung der bisherigen Anhänger zu verhindern und neue für sich zu mobilisieren.

Reiner Marcowitz, *Weimarer Republik 1929–1933*, 3. Aufl., Wissenschaftliche Buchgesellschaft, Darmstadt 2009, S. 99–101.

1 Die NSDAP war eine „sozial gemischte, sowohl für Arbeiter als auch für Mittelschicht- und Oberschichtangehörige – wenn auch in unterschiedlichem Maße – attraktive Partei" (Z. 79 ff.). Erläutern Sie diese These am Beispiel der NSDAP-Wähler und -Mitglieder.

2 Der Politikwissenschaftler Jürgen Falter hat die NSDAP einmal so charakterisiert: „Sie war von der sozialen Zusammensetzung ihrer Wähler her am ehesten eine Volkspartei des Protestes oder […] eine ‚Volkspartei mit Mittelstandsbauch'." Erläutern und überprüfen Sie diese These mithilfe von M 8.

M9 Die Ernennung Hitlers zum Reichskanzler am 30. Januar 1933 – Ursachen und Hintergründe

In seiner Biografie über Hindenburg (2007) beschreibt der Historiker Wolfram Pyta ausführlich dessen Rolle bei der „Machtergreifung" Hitlers:
Papen[1] hatte den Weg zur Kanzlerschaft Hitlers geebnet, doch Hindenburg blieb Herr über die Entscheidung, Hitler zum Reichskanzler eines Kabinetts der „nationalen Kon-
5 zentration" zu ernennen. […]
Von welchen Motiven ließ Hindenburg sich leiten, als er sich aus eigener Machtvollkommenheit und aus eigenem Entschluss am 29. Januar 1933 für die von Papen ausge-
10 handelte Lösung entschied und als Konsequenz daraus am Mittag des 30. Januar 1933 die Vereidigung einer neuen Regierung mit Hitler an der Spitze vornahm? […]
Hitler hatte zwei Monate zuvor den Regie-
15 rungsauftrag abgelehnt, weil Hindenburg ihm den Zugriff auf sämtliche präsidiale Vollmachten verweigert hatte, auf die sich alle Reichskanzler seit Brüning hatten stützen können, insbesondere den Rückgriff auf
20 die Notverordnungsvollmachten[2] und die Auflösungsbefugnis. Aber bedeutet dies im Umkehrschluss, dass Hitler im Januar 1933 einem Präsidialkabinett[3] vorstand, das dem Muster der beiden Vorgängerregierungen
25 entsprach und sich beim Regieren durch die Aktivierung präsidialer Befugnisse absicherte? Zur Grundausstattung eines klassischen Präsidialkabinetts gehörte die Aktivierung der präsidialen Befugnis zur Auflösung des
30 Reichstags. Indem Hitler mit Nachdruck auf eine derartige Befugnis pochte und noch am 29. Januar auf einer entsprechenden Zusage beharrte, schien er auf den ersten Blick nur dieselben Vollmachten zu verlangen wie sei-
35 ne Amtsvorgänger. Der entscheidende Unterschied lag darin, dass Hitler mit der Auflösung des Reichstags und der anschließenden Neuwahl ein konkretes politisches Ziel verfolgte, für das sich auch Hindenburg zu er-
40 wärmen vermochte: Hitler hoffte auf eine Veränderung der Mehrheitsverhältnisse im neugewählten Reichstag zugunsten der die Regierung tragenden Parteien, sodass die neue Regierung politisch auf eigenen Füßen
45 stehen konnte und zum Überleben nicht mehr auf präsidiale Vollmachten angewiesen war. Der legale Weg hierzu war die Verabschiedung eines Ermächtigungsgesetzes, das die Regierung autorisierte, unter befristeter Ausschaltung des Reichstags Gesetze zu ver- 50
abschieden. Ein Ermächtigungsgesetz lief also darauf hinaus, dass sich der Schwerpunkt des politischen Handelns zumindest für eine bestimmte Zeit vom Reichspräsidenten auf die Reichsregierung verlagerte. Gestand Hin- 55
denburg der Regierung Hitler die Auflösung des Reichstags mit der Maßgabe zu, auf diese Weise die Voraussetzungen für ein Ermächtigungsgesetz zu verbessern, brachte er unmissverständlich zum Ausdruck, dass er aus 60
freien Stücken die Präsidialgewalt zurücknehmen und sich als Reichspräsident aus der operativen Politik zurückziehen wollte. […]
Als Hitler in seiner neuen Eigenschaft als Reichskanzler am Abend des 31. Januar 1933 65
seinen allerersten Vortrag beim Reichspräsidenten hielt […] und dabei die Auflösung des Reichstags erbat, schlug die Stunde der Wahrheit für den Reichspräsidenten. Hindenburg bestimmte mit seiner Entscheidung 70
darüber, wie viel politische Macht er seinem neuen Reichskanzler anzuvertrauen bereit war. Gewiss musste den Reichspräsidenten beeindrucken, dass die neue Regierung einmütig für die Auflösung des Reichstags ein- 75
trat, da selbst Papen sich am 31. Januar in diesem Sinne aussprach. Aber Hindenburg vollzog nicht einfach nur nach, was seine neue Regierung ihm nahelegte, da er selbst der Auflösung grundsätzlich positive Seiten 80
abgewinnen konnte. Schließlich wurden dadurch die Chancen erhöht, auf formal legale Weise den Parlamentarismus zu liquidieren [= beseitigen] und die Präsidialgewalt dabei in den Hintergrund treten zu lassen. Ohne 85
die Präsidialgewalt politisch auszureizen und das Präsidentenamt in die Nähe eines Verfassungsbruchs zu rücken, eröffnete die Neuwahl des Reichstags die Aussicht auf ein Ermächtigungsgesetz, das der Reichspräsident 90
als politische Entlastung auffasste.
Schon bei den ersten ernsthaften Verhandlungen über eine Kanzlerschaft Hitlers im November 1932 hatte der NS-Parteichef damit geworben, dass nur er als Anführer der 95
weitaus stärksten politischen Kraft im Reichstag die erforderliche Mehrheit für ein Ermächtigungsgesetz zustande bringen könne. Bereits damals hatte Hitler herausgestri-

chen, dass auf diese Weise der Reichspräsident von einer politisch bedenklichen Ausweitung des Artikels 48 entlastet werde. Hitler reklamierte also für eine von ihm geführte Regierung nur übergangsweise präsidiale Vollmachten – insbesondere die Auflösung des Reichstags – mit dem Ziel, sich mittels dieser präsidialen Anschubhilfe eine eigenständige Regierungsbasis in Form eines Ermächtigungsgesetzes zu verschaffen. Es war daher für Hindenburg höchst verlockend, einem Reichskanzler Hitler einen dosierten Einsatz der Präsidialgewalt zuzugestehen, wenn damit autoritäres Regieren, das zugleich im Zeichen der Sammlung aller nationalen Kräfte stand, ohne den Verschleiß der Präsidialgewalt ermöglicht wurde. Da Hitler nie vorhatte, nach dem Muster seiner beiden Vorgänger nur mit präsidialen Vollmachten zu regieren, kamen die Interessen von Reichspräsident und Reichskanzler hier zur Deckung. Hindenburg konnte seine Reichspräsidentschaft aus dem politischen Tagesgeschäft heraushalten; Hitler gewann im Gegenzug eine von der Präsidialgewalt unabhängige Machtbasis. […]

Die Ernennung des „Führers" der weitaus stärksten politischen Partei zum Reichskanzler einer Regierung, in der sich erstmals alle aus Hindenburgs Sicht „nationalen Kräfte" zusammengefunden hatten, nahm der Reichspräsident vor, weil das der Gesamtanlage seiner Politik entsprach. Hindenburgs politisches Lebensziel – die Wiederbelebung des „Geistes von 1914"[4] – ließ sich mit den Mitteln seines Präsidentenamtes allein nicht erreichen. Der Reichspräsident Hindenburg trat zwar seit 1930 immer stärker politisch in Erscheinung; er beschränkte sich nicht auf die Funktion des bloßen Mahners und unparteilichen Sachwalters, sondern geißelte die Zerrissenheit der Parteien – auch der „vaterländischen", die er zur Unterordnung unter nationale Interessen aufrief. Die seit 1930 um sich greifende Entparlamentarisierung des politischen Systems hat er gezielt forciert und das Schwergewicht auf das Präsidentenamt verlagert, weil er im Reichstag das Spiegelbild der politischen Fragmentierung [= Aufsplitterung] erblickte, weshalb er dieses Verfassungsorgan bei der Regierungsbildung möglichst ausgeschaltet wissen wollte. Damit hat sich Hindenburg als eminent politischer Reichspräsident profiliert, der aber 1932 die Erfahrung machen musste, dass sich vom Präsidentenamt aus die nationale Integration nicht erzwingen ließ, solange die nationalsozialistische Bewegung nicht eingebunden wurde. Wenn Hindenburg unbeirrt an der Verwirklichung seines Projekts festhalten wollte, konnte er sich dem Drängen Hitlers nach der Kanzlerschaft nicht entziehen […].

Wolfram Pyta, Hindenburg. Herrschaft zwischen Hohenzollern und Hitler, Siedler, München 2007, S. 791, 792f., 795f., 800.

1 Franz von Papen (1879–1969): Mitglied der katholischen Zentrumspartei, auf deren rechtem Flügel er stand. 1932 bereitete er als Reichskanzler die Machtübernahme der Nationalsozialisten vor. 1933/34 war er Vizekanzler, danach im diplomatischen Dienst.
2 Notverordnungsvollmachten: Nach Artikel 48 der Weimarer Reichsverfassung besaß der Reichspräsident in Krisensituationen das Recht zu Notverordnungen. Dabei durfte er auch Grundrechte außer Kraft setzen.
3 Siehe Fußnote 1, S. 18.
4 „Geist von 1914": Bezeichnung für die nationale Stimmung in Deutschland zu Beginn des Ersten Weltkrieges.

1 Untersuchen Sie die Gründe für die Ernennung Hitlers zum Reichskanzler am 30. Januar 1933: **a)** Charakterisieren Sie die beteiligten Personen. Konzentrieren Sie sich auf deren politisches Amt und ihre parteipolitische Ausrichtung.
b) Erläutern Sie die Motive und Ziele der beteiligten Personen.
2 Werturteil: Beurteilen Sie die Entscheidung Hindenburgs, Hitler zum Reichskanzler zu ernennen, aus heutiger Sicht. Hat Hindenburg seine Ziele erreicht? Welche Folgen hatte die Ernennung Hitlers zum Reichskanzler für Deutschland, Europa und die Weltpolitik?

M 10 Auszüge aus Hitlers Buch „Mein Kampf" (1925)

a) „Der Jude":
Siegt der Jude mithilfe seines marxistischen Glaubensbekenntnisses über die Völker dieser Welt, dann wird seine Krone der Totenkranz der Menschheit sein, dann wird dieser Planet wieder wie einst vor Jahrmillionen menschenleer durch den Äther ziehen. Die

ewige Natur rächt unerbittlich die Übertretung ihrer Gebote. So glaube ich heute im Sinne des allmächtigen Schöpfers zu handeln: Indem ich mich des Juden erwehre, kämpfe ich für das Werk des Herrn.

b) „Volk und Rasse":
Jedes Tier paart sich nur mit einem Genossen der gleichen Art. Meise geht zu Meise, Fink zu Fink […] usw. […] Die Folge dieses in der Natur allgemein gültigen Triebes zur Rassereinheit ist nicht nur die scharfe Abgrenzung der einzelnen Rassen nach außen, sondern auch ihre gleichmäßige Wesensart in sich selber. […] So wenig sie [= die Natur] aber schon eine Paarung von schwächeren Einzelwesen mit stärkeren wünscht, so viel weniger noch die Verschmelzung von höherer Rasse mit niederer, da ja andernfalls ihre ganze sonstige, vielleicht jahrhunderttausendelange Arbeit der Höherzüchtung mit einem Schlage wieder hinfällig wäre. Die geschichtliche Erfahrung bietet hierfür zahllose Belege. Sie zeigt in erschreckender Deutlichkeit, dass bei jeder Blutsvermengung des Ariers mit niedrigeren Völkern als Ergebnis das Ende des Kulturträgers herauskam. […] Den gewaltigsten Gegensatz zum Arier bildet der Jude.

c) „Führerprinzip":
Die junge Bewegung ist ihrem Wesen und ihrer inneren Organisation nach antiparlamentarisch, d. h., sie lehnt im Allgemeinen wie in ihrem eigenen inneren Aufbau ein Prinzip der Majoritätsbestimmung ab, in dem der Führer nur zum Vollstrecker des Willens und der Meinung anderer degradiert wird. Die Bewegung vertritt im Kleinsten wie im Größten den Grundsatz der unbedingten Führerautorität, gepaart mit höchster Verantwortung. Die praktischen Folgen dieses Grundsatzes in der Bewegung sind nachstehende: Der erste Vorsitzende einer Ortsgruppe wird durch den nächsthöheren Führer eingesetzt, er ist der verantwortliche Leiter der Ortsgruppe.

d) Terror:
Hätte man zu Kriegsbeginn und während des Krieges einmal zwölf- oder fünfzehntausend dieser hebräischen Volksverderber so unter Giftgas gehalten, wie Hunderttausende unserer allerbesten deutschen Arbeiter aus allen Schichten und Berufen es im Felde erdulden mussten, dann wäre das Millionenopfer der Front nicht vergeblich gewesen. Im Gegenteil: Zwölftausend Schurken, zur rechten Zeit beseitigt, hätten vielleicht einer Million ordentlicher, für die Zukunft wertvoller Deutschen das Leben gerettet.

e) „Lebensraum im Osten":
Wollte man in Europa Grund und Boden, dann konnte dies im Großen und Ganzen nur auf Kosten Russlands geschehen, dann musste sich das neue Reich auf der Straße der einstigen Ordensritter in Marsch setzen, um mit dem deutschen Schwert dem deutschen Pflug die Scholle, der Nation aber das tägliche Brot zu geben. […] Wir Nationalsozialisten haben jedoch noch weiter zu gehen. Das Recht auf Grund und Boden kann zur Pflicht werden, wenn ohne Bodenerweiterung ein großes Volk dem Untergang geweiht erscheint. Noch ganz besonders dann, wenn es sich dabei nicht um ein x-beliebiges Negervölkchen handelt, sondern um die germanische Mutter all des Lebens, das der heutigen Welt ihr kulturelles Bild gegeben hat. Deutschland wird entweder Weltmacht oder überhaupt nicht sein. Zur Weltmacht aber braucht es jene Größe, die ihm in der heutigen Zeit die notwendige Bedeutung und seinen Bürgern das Leben gibt. Damit ziehen wir Nationalsozialisten einen Strich unter die außenpolitische Richtung unserer Vorkriegszeit. Wir setzen dort an, wo man vor sechs Jahrhunderten endete. Wir stoppen den ewigen Germanenzug nach dem Süden und Westen Europas und weisen den Blick nach dem Land im Osten. Wir schließen endlich ab die Kolonial- und Handelspolitik der Vorkriegszeit und gehen über zur Bodenpolitik der Zukunft.

M 10 a–e: Adolf Hitler, Mein Kampf, Franz Eher Nachfolger, München 1942, S. 69 f., 31 ff., 378 und 501 f., 772 sowie 154 und S. 741 f.

1 Erläutern Sie anhand von M 10 Hitlers Menschenbild, das „Führerprinzip" sowie die Konsequenzen der Lebensraum-Ideologie.
2 Nehmen Sie Stellung: Der NS-Rassismus war die ideologische Grundlage eines „Krieges nach innen", die Lebensraum-Doktrin diejenige eines „Krieges nach außen".

Schriftliche Quellen interpretieren

In der Gegenwart zeigt sich die Geschichte in Form von Quellen. Sie bilden die Grundlage unserer historischen Kenntnisse. Doch nicht die Quellen selbst stellen das Wissen dar, erst ihre systematische Analyse ermöglicht eine adäquate Rekonstruktion und Deutung von Geschichte. Daher gehört es zu den grundlegenden Kompetenzen im Geschichtsunterricht, Quellen angemessen erschließen und interpretieren zu können.

Die bedeutsamsten Quellen für die Rekonstruktion von Vergangenheit sind schriftliche Zeugnisse. Sie werden unterteilt in **erzählende Quellen**, die zum Zweck der Überlieferung verfasst wurden, z. B. Chroniken, Geschichtsepen, Mono- und Biografien, sowie in **dokumentarische Quellen**, z. B. Urkunden, Akten, Gesetzestexte und Zeitungen, die gesellschaftliche und private Ereignisse und Prozesse unmittelbar und meist unkommentiert wiedergeben. Bei der Untersuchung schriftlicher Quellen kommt es darauf an, zusätzlich zur Analyse formaler und inhaltlicher Aspekte deren Einordnung in den historischen Kontext vorzunehmen und ihren Aussagegehalt kritisch zu beurteilen. Nur wenn der Interpretierende Subjektives und Objektives abwägt und Tatsachen und Meinungen unterscheidet, ist das Ergebnis der Quellenarbeit eine weitgehende Annäherung an die historische Wirklichkeit.

Webcode:
KH639748-026

Arbeitsschritte für die Interpretation

1. Leitfrage	– Welche Fragestellung bestimmt die Untersuchung der Quelle?
2. Analyse	*Formale Aspekte* – Wer ist der Autor (ggf. Amt, Stellung, Funktion, soziale Schicht)? – Wann und wo ist der Text entstanden bzw. veröffentlicht worden? – Um welche Textart handelt es sich (z. B. Brief, Rede, Vertrag)? – Was ist das Thema des Textes? – An wen ist der Text gerichtet (z. B. Privatperson, Institution, Machthaber, Öffentlichkeit, Nachwelt)? *Inhaltliche Aspekte* – Was sind die wesentlichen Textaussagen (z. B. anhand des gedanklichen Aufbaus bzw. einzelner Abschnitte)? – Welche Begriffe sind von zentraler Bedeutung (Schlüsselbegriffe)? – Wie ist die Textsprache (z. B. sachlich, emotional, appellativ, informativ, argumentativ, manipulierend, ggf. rhetorische Mittel)? – Was ist die Kernaussage des Textes?
3. Historischer Kontext	– In welchen historischen Zusammenhang (Ereignis, Epoche, Prozess bzw. Konflikt) lässt sich die Quelle einordnen?
4. Urteilen	*Sachurteil* Autor – Welchen politisch-ideologischen Standpunkt nimmt der Autor ein? – Welche Intention verfolgt der Verfasser der Texte? Quelle – Inwieweit ist der Text glaubwürdig? – Enthält er Widersprüche? Adressat – Welche Wirkung sollte der Text bei den Adressaten erzielen? *Werturteil* – Wie lässt sich der Text im Hinblick auf die Leitfrage aus heutiger Sicht bewerten?

Übungsbeispiel

M 1 NS-„Volksgemeinschafts"-Ideologie

In dieser Rede Adolf Hitlers „Warum sind wir Antisemiten?" vom 13. August 1920 auf einer NSDAP-Versammlung im Münchener Hofbräuhaus wird zum ersten Mal die Ideologie der „Volksgemeinschaft" umfassend begründet.
Was heißt eigentlich Arbeit? […] Zunächst der rein instinktmäßige Selbsterhaltungstrieb. Wir finden ihn nicht nur beim Menschen, sondern auch beim Tier, und erst dieser instinktmäßige Selbsterhaltungstrieb hat sich später ausgebaut zu einer weiteren Form von Arbeit, nämlich zur Arbeit aus purem Egoismus. Auch diese zweite Stufe der Arbeit wurde allmählich überwunden und es kam die dritte: die Arbeit aus sittlich-moralischem Pflichtgefühl, die der Einzelne nicht macht vielleicht nur, weil er dazu gezwungen ist, sondern die wir heute auf Schritt und Tritt verfolgen können, die Millionen von Menschen ausüben, ohne vielleicht ununterbrochen dazu getrieben zu sein, die Tausende von Denkern Tag für Tag, Nächte hindurch an ihre Studierstube bindet, ohne dass sie vielleicht materiell gezwungen werden, diese Arbeit zu leisten, die hunderttausende deutscher Arbeiter nach ihrer Feierstunde wandern lässt in ihre Heimgärten, und wir können es erleben, dass Millionen Menschen heute überhaupt nicht sein können ohne irgend eine Beschäftigung. […]

Diese drei Errungenschaften: das erkannte Prinzip der Arbeit als Pflicht, die Notwendigkeit, nicht nur für den Einzelnen und aus Egoismus, sondern zum Bestande dieser ganzen, wenn auch oft nur ganz kleinen Masse von Menschen, dieser kleinen Sippen, zweitens die unbedingte körperliche Gesundheit und dadurch die geistige normale Gesundheit, und drittens das tief-innerliche Seelenleben hat diesen nordischen Rassen die Möglichkeit gegeben, staatenbildend über die übrige Welt zu ziehen. […]

Diese Rassen nun, die wir als Arier bezeichnen, waren in Wirklichkeit die Erwecker all der späteren großen Kulturen, die wir in der Geschichte heute noch verfolgen können. Wir wissen, dass Ägypten durch arische Einwanderer auf seine Kulturhöhe gebracht wurde, ebenso Persien, Griechenland; die Einwanderer waren blonde, blauäugige Arier, und wir wissen, dass außer diesen Staaten überhaupt keine Kulturstaaten auf dieser Erde gegründet wurden. […]

Warum hat nun der Arier diese Kraft zur Staatenbildung besessen? Sie liegt nahezu ausschließlich in seiner Auffassung des Begriffes Arbeit. Die Rassen, die zum ersten Mal diese Tätigkeit nicht als Zwang ansahen, sondern als durch Jahrzehntausende notgeborene Notwendigkeit, mussten von vornherein den anderen überlegen sein […]. Wir wissen, dass im Augenblick, wo Einzelbeschäftigung aufhörte, den Einzelnen zu ernähren, eine Gruppe gezwungen war, einem besonders Fähigen eine bestimmte Arbeit zuzuweisen, und dass, wo Teilung der Arbeit erfolgt, der Zusammenschluss größerer Menschengruppen notwendig wurde. So ist in der Arbeit letzten Endes die Kraft zu suchen, die erst die Sippen, dann die Stämme zusammenband und die später endlich Staaten gründete. Wenn wir als erste Notwendigkeit zur Staatenbildung die Auffassung der Arbeit als soziale Pflicht ansehen müssen, dann ist die zweite Notwendigkeit, die Voraussetzung hiezu: Rassengesundheit und Rassenreinheit, und nichts kam diesen nordischen Eroberern so sehr zugute als ihre geläuterte Kraft gegenüber den morschen faulen Südrassen. […]

Wie steht nun der Jude zur Staatenbildung? Besitzt auch der Jude die Kraft, Staaten zu bilden usw.? Da müssen wir erst unbedingt prüfen seine Stellung zur Arbeit […]. […] Arbeit ist ihm […] nicht die selbstverständliche sittliche Pflicht, sondern nur ein Mittel höchstens zur Erhaltung seines eigenen Ich. […] Und wir wissen, dass diese Arbeit einst bestand im Ausplündern wandernder Karawanen und dass sie heute besteht im planmäßigen Ausplündern verschuldeter Bauern, Industrieller, Bürger usw. Und dass sich die Form wohl geändert hat, dass aber das Prinzip das Gleiche ist. Wir nennen das nicht Arbeit, sondern Raub […].

Wenn uns schon dieser erste grundlegende Begriff trennt, so trennt uns auch sofort ein zweiter. Ich erklärte Ihnen vorhin, dass diese große Periode im Norden die Rassen rein gezüchtet hat. Das ist so zu verstehen, dass alles Minderwertige, Schwächliche allmählich aus diesen Rassen abgestorben ist und dass nur die gesündesten Körper übrig blieben. Auch hier unterscheidet sich der Jude; denn er ist nicht rein gezüchtet […].

Endlich fehlt dem Juden noch das dritte: das innerliche seelische Erleben. […] Sie kennen ihn alle […]. Jene ununterbrochene Unruhe, die ihm niemals die Möglichkeit gibt, sich innerlich zu sammeln, einer seelischen Stimmung sich hinzugeben! […]

Wir sehen, dass hier schon in der Rasse zwei große Unterschiede liegen: Ariertum bedeutet sittliche Auffassung der Arbeit und dadurch das, was wir heute so oft im Munde führen: Sozialismus, Gemeinsinn, Gemeinnutz vor Eigennutz – Judentum bedeutet egoistische Auffassung der Arbeit und dadurch Mammonismus[1] und Materialismus, das konträre Gegenteil des Sozialismus […]. Und in dieser Eigenschaft, über die er nicht hinaus kann, die in seinem Blute liegt, er selbst erkennt das an, in dieser Eigenschaft allein schon liegt die Notwendigkeit für den Juden, unbedingt staatenzerstörend auftreten zu müssen. Er kann nicht anders, ob er will oder nicht. Er ist dadurch nicht mehr befähigt, einen eigenen Staat zu bilden, denn der setzt mehr oder weniger stets viel Sozialgefühl voraus. Er ist dadurch nur mehr in der Lage, als Parasit zu leben in den anderen Staaten, er lebt als Rasse in anderen Rassen, als Staat in anderen Staaten, und wir sehen hier ganz genau, dass die Rasse an und für sich noch nicht staatenbildend wirkt, wenn sie nicht ganz bestimmte Eigenschaften besitzt, die in der Rasse liegen müssen, die ihr aufgrund ihres Blutes angeboren sein müssen, und dass umgekehrt eine Rasse, die diese Eigenschaften nicht besitzt, rassen- und staatenzerstörend wirken muss, gleichviel ob der Einzelne gut ist oder böse. […] Der Jude ist bemüht, […] vor allem das zu beseitigen, von dem er weiß […], dass es entschlossen ist, nationale Volksverbrecher, d. h. Schädlinge an der Volksgemeinschaft, nicht unter sich zu dulden.

Zit. nach: Eberhard Jäckel u. a. (Hg.), Hitler. Sämtliche Aufzeichnungen 1905–1924, DVA, Stuttgart 1980, Nr. 136, S. 184–195.

---

1   Mammonismus: Geldgier

---

1 Interpretieren Sie M1 mithilfe der Arbeitsschritte von S. 26.

Lösungshinweise

1. Leitfrage
Mögliche Fragestellung: Welche zentralen Merkmale charakterisieren die NS-„Volksgemeinschafts"-Ideologie?

2. Analyse
Formale Aspekte
Autor: Adolf Hitler, damals Mitglied der NSDAP und deren Propagandaredner
Entstehungsort und -zeit: München, Festsaal des Hofbräuhauses, 13. August 1920
Textart: öffentliche Rede auf NSDAP-Versammlung
Thema: „Warum sind wir Antisemiten?"
Adressat: Mitglieder und Anhänger der NSDAP

Inhaltliche Aspekte
Wesentliche Textaussagen:
– Es gibt wesentliche Unterschiede zwischen der nordisch/arischen und der jüdischen Rasse.
– Die Überlegenheit der nordisch/arischen Rasse gründet auf drei Eigenschaften:
  1. Arbeit als Pflicht;
  2. körperlicher Gesundheit;
  3. tief-innerlichem Seelenleben.
– Die Unterlegenheit der jüdischen Rasse beruht auf drei Eigenschaften:
  1. Arbeit aus reinem Egoismus zur Ausplünderung anderer Menschen und Gesellschaften;
  2. mangelnder Rassereinheit und Gesundheit;
  3. fehlendem inneren seelischen Erleben.

Schlüsselbegriffe: Arbeit, Rasse, nordisch/arische Rasse, jüdische Rasse bzw. Juden, Rassengesundheit, Rassenreinheit, Staatenbildung, staatenzerstörend, Überlegenheit bzw. Minderwertigkeit von Rassen, Volksgemeinschaft
Textsprache: appellativ, manipulierend, demagogisch
Kernaussagen des Textes:
– Der Jude kann keinen eigenen Staat bilden und wirkt in Gastländern staatenzerstörend (Z. 116 ff.).
– Die Juden sind „Schädlinge" in der deutschen „Volksgemeinschaft" (Z. 140 ff.).

3. Historischer Kontext
Entstehung der NS-Ideologie und der nationalsozialistischen Partei nach dem Ersten Weltkrieg

4. Urteil
Sachurteil
Politisch-ideologischer Standpunkt des Autors: Autor vertritt eine völkische, rassistische und antisemitische Ideologie sowie „Volksgemeinschafts"-Ideologie
Intention des Autors: Propaganda für einen völkischen, rassistischen und antisemitischen Standpunkt bzw. für die „Volksgemeinschafts"-Ideologie
Glaubwürdigkeit: siehe unter Wirkung
Widersprüche: Der Redner versucht den Eindruck zu erwecken, als beruhten seine Thesen auf wissenschaftlich abgesicherten Erkenntnissen. In Wirklichkeit beruht der Text auf einer biologistischen Deutung der Weltgeschichte, die mit pseudowissenschaftlichem Vokabular arbeitet. So wird „dem Juden" die Rolle eines staatenzerstörenden Parasiten im „Wirtsvolk" zugeschrieben und ein egoistischer räuberischer Arbeitsbegriff unterstellt. Die Absicht tritt offen zutage: Mit dieser rassistischen Erklärung, die jeder rationalen Wissenschaft Hohn spricht, soll nicht nur die „rassische Minderwertigkeit" „der Juden" untermauert, sondern auch ihre Nichtzugehörigkeit zur deutschen „Volksgemeinschaft" behauptet werden.
Wirkung: Die Glaubwürdigkeit bzw. Wirkung der Rede dürfte entscheidend von den politisch-sozialen Überzeugungen und Einstellungen der Zuhörer abhängen: Menschen mit antisemitischen und rassistischen Vorurteilen, die zu einer extrem nationalistischen Sicht neigen, fühlen sich wahrscheinlich vom Redner angezogen und in ihren Meinungen bestätigt; Menschen, die diesen Überzeugungen kritisch gegenüberstehen, fühlen sich dagegen abgestoßen und verurteilen die Propaganda des Redners als antidemokratisch und damit auch als gegen die Menschenrechte gerichtet.

Werturteil
Die Rede Hitler zeigt eindeutig die Stoßrichtung der NS-„Volksgemeinschafts"-Ideologie. Hitler und die extreme Rechte beschäftigte weniger die Frage, wer zur Volksgemeinschaft gehörte, als vielmehr, wer nicht zu ihr gehören durfte – dazu zählten allen voran die Juden. Aus heutiger Sicht ist zudem deutlich: Die inhumane Spaltung der Menschheit bestimmte nicht nur die Weltanschauung Hitlers und die Ideologie der Nationalsozialisten, sondern auch die Herrschaftspraxis des NS-Regimes. Nach der Ausgrenzung, Entrechtung und Beraubung der Juden zwischen 1933 und 1939 folgten während des Zweiten Weltkrieges 1939 bis 1945 die Deportation und Vernichtung.

M 2 Plakat zur Ausstellung „Der ewige Jude" in München, November 1937.
In 20 Sälen präsentierte die NS-Ausstellung vermeintlich begangene Verbrechen von Juden, deren „moralische Verkommenheit", ihren „zersetzenden" Einfluss auf das deutsche Volk und befasste sich mit der „Lösung" der Judenfrage. Es war eine rein denunziatorische Propagandaschau, die mit judenfeindlichen Klischees arbeitete und darauf abzielte, Juden als Störenfriede, Raffer und Wucherer zu diffamieren.

1 Analysieren Sie M 2. Berücksichtigen Sie dabei Ihre Ergebnisse aus der Interpretation von M 1.

M 11 Das 25-Punkte-Programm der NSDAP, 24. Januar 1920

Dieses Parteiprogramm verkündete Hitler am 24. Januar 1920 im Münchener Hofbräuhaus. Es wurde 1921 für „unabänderlich" erklärt.

1. Wir fordern den Zusammenschluss aller Deutschen aufgrund des Selbstbestimmungsrechtes der Völker zu einem Groß-Deutschland.
2. Wir fordern die Gleichberechtigung des deutschen Volkes gegenüber den anderen Nationen, Aufhebung der Friedensverträge von Versailles und St. Germain.
3. Wir fordern Land und Boden (Kolonien) zur Ernährung unseres Volkes und Ansiedlung unseres Bevölkerungsüberschusses.
4. Staatsbürger kann nur sein, wer Volksgenosse ist. Volksgenosse kann nur sein, wer deutschen Blutes ist, ohne Rücksichtnahme auf Konfession. Kein Jude kann daher Volksgenosse sein.
5. Wer nicht Staatsbürger ist, soll nur als Gast in Deutschland leben können und muss unter Fremdengesetzgebung stehen.
6. Das Recht, über Führung und Gesetze des Staates zu bestimmen, darf nur dem Staatsbürger zustehen. Daher fordern wir, dass jedes öffentliche Amt, gleichgültig welcher Art, gleich ob in Reich, Land oder Gemeinde, nur durch Staatsbürger bekleidet werden darf. Wir bekämpfen die korrumpierende Parlamentswirtschaft einer Stellenbesetzung nur nach Parteigesichtspunkten ohne Rücksichten auf Charakter und Fähigkeiten.
7. Wir fordern, dass sich der Staat verpflichtet, in erster Linie für die Erwerbs- und Lebensmöglichkeit der Staatsbürger zu sorgen. Wenn es nicht möglich ist, die Gesamtbevölkerung des Staates zu ernähren, so sind die Angehörigen fremder Nationen (Nicht-Staatsbürger) aus dem Reiche auszuweisen.
8. Jede weitere Einwanderung Nicht-Deutscher ist zu verhindern. Wir fordern, dass alle Nicht-Deutschen, die seit dem 2. August 1914 in Deutschland eingewandert sind, sofort zum Verlassen des Reiches gezwungen werden.
9. Alle Staatsbürger müssen gleiche Rechte und Pflichten besitzen.
10. Erste Pflicht jedes Staatsbürgers muss sein, geistig oder körperlich zu schaffen. Die Tätigkeit des Einzelnen darf nicht gegen die Interessen der Allgemeinheit verstoßen, sondern muss im Rahmen des Gesamten und zum Nutzen aller erfolgen. Daher fordern wir:
11. Abschaffung des Arbeits- und mühelosen Einkommens, Brechung der Zinsknechtschaft.
12. Im Hinblick auf die ungeheuren Opfer an Gut und Blut, die jeder Krieg vom Volke fordert, muss die persönliche Bereicherung durch den Krieg als Verbrechen am Volke bezeichnet werden: Wir fordern daher restlose Einziehung aller Kriegsgewinne.
13. Wir fordern die Verstaatlichung aller (bisher) bereits vergesellschafteten (Trusts) Betriebe.
14. Wir fordern Gewinnbeteiligung an Großbetrieben.
15. Wir fordern einen großzügigen Ausbau der Altersversorgung.
16. Wir fordern die Schaffung eines gesunden Mittelstandes und seine Erhaltung, sofortige Kommunalisierung der Groß-Warenhäuser und ihre Vermietung zu billigen Preisen an kleine Gewerbetreibende, schärfste Berücksichtigung aller kleinen Gewerbetreibenden bei Lieferung an den Staat, die Länder oder Gemeinden.
17. Wir fordern eine unseren nationalen Bedürfnissen angepasste Bodenreform, Schaffung eines Gesetzes zur unentgeltlichen Enteignung von Boden für gemeinnützige Zwecke. Abschaffung des Bodenzinses und Verhinderung jeder Bodenspekulation.
18. Wir fordern den rücksichtslosen Kampf gegen diejenigen, die durch ihre Tätigkeit das Gemeininteresse schädigen. Gemeine Volksverbrecher, Wucherer, Schieber usw. sind mit dem Tode zu bestrafen, ohne Rücksichtnahme auf Konfession und Rasse.
19. Wir fordern Ersatz für das der materialistischen Weltordnung dienende Römische Recht durch ein deutsches Gemeinrecht.
20. Um jedem fähigen und fleißigen Deutschen das Erreichen höherer Bildung und damit das Einrücken in führende Stellung zu ermöglichen, hat der Staat für einen gründlichen Ausbau unseres gesamten Volksbildungswesens Sorge zu tragen. Die Lehrpläne aller Bildungsanstalten sind den Erfordernissen des praktischen Lebens anzu-

passen. Das Erfassen des Staatsgedankens muss bereits mit dem Beginn des Verständnisses durch die Schule (Staatsbürgerkunde) erzielt werden. Wir fordern die Ausbildung besonders veranlagter Kinder armer Eltern ohne Rücksicht auf deren Stand oder Beruf auf Staatskosten.

21. Der Staat hat für die Hebung der Volksgesundheit zu sorgen durch den Schutz der Mutter und des Kindes, durch Verbot der Jugendarbeit, durch Herbeiführung der körperlichen Ertüchtigung mittels gesetzlicher Festlegung einer Turn- und Sportpflicht, durch größte Unterstützung aller sich mit körperlicher Jugendausbildung beschäftigenden Vereine.

22. Wir fordern die Abschaffung der Söldnertruppe und die Bildung eines Volksheeres.

23. Wir fordern den gesetzlichen Kampf gegen die bewusste politische Lüge und ihre Verbreitung durch die Presse. Um die Schaffung einer deutschen Presse zu ermöglichen, fordern wir, dass:

a) sämtliche Schriftleiter und Mitarbeiter von Zeitungen, die in deutscher Sprache erscheinen, Volksgenossen sein müssen,

b) nichtdeutsche Zeitungen zu ihrem Erscheinen der ausdrücklichen Genehmigung des Staates bedürfen. Sie dürfen nicht in deutscher Sprache gedruckt werden,

c) jede finanzielle Beteiligung an deutschen Zeitungen oder deren Beeinflussung durch Nicht-Deutsche gesetzlich verboten wird, und fordern als Strafe für Übertretungen die Schließung eines solchen Zeitungsbetriebes sowie die sofortige Ausweisung der daran beteiligten Nicht-Deutschen aus dem Reich. Zeitungen, die gegen das Gemeinwohl verstoßen, sind zu verbieten. Wir fordern den gesetzlichen Kampf gegen eine Kunst und Literaturrichtung, die einen zersetzenden Einfluss auf unser Volksleben ausübt, und die Schließung von Veranstaltungen, die gegen vorstehende Forderungen verstoßen.

24. Wir fordern die Freiheit aller religiösen Bekenntnisse im Staat, soweit sie nicht dessen Bestand gefährden oder gegen das Sittlichkeits- und Moralgefühl der germanischen Rasse verstoßen.

Die Partei als solche vertritt den Standpunkt eines positiven Christentums, ohne sich konfessionell an ein bestimmtes Bekenntnis zu binden. Sie bekämpft den jüdisch-materialistischen Geist in und außer uns und ist überzeugt, dass eine dauernde Genesung unseres Volkes nur erfolgen kann von innen heraus auf der Grundlage: Gemeinnutz vor Eigennutz.

25. Zur Durchführung alles dessen fordern wir: Die Schaffung einer starken Zentralgewalt des Reiches. Unbedingte Autorität des politischen Zentralparlaments über das gesamte Reich und seine Organisationen im Allgemeinen. Die Bildung von Stände- und Berufskammern zur Durchführung der vom

M 12 Jacobus Belsen „Das Firmenschild", Karikatur, 1930 erschienen in „Der Wahre Jacob"

1 Analysieren Sie die Karikatur:
a) Arbeiten Sie heraus, was der Karikaturist an Ideologie und Propaganda der NSDAP kritisiert.
b) Erörtern Sie die Berechtigung der Kritik des Karikaturisten am Beispiel der Wahlpropaganda der NSDAP (M 7) und des Parteiprogramms der NSDAP (M 11).

Reich erlassenen Rahmengesetze in den einzelnen Bundesstaaten. Die Führer der Partei versprechen, wenn nötig unter Einsatz des eigenen Lebens für die Durchführung der vorstehenden Punkte rücksichtslos einzutreten.

Zit. nach: Kurt Pätzold/Manfred Weißbecker, Geschichte der NSDAP 1920 bis 1945, 3. Aufl., Papy-Rossa Verlag, Köln 2009, S. 46–48.

1 Beschreiben Sie Staat und Gesellschaft, die die Nationalsozialisten nach diesem Parteiprogramm anstrebten.
2 Diskutieren Sie die These, dass dieses Parteiprogramm „eine Mischung aus publikumswirksamen Phrasen und populären Forderungen" gewesen sei (Wolfgang Benz).

M 13 Parteipolitische Reaktionen auf die Ernennung Hitlers zum Reichskanzler

a) Erinnerungen des zweiten Bundesführers des „Stahlhelms", Theodor Duesterberg:
Am 26. Januar 1933 fand eine Besprechung Papens mit Hugenberg[1], Seldte[2] und mir statt. Diese eröffnete Papen mit einer kurzen Ansprache, in der er auf die zwingende Notwendigkeit einer neuen Regierung unter Hitler als Reichskanzler hinwies. Er schloss mit der Forderung, dass wir uns Hitler zu unterstellen hätten, auch der Stahlhelm[3]. Seldte, dem inzwischen Papen mit Erfolg den von mir abgelehnten Ministerposten angeboten hatte, erklärte seine grundsätzliche Bereitschaft. Ich widersprach und warnte vergeblich vor der Dynamik der Hitler'schen Natur und seiner fanatischen Massenbewegung. Hugenberg suchte meine Gedanken mit dem Hinweis zu entkräften, dass ja nichts passieren könne. Hindenburg bleibe Reichspräsident und Oberbefehlshaber der Wehrmacht, Papen würde Vizekanzler, er übernähme die ganze Wirtschaft, einschließlich der Landwirtschaft. Seldte das Arbeitsministerium. „Wir rahmen also Hitler ein."

Theodor Duesterberg, Der Stahlhelm und Hitler, Wolfenbütteler Verlagsanstalt, Wolfenbüttel 1949, S. 33 f.

---

1 Alfred Hugenberg (1865–1951): Begründer des völkischen Alldeutschen Verbands, DNVP-Politiker, in den 1920er-Jahren Aufbau eines Medienkonzerns, Bildung der Harzburger Front, 1933 Wirtschaftsminister.
2 Franz Seldte (1882–1947): 1933 Eintritt in die NSDAP, Gründer (1918) und Führer des Stahlhelms (bis 1935; Auflösung), 1933–1945 Reichsarbeitsminister.
3 Stahlhelm: „Stahlhelm, Bund der Frontsoldaten", 1918 gegründete paramilitärische Organisation zur militärischen Traditionspflege, die in eindeutiger Opposition zum politischen System der Weimarer Republik stand.

---

b) Aus dem Aufruf der KPD vom 30. Januar 1933:
Das blutige, barbarische Terrorregime des Faschismus wird über Deutschland aufgerichtet. Massen, lasst nicht zu, dass die Todfeinde des deutschen Volkes, die Todfeinde der Arbeiter und armen Bauern, der Werktätigen in Stadt und Land ihr Verbrechen durchführen! Setzt euch zur Wehr gegen die Anschläge und den Terror der faschistischen Konterrevolution! Verteidigt euch gegen die schrankenlose soziale Revolution der faschistischen Diktatur! Heraus auf die Straße! Legt die Betriebe still! Antwortet sofort auf den Anschlag der faschistischen Bluthunde mit Streik, mit dem Massenstreik, mit dem Generalstreik! Arbeiter, Arbeiterinnen, Jungarbeiter, nehmt in allen Betrieben, in allen Gewerkschaften, in allen Arbeiterorganisationen, auf allen Stempelstellen sofort Stellung für den Generalstreik gegen die faschistische Diktatur! Beschließt die Arbeitsniederlegung! Beschließt Massendemonstrationen! Wählt Einheitskomitees und Streikleitungen! Organisiert den Kampf!

Geschichte der deutschen Arbeiterbewegung, hg. von einem Autorenkollektiv, Bd. 5, Dietz Verlag, Berlin 1966, S. 441 f.

c) Aus dem Aufruf des Vorstandes der SPD und der sozialdemokratischen Reichstagsfraktion vom 31. Januar 1933:
Arbeitendes Volk! Republikaner!
Im Kabinett Hitler-Papen-Hugenberg ist die Harzburger Front wieder auferstanden. Die Feinde der Arbeiterklasse, die einander bis vor wenigen Tagen auf das heftigste befehdeten, haben sich zusammengeschlossen zum gemeinsamen Kampf gegen die Arbeiterklasse, zu einer reaktionären, großkapitalistischen und großagrarischen Konzentration. Die Stunde fordert die Einigkeit des ganzen arbeitenden Volkes zum Kampf gegen die vereinigten Gegner. Sie fordert Bereitschaft zum Einsatz der letzten und äußersten Kräfte.

Wir führen unseren Kampf auf dem Boden der Verfassung. Die politischen und sozialen Rechte des Volkes, die in Verfassung und Gesetz verankert sind, werden wir gegen jeden Angriff mit allen Mitteln verteidigen. Jeder Versuch der Regierung, ihre Macht gegen die Verfassung anzuwenden oder zu behaupten, wird auf den äußersten Widerstand der Arbeiterklasse und aller freiheitlich gesinnten Volkskreise stoßen. Zu diesem entschiedensten Kampf sind alle Kräfte bereitzuhalten. Undiszipliniertes Vorgehen einzelner Organisationen oder Gruppen auf eigene Faust würde der gesamten Arbeiterklasse zum schwersten Schaden gereichen.

Geschichte der deutschen Arbeiterbewegung, hg. von einem Autorenkollektiv, Bd. 5, Dietz Verlag, Berlin 1966, S. 442.

1 Arbeiten Sie aus M 13 a heraus, wie die Konservativen Hitlers Kanzlerschaft beurteilten.
2 Vergleichen Sie M 13 a mit den Beurteilungen, Annahmen und Strategien der Kommunisten (M 13 b) und der Sozialdemokraten (M 13 c).

M 14 Reaktionen der Bevölkerung auf die Ernennung Hitlers zum Reichskanzler

a) Die Hamburger Lehrerin Luise Solmitz, die mit einem jüdischen Offizier verheiratet war, schrieb am 30. Januar 1933 in ihr Tagebuch:
Hitler ist Reichskanzler! Und was für ein Kabinett!!! Wie wir es im Juli nicht zu erträumen wagten. Hitler, Hugenberg, Seldte, Papen!!! An jedem hängt ein großes Stück meiner deutschen Hoffnung. Nationalsozialistischer Schwung, deutschnationale Vernunft, der unpolitische Stahlhelm und der von uns unvergessene Papen. Es ist so unausdenkbar schön [...]. Was Hindenburg da geleistet hat!

Zit. nach: Werner Jochmann (Hg.), Nationalsozialismus und Revolution, Dokumente, Europäische Verlagsanstalt, Frankfurt/M. 1963, S. 421.

b) Interview mit einer 1933 in Deutschland lebenden österreichischen Architektin:
Frage: Wo waren Sie am 30. Januar 1933? In Berlin?
Antwort: Da war ich auf dem Lande und erlebte alles nur im Radio und in der Kleinstadtzeitung. Der Einzige, der jubelte, war unser Administrator. Na ja, den empfand ich sowieso als ein bisschen primitiv. Ein guter Landwirt, aber sonst ... Dann war da ein Arbeiter, der entpuppte sich als SA-Mann. Das war eigentlich ein armer Kerl gewesen. Der hätte genauso gut bei den Kommunisten landen können. [...] Mein Mann nahm die Ereignisse zuerst mal positiv auf, weil seine Leute sozusagen politisch mit drin waren. Aber sehr bald, spätestens am 1. Mai, kam bei ihm schon die Ernüchterung. [...]
Und dann kam bei manchen die große Ernüchterung. Viele sagten: Das ist ja gefährlich, was sich da tut.

Zit. nach: Ingke Brodersen, Klaus Humann, Susanne von Paczensky (Hg.), 1933: Wie die Deutschen Hitler zur Macht verhalfen, rororo, Reinbek 1983, S. 28.

c) Ein ehemaliger Schüler aus der badischen Stadt Mühlacker erinnert sich:
Ich wurde von unserem Lehrer zu einem Bürger in Mühlacker geschickt, von dem ich wusste, dass er deutschnational eingestellt und organisiert war. Wie ich ihm einen Brief übergeben habe von der Schule, kam eben schon die Sondermeldung, dass der Reichspräsident Hindenburg den Führer der NSDAP, Adolf Hitler, zum Reichskanzler ernannt habe. Die erste Reaktion dieses Bürgers mit deutschnationaler Gesinnung: „So eine Schande!" Er horchte weiter, und als er hörte, dass Hugenberg und Seldte und Papen mit in der Regierung waren, ja, dass sie ein großes Kontingent in der Regierung stellten, da glätteten sich seine Zorneswogen wieder etwas und er sagte dann: „Na ja, hoffen wir, dass es etwas wird."

Zit. nach: Bernd Burkhart, Eine Stadt wird braun, Hoffmann & Campe, Hamburg 1980, S. 103 f.

1 Erstellen Sie aus M 14 a–c eine Übersicht über Reaktionen in der Bevölkerung.
2 Begründen Sie, welche Haltung Ihrer Meinung nach am weitesten verbreitet war.
3 **Zeitungsanalyse:** Werten Sie die Artikel der Lokalzeitungen Ihres Heimatortes anlässlich Hitlers Ernennung zum Reichskanzler aus.

Erarbeiten Sie Präsentationen

Thema 1
Fotorecherche zum Thema „Das Scheitern der Weimarer Demokratie"
a) Recherchieren Sie in historischen Bildbänden und bei Online-Bilddatenbanken nach Fotos aus der Weimarer Zeit (1919–1933).
b) Gruppieren Sie die Fotos nach typischen Motiven und Bildaufbau (z. B. Hitlerdarstellungen, Propaganda, politischen Auseinandersetzungen).
c) Präsentieren Sie Ihre Ergebnisse. Wählen Sie dazu Beispiele aus, an denen Sie typische Merkmale vorstellen können (z. B. Perspektive der Aufnahme, Komposition).
d) Diskutieren Sie über die Frage, welche Bilder über den Kampf der Nationalsozialisten gegen die Weimarer Demokratie überliefert wurden und wie diese die Wahrnehmungen der Zeitgenossen wie der heutigen Betrachter beeinflussen konnten bzw. könnten.

Thema 2
Die Reaktionen deutscher Künstler und Schriftsteller auf Hitlers Machtantritt
Stellen Sie einen Künstler oder Schriftsteller vor, der sich mit der Ernennung Hitlers zum Reichskanzler auseinandergesetzt hat, und untersuchen Sie den Lebensweg der Personen seit 1933 (z. B. Bertolt Brecht, Lion Feuchtwanger, Oskar Maria Graf, Gustav Gründgens, Irmgard Keun, Thomas und Heinrich Mann, Anna Seghers oder Helene Weigel).

Literaturtipp
Hans Sarkowicz, Alf Mentzer, Schriftsteller im Nationalsozialismus. Ein Lexikon, Insel Verlag, Berlin 2011.

M 2 „Der Bildhauer Deutschlands", Karikatur von Oskar Garvens aus dem „Kladderadatsch" vom 30. Januar 1933

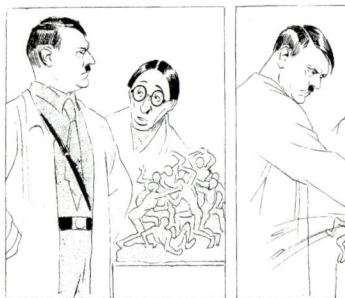
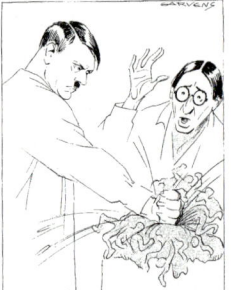
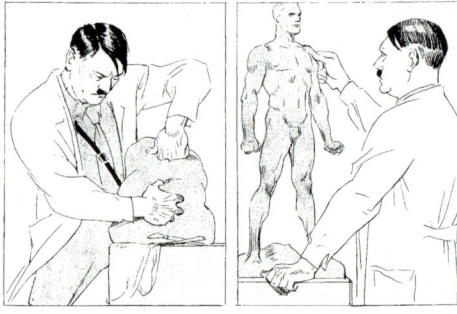

Der Bildhauer Deutschlands

M 1 Karikatur von E. Schilling, Februar 1931. *Die Zeichnung trägt die Unterschrift: Nach den Erfahrungen der letzten Wochen ist verfügt worden, dass jeder Demonstrationszug seinen eigenen Leichenwagen mitzuführen hat.*

Webcode:
KH639748-034

Überprüfen Sie Ihre Kompetenzen

M 3 Reichspräsident Paul von Hindenburg und Adolf Hitler auf dem Weg zur Kundgebung am 1. Mai 1933, Fotografie

Zentrale Begriffe

Antisemitismus
„Führerprinzip"
Lebensraumpolitik
Nationalsozialismus
NSDAP
Rassismus
„Volksgemeinschaft"

Sachkompetenz

1 Erörtern Sie mithilfe von M 1, S. 34, Strategie und Taktik Hitlers und der NSDAP, um in Deutschland an die Macht zu gelangen.
2 Nennen Sie, ausgehend von M 1 und M 2, S. 34, die wichtigsten Ziele Hitlers und der NSDAP.
3 Erstellen Sie eine Zeittafel, die die wichtigsten Stationen Hitlers und der NS-Bewegung bei der Erringung der Macht in Deutschland markiert.
4 Schreiben Sie Definitionen der zentralen Begriffe in diesem Kapitel und stellen Sie diese im Unterricht vor. Ergänzen Sie ggf. weitere Begriffe, die Ihnen wichtig erscheinen.

Methodenkompetenz

5 Interpretieren Sie die Fotografie M 3.

Urteilskompetenz

6 Der spätere NS-Reichspropagandaminister Joseph Goebbels, damals noch Berliner Gauleiter der NSDAP, erläuterte 1928 in der von ihm gegründeten Zeitschrift „Der Angriff" die Einstellung der Nationalsozialisten zur Demokratie und die NS-Strategie: „Was wollen wir im Reichstag? Wir sind doch eine antiparlamentarische Partei, lehnen aus guten Gründen die Weimarer Verfassung und die von ihr eingeführten republikanischen Institutionen ab. Wir gehen in den Reichstag hinein, um uns im Waffenarsenal der Demokratie mit deren eigenen Waffen zu versorgen. Wenn die Demokratie so dumm ist, uns für einen Bärendienst Freifahrkarten und Diäten zu geben, so ist das ihre eigene Sache. In Zukunft wird der Staat selbst unseren Kampfapparat ausstatten und bezahlen." Bewerten Sie diese Aussage von Goebbels.

3 Die Errichtung der NS-Diktatur – eine Revolution?

Kompetenzen erwerben

Sachkompetenz:
– die wichtigen Ereignisse und Entwicklungen der Jahre 1933/34, mit denen die NS-Diktatur aufgebaut und stabilisiert wurde, beschreiben
– die Herrschaftsmethoden der Nationalsozialisten charakterisieren

Methodenkompetenz:
– Fotografien analysieren
– NS-Propagandabilder analysieren und interpretieren

Urteilskompetenz:
– bewerten, mit welchen Mitteln die NS-Propaganda arbeitete und welche Funktion sie erfüllte
– den Charakter der NS-Herrschaft als „totalitäre Revolution" beurteilen

Die „Revolution" der Nationalsozialisten – Anspruch und Wirklichkeit

„Das ist der Aufbruch der Nation! Deutschland ist erwacht! In einer spontanen Explosion bekennt sich das Volk zur Revolution der Deutschen. [...] Die Revolution beginnt!" Mit diesen Worten kommentierte Reichspropagandaminister Joseph Goebbels rückblickend 1934 in seiner als Tagebuch präsentierten Schrift „Vom Kaiserhof zur Reichskanzlei" die Ernennung Hitlers zum Reichskanzler am 30. Januar 1933. Bereits in seiner Rede zum „Judenboykott" vom 1. April 1933 (s. S. 115) hatte Goebbels das Ziel des von den Nationalsozialisten angestrebten umfassenden Strukturwandels definiert: „Damit wird das Jahr 1789 aus der Geschichte gestrichen."

Hitler und die Nationalsozialisten machten Ernst mit diesem Programm und schafften während ihrer Herrschaft die seit der Französischen Revolution mühsam erkämpften bürgerlich-liberalen Freiheitsrechte wieder ab. Der nationalsozialistische Staat nahm den Bürgern jede Möglichkeit zur Beteiligung an politischen Entscheidungen wie auch zur Vertretung ihrer wirtschaftlichen und gesellschaftlichen Interessen. Er entmachtete den Reichstag, verbot alle politischen Parteien außer der NSDAP, ließ freie Wahlen nicht mehr zu und beseitigte die Meinungs- und Koalitionsfreiheit. Die **politische Entmündigung** ging mit der zunehmenden **Entrechtung der Staatsbürger** einher. Rechtsstaatliche Normen und Regeln, wie die Gleichbehandlung der Menschen vor dem Gesetz oder eine unabhängige Rechtsprechung, wurden zunehmend ausgehöhlt. Die Polizei und besonders die Strafjustiz erhielten immer mehr Sondervollmachten, sodass staatlichen Willkürmaßnahmen Tür und Tor geöffnet wurde.

Die Regierung unter dem nationalsozialistischen Reichskanzler Hitler benötigte nur anderthalb Jahre, um die Demokratie zu beseitigen und eine **totalitäre Diktatur** zu errichten. Nach dem Tod von Reichspräsident Hindenburg am 2. August 1934 wurden die Ämter des Reichspräsidenten und des Reichskanzlers vereinigt. Der „Führer und Reichskanzler", wie nun die Amtsbezeichnung Hitlers lautete, war seitdem Staatsoberhaupt, Regierungschef, Oberbefehlshaber der Streitkräfte sowie Parteiführer in einer Person und besaß damit die absolute

---

Literaturtipps
Michael Kißener (Hg.), Der Weg in den Nationalsozialismus 1933/34, Wissenschaftliche Buchgesellschaft, Darmstadt 2009.
Die gut lesbare Aufsatzsammlung dokumentiert die geschichtswissenschaftliche Diskussion und den aktuellen Forschungsstand über die NS-„Machtergreifung" 1933/34.

Ordnung und Vernichtung. Die Polizei im NS-Staat, hg. v. Deutsche Hochschule der Polizei, Florian Dierl u. a., Sandstein Verlag, Dresden 2011.
Katalog zur Ausstellung im Deutschen Historischen Museum, Berlin, mit gut lesbarer Darstellung und wichtigen Dokumenten.

Führermacht. Mit welchen Mitteln gewannen Hitler und die Nationalsozialisten so rasch die alleinige Macht im Staat, um die gesamte Gesellschaft nach ihren Vorstellungen umzugestalten? Welche Wege beschritten sie bei der Durchsetzung der alleinigen NS-Herrschaft? War die Umwandlung der Demokratie in eine Diktatur eine Revolution?

Reichstagsauflösung

Nach der Ernennung Hitlers zum Reichskanzler am 30. Januar 1933 verfolgten Hitler und die Nationalsozialisten zwei Ziele: Die föderalistische Demokratie der Weimarer Republik sollte in eine zentralstaatliche Führerdiktatur umgebaut werden. Gleichzeitig wollten sie die charismatische* Herrschaft Hitlers über die NSDAP in die umfassende charismatische Herrschaft des „Führers" über Staat und Gesellschaft des Deutschen Reiches ausdehnen. Bei seiner Ernennung hatte Hitler die Auflösung des Reichstags durchgesetzt. Er rechnete bei den Neuwahlen, die auf den 5. März festgesetzt wurden, mit einem großen Wahlerfolg. Obwohl er den Wahlkampf als neuer Reichskanzler aus der Regierung heraus führen konnte, vertraute er nicht allein auf seine Verführungskunst und die Propaganda der NSDAP. Ungeniert schränkten die Nationalsozialisten die Presse- und Versammlungsfreiheit ein und sicherten sich den direkten Zugriff auf den Rundfunk. Mit der Notverordnung vom 4. Februar 1933 gelang es zudem, die kommunistische und sozialdemokratische Presse fast gänzlich zu verbieten. Die staatliche Repression wurde durch Terror ergänzt.

Charisma
Siehe Begriffserklärung
S. 7

Literaturtipps
Klaus Hildebrand, Das Dritte Reich, 7. Aufl., Oldenbourg, München 2009.
Hans-Ulrich Thamer, Der Nationalsozialismus, Reclam, Stuttgart 2001.
Gut lesbare Gesamtdarstellungen über die NS-Geschichte.

Reichstagsbrand

In der Nacht vom 27. zum 28. Februar 1933 brannte der Reichstag in Berlin. Den Brand legte vermutlich der ehemalige Kommunist Marinus van der Lubbe. Bis heute ist jedoch umstritten, ob tatsächlich ein Einzelner den Reichstag angezündet hat oder ob nicht die Nationalsozialisten selbst die Tat begangen hatten. Dessen ungeachtet nutzte Hitler den Reichstagsbrand geschickt zum Machtausbau aus: Die Nationalsozialisten erklärten, der Brand sei der Beginn eines kommu-

M 1 Fackelzug am 30. Januar 1933, nachgestellte Fotografie, Sommer 1933.
Der hier abgebildete Fackelzug wurde für einen Propagandafilm nachgestellt (siehe die Scheinwerfer am rechten Bildrand).

Literaturtipp
Michael Kißener, Das Dritte Reich, Wissenschaftliche Buchgesellschaft, Darmstadt 2005.
Gute Überblicksdarstellung, u. a. auch zur Reichstagsbrandkontroverse.

nistischen Aufstands, und setzten am 28. Februar 1933 die **„Verordnung zum Schutz von Volk und Staat" (Reichstagsbrandverordnung)** durch. Die Grundrechte der Weimarer Verfassung wurden dabei außer Kraft gesetzt. Politische Gefangene durften nun ohne gerichtliche Überprüfung festgehalten werden. Überdies ermächtigte das Gesetz die Reichsregierung, in den Ländern vorübergehend die Befugnisse der obersten Behörden wahrzunehmen. Damit war die rechtliche Basis für die nationalsozialistische Machtübernahme in den Ländern gelegt. Dieser **unerklärte Ausnahmezustand** dauerte bis 1945.

Neuwahlen und Gleichschaltung der Länder

Die Wahlen am 5. März 1933 brachten den Regierungsparteien NSDAP und DNVP den erhofften Erfolg. Sie besaßen jetzt zusammen die **absolute Mehrheit** der Reichstagsstimmen. Das Erstaunliche am Wahlergebnis war jedoch nicht, dass die NSDAP ihren Stimmenanteil auf 43,9 % verbessern konnte, sondern dass ihr fünf Stimmen zur absoluten Mehrheit fehlten. Die Nationalsozialisten blieben also nach wie vor auf ihre konservativen Bündnispartner angewiesen. Das NS-Regime bemächtigte sich sofort der 81 Mandate der KPD (12,3 % der Stimmen) und ließ am 3. März 1933 KPD-Führer Ernst Thälmann sowie andere Parteifunktionäre verhaften. Die Kommunisten stellten sich auf die Arbeit im Untergrund ein.

Noch am Tag der Wahlen, am 5. März 1933, begann die von Hitler geführte Reichsregierung damit, die Selbstverwaltungsrechte der Länder zu beseitigen. Dieser Prozess der Gleichschaltung, wie die **Durchsetzung diktatorischer Herrschaft bis zur kleinsten Dorfgemeinde** hinunter oft allzu verharmlosend bezeichnet wird, erfolgte überall nach dem gleichen Muster. Die NS-Gauleitungen ließen die SA aufmarschieren und so den angeblichen „Unwillen der Bevölkerung" wegen unhaltbarer Zustände kundtun. Zum Anlass dafür nahmen die Nationalsozialisten in der Regel das Fehlen der NS-Flagge auf dem Rathaus. Unter Berufung auf die „Verordnung zum Schutz von Volk und Staat" befahl Reichsinnenminister Wilhelm Frick daraufhin zumeist telegrafisch die Einsetzung sogenannter **Staatskommissare**. Am 31. März 1933 wurden die **Länderparlamente entmachtet**, indem die Reichs-

M2 SA-Männer besetzen am 2. Mai 1933 das Gewerkschaftshaus am Engelufer in Berlin, Fotografie

regierung die Anpassung der Mandatsverteilung an die Ergebnisse der Reichstagswahlen vom 5. März verfügte. Da die Sitze der Kommunisten nicht mehr berücksichtigt werden durften, fiel der Regierungskoalition oder der NSDAP automatisch die Mehrheit zu. Allerdings waren die Landtage ohnehin bereits politisch bedeutungslos geworden, da die Länderregierungen jetzt ohne Beteiligung der Parlamente Gesetze erlassen durften. Eine Woche später schließlich wurden **„Reichsstatthalter"** in den Ländern eingesetzt. Sie waren dem Reichskanzler unterstellt und kontrollierten in dessen Auftrag die Länder. Das bedeutete das **Ende des Föderalismus**.

Ermächtigungsgesetz

Am 23. März 1933 verabschiedete der Reichstag gegen die 94 Stimmen der SPD das von Hitler schon vor seiner Machtübernahme geforderte Ermächtigungsgesetz mit mehr als der nötigen Zweidrittelmehrheit. Die 81 KPD-Abgeordneten sowie 26 Abgeordnete der SPD konnten an der Abstimmung nicht teilnehmen, weil sie in „Schutzhaft" gehalten wurden oder vor der Verfolgung geflohen waren. Die bürgerlichen Parteien stimmten aufgrund ungewisser Zusicherungen Hitlers für das Gesetz. Mit dem Ermächtigungsgesetz konnte die Reichsregierung Gesetze, auch Verfassungsänderungen, unter Ausschluss des Reichstages und des Reichspräsidenten durch einfachen Beschluss der Regierung in Kraft setzen. Das Ermächtigungsgesetz bildete die **scheinbar rechtliche Grundlage** für die Zerstörung des Verfassungsstaates von Weimar. Es wurde wiederholt verlängert und galt bis Kriegsende.

Auflösung von Parteien und Gewerkschaften

Im Sommer 1933 begann die Parteienauflösung. Am 22. Juni 1933 erklärte das NS-Regime die SPD zur volks- und staatsfeindlichen Organisation. Das Parteivermögen hatten die Nazis bereits im Mai eingezogen. Zu diesem Zeitpunkt bestand die Partei in vielen Städten kaum noch; ihre Funktionäre waren geflüchtet oder saßen in Konzentrationslagern. Die bürgerlichen Parteien mussten ihre Illusion von der Zähmbarkeit Hitlers erkennen und lösten sich Ende Juni/Anfang Juli 1933 selbst auf. Sie wichen dem Druck Hitlers, der trotz weitgehender Anpassungsbestrebungen auf der Ausschaltung aller konkurrierenden Parteien bestand. Damit verblieb als einzige Partei die NSDAP. Sie wurde im „Gesetz zur Sicherung der Einheit von Partei und Staat" vom 1. Dezember 1933 als alles **beherrschende Staatspartei** bestätigt.

Die umfassende Kontrolle über Staat und Gesellschaft konnten die Nationalsozialisten nur durchsetzen, wenn sie außer der Staatsmacht auch die vom Staat unabhängigen politisch-gesellschaftlichen Interessenorganisationen ausschalteten. Eine der mächtigsten Interessenvertretungen der Arbeiter waren die **Freien Gewerkschaften**. Systematisch und von Anfang an bereiteten die Nationalsozialisten daher die Auflösung der Arbeitnehmerorganisationen vor. Um Gewerkschaftsfunktionäre wie Arbeiter zu täuschen, erklärte die Regierung durch ein Reichsgesetz den 1. Mai zum „Feiertag der nationalen Arbeit" und erfüllte damit eine alte Forderung der Arbeiterbewegung. Aber schon am

2. Mai 1933 besetzten SA und SS alle Gewerkschaftshäuser, nahmen die Gewerkschaftsführer in „Schutzhaft" und beschlagnahmten das Gewerkschaftsvermögen. Die Nationalsozialisten schufen keine neue Einheitsgewerkschaft, sondern gründeten am 6. Mai 1933 die Deutsche Arbeitsfront (DAF). Alle Arbeiter- und Angestelltenverbände wurden ihr eingegliedert, die Arbeitgebervereine aufgelöst und die Tarifautonomie beseitigt. Staatliche „Treuhänder der Arbeit" regelten nun Tarifverträge. Mithilfe der DAF wollte die NSDAP die Arbeiter für ihren Staat gewinnen; entsprechend entwickelte sie die DAF zu einer riesigen Propagandaorganisation.

Verführung und Gewalt, Tradition und Revolution

Hitler und die NSDAP bedienten sich bei der Eroberung und Stabilisierung der Macht unterschiedlicher Methoden, die sich gegenseitig ergänzten. Terror und Gewalt, Verfolgung und Unterdrückung bestimmten das Vorgehen gegen die politischen Gegner, allen voran die Organisationen der Arbeiterbewegung. Bereits während des Wahlkampfes begannen SA- und Parteiorganisationen in den Städten und Dörfern, mit den „Staatsfeinden", wie das NS-Regime seine politischen Gegner bezeichnete, abzurechnen. Viele Führer der Arbeiterbewegung wurden verhaftet, zusammengeschlagen und in den Kellern der SA wie in Konzentrationslagern (s. S. 56) gequält. Auch die Diskriminierung, Ausgrenzung und Verfolgung der jüdischen Mitbürger setzte schon in den ersten Wochen und Monaten nach der Ernennung der Regierung Hitler (s. S. 114 ff.) ein. Die NS-Führung wusste jedoch sehr genau, dass ihre Bewegung nur an der Macht bleiben konnte, wenn es gelang, weite Teile der Bevölkerung wie auch die alten Eliten für sich zu gewinnen. Mithilfe glanzvoller propagandistischer Inszenierungen versuchten die NS-Machthaber die Bevölkerung zu beeindrucken und die Massen zu mobilisieren. Und das gemeinsame Auftreten Hindenburgs und Hitlers am Grabe Friedrichs des Großen am „Tag von Potsdam" am 21. März 1933 sollte die Verschmelzung von politischer Tradition und dynamisch-revolutionärem Aufbruch symbolisieren und das „alte" mit dem „neuen" Deutschland vereinen.

Webcode:
KH639748-040

1 Stellen Sie die wichtigsten Stationen der Errichtung der NS-Diktatur in einer Zeitleiste dar.

M 3 Der Tag von Potsdam: Reichskanzler Hitler, Wehrminister Blomberg und Reichspräsident Hindenburg vor der Garnisonkirche in Potsdam, Fotografie, 21. März 1933

1 Analysieren Sie die Bilder M 2 und M 3: Erläutern Sie dabei, welchen Eindruck das NS-Regime mit diesen propagandistischen Inszenierungen bzw. Selbstdarstellungen in der Bevölkerung erwecken wollte.

Hinweise zur Arbeit mit den Materialien

Die Materialien beschäftigen sich – erstens – mit wichtigen Ereignissen und Entwicklungen in den Jahren 1933/34, in denen Hitler und die Nationalsozialisten die alleinige Macht im Staate errangen. M 4 dokumentiert die entscheidenden **Gesetze und Maßnahmen der Nationalsozialisten** bei der Durchsetzung der Führerdiktatur. M 1 bis M 3 sowie M 5 bis M 8 ermöglichen eine vertiefende Analyse wichtiger Stationen der **Machteroberung und -stabilisierung**. Zweitens werden die **Herrschaftsmethoden des NS-Regimes** bei der Errichtung der Diktatur 1933/34 vorgestellt. Dass die NS-Machthaber ihre Herrschaft mit Terror und Gewalt durchsetzten, verdeutlichen die Materialien M 9 bis M 12. Sie bedienten sich dabei der **Polizei** (M 9), die sie durch SA- und SS-Männer verstärkten (M 2 und M 11). Aber auch die **Internierung und Folterung** (bis zum Tode) der „Staatsfeinde" in Konzentrationslager gehörte von Anfang an zu den Machtinstrumenten der Nazi-Barbarei (M 12, M 13). Terror und Gewalt richteten sich gegen den politischen Gegner, während die den Nationalsozialisten nahestehenden Kampfverbände unterstützt wurden (M 10). Hitler und die Nationalsozialisten bemühten sich um breiten Rückhalt in der Bevölkerung. Das geschah u. a. durch glanzvolle **propagandistische Inszenierungen** des nationalen Aufbruchs in eine neue Zeit, wie M 1 zeigt. In welche deutschen **Traditionen** die NS-Propaganda Hitler einordnete, um dem „Führer" eine historische Legitimation zu verschaffen und die Bevölkerung zu beeindrucken, verdeutlichen M 3, S. 40, und M 3, S. 53. M 15 bis M 17 ermöglichen – drittens – eine fundierte Diskussion über die Frage, ob die NS-„Machtergreifung" eine Revolution war. Mithilfe der Hitler-Rede (M 15) lassen sich zentrale Elemente der **NS-Revolutionsrhetorik** untersuchen. Der Politikwissenschaftler Jens Hacke (M 16) erläutert Aufgaben und Funktionen der NS-Revolutionspropaganda. Mit welchen Argumenten die moderne Geschichtswissenschaft die These untermauert, dass die Nationalsozialisten eine totalitäre Revolution durchgesetzt hätten, zeigt der Text Hans-Ulrich Wehlers (M 17). Am Ende des Kapitels finden sich **weiterführende Arbeitsanregungen** und die Möglichkeit, die im Kapitel erworbenen **Kompetenzen zu überprüfen** (S. 52 f.).

M 4 Die wichtigsten Gesetze zur Errichtung der NS-Diktatur 1933/34

Datum	Gesetz	Bestimmungen	Verfassungsmäßige Grundlagen
1933			
4.2.	Verordnung zum „Schutz des deutschen Volkes"	Die Regierung erhält das Recht, die Presse- und Versammlungsfreiheit einzuschränken (Auflösung und Verbot von politischen Versammlungen, Beschlagnahmung und Verbot von Presseerzeugnissen).	Art. 48 Weimarer Reichsverfassung (= WRV)
28.2.	Verordnung zum „Schutz von Volk und Staat" (Reichstagsbrandverordnung)	„Zur Abwehr kommunistischer, staatsgefährdender Gewaltakte": Einschränkung der Grundrechte (u. a. persönliche Freiheit, freie Meinungsäußerung, Pressefreiheit, Vereins- und Versammlungsfreiheit. Eingriffe in Brief- und Fernsprechgeheimnis, Haussuchungen und Beschränkung des Eigentums zulässig.	Art. 48 WRV
24.3.	„Gesetz zur Behebung der Not von Volk und Reich" (Ermächtigungsgesetz)	Reichsgesetze können von der Regierung beschlossen werden und dürfen von der Verfassung abweichen.	Art. 68–76 WRV

Errichtung der NS-Diktatur

Datum	Gesetz	Bestimmungen	Verfassungsmäßige Grundlagen
31.3.	Erstes Gesetz „zur Gleichschaltung der Länder mit dem Reich"	Alle Landtage und kommunalen Selbstverwaltungsorgane werden aufgelöst und entsprechend dem Reichstagswahlergebnis neu zusammengesetzt.	Regierungsbeschluss
7.4.	Zweites Gleichschaltungsgesetz	„Reichsstatthalter" sind für die Durchführung der Richtlinien des Reichskanzlers in den Ländern verantwortlich.	Regierungsbeschluss
7.4.	Gesetz „zur Wiederherstellung des Berufsbeamtentums"	Beamte können entlassen werden, wenn sie „nicht arischer Abstammung sind" und wenn sie „nach ihrer bisherigen politischen Betätigung nicht die Gewähr dafür bieten, dass sie jederzeit rückhaltlos für den nationalen Staat eintreten".	Regierungsbeschluss
14.7.	Gesetz „gegen die Neubildung von Parteien"	Als „einzige politische Partei in Deutschland" wird die NSDAP zugelassen.	Regierungsbeschluss
1.12.	Gesetz „zur Sicherung der Einheit von Partei und Staat"	Die NSDAP wird „nach dem Sieg der nationalsozialistischen Revolution" als „die Trägerin des deutschen Staatsgedankens und mit dem Staat unlöslich verbunden" anerkannt; „Stellvertreter des Führers" und SA-Chef werden Mitglieder der Reichsregierung.	Regierungsbeschluss
1934			
30.1.	Gesetz „über den Neuaufbau des Reiches"	Volksvertretungen der Länder werden aufgehoben, die Hoheitsrechte der Länder gehen auf das Reich über, die Landesregierungen unterstehen der Reichsregierung, die neues Verfassungsrecht setzen kann.	Regierungsbeschluss
14.2.	Gesetz „über die Aufhebung des Reichsrates"	Der Reichsrat als Verfassungsorgan wird aufgehoben.	Regierungsbeschluss
1.8.	Gesetz „über das Staatsoberhaupt des Deutschen Reiches"	„Das Amt des Reichspräsidenten wird mit dem des Reichskanzlers vereinigt." Die „bisherigen Befugnisse des Reichspräsidenten (gehen) auf den Führer und Reichskanzler Adolf Hitler über".	Regierungsbeschluss

1 Nach der Ernennung Hitlers zum Reichskanzler am 30. Januar 1933 verfolgten Hitler und die Nationalsozialisten zwei Ziele: Die föderalistische Demokratie der Weimarer Republik sollte in eine zentralstaatliche Diktatur umgebaut werden. Gleichzeitig sollte die Herrschaft des „Führers" über die NSDAP auf dessen umfassende Herrschaft über Staat und Gesellschaft ausgedehnt werden. Erläutern Sie mithilfe von M4, wie Hitler und die Nationalsozialisten die Errichtung der Führerdiktatur durchgesetzt haben.

2 Erörtern Sie, warum Hitler und die Nationalsozialisten ihrer Politik den Schein einer verfassungsmäßigen Grundlage geben wollten.

M 5 Aus der Notverordnung zum „Schutz von Volk und Staat" vom 28. Februar 1933, erlassen anlässlich des Reichstagsbrandes vom Vortag

Aufgrund des Artikels 48 Abs. 2 der Reichsverfassung wird zur Abwehr kommunistischer staatsgefährdender Gewaltakte Folgendes verordnet:

§ 1. Die Artikel 114, 115, 117, 118, 123, 124 und 153 der Verfassung des Deutschen Reiches werden bis auf Weiteres außer Kraft gesetzt. Es sind daher Beschränkungen der persönlichen Freiheit, des Rechts der freien Meinungsäußerung einschließlich der Pressefreiheit, des Vereins- und Versammlungsrechts, Eingriffe in das Brief-, Post-, Telegrafen- und Fernsprechgeheimnis, Anordnungen von Haussuchungen und von Beschlagnahmen sowie Beschränkungen des Eigentums auch außerhalb der sonst hierfür bestimmten gesetzlichen Grenzen zulässig.

§ 2. Werden in einem Lande die zur Wiederherstellung der öffentlichen Sicherheit und Ordnung nötigen Maßnahmen nicht getroffen, so kann die Reichsregierung insoweit die Befugnisse der obersten Landesbehörde vorübergehend wahrnehmen.

§ 3. Die Behörden der Länder und Gemeinden (Gemeindeverbände) haben den aufgrund des § 2 erlassenen Anordnungen der Reichsregierung im Rahmen ihrer Zuständigkeit Folge zu leisten. […]

§ 5. Mit dem Tode sind die Verbrechen zu bestrafen, die das Strafgesetzbuch in den §§ 81 (Hochverrat), 229 (Giftbeibringung), 307 (Brandstiftung), 311 (Explosion), 312 (Überschwemmung), 315 Abs. 2 (Beschädigung von Eisenbahnanlagen), 324 (gemeingefährliche Vergiftung) mit lebenslangem Zuchthaus bedroht.

Mit dem Tode oder, soweit nicht bisher eine schwerere Strafe angedroht ist, mit lebenslangem Zuchthaus oder mit Zuchthaus bis zu 15 Jahren wird bestraft, 1. wer es unternimmt, den Reichspräsidenten oder ein Mitglied oder einen Kommissar der Reichsregierung oder einer Landesregierung zu töten, oder wer zu einer solchen Tötung auffordert, sich erbietet, ein solches Erbieten annimmt oder eine solche Tötung mit einem anderen verabredet; 2. wer in den Fällen des § 115 Abs. 2 des Strafgesetzbuchs (schwerer Aufruhr) oder des § 125 Abs. 2 des Strafgesetzbuchs (schwerer Landfriedensbruch) die Tat mit Waffen oder in bewusstem und gewolltem Zusammenwirken mit einem Bewaffneten begeht; 3. wer eine Freiheitsberaubung […] in der Absicht begeht, sich des der Freiheit Beraubten als Geisel im politischen Kampfe zu bedienen.

§ 6. Diese Verordnung tritt mit dem Tage der Verkündung in Kraft.

Reichsgesetzblatt 1933, Teil 1, Nr. 17, S. 83.

1 Nennen Sie die Grundrechte, die in der „Reichstagsbrandverordnung" außer Kraft gesetzt werden.

2 Erörtern Sie das Verhältnis von angeblicher Zielsetzung der Notverordnung und den tatsächlichen Möglichkeiten, die sie eröffnet.

M 6 Ermächtigungsgesetz

a) Aus dem „Gesetz zur Behebung der Not von Volk und Reich" (Ermächtigungsgesetz) vom 24. März 1933

Art. 1. Reichsgesetze können außer in dem in der Reichsverfassung vorgesehenen Verfahren auch durch die Reichsregierung beschlossen werden. Dies gilt auch für die in den Artikeln 85 Abs. 2 und 87 der Reichsverfassung bezeichneten Gesetze.

Art. 2. Die von der Reichsregierung beschlossenen Reichsgesetze können von der Reichsverfassung abweichen, soweit sie nicht die Einrichtung des Reichstags und des Reichsrats als solche zum Gegenstand haben. Die Rechte des Reichspräsidenten bleiben unberührt.

Art. 3. Die von der Reichsregierung beschlossenen Reichsgesetze werden vom Reichskanzler ausgefertigt und im Reichsgesetzblatt verkündet. Sie treten, soweit sie nichts anderes bestimmen, mit dem auf die Verkündung folgenden Tage in Kraft. Die Artikel 68 bis 77 der Reichsverfassung finden auf die von der Reichsregierung beschlossenen Gesetze keine Anwendung.

Art. 4. Verträge des Reichs mit fremden Staaten, die sich auf Gegenstände der Reichsgesetzgebung beziehen, bedürfen nicht der Zustimmung der an der Gesetzgebung beteiligten Körperschaften. Die Reichsregierung erlässt die zur Durchführung dieser Verträge erforderlichen Vorschriften.

30 Art. 5. Dieses Gesetz tritt mit dem Tage seiner Verkündung in Kraft. Es tritt mit dem 1. April 1937 außer Kraft; es tritt ferner außer Kraft, wenn die gegenwärtige Reichsregierung durch eine andere abgelöst wird.

Reichsgesetzblatt, 1933, Teil 1, Nr. 25, S. 141.

b) Aus der Regierungserklärung Adolf Hitlers vom 23. März 1933 zum Ermächtigungsgesetz
Um die Regierung in die Lage zu versetzen, die Aufgaben zu erfüllen, die innerhalb dieses [...] Rahmens liegen, hat sie im Reichstag durch die beiden Parteien der Nationalsozia-
5 listen und der Deutschnationalen das Ermächtigungsgesetz einbringen lassen. Ein Teil der beabsichtigten Maßnahmen erfordert die verfassungsändernde Mehrheit. Die Durchführung dieser Aufgaben bzw. ihre Lö-
10 sung ist notwendig. Es würde dem Sinn der nationalen Erhebung widersprechen und dem beabsichtigten Zweck nicht genügen, wollte die Regierung sich für ihre Maßnahmen von Fall zu Fall die Genehmigung des
15 Reichstags erhandeln und erbitten. Die Regierung wird dabei nicht von der Absicht getrieben, den Reichstag als solchen aufzuheben; im Gegenteil, sie behält sich auch für die Zukunft vor, ihn von Zeit zu Zeit über ih-
20 re Maßnahmen zu unterrichten oder aus bestimmten Gründen, wenn zweckmäßig, auch seine Zustimmung einzuholen. Die Autorität und damit die Erfüllung der Aufgaben der Regierung würden aber leiden, wenn im
25 Volke Zweifel an der Stabilität des neuen Regiments entstehen könnten. Sie hält vor allem eine weitere Tagung des Reichstages im heutigen Zustand der tief gehenden Erregung der Nation für unmöglich. Es ist kaum
30 eine Revolution von so großem Ausmaß so diszipliniert und unblutig verlaufen wie diese Erhebung des deutschen Volkes in diesen Wochen. [...] Der Bestand der Länder wird nicht beseitigt, die Rechte der Kirchen wer-
35 den nicht geschmälert, ihre Stellung zum Staate nicht geändert. Da die Regierung an sich über eine klare Mehrheit verfügt, ist die Zahl der Fälle, in denen eine innere Notwendigkeit vorliegt, zu einem solchen Gesetze
40 die Zuflucht zu nehmen, an sich eine begrenzte. Umso mehr aber besteht die Regierung der nationalen Erhebung auf der Verabschiedung dieses Gesetzes. Sie zieht in jedem Fall eine klare Entscheidung vor.

Zit. nach: Ursachen und Folgen, hg. von Herbert Michaelis und Ernst Schraepler, Bd. 9, Wendler, Berlin o. J., S. 145.

1 Arbeiten Sie heraus, welches Ziel die Regierung Hitler mit dem Ermächtigungsgesetz verfolgt hat. Untersuchen Sie dabei die Rechte bzw. Möglichkeiten, die dieses Gesetz der Reichsregierung gewährt (M 6 a).

2 Untersuchen und beurteilen Sie die Argumente, mit denen Hitler das Ermächtigungsgesetz begründet (M 6 b).

3 Skizzieren Sie das Prinzip der Gewaltenteilung am Beispiel des Grundgesetzes. Bewerten Sie vor diesem Hintergrund das Ermächtigungsgesetz.

M 7 Aus der Reichstagsdebatte über das Ermächtigungsgesetz am 23. März 1933

a) Aus der Rede Reinhold Maiers (DDP)
Wir leugnen auch keineswegs, dass Notzeiten besondere Maßnahmen erfordern, und haben deswegen wiederholt Ermächtigungsgesetze und Notverordnungen gutgeheißen.
5 Wir verstehen, dass die gegenwärtige Regierung weitgehende Vollmachten verlangt, um ungestört arbeiten zu können. Wenn wir gleichwohl in dieser so ernsten Stunde uns verpflichtet fühlen, Besorgnisse zum Aus-
10 druck zu bringen, so gehen wir davon aus, dass auch der jetzigen Regierung eine sachliche und loyale Kritik ihrer Maßnahmen nicht unerwünscht sein wird. Wir vermissen in dem vorliegenden Gesetzentwurf, dass
15 den verfassungsmäßigen Grundrechten und den Grundlagen der bürgerlichen Rechtsordnung keine ausdrückliche Sicherung vor Eingriffen gegeben wurde. Unantastbar müssen vor allem bleiben die Unabhängigkeit der
20 Gerichte, das Berufsbeamtentum und seine Rechte, das selbstbestimmende Koalitionsrecht der Berufe, die staatsbürgerliche Gleichberechtigung, die Freiheit von Kunst und Wissenschaft wie ihre Lehre. Diese Wer-
25 te sind Grundelemente jedes Gemeinschaftslebens in einem geordneten Rechtsstaat. Gerade sie wurden durch die Verfassung von Weimar aus der alten deutschen und aus der

alten preußischen staatlichen Tradition gerettet, und sie dürfen heute wie vor 14 Jahren nicht gefährdet werden.

Im Interesse von Volk und Vaterland und in der Erwartung einer gesetzmäßigen Entwicklung werden wir unsere ernsten Bedenken zurückstellen und dem Ermächtigungsgesetz zustimmen.

Zit. nach: Josef u. Ruth Becker (Hg.), Hitlers Machtergreifung. Dokumente vom Machtantritt Hitlers, 30. Januar 1933, bis zur Besiegelung des Einparteienstaates, 14. Juli 1933, dtv, München 1992, Nr. 128, S. 177.

b) Aus der Rede des SPD-Fraktionsvorsitzenden Otto Wels

Nach den Verfolgungen, die die Sozialdemokratische Partei in der letzten Zeit erfahren hat, wird billigerweise niemand von ihr verlangen oder erwarten können, dass sie für das hier eingebrachte Ermächtigungsgesetz stimmt. Die Wahlen vom 5. März haben den Regierungsparteien die Mehrheit gebracht und damit die Möglichkeit gegeben, streng nach Wortlaut und Sinn der Verfassung zu regieren. Wo diese Möglichkeit besteht, besteht auch die Pflicht. Kritik ist heilsam und notwendig. Noch niemals, seit es einen Deutschen Reichstag gibt, ist die Kontrolle der öffentlichen Angelegenheiten durch die gewählten Vertreter des Volkes in solchem Maße ausgeschaltet worden, wie es jetzt geschieht und wie es durch das neue Ermächtigungsgesetz noch mehr geschehen soll. Eine solche Allmacht der Regierung muss sich umso schwerer auswirken, als auch die Presse jeder Bewegungsfreiheit entbehrt. […]

Die Herren von der Nationalsozialistischen Partei nennen die von ihnen entfesselte Bewegung eine nationale Revolution, nicht eine nationalsozialistische. Das Verhältnis ihrer Revolution zum Sozialismus beschränkt sich bisher auf den Versuch, die sozialdemokratische Bewegung zu vernichten, die seit mehr als zwei Menschenaltern die Trägerin sozialistischen Gedankengutes gewesen ist und auch bleiben wird. Wollten die Herren von der Nationalsozialistischen Partei sozialistische Taten verrichten, sie brauchten kein Ermächtigungsgesetz. […]

Wir Sozialdemokraten wissen, dass man machtpolitische Tatsachen durch bloße Rechtsverwahrungen nicht beseitigen kann. Wir sehen die machtpolitische Tatsache Ihrer augenblicklichen Herrschaft, aber auch das Rechtsbewusstsein des Volkes ist eine politische Macht, und wir werden nicht aufhören, an dieses Rechtsbewusstsein zu appellieren.

Die Verfassung von Weimar ist keine sozialistische Verfassung. Aber wir stehen zu den Grundsätzen des Rechtsstaates, der Gleichberechtigung, des sozialen Rechtes, die in ihr festgelegt sind. Wir deutschen Sozialdemokraten bekennen uns in dieser geschichtlichen Stunde feierlich zu den Grundsätzen der Menschlichkeit und der Gerechtigkeit, der Freiheit und des Sozialismus. Kein Ermächtigungsgesetz gibt Ihnen die Macht, Ideen, die ewig und unzerstörbar sind, zu vernichten.

Zit. nach: J. u. K. Hohlfeld (Hg.), Dokumente der deutschen Politik und Geschichte von 1848 bis zur Gegenwart, Bd. 4, Berlin o. J., S. 38 ff.

1 Analysieren Sie arbeitsteilig M 7 a und M 7 b:
a) Charakterisieren Sie die Position des Redners zum Ermächtigungsgesetz und stellen Sie dessen zentrale Argumente zusammen.
b) Vergleichen Sie Ihre Ergebnisse.
c) Nehmen Sie Stellung zu den Positionen der Redner.

2 Vor einem parlamentarischen Untersuchungsausschuss des Landtags von Nordbaden und Nordwürttemberg erklärte Reinhold Maier 1947: „Die Frage war am 23. März 1933 einzig und allein die, ob ein Parlament weiter besteht, auch ein entmachtetes Parlament, ob wir noch eine letzte Planke zur Verfügung hatten, auf der eine Volksvertretung vielleicht wieder Kraft gewinnen konnte." Nehmen Sie Stellung zu dieser Auffassung.

3 Im Vorfeld der Gedenkstunde im Bundestag zum Ermächtigungsgesetz im März 2008 kam es zwischen den Parteien zum Streit über den Titel der Veranstaltung: „Selbstaufgabe der Demokratie in Deutschland vor 75 Jahren". Die Grünen sprachen sich gegen den Titel aus und argumentierten, die Demokratie könne sich nicht selbst aufgeben.
a) Diskutieren Sie über diesen Titel und die Argumentation der Grünen.
b) Formulieren Sie ggf. einen anderen Titel, der die Kritik berücksichtigt.

M8 Der Befehl der NSDAP zur gewaltsamen Gleichschaltung der Freien Gewerkschaften vom 21. April 1933

Dienstag, den 2. Mai 1933, vormittags 10 Uhr, beginnt die Gleichschaltungsaktion gegen die Freien Gewerkschaften. Die Leitung der gesamten Aktion liegt in den Händen des Aktionskomitees. […] Im Wesentlichen richtet sich die Aktion gegen den Allgemeinen Deutschen Gewerkschaftsbund (ADGB) und den Allgemeinen Freien Angestelltenbund (Afa-Bund). Was darüber hinaus von den Freien Gewerkschaften abhängig ist, ist dem Ermessen der Gauleiter anheimgestellt. Verantwortlich für die Durchführung der Gleichschaltungsaktion in den einzelnen Gebieten sind die Gauleiter. Träger der Aktion soll die NSBO [= Nationalsozialistische Betriebszellenorganisation] sein. SA bzw. SS ist zur Besetzung der Gewerkschaftshäuser und der Inschutzhaftnahme der infrage kommenden Persönlichkeiten einzusetzen. […] Die Aktion wird in Berlin durch den Aktionsausschuss selbst geleitet. Im Reich werden besetzt: Die Leitung der Verbände; die Gewerkschaftshäuser und Büros der Freien Gewerkschaften, die Parteihäuser der SPD, soweit Gewerkschaften dort untergebracht sind; die Filialen und Zahlungsstellen der „Bank der Arbeiter, Angestellten und Beamten AG"; die Bezirksausschüsse des ADGB und des Afa-Bundes; die Ortsausschüsse des ADGB und des Afa-Bundes. In Schutzhaft werden genommen: alle Verbandsvorsitzenden; die Bezirkssekretäre und die Filialleiter der „Bank der Arbeiter, Angestellten und Beamten AG". Die Ortsausschussvorsitzenden sowie die Angestellten der Verbände sind nicht in Schutzhaft zu nehmen, sondern zur Weiterarbeit zu veranlassen. […]

Die Übernahme der Freien Gewerkschaften muss in der Form vor sich gehen, dass dem Arbeiter und Angestellten das Gefühl gegeben wird, dass diese Aktion sich nicht gegen ihn, sondern gegen ein überaltertes und mit den Interessen der deutschen Nation nicht übereinstimmendes System richtet. […] In allen Städten sind möglichst bald Massenversammlungen für die Gewerkschaftsmitglieder bei freiem Eintritt zu veranstalten, in denen über den Sinn der Aktion gesprochen und dargetan wird, dass die Rechte der Arbeiter und Angestellten unbedingt gewahrt werden.

Zit. nach: Heinz Hürten (Hg.), Deutsche Geschichte in Quellen und Darstellung, Bd. 9, Reclam, Stuttgart 2000, S. 179–181.

1 Beschreiben Sie das Vorgehen gegen die Freien Gewerkschaften.
2 Bestimmen Sie den Stellenwert der Entmachtung der Gewerkschaften für die nationalsozialistische Machteroberung und Machtstabilisierung.

M9 Aus dem Runderlass des Reichskommissars für das Preußische Ministerium des Innern, Hermann Göring, an alle Polizeibehörden vom 17. Februar 1933

Ich glaube, mir einen besonderen Hinweis darauf ersparen zu können, dass die Polizei auch nur den Anschein einer feindseligen Haltung oder gar den Eindruck einer Verfolgung gegenüber nationalen Verbänden (SA, SS und Stahlhelm) und nationalen Parteien unter allen Umständen zu vermeiden hat. Ich erwarte vielmehr von sämtlichen Polizeibehörden, dass sie zu den genannten Organisationen […] das beste Einvernehmen herstellen und unterhalten. Darüber hinaus sind jede Betätigung für nationale Zwecke und die nationale Propaganda mit allen Kräften zu unterstützen. Von polizeilichen Beschränkungen und Auflagen darf insoweit nur in dringendsten Fällen Gebrauch gemacht werden. Dafür ist dem Treiben staatsfeindlicher Organisationen mit den schärfsten Mitteln entgegenzutreten. Gegen kommunistische Terrorakte und Überfälle ist mit aller Strenge vorzugehen und, wenn nötig, rücksichtslos von der Waffe Gebrauch zu machen. Polizeibeamte, die in Ausübung dieser Pflichten von der Schusswaffe Gebrauch machen, werden ohne Rücksicht auf die Folgen des Schusswaffengebrauchs von mir gedeckt; wer hingegen in falscher Rücksichtnahme versagt, hat dienststrafrechtliche Folgen zu gewärtigen. […] Jeder Beamte hat sich stets vor Augen zu halten, dass die Unterlassung einer Maßnahme schwerer wiegt als begangene Fehler in der Ausübung.

Ministerialblatt für die preußische innere Verwaltung 1933, Teil 1, S. 169.

M 10 Terrormaßnahmen gegen die Zentrumspartei und die Linksparteien (1933)

Aus einem Bericht des amerikanischen Botschafters in Berlin, Sacken, an Außenminister Stimson vom 23. Februar 1933:

Göring erließ gestern Sonderanweisungen an die preußische Polizei[1], in denen er praktisch verlangt, die SA und den „Stahlhelm" im Wahlkampf zu schützen, jedoch ähnliche
5 Organisationen der Oppositionsparteien als Staatsfeinde zu behandeln, die rücksichtslos unterdrückt werden müssen. Diese Anweisungen haben die Nazis ermutigt, im Wahlkampf sowohl gegen die Zentrumspartei als
10 auch gegen die Linksparteien Terrormethoden anzuwenden. Die Auflösung einer Zentrums-Versammlung in Krefeld, bei der der Hauptsprecher, der frühere Reichsarbeitsminister Stegerwald, von Nazis tätlich misshan-
15 delt wurde, wird mit Bestürzung als ein Anzeichen für den Gang der Entwicklung in der Schlussphase dieses ungewöhnlich stürmischen Wahlkampfes betrachtet. In einem Leitartikel hat die Zentrums-Zeitung „Ger-
20 mania" an Hindenburg appelliert, seine Autorität als Reichspräsident einzusetzen, um derartigen politischen Ausschreitungen Einhalt zu gebieten. Gestern forderten Hitler und Göring ihre Anhänger in öffentlichen
25 Appellen dazu auf, Disziplin zu wahren. Dabei schreiben sie die Attacken auf Zentrums-Versammlungen „provokatorischen Elementen" zu. Dies ist nur ein taktisches Manöver.
Alarmierende Gerüchte, wonach die Re-
30 gierung die offene Verletzung der Verfassung plane, wenn bei der Wahl die machthabenden Parteien keine klare Mehrheit erhielten, finden weite Verbreitung. Die wiederholte Knebelung der Presse trägt zum Umlauf der-
35 artiger Gerüchte bei. Die Säuberung der Verwaltung von republikanischen Beamten wird fortgesetzt.

Zit. nach: Josef u. Ruth Becker (Hg.), Hitlers Machtergreifung. Dokumente vom Machtantritt Hitlers, 30. Januar 1933, bis zur Besiegelung des Einparteienstaates, 14. Juli 1933, dtv, München 1992, Nr. 57, S. 92 f.

1 Gemeint ist der Erlass in M 9.

M 11 Ernennung von SS-Männern zu Hilfspolizisten, Fotografie, Februar 1933.
Durch Erlasse vom 11. und 22. Februar 1933 wurden der Polizei in Preußen Truppen der SA und SS als Hilfspolizei an die Seite gestellt.

1 Erörtern Sie das Rollenverständnis eines Polizisten, der 1933 den Erlass Görings (M 9) befolgen soll: Welches Verhalten wird von ihm verlangt? Wie kann er reagieren?

2 a) Untersuchen Sie mithilfe von M 10 und M 11, wie das NS-Regime die im Erlass von Göring (M 9) formulierte Strategie umgesetzt hat.

b) Diskutieren Sie, welche Folgen diese Ausübung von Gewalt und Terror für die Wahlchancen der verschiedenen Parteien besaß.

M 12 Bescheid aus dem Konzentrationslager in Oranienburg, Februar 1934.
Das NS-Regime verschleppte politische Gegner und internierte sie in SA-Kellern und Konzentrationslagern, wo sie misshandelt wurden – nicht selten bis zum Tode.

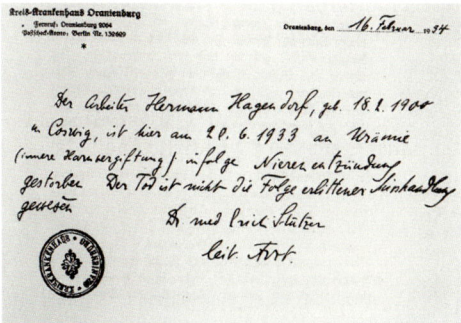

Errichtung der NS-Diktatur

M 13 Artikel aus der Zeitung „Münchner Neueste Nachrichten" vom 21. März 1933

1 Untersuchen Sie mithilfe von M 1, M 2 sowie M 12 bis M 14 die Ausprägungen von Gewalt und Terror, mit denen das NS-Regime gegen seine politischen Gegner vorging.
a) Beschreiben Sie das Verhalten der abgebildeten Personen. Achten Sie auch auf das Verhalten der Passanten (M 2, M 14).
b) Fassen Sie den Inhalt der Zeitungsmeldung in M 13 zusammen und erörtern Sie die Gründe, die zur Veröffentlichung dieser Meldung geführt haben könnten.
c) Erörtern Sie die Wirkung des Bescheids in M 12 auf die Angehörigen und ihren Bekanntenkreis.

M 15 Hitler auf dem Parteitag über die „nationalsozialistische Revolution", 5. September 1934

Zwei Erkenntnisse wollen wir als geschichtliche Tatsachen werten:
1. Das Jahr vom September 1933 bis zum September 1934 brachte die endgültige Festigung der nationalsozialistischen Macht in Deutschland. Der Kongress des Sieges war der Beginn eines Verfolgungskampfes, in dessen Verlauf von uns eine feindliche Stellung nach der anderen aufgebrochen und eingenommen wurde.
2. Dieser selbe Zeitraum war aber für die nationalsozialistische Staatsführung zugleich ein Jahr gewaltiger konstruktiver und produktiver Arbeit. Daraus ergibt sich eine notwendige und unzweifelhafte Feststellung: Die nationalsozialistische Revolution ist als revolutionärer, machtmäßiger Vorgang abgeschlossen! Sie hat als Revolution restlos erfüllt, was von ihr erhofft werden konnte.

So wie die Welt nicht von Kriegen lebt, so leben die Völker nicht von Revolutionen. In beiden Fällen können höchstens Voraussetzungen für ein neues Leben geschaffen werden. Wehe aber, wenn der Akt der Zerstörung nicht im Dienste einer besseren und damit höheren Idee erfolgt, sondern ausschließlich nur den nihilistischen Trieben der Vernichtung gehorcht und damit anstelle eines besseren Neuaufbaus ewigen Hass zur Folge hat. Eine Revolution, die in der Niederwerfung eines politischen Gegners oder in der Ver-

M 14 SA-Männer zwingen jüdische Mitbürger, öffentlich eine Häuserwand zu säubern, Chemnitz, 11. April 1933

nichtung früherer Leistungen der Beseitigung vorhandener Zustände ihre einzige Aufgabe sieht, führt zu nichts Besserem als zu einem Weltkrieg, der in einem wahnsinnigen Diktat seine grauenhafte Erfüllung, d. h. Fortsetzung, findet.

Wahrhafte Revolutionen sind nur denkbar als Vollzug einer neuen Berufung, der der Volkswille auf diese Art seinen geschichtlichen Auftrag erteilt. Und diese Führung des Volkes hat heute in Deutschland die Macht zu allem! Wer will bestreiten, dass die nationalsozialistische Bewegung nicht unbeschränkter Herr des Deutschen Reiches geworden ist? Die Krönung dieser politischen Entwicklung zeigt sich symbolisch in der Übernahme des Hoheitszeichens der Bewegung durch die Wehrmacht, in der Wahl des Führers der Partei zum Staatsoberhaupt der deutschen Nation sowie abschließend in der Vereidigung von Wehrmacht und Verwaltung des Reiches auf ihn. Daher werden wir auch jeden Versuch, gegen die Führung der nationalsozialistischen Bewegung und des Reiches einen Akt der Gewalttätigkeit anzuzetteln, niederschlagen und im Keime ersticken, er mag kommen, von wem er will.

Wir alle wissen, wen die Nation beauftragt hat! Wehe dem, der dies nicht weiß oder der es vergisst!

Im deutschen Volk sind Revolutionen stets selten gewesen. Das nervöse Zeitalter des 19. Jahrhunderts hat bei uns endgültig seinen Abschluss gefunden. In den nächsten tausend Jahren findet in Deutschland keine Revolution mehr statt!

Zit. nach: Max Domarus, Hitler. Reden und Proklamationen 1932–1945. Kommentiert von einem deutschen Zeitgenossen, Bd. 1: Triumph, 1. Halbbd.: 1932–1934, Süddeutscher Verlag, München 1965, S. 447f.

M 16 Der Politikwissenschaftler Jens Hacke über die Funktionen der NS-Revolutionsrhetorik (2004)

Offensichtlich erfüllte die nationalsozialistische Revolutionsrhetorik verschiedene Funktionen: Zum einen diente sie einer Integration sozialrevolutionärer Gruppierungen, sei es nun der ehemaligen Wählerschaft der KPD oder der Anhänger nationalrevolutionärer Gruppen, die ihre politischen Ziele in der Sprache des „Dritten Reiches" zunächst wiederzuerkennen meinten. Zum anderen sorgte die Proklamation einer „disziplinierten nationalen Revolution", die sich wesentlich aus der verbreiteten Erneuerungsmetaphorik („Erhebung", „Aufbruch", „Wiederauferstehung" des Volkes) speiste, für Akzeptanz im bürgerlichen Lager.

Der gewünschte Nebeneffekt war, dass die Annahme des Revolutionsbegriffs das Klima für eine Toleranz von „unvermeidlichen" Gesetzesbrüchen schuf. Letztlich nutzte das NS-Regime sogar die Debatte um die sogenannte „zweite Revolution", um sich abermals als Aufhalter eines revolutionären Anarchismus zu profilieren. So entstand die paradoxe Lage, dass sich im Rahmen des „Röhm-Putsches" die Revolution gegen Revolutionäre und Reaktionäre angeblich gleichermaßen durchsetzte. [...]

Als Hitler nach dem Doppelschlag gegen Röhms SA und gegen konservative Oppositionelle die Revolution offiziell für beendet erklärte, ebbte auch die Welle der Revolutionsinterpretationen ab. Einerseits verfehlte das brutale Vorgehen gegen Abweichler nicht die Wirkung auf die übrige Rechte, andererseits hatte die nationalsozialistische Durchdringung der gesamten publizistischen Öffentlichkeit mittlerweile den Raum für freie Meinungsäußerung drastisch eingeschränkt.

Jens Hacke, Die Rechte und die Revolution. Erwartung und Deutung der „Zeitenwende" von 1933, in: Heinrich August Winkler (Hg.), Griff nach der Deutungsmacht. Zur Geschichte der Geschichtspolitik in Deutschland, Wallstein Verlag, Göttingen 2004, S. 180f.

1 Untersuchen Sie M 15:
   a) Fassen Sie die zentralen Gedanken Hitlers zusammen.
   b) Charakterisieren Sie das Revolutionsverständnis Hitlers.
2 **a)** Ordnen Sie mithilfe des Textes von Hacke (M 16) die Rede Hitlers (M 15) in die Geschichte der nationalsozialistischen „Machtergreifung" ein.
   b) Erörtern Sie mithilfe des Textes von Hacke die Funktionen der NS-Revolutionsrhetorik.

Geschichte und Theorie: Die NS-Diktatur als „Revolution"?

M 17 Der Historiker Hans-Ulrich Wehler über die totalitäre Revolution der Nationalsozialisten (2009)

Freilich gibt es noch immer eine spürbare Scheu, die seit 1933 initiierten Vorgänge in Deutschland als totalitäre Revolution zu kennzeichnen. Der ausschlaggebende Grund
5 für diese distanzierte Zurückhaltung ist die positive Besetzung des Revolutionsbegriffs, die sich im Zusammenhang mit der Englischen, Amerikanischen, Französischen, auch mit der Industriellen Revolution [...]
10 durchgesetzt hat. Aufgrund der geschichtsphilosophischen Überhöhung gelten diese Revolutionen als welthistorisch bedeutsame Schubkräfte, die das Entwicklungsniveau auf eine höhere Stufe angehoben hätten [...].
15 Doch im 20. Jahrhundert wurde mit der bolschewistischen Revolution seit 1917, dann mit der nationalsozialistischen Revolution seit 1933 und erneut mit der chinesischen Revolution nach dem Zweiten Weltkrieg ein
20 neuer Typus von politisch-gesellschaftlicher Umwälzung auf die historische Agenda gesetzt: die totalitäre Revolution, die in ihrer linken oder rechten Variante statt eines langlebigen Aufstiegs und Zukunftsgewinns ei-
25 nen beispiellos opferreichen Regress[1] im historischen Prozess markiert. [...]
Deshalb ist es gerechtfertigt, von einem neuen Revolutionstypus, eben der totalitären Revolution, zu sprechen. Sie wird den
30 analytischen Verlaufskriterien einer revolutionären Umwälzung durchaus gerecht, führt aber nach dem mörderischen Experiment totalitärer Herrschaft unter ungeheuren Opfern und Folgebelastungen in den Untergang
35 oder in eine lähmende Sackgasse des Entwicklungsprozesses. [...] Denn bei ihr handelt es sich zwar um das exakte Gegenteil einer letztlich progressiven Aufwärtsbewegung, aber trotzdem um einen revolutionä-
40 ren Bruch mit der bisher bekannten Geschichte. In dem auf „totale" Erfassung zielenden Anspruch des NS-Regimes, seinen neuen Menschen heranzuzüchten und ihn mit der fanatischen „Weltanschauung" der
45 arischen Herrenrasse an der Spitze einer [...] modernen Sklavenhaltergesellschaft auszustatten, lag der totalitäre Kern seiner Programmatik und Praxis. Er rechtfertigt es, die totalitäre Revolution, die totalitären
50 Nah- und Fernziele des totalitären Herrschaftssystems und seine totalitäre Vernichtungspolitik ohne Umschweife beim Namen zu nennen. [...] Dass der Aufstieg der deutschen Führerdiktatur als neuartige rechts-
55 totalitäre Revolution ablief, wird auch durch einen Kontrollvorgang bestätigt, indem man nämlich einige in der historisch-sozialwissenschaftlichen Forschung weithin akzeptierte [...] Revolutionskriterien der Interpre-
60 tation zugrunde legt.
1. Revolution wird als ein überwiegend langlebiger Umwälzungsprozess mit destruktiven und konstruktiven Elementen verstanden. An destruktiven Bestandteilen, etwa der
65 Zerstörung der Weimarer Republik und ihrer Verfassung, des Rechtsstaats und des Föderalismus, fehlte es in Deutschland genauso wenig wie an konstruktiven im Sinne der Machthaber, etwa dem Aufbau der diktatori-
70 schen Herrschaftsordnung, der Einrichtung der NS-Organisationen und kommissarischen Sonderstäbe zur Durchsetzung der Systemziele, der Einsetzung einer neuen NS-Elite auf zahlreichen Kommandohöhen der
75 politischen und gesellschaftlichen Macht.
2. Während der Revolution vollziehen sich Auflösung und Umbau des überkommenen Herrschafts- und Gesellschaftssystems. Die Hitler-Bewegung läutete erst die Desinte-
80 gration der Weimarer Republik ein und vollendete deren Verfall; sie beschleunigte den Niedergang der parlamentarischen Demokratie und baute auf ihren Trümmern seit 1933 die institutionelle und mentale Gegen-
85 welt der Führerdiktatur auf.
3. Eine extreme Polarisierung und Politisierung kennzeichnen die revolutionäre Landschaft. Das tat sie bereits in der Agonie der letzten Schlussphase von Weimar, in ge-
90 steigertem Maße sogar in den beiden ersten Phasen der nationalsozialistischen Machtkonsolidierung.
4. Revolution heißt auch: verbissener Kampf um hegemoniale Herrschaftspositionen. [...] Innerparteilich wurde im Juni 1934
95 mit Ernst Röhm der letzte potenzielle Rivale Hitlers ausgeschaltet. In der Reichsregierung waren bekannte Politiker wie Hugenberg und v. Papen in Windeseile auf demütigende

Weise von dem zuvor arrogant unterschätzten „Trommler" vollständig entmachtet worden. Alle Verfassungsorgane des Staates verloren ihren Einfluss. Länder, Parteien, Verbände – sie alle mussten im Grunde über Nacht der Einparteienherrschaft im Zentralstaat weichen. [...]

5. Ein revolutionärer Umbruch setzt gewöhnlich die überlieferten Ordnungsprinzipien außer Kraft. Die Abfolge radikaler Eingriffe seit 1933 stülpte das gesamte politische System um, an seine Stelle traten der Führerabsolutismus, das Einparteienmonopol, die Unterwerfung ehemals autonomer Machtfaktoren. Zugleich wurde das befürchtete Weitertreiben der Umwälzung in einer „zweiten Revolution" der SA brutal erstickt. [...]

7. Zur Revolution gehört gemeinhin auch die Einleitung eines Elitenwechsels, an den die Nationalsozialisten denkbar zügig herangingen. Dieser Umbau lässt sich auf markanten Feldern verfolgen. Im Staatsapparat waren bereits bis 1935 70 Prozent der Bürgermeister, 61 Prozent der Gemeindevorsteher, 63 Prozent der Landräte Parteigenossen. Weiterhin kann man an den Kommissariaten und Sonderstäben, an den Gauleitern mit ihrer Kompetenzenanhäufung, am Wachstum der SS, an Parteischulen wie den „Nationalpolitischen Erziehungsanstalten", den „Adolf-Hitler-Schulen" und SS-Junkerschulen den Elitentausch ablesen. Im Vergleich mit der deutschen Revolution von 1918/19 reichte der Einschnitt seit 1933 ungleich tiefer. Erst jetzt wurden überall die Macht- und Funktionseliten aus monarchischer Zeit abrupt abgelöst. Im Hinblick auf soziale Herkunft, Ausbildung und Beruf, Sozialstatus, Lebenserfahrung und Lebensalter unterschied sich die NS-Elite markant von ihren Vorgängern. Wenn auch der Vorwurf der Inkompetenz und Korrumpierbarkeit [...] nie verstummte, könnte man doch in mancher Hinsicht von einer nachgeholten sozialen Demokratisierung sprechen, die sich als eine Kraftquelle des Regimes erweisen sollte, weil sie namentlich in der jüngeren Generation offenkundig eine begeisterte Zustimmung auslöste.

8. Die revolutionäre Veränderung von Staat und Gesellschaft umfasste auch einen Wandel der Mentalitätslagen [...]. Denn zu der Anbahnung einer neuartigen rassistischen Hierarchie gehörte auch [...] die Utopie der egalitären „Volksgemeinschaft" aller arischen Deutschen, welche den Klassenantagonismus[3] der Vergangenheit durch eine versöhnende Sozialharmonie überwinden sollte. Die „Volksgemeinschafts"-Rhetorik war keineswegs nur ein Goebbels'scher Propagandatrick, sondern nach den Erfahrungen der letzten Jahrzehnte eine [...] von vielen geteilte Zielvision voll verheißungsvoller Zukunftsperspektiven. [...] Vor allem die jüngeren Generationen verbanden mit diesem Ordnungsentwurf die Aussicht auf das Niederreißen antiquierter Barrieren, auf erleichterte Aufstiegsmobilität, auf eine [...] „Leistungsgemeinschaft", in der [...] die individuelle Tüchtigkeit [...] zu Berufserfolg und sozialer Anerkennung führen werde. [...]

9. Und schließlich gehören zu allen Revolutionen die menschlichen Opfer. [...] Die totalitären Revolutionen des 20. Jahrhunderts haben die Opferzahl gewaltig vermehrt. Auch die rechtstotalitäre Revolution des Nationalsozialismus hinterließ bereits in den sechs Friedensjahren mit Tausenden von ermordeten deutschen Juden, Kommunisten, Sozialdemokraten und Republikanhängern eine breite, blutige Spur. Der Zweite Weltkrieg als Folge dieser Revolution hat die Anzahl der Opfer in eine beispiellose Höhe angehoben.

Wenn man sich diese Aspekte der nationalsozialistischen Umwälzung im Lichte der gängigen Revolutionskriterien vergegenwärtigt, lässt sich durchaus von einer totalitären Revolution sprechen.

Hans-Ulrich Wehler, Der Nationalsozialismus. Bewegung, Führerherrschaft, Verbrechen 1919–1945, C. H. Beck, München 2009, S. 33–38.

---

1 Regress: Rückschritt
2 Agonie: Todeskampf
3 Antagonismus: Gegensatz

---

1 Arbeiten Sie die zentralen Merkmale der totalitären Revolution heraus.
2 Fassen Sie mit eigenen Worten die Argumente Wehlers zusammen, mit denen er seine These begründet, die Errichtung der NS-Diktatur sei eine Revolution gewesen.
3 Nehmen Sie Stellung zu Wehlers These.

Erarbeiten Sie Präsentationen

Thema 1
Techniker und Praktiker der totalitären Herrschaft: die Männer um Hitler
Hitler war der unumstrittene „Führer" im Nationalsozialismus. Doch wurde das NS-Regime auch durch NS-Politiker wie Hermann Göring, Joseph Goebbels, Heinrich Himmler oder Reinhard Heydrich geprägt.
Stellen Sie die Genannten in einer Präsentation oder einem Kurzreferat vor.

Literaturtipps
Wolfgang Benz, Hermann Graml u. Hermann Weiß (Hg.), Enzyklopädie des Nationalsozialismus, 5. Aufl., dtv, München 2007.

Joachim C. Fest, Das Gesicht des Dritten Reiches. Profile einer totalitären Herrschaft, 10. Aufl., Piper, München 2002.

M1 Wahlplakat der NSDAP zur Reichstagswahl vom 5. März 1933

Thema 2
Die Errichtung der NS-Diktatur: „Machtergreifung" oder „Machtübernahme"?
Die Begriffe „Machtergreifung" oder „Machtübernahme" spielen in der historisch-politischen Diskussion über die Errichtung der NS-Diktatur 1933/34 eine wichtige Rolle. Um solche Schlüsselwörter angemessen zu verwenden, muss man wissen, ob es sich um wissenschaftliche Begriffe handelt oder ob die Nationalsozialisten diese Begriffe „erfunden" bzw. geprägt haben.
Untersuchen Sie die Entstehungsgeschichte der Begriffe „Machtergreifung" und „Machtübertragung" und präsentieren Sie Ihre Ergebnisse. Klären Sie die Wortgeschichte weiterer Begriffe, z. B. „Drittes Reich" und „Endlösung der Judenfrage".

Literaturtipps
Wolfgang Benz, Hermann Graml u. Hermann Weiß (Hg.), Enzyklopädie des Nationalsozialismus, 5. Aufl., dtv, München 2007.

Hilde Kammer, Elisabeth Bartsch, Lexikon Nationalsozialismus. Begriffe, Organisationen und Institutionen, 6. Aufl., Rowohlt, Reinbek bei Hamburg 2002.

Cornelia Schmitz-Berning, Vokabular des Nationalsozialismus, 2. Aufl., de Gruyter, Berlin 2007.

Victor Klemperer, LTI (Lingua Tertii Imperii). Notizbuch eines Philologen, 24., völlig neubearb. Aufl., Reclam, Leipzig 2010.

M2 Ein politischer Witz zum Thema „Gleichschaltung" aus der NS-Zeit

> Wie konjugiert man „gleichschalten"?
> Ich schalte gleich,
> du fliegst raus,
> er setzt sich rein!

Hans-Jochen Gamm, Der Flüsterwitz im Dritten Reich, dtv, München 1979, S. 58.

Webcode:
KH639748-052

Überprüfen Sie Ihre Kompetenzen

M 3 „Was der König eroberte, der Fürst formte, der Feldmarschall verteidigte, rettete und einigte der Soldat", Postkarte 1933

Zentrale Begriffe

Deutsche Arbeitsfront (DAF)
Ermächtigungsgesetz
Gleichschaltung
Konzentrationslager
„Machtergreifung"
NS-Diktatur
Propaganda
Reichstagsbrand
Terror

Sachkompetenz
1. Beschreiben Sie die Entwicklung der NS-Diktatur von der Ernennung Hitlers zum Reichskanzler bis zum Tod Hindenburgs.
2. Nennen Sie wesentliche Gründe, warum die „Zähmung" Hitlers und der NSDAP scheiterte.
3. Erläutern Sie die Folgen der Reichstagsbrandverordnung und des Ermächtigungsgesetzes.

Methodenkompetenz
4. Beschreiben Sie die Funktionen des NSDAP-Wahlplakates M 1.
5. Analysieren Sie den politischen Witz in M 2: a) Erläutern Sie, welche Realität des NS-Regimes lächerlich gemacht werden sollte. b) Diskutieren Sie über die Möglichkeiten und Grenzen, in einer totalitären Diktatur mithilfe eines Witzes Kritik zu äußern.
6. Analysieren Sie die Postkarte M 3 unter der Leitfrage, in welche Tradition – und warum – Hitler eingeordnet werden sollte.

Urteilskompetenz
7. Der Nationalsozialist Robert Ley (1890–1945), seit 1933 Leiter des „Aktionskomitees zum Schutz der deutschen Arbeit" zur Zerschlagung der Gewerkschaften und der DAF, formulierte 1938: „Wenn du schläfst, ist das deine Privatsache, sobald du aber wach bist […], dann musst du eingedenk sein, dass du ein Soldat Adolf Hitlers bist und nach einem Reglement zu leben und zu exerzieren hast […]. Privatleute haben wir nicht mehr. Die Zeit, wo jeder tun und lassen konnte, was er wollte, ist vorbei. Wir pfeifen auf die liberalistische Auffassung […]. Ein Soldat muss gehorchen." Diskutieren Sie, ausgehend von diesem Zitat, über den totalen Machtanspruch Hitlers und der Nationalsozialisten. Erörtern Sie die Folgen für politische Parteien, Interessenorganisationen, soziale Gruppen sowie den Einzelnen.

4 Der Führerstaat – Organisation und Methoden

Kompetenzen erwerben

Sachkompetenz:
– die Stellung Hitlers im NS-Staat charakterisieren
– das Verhältnis von „Führer", Partei und staatlicher Verwaltung in der NS-Diktatur analysieren
– die Herrschaftsmethoden des NS-Regimes beschreiben

Methoden-
kompetenz:
– Karikaturen analysieren

Urteilskompetenz:
– den Charakter der NS-Diktatur beurteilen
– geschichtswissenschaftliche Positionen gegeneinander abwägen

Der „Führerstaat" – Legende oder Wirklichkeit?

Literaturtipp
Armin Führer, Hitlers Spiele. Olympia 1936 in Berlin, be.bra, Berlin 2011.
Gut lesbare und bebilderte Darstellung der Instrumentalisierung und Funktionalisierung der Olympiade durch den Nationalsozialismus.

„Das ist das Wunder dieser Zeit, dass ihr mich gefunden habt […] unter so vielen Millionen! Und dass ich Euch gefunden habe, das ist Deutschlands Glück!" Anschaulicher als mit diesen Worten, die **Adolf Hitler** unter dem Jubel Hunderttausender seiner Anhänger auf dem Reichsparteitag von 1936 sprach, lässt sich der NS-Führerkult kaum beschreiben. Geschickt nutzte Hitler die Hochstimmung in der Bevölkerung nach dem außerordentlichen Prestigegewinn Deutschlands während der Olympischen Spiele 1936, um sich als **nationaler Heilsbringer** zu feiern und feiern zu lassen. Tatsächlich war Hitler die **zentrale Gestalt des Nationalsozialismus**. Schon vor der Machtübernahme 1933 herrschte er fast unumschränkt über die NSDAP. Sie verdankte den propagandistischen Fähigkeiten ihres Parteiführers den Aufstieg von einer lokalen Splitterpartei zur stärksten politischen Kraft und zur Regierungspartei (s. S. 11 ff.). Welche Stellung besaß Hitler im NS-Herrschaftssystem? Wie waren in den Jahren 1933–1945 Staat und Partei organisiert? Mit welchen Methoden übten Hitler und die Nationalsozialisten die Macht aus? Betrachteten die Deutschen Hitler wirklich als „Messias", der als Staatsmann oder Feldherr, als Künstler oder Bauherr Überragendes leistete? Oder gab es diesen Mythos vom willensstarken, weitsichtigen und tatkräftigen „Führer" allein in der NS-Propaganda?

Herrschaftsorganisation

Im nationalsozialistischen Führerstaat wurde Autorität in der Staats- und Parteiorganisation von oben nach unten ausgeübt, Verantwortung von unten nach oben verlagert. Das **Führerprinzip** verlangte die bedingungslose Unterwerfung des Einzelnen unter die Ziele von Staat und Partei. Opposition war strikt verboten. Außerdem kannte das NS-Regime keine Gewaltenteilung. Der „Führer" vereinte in sich die oberste vollziehende, gesetzgebende und richterliche Gewalt, er bedurfte

M1 Schaufensterdekoration eines Cafés in einer rheinischen Kleinstadt zum Fronleichnamsfest 1937

dafür keiner Legitimation und forderte unbedingten Gehorsam. Hitler fällte die grundlegenden Entscheidungen in Staat und Partei.

Unterhalb der Führerebene rivalisierten unterschiedliche staatliche Behörden und Parteiführer miteinander, aber auch verschiedene Parteigliederungen rangen um die Vorherrschaft in ihren Machtbereichen. So beanspruchten im Erziehungs- und Bildungswesen gleich drei Personen bzw. Institutionen der NSDAP die Verantwortung für Schulung und Erziehung: der NS-Reichsjugendführer Baldur von Schirach, das Reichsministerium für Wissenschaft, Erziehung und Volksbildung unter Bernhard Rust sowie Alfred Rosenberg als „Beauftragter des Führers". Und im Schulalltag kam es häufig zu Konflikten zwischen Lehrern und HJ-Führern. Die Historiker bezeichnen dieses Kompetenzchaos als Polykratie (griech. *poly* = viel; *kratein* = Herrschaft; hier: Herrschaft vieler), die während der NS-Herrschaft mit Hitlers Monokratie (Herrschaft eines Einzelnen) verbunden war. Monokratie und Polykratie bildeten im NS-Herrschaftsgefüge keine unüberbrückbaren Gegensätze, sondern ergänzten sich gegenseitig.

Herrschaftsmittel

Die Nationalsozialisten bekämpften von Anfang an systematisch und brutal ihre „Staats"- bzw. „Reichsfeinde". Zu den „inneren Feinden", die nach der NS-Ideologie aus der „Volksgemeinschaft" auszuschließen und zu vernichten waren, gehörten Kommunisten und Sozialdemokraten. Aber auch Liberale, Christen und Konservative, die mit dem Regime nicht einverstanden waren, wurden verfolgt. Mit der Machtübernahme begannen Diskriminierung, Entrechtung und Verfolgung von Juden sowie von Sinti und Roma. Aus der nationalsozialistischen „Volksgemeinschaft" ausgegrenzt wurden überdies Straftäter sowie Homosexuelle, Geisteskranke, Behinderte und Gebrechliche (s. S. 133). Im Krieg gegen diese vermeintlichen „inneren Feinde" höhlten die Nationalsozialisten systematisch die Normen und Regeln des Rechtsstaats aus und setzten die Werte der modernen Zivilisation außer Kraft. Eine der ersten Maßnahmen bei der Verfolgung der „Reichsfeinde" war die Einführung der „Schutzhaft" durch die Reichstagsbrandverordnung (s. S. 43). Die politische Polizei bzw. die Geheime

Literaturtipps
Carsten Dams, Michael Stolle, Die Gestapo. Herrschaft und Terror im Dritten Reich, 2. Aufl., C. H. Beck, München 2008.

Karin Orth, Das System der nationalsozialistischen Konzentrationslager. Eine politische Organisationsgeschichte, Hamburger Edition, Hamburg 1999.

Literaturtipps

Heinz Höhne, Der Orden unter dem Totenkopf. Die Geschichte der SS, Bassermann, München 2008.

Eugen Kogon, Der SS-Staat – das System der deutschen Konzentrationslager, 47. Aufl., Heyne, München 1988.

Staatspolizei (Gestapo) konnte nun politische Gegner „zur vorbeugenden Bekämpfung" ohne gerichtliches Verfahren in Haft nehmen. Für diese illegale Freiheitsberaubung, die in der Regel eine zeitlich unbegrenzte Inhaftierung bedeutete, genügte in vielen Fällen schon der bloße Verdacht, Mitglied in einer von den Nazis als „feindlich" eingestuften Organisationen zu sein oder zu bestimmten „Feindgruppen" zu gehören. Oft wurden diese politischen Gefangenen nach Verbüßung einer von einem ordentlichen Gericht verhängten Strafe erneut von der Gestapo festgenommen und in ein Konzentrationslager gebracht.

Die bereits im Frühjahr 1933 errichteten Konzentrationslager (KZ) bildeten die eigentlichen Terror- und Zwangsinstrumente des NS-Regimes. Konzentrationslager waren Massenlager, in denen Menschen aus politischen, religiösen, rassischen oder anderen Gründen eingesperrt, misshandelt und ermordet wurden. Vom Jahre 1941 an wurden Vernichtungslager eingerichtet, die der bürokratisch organisierten Tötung der Juden und anderer als „minderwertig" betrachteter Menschen dienten. Die mit Güterwagen der Reichsbahn antransportierten Juden aus allen Teilen Europas wurden in den Vernichtungslagern kurz nach ihrer Ankunft durch Gas oder durch Massenerschießungen getötet oder, soweit sie noch gesund und kräftig waren, zur Zwangsarbeit abkommandiert. SS-Ärzte führten grausame medizinische und andere Menschenversuche an den todgeweihten Opfern durch.

SS-Staat

Seit 1934 unterstanden die Konzentrationslager der SS (= Schutzstaffel), die die Lager nach einheitlichen bürokratischen Vorschriften organisierte. Keine NS-Organisation verfügte über einen derart gut organisierten Überwachungs- und Terrorapparat wie die 1925 ins Leben gerufene SS, die ursprünglich eine Art Parteipolizei war. Weil sie alle anderen staatlichen und militärischen Institutionen an Macht übertraf, wird die Nazi-Diktatur auch als SS-Staat bezeichnet. Der SS wurden alle die Aufgaben übertragen, auf die es Hitler ankam: die Sicherung der Macht in Deutschland und während des Krieges in den besetzten Gebieten sowie die Verfolgung und Vernichtung der Gegner. Die SS war daher die eigentliche Exekutive des Führers.

Webcode:
KH639748-056

1 Das nationalsozialistische Herrschaftssystem wird von Historikern und Politikwissenschaftlern sowohl als Führerstaat wie auch als SS-Staat bezeichnet. Charakterisieren Sie, ausgehend von diesen beiden Begriffen, das Herrschaftsgefüge des Nationalsozialismus. Erörtern Sie dabei, auf welche Aspekte der NS-Herrschaftsordnung sich diese Begriffe beziehen.

2 Charakterisieren Sie die Herrschaftsmethoden der Nationalsozialisten. Berücksichtigen Sie dabei die Aufgaben, Funktionen und Wirkungen der „Schutzhaft", der Konzentrationslager und der Zwangsarbeit.

Hinweise zur Arbeit mit den Materialien

Kapitel 4 beschäftigt sich mit der Organisation der NS-Herrschaft und den Herrschaftsmethoden des NS-Regimes. M 2 verdeutlicht den **institutionellen Aufbau** des NS-Staates. Mithilfe dieser Grafik lassen sich die Stellung des „Führers" und das Verhältnis von Staat und Partei untersuchen. Die Fotos (M 1, M 3) und der Bericht des Oberpräsidenten der Rheinprovinz (M 4) ermöglichen die Analyse der **Inszenierung der charismatischen Herrschaft** Hitlers, des Führerkults und des Führerglaubens. Ob der Begriff der „charismatischen Herrschaft" die Stellung Hitlers im NS-Staat angemessen charakterisiert, wird in der modernen Geschichtswissenschaft kontrovers beurteilt. Die Deutungen der Historiker Hans-Ulrich Wehler (M 5) und Ludolf Herbst (M 6) dokumentieren wesentliche Positionen dieser Debatte. M 7 beleuchtet das **Kompetenzchaos** zwischen Einrichtungen des Staates und der Partei während der NS-Herrschaft. Dass dieses polykratische Kompetenzchaos nicht im Widerspruch zur Monokratie Hitlers stand, sondern dass sich Monokratie und Polykratie ergänzten, zeigt der Text des Historikers Wehler (M 8).

Die Materialien M 9 bis M 13 und die der Vertiefungsseiten (S. 70–73) befassen sich mit den **Herrschaftsmethoden** Hitlers und der Nationalsozialisten. Dabei stehen Gewalt und Terror der NS-Herrschaft im Vordergrund: M 9 und M 10 erläutern den Begriff „SS-Staat" und die Organisation der SS, M 11 bis M 13 beleuchten mit den Konzentrationslagern eines der wichtigsten Instrumente des NS-Terrors und der NS-Vernichtungspolitik. Die Vertiefungsseiten gewähren Einblicke in die Maßnahmen des NS-Regimes, die Bevölkerung durch **Erlebnisangebote** für sich zu gewinnen und dem NS-Staat eine breite Legitimität zu verschaffen. Am Ende des Kapitels finden sich **weiterführende Arbeitsanregungen** und die Möglichkeit, die im Kapitel erworbenen **Kompetenzen zu überprüfen** (S. 74 f.).

M 2 Struktur des NS-Staates

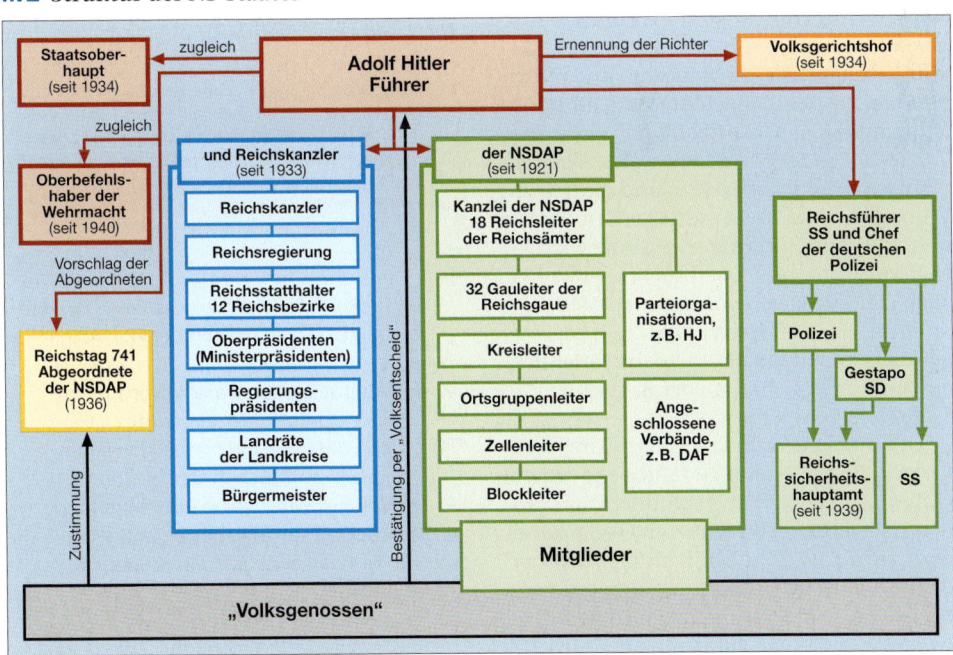

1 Erläutern Sie mithilfe von M 2 die Funktionsweise des NS-Herrschaftssystems.

M3 Adolf Hitler fährt während des Reichsparteitages der NSDAP in Nürnberg an Verbänden der HJ vorbei, 16. September 1938

1 Beschreiben Sie anhand von M1 und M3 das öffentliche Erscheinungsbild Hitlers und die Reaktionen der Bevölkerung.
2 Erörtern Sie, inwieweit die Fotos die Wirklichkeit im NS-Staat zeigen oder inszeniert sind.

M4 Bericht des Oberpräsidenten der Rheinprovinz über das Ansehen der NSDAP-Unterführer vom 11. Februar 1935

Eine Tatsache tritt immer wieder und mit zunehmender Deutlichkeit in Erscheinung: der Führer und Reichskanzler findet stets [...] Worte, die geeignet sind, die wahre Volksgemeinschaft zu schaffen [...], und die den Wunsch einwandfrei ausdrücken, frühere innenpolitische Gegensätze im Sinne wirklicher Versöhnung zu überbrücken; er will auch diejenigen gewinnen, die vor dem 30. Januar 1933 in anderen politischen Lagern gewesen sind, denn das ist doch schließlich ein recht erheblicher Teil der deutschen Menschen gewesen.

Gegenüber diesem klar erkennbaren Willen des Führers verstoßen zahlreiche örtliche Unterführer täglich und stündlich! Sie betonen und vertiefen die früheren Gegensätze und „retten" sie hinüber in die Gegenwart ihrer egoistischen Kämpfe um ihre persönliche Stellung und aus Geltungsbedürfnis [...].

Im Volke ist man allmählich der Ansicht, dass der Führer und Reichskanzler offenbar über manche entscheidende Fragen nicht hinreichend informiert wird. [...] Die Auswahl der Amtswalter der NSDAP und ihrer Nebenorganisationen ist zum Teil unbestreitbar fehlerhaft; dies ist insbesondere in der Rheinprovinz nicht zu verwundern, wenn ausschließlich alte Parteigenossen zu den Parteiämtern berufen werden, der Prozentsatz der alten Nationalsozialisten vor dem 30. Januar 1933 aber andererseits außerordentlich gering ist.[1] Es muss erwartet werden, dass dem Willen des Führers, alle einwandfreien deutschen Volksgenossen für den Staat und die Bewegung zu gewinnen, mehr als bisher Geltung verschafft wird.

Es muss bedauerlicherweise festgestellt werden, dass die strafrechtlichen Verfehlungen (Unterschlagungen usw.) unter den Amtwaltern der Partei, insbesondere der NSV[2] in der letzten Zeit erschreckend hoch gewesen sind. Bei vielen deutschen Volksgenossen werden alle großen Verdienste des Führers und der NSDAP, die freudig und rückhaltlos anerkannt werden, verdunkelt und überschattet durch diese Verfehlungen lokaler Unterführer.

Zit. nach: Ian Kershaw, Hitlers Popularität. Mythos und Realität im Dritten Reich, in: Herrschaftsalltag im Dritten Reich. Studien und Texte, hg. v. Hans Mommsen u. Susanne Wilms, Schwann im Patmos Verlag, Düsseldorf 1988, S. 61 f., Nr. 6.

---

[1] Nach der parteiinternen Parteistatistik (1935) hatte nur der Gau Mainfranken einen geringeren Anteil von „alten Kämpfern" (Parteigenossen, die vor 1933 der NSDAP beigetreten waren) – gemessen an der Gesamtzahl der Parteimitglieder 1935 – als die Gaue Köln-Aachen (17,9 %) und Koblenz-Trier (18,3 %).
[2] NSV: Nationalsozialistische Volkswohlfahrt

---

1 a) Arbeiten Sie die Kritik des Oberpräsidenten an den Funktionären der NSDAP heraus.
b) Beschreiben Sie das Bild vom „Führer", das der Oberpräsident entwirft.
2 „Wenn das der Führer wüsste", war im nationalsozialistischen Deutschland ein geflügeltes Wort, wenn über Missstände geredet wurde. Erörtern Sie, ausgehend von M4, die Funktion dieses Führer-Mythos.
3 Erörtern Sie am Beispiel von M1 bis M4, inwieweit die Bezeichnung „Führerstaat" das nationalsozialistische Herrschaftssystem angemessen charakterisiert.

**Geschichte kontrovers:
Hitlers charismatische Herrschaft –
Realität oder Propaganda?**

M 5 Die Deutung des Historikers
Hans-Ulrich Wehler (2009)

Im öffentlichen Leben [der Jahre 1933/34] hatte sich der Nationalsozialismus zu einer Säkularreligion mit Monopolanspruch aufgeschwungen. Schon im August 1933 hatte Hitler ungeschminkt gefordert, dass der Nationalsozialismus „selbst eine Kirche werden" müsse. Diese Stilisierung wurde durch die intensive Goebbels-Propaganda gefördert, während gleichzeitig die Vielfalt des kulturellen Lebens uniformiert, die Kirchen gegängelt, ihre Heilsfunktionäre verfolgt wurden. […]

Vor allem aber hatte sich die charismatische Sonderstellung Hitlers in Staat und Gesellschaft [bis August 1934] enorm gefestigt. Ein breiter Konsens stützte den „Führer", der jede kollegiale Entscheidungsbildung im Kabinett schon beseitigt und völlige Selbstständigkeit auch gegenüber den Koalitionspartnern des 30. Januar errungen hatte. Mit dem Nimbus des „außeralltäglichen Sendboten" beanspruchte er Orientierung ausschließlich an seinen obersten Wertvorstellungen, ohne eine formale normative Handlungsbindung hinzunehmen. Dass viele seiner Werte – an erster Stelle nationale Ehre, nationale Geltung, nationale Stärke, völkische Auserwähltheit, Führerprinzip, historische Mission – von Abermillionen geteilt und insofern von ihm instinktsicher als verallgemeinerungsfähig erkannt wurden, verschaffte ihm seine erstaunliche Resonanz.

Die Sehnsucht, durch einen politischen Messias, einen „zweiten Bismarck", aus dem Tal der Tränen, in das sich so viele Deutsche durch die Kriegsniederlage, die Demütigung durch Versailles und die Belastung während der wirtschaftlichen Depression verstoßen fühlten, herausgeführt zu werden, schien endlich in Erfüllung zu gehen. Mit ihrer plebiszitären Zustimmung zu dem autoritären Kurs des neuen Cäsar in Berlin bejubelten sie ihre eigene Entmündigung. Der Aufbruch zu jenen neuen Ufern, wo die Wiedergewinnung des Status als nationaler Machtstaat winkte, versöhnte sie mit ihrem Freiheitsverlust.

[…] [B]ereits der gedrängte Überblick über die Resultate der ersten Etappe der Herrschaftsstabilisierung erweist, dass es sich um eine neuartige rechtstotalitäre Revolution handelte, aus der die vorbildlose Führerdiktatur, seit dem August 1934 für jeden erkennbar, hervorgegangen war. […]

Die Überzeugungskraft des Charismatikers hing […] in einem essenziellen Sinn von der Bewährung seines Talents in einer dramatischen Krisensituation ab. Nachdem er ursprünglich zur Bewältigung einer solchen Notlage angetreten ist und einen überzeugenden Erfolg errungen hat, muss er fortlaufend neue Krisen meistern – wenn sie sich nicht einstellen, muss er sie selber auslösen –, um die Valenz [= Gültigkeit] seiner extraordinären Begabung zu beweisen, oder aber das Verblassen seines Charismas, die „Veralltäglichung" seiner zu traditionalen oder rationalen Ordnungsformen in Kauf nehmen.

Hitler ist es gelungen, mit Aufsehen erregenden Mitteln das Instrumentarium der Diktatur brutal ausnutzend, die „große Krise" in Deutschland, die ihn emporgetragen hatte, in zweifacher Hinsicht aufzulösen. Dem Staatszerfall begegnete sein Regime mit einer autoritären Politik, die gleitend, doch im Grunde unheimlich schnell den Übergang in die totalitäre Führerherrschaft ermöglichte. Die Depression und ihre schmerzhaften Folgen, die Massenarbeitslosigkeit von acht Millionen Menschen, wurden innerhalb von drei Jahren durch die Staatskonjunktur und Rüstungswirtschaft überwunden. Damit hatte sich Hitler ein Erfolgspolster verschafft, das nach der Auffassung einer ständig weiter wachsenden Mehrheit denkbar eindrucksvoll ausfiel. Es gehört zum Verhängnis der deutschen Geschichte in den 1930er-Jahren, dass zum einen Hitlers Erfolgsserie sechs Jahre lang bis 1939 anhielt und dass er zum anderen in schwierigen Situationen bedenkenlos eine Krise zu fabrizieren riskierte, deren Meisterung seinen Nimbus als wundertätiger Dompteur erneut aufleuchten ließ.

Hans-Ulrich Wehler, Der Nationalsozialismus. Bewegung, Führerherrschaft, Verbrechen 1919–1945, C. H. Beck, München 2009, S. 13, 81–83.

M6 Die Deutung des Historikers Ludolf Herbst (2011)

Was die Zeitgenossen oft als Erfolg der Politik Hitlers wahrgenommen haben, hält in so gut wie keinem Fall der genauen Prüfung stand. So war etwa die Überwindung der
5 Weltwirtschaftskrise von 1929/31 weniger der hitlerschen Politik geschuldet als vielmehr die Folge der im Sommer 1932 beginnenden Erholung der Weltkonjunktur. Hitler profitierte von dieser Entwicklung und setzte
10 im Übrigen nur die Konjunkturprogramme der Vorgänger-Regierungen fort, deren Volumen er aber in unverantwortlicher Weise erhöhte. […] Vor allem sollte man die terroristische Seite des Regimes nicht vergessen:
15 Überall im Reich wurden Konzentrationslager errichtet, Menschen verfolgt, gefoltert und ermordet. Für kein Regime ist die Bezeichnung „verbrecherisch" so gerechtfertigt wie für das Regime Hitlers. Was jedoch regel-
20 mäßig unterbelichtet bleibt, sind der alles durchdringende Anpassungsdruck und die internalisierte allgegenwärtige Gefahr, im KZ zu landen.
   Hans-Ulrich Wehler möchte die Hitler-
25 Diktatur als „charismatische Herrschaft" verstanden wissen […]. Hitler habe dank seines rhetorischen Talents die deutsche Bevölkerung, „seine Deutschen", in seinen Bann gezogen und eine mehr oder weniger totale Zu-
30 stimmung für seine Politik erreicht. Der Bielefelder Historiker spricht von einem „Konsensstaat" und nimmt die 99-Prozent-Ergebnisse bei den „Wahlen" nach 1933 für bare Münze. Nun ist heute gewiss niemand
35 mehr davon zu überzeugen, dass es Politikern ohne Manipulation und Wahlbetrug möglich ist, solche Zustimmung zu erzielen. Man könnte Wehlers Auffassung als unsinnig beiseiteschieben, wenn sich aus der Ar-
40 gumentation nicht das Bild eines „großen Diktators" herauskristallisieren würde, den Wehler keineswegs mehr mit der ironischen Distanz Chaplins[1] zu sehen vermag. Auf diese Weise lässt er wesentliche Elemente der
45 nationalsozialistischen Propaganda aufleben. Wehler beabsichtigt dies gewiss nicht, aber er spielt mit dem Feuer und gibt dabei Terrain auf, das eine sorgsame und der gesellschaftlichen Verantwortung verpflichtete
50 Zeitgeschichtswissenschaft nach 1945 besetzt hatte. So sollte sich vor diesem Hintergrund der Versuch verbieten, eine Sozialgeschichte des Nationalsozialismus zu schreiben, die dessen Gewaltcharakter weit-
55 hin ausblendet und stattdessen den Propagandatopos des allseits beliebten Führers zum Generalnenner der Interpretation macht […]. Es war ja gerade das vornehmste Ziel der NS-Propaganda, eine real existieren-
60 de charismatische Beziehung zwischen Hitler und den Deutschen zu behaupten.
   Die Charakterisierung der Hitler-Diktatur als charismatische Herrschaft geht in die Irre, weil sie die Propagandafassade, die die
65 NSDAP zur Legitimierung ihrer Herrschaft errichtete, für die Wirklichkeit nimmt. Die von der Propaganda behauptete und heute vielfältig nachgebetete unmittelbare emotionale Beziehung zwischen Führer und Volk
70 war doch gerade darauf angelegt, die komplexe und mit gravierenden Problemen behaftete gesellschaftliche Wirklichkeit im sogenannten „Dritten Reich" zu überblenden. Wenn der Historiker diesem Trugbild
75 folgt, entgeht ihm – um das Mindeste zu sagen – der zentrale Aspekt des nationalsozialistischen Herrschaftssystems: die Bürokratisierung und Durchdringung aller Lebensbereiche mit Kommandostrukturen.
80 Sie sollten sicherstellen, dass die politische Führung ihre irrwitzigen, jeder Vernunft und Humanität widersprechenden und weit über die Kraft Deutschlands hinausgehenden Ziele verfolgen konnte. Dieser Widerspruch
85 zwischen Anspruch und Leistung zwang die NS-Führung dazu, alle Lebensbereiche mit einem Netz von Lenkungsbehörden zu überziehen. Hitler persönlich spielte in diesem Netzwerk gewiss eine zentrale Rolle – nicht
90 aber als Person und Charismaträger, sondern als Appellationsinstanz. Das Funktionieren eines solchen komplexen Systems ließ sich nur gewährleisten, wenn Hitlers Rolle vollständig entpersönlicht wurde. Der Führer
95 wurde zum Prinzip.
   Das „Dritte Reich" war eine Führer-Diktatur nicht, weil „der" Führer an ihrer Spitze stand, sondern weil auf allen Ebenen das Führerprinzip galt. Das Gesamtsystem ist
100 daher gerade nicht von dem einen Führer her zu verstehen, sondern von der Vielzahl der Führer und Unterführer her, die an allen Knotenpunkten platziert waren. Um sich in

diesem System zurechtzufinden, benötigte schon der Zeitgenosse ein Führer-Lexikon, das wie ein Telefonbuch in ständig aktualisierter Form für jeden Lebens- und Funktionsbereich herausgegeben wurde. Die wichtigeren dieser Führer-Funktionäre waren in mehrere Hierarchien gleichzeitig eingebunden. So ließ sich, die Konzentrationslager im Rücken, der Einfluss der SS und der Partei auf allen Ebenen sicherstellen.

Das nationalsozialistische Herrschaftssystem mit seiner monolithischen Fassade war ebenso komplex wie labil. Es wäre daher völlig falsch anzunehmen, darin habe nur ein Wille, nämlich der Adolf Hitlers, gegolten und man habe diesem „entgegengearbeitet". […] Wenn man daher vom „Führerstaat" spricht, ist dies nur gerechtfertigt, wenn man den Plural mitdenkt und den Blick auf das Führer-Prinzip richtet und nicht auf die Person des Führers an der Spitze. Wer dies allerdings verstehen will, muss über das in großem Umfang verfügbare Propaganda- und Selbstrechtfertigungsmaterial des Regimes hinausgehen und sich mit der alltäglichen Regimepraxis beschäftigen. Wer dies einmal versucht hat, kommt nicht mehr auf den Gedanken, das „Dritte Reich" lasse sich entlang der Schiene „Hitler und die Deutschen", „Volk und Führer" rekonstruieren. Mit solchen Simplifizierungen […] kommt man der komplexen Realität des NS-Staates nicht näher.

Ludolf Herbst, Nicht Charisma, sondern Terror. Der Propagandafassade entsprach keine Wirklichkeit, in: Frankfurter Allgemeine Zeitung, 20. Juli 2011, S. N 4.

---

1 Der amerikanische Filmregisseur und Filmkomiker Charlie Chaplin hat in seinem Film „Der große Diktator" (1940) Hitler und den Nationalsozialismus mit satirischen Mitteln gebrandmarkt.

1 a) Nennen Sie die Argumente, mit denen Wehler (M 5) seine These von der charismatischen Herrschaft Hitlers untermauert.
b) Arbeiten Sie die Gegenargumente Herbsts (M 6) gegen Wehler heraus.
c) Vergleichen Sie die Interpretationen von Wehler und Herbst miteinander.
2 Diskutieren Sie die Stärken und Schwächen der Deutungen von Wehler und Herbst. Formulieren Sie eine eigene Position und begründen Sie diese.

M 7 NS-Kompetenzchaos

Der Leipziger Oberbürgermeister Carl-Friedrich Goerdeler beschreibt die unterschiedlichen Machtzentren im NS-Staat (1937):
Neben dem Staat versucht die Partei das öffentliche Leben zu beherrschen. Der öffentliche Diener weiß nicht mehr, an welche klaren Gesetze er sich zu halten hat. Viel schlimmer aber ist, dass der Beamte nicht mehr weiß, an welche Anstandsregeln er sich zu halten hat.

Die Zuständigkeiten, die früher klar geregelt waren, werden dauernd geändert. Hat man sich heute zum Grundsatz der Selbstverwaltung bekannt, so beraubt man morgen Provinzen und Gemeinden wichtiger […] Funktionen. Die Folge ist, dass sich die Zahl der öffentlichen oder halb öffentlichen Beamten und Angestellten um einige Hunderttausend vermehrt hat, dass das Geld des deutschen Steuerzahlers benutzt wird, um mit diesen Kräften irgendetwas zu tun, zumindest untereinander Krieg zu führen, und dass das moralische Bewusstsein sowie die Verantwortungsfreudigkeit ebenso schnell verblassen wie der Mannesmut. Der preußische Beamte war darauf erzogen, seinem Vorgesetzten zu gehorchen; aber er war auch verpflichtet, ihm gegenüber seine eigene Meinung unerschrocken zu vertreten. Beamte, die das heute noch wagen, kann man in Deutschland allmählich mit der Laterne suchen. Damit aber ist die öffentliche Verwaltung unterminiert, muss immer haltloser werden und wird eines Tages dem Volke nur noch als Last erscheinen. Im Übrigen ist die Entwicklung zielbewusst darauf gerichtet, immer mehr Macht in den Händen der Polizei, einschließlich der Geheimen Staatspolizei, zu vereinigen. Das ist logisch. Ein System, das es sich zur Aufgabe gesetzt hat, unter allen Umständen an der Macht zu bleiben, muss mehr und mehr auf das Mittel der Überzeugung verzichten und zu Mitteln des Zwanges greifen.

Friedrich Krause (Hg.), Goerdelers politisches Testament. Dokumente des anderen Deutschland, Verlag Friedrich Krause, New York City 1945, S. 19 ff.

1 Untersuchen Sie anhand von M 7 die Auswirkungen des NS-Kompetenzchaos auf die deutsche Verwaltung.

M8 Der Historiker Hans-Ulrich Wehler über Monokratie und Polykratie im NS-Herrschaftssystem (2009)

Parallel zum Ausbau von Hitlers Monokratie entwickelte sich im „Dritten Reich" eine Polykratie miteinander rivalisierender Partikulargewalten. Man hat diese beiden Prozesse
5 eine geraume Zeit lang als gegenläufige Tendenzen, im Grunde als unübersehbare Gegensätze aufgefasst. […] Diese beiden Herrschaftsphänomene als Alternative aufzufassen oder starr zu polarisieren ist jedoch
10 erkenntnisblockierend. In der Realität des NS-Regimes gehörten die charismatische Einherrschaft und die Polykratie der Machtaggregate sogar mit systembedingter Notwendigkeit zusammen. Als Initiator der Par-
15 tikulargewalten konnte Hitler nicht nur mit diesen Sonderstäben, die Effizienz in seinem Sinn versprachen, das Routinehandeln der Bürokratie umgehen, sondern auch einen erbitterten Wettbewerb zwischen den etablier-
20 ten Staatsinstanzen und neuartigen Parteiformationen, zwischen überkommenen Funktionseliten und ad hoc geschaffenen Exekutivstäben freisetzen, bis sich der Stärkste […] durchgesetzt hatte und dann auch
25 vom „Führer" als Sieger anerkannt wurde.
  Der „Pluralismus der Aktionszentren" gestattete es zum einen, dass der Diktator sich längere Zeit […] von unentschiedenen Konflikten fernhalten konnte – und diese Distan-
30 zierungsfähigkeit war fraglos ein „wesentliches Element der Führungstechnik Hitlers". Zum anderen wurden durch diese polykratische Rivalität sowohl die institutionellen Grenzen zwischen Staat, Gesellschaft und
35 Partei zusehends verflüssigt als auch Chancen und Grenzen der Führergewalt markiert, da Hitler gelegentlich die von einem Machtzentrum vorformulierten Ergebnisse gewissermaßen als Notar nur noch ratifizierte. […]
40 Er allein übte die Richtlinienkompetenz und die maßgeblichen Steuerungs- und Koordinationsfunktionen aus […]. Er allein fungierte als Besitzer des Interpretationsmonopols und als abschließende „über-rechtliche Defi-
45 nitionsinstanz", nach deren Spruch es keine Revisionsmöglichkeit mehr gab.

Hans-Ulrich Wehler, Der Nationalsozialismus. Bewegung, Führerherrschaft, Verbrechen 1919–1945, C.H.Beck, München 2009, S. 96–98.

1 Erläutern Sie mithilfe von M7 und M8 den Begriff der Polykratie.
2 Erklären Sie anhand von M8 das Zusammenwirken von monokratischer Führerherrschaft und polykratischer Konkurrenz zwischen unterschiedlichen Machtzentren.

M9 Der SS-Staat

Der Historiker Bernd Jürgen Wendt beschreibt die Bedeutung Himmlers und der SS (2000):
Im „SS-Staat" (Titel eines Buches von Eugen Kogon[1], das 1946 erschienen ist) und in einer seiner tragenden Säulen, im System der Konzentrationslager, wurden also schon im
5 Frieden unter tatkräftiger und willfähriger Mithilfe der staatlichen und Verwaltungsorgane, allen voran der Justiz, die Voraussetzungen für den millionenfachen Mord im Krieg geschaffen. Dabei erschienen die An-
10 fänge im Jahre 1933 eher bescheiden. Denn bei der allgemeinen Verteilung von Ämtern und Machtpositionen nach dem 30. Januar war ein Mann augenscheinlich nahezu leer ausgegangen: Heinrich Himmler, „Reichs-
15 führer SS" (RFSS) und Herr über sechsundfünfzigtausend „rassisch wertvolle" Parteisoldaten […]. Er wurde lediglich am 9. März Kommissarischer Polizeipräsident in München und erhielt dadurch auch den Zugriff
20 auf die Politische Polizei in Bayern. Er unterstellte sie seinem Vertrauten, dem ehrgeizigen und hochintelligenten Schöpfer des Sicherheitsdienstes (SD) der SS Reinhard Heydrich. Nur dreieinhalb Jahre später, am
25 17. Juni 1936, war derselbe Himmler per Führererlass als „Reichsführer-SS und Chef der Deutschen Polizei im Reichsministerium des Innern" (RFSSuChdDtPol), wiederum unterstützt von Heydrich, nicht nur zu ei-
30 nem der mächtigsten und am meisten gefürchteten Männer in der Führerexekutive aufgestiegen. Er baute sich auch ein SS-Imperium auf, das binnen kurzem zu einem der schlagkräftigsten und radikalsten Instru-
35 mente der Führergewalt werden sollte.
  Der „SS-Staat" ging als zentrales exekutives Führungsorgan staatlicher Sicherheitspolitik arbeitsteilig vor[…]:
  1. Die Bespitzelung der Bevölkerung
40 nahm als „Auge" und „Ohr" des Regimes der SD unter SS-Gruppenführer Heydrich vor.

Regelmäßige „Lageberichte" des SD zur „totalen Erfassung des gesamten Lebens der Nation" sollten die Machthaber über die Stimmung in der Bevölkerung informieren, um entweder die strafrechtliche Verfolgung von Oppositionellen verschärfen oder gezielt mit Gegenpropaganda gegen „Miesmacher" einsetzen zu können.

2. Als „Arm" des Regimes wirkten „Geheime Staatspolizei" (Gestapo) und Polizei, um die Gegner zu verfolgen. Zielstrebig machte sich Himmler sofort im Frühjahr 1933 daran, von Bayern aus die „Politische Polizei" oder – nach dem ursprünglichen preußischen Vorbild – die „Geheime Staatspolizei" (Gestapo) der Länder aus der allgemeinen staatlichen Verwaltung auszugliedern, sie auf Reichsebene zu zentralisieren und mithilfe in die Spitzenpositionen einrückender höherer SS-Führer seiner Kontrolle zu unterstellen. Dies war im Frühjahr 1934 nahezu vollendet. Nur das aus der preußischen „Politischen Polizei" hervorgegangene „Geheime Staatspolizeiamt" (Gestapa) in Berlin in der berüchtigten Prinz-Albrecht-Straße 8 mit seinen Folterkellern, das 1934 Heydrich mit Zuständigkeit schließlich für das gesamte Reich unterstellt wurde, verblieb zusammen mit der Gestapo sowie den Staatspolizeistellen in Preußen unter der Kontrolle Görings als preußischem Ministerpräsidenten. Er ernannte Himmler zum stellvertretenden Chef und Inspekteur der preußischen Gestapo.

3. Bestrafung und Tötung der Gegner des Regimes übernahmen die Konzentrationslager.

Die aktive Rolle Himmlers in der „Röhm-Affäre"[2] und bei den Mordaktionen im Juni 1934 befreite die SS aus der Vormundschaft der SA und machte sie zur selbstständigen, direkt Hitler unterstellten Parteigliederung. Nun fehlte institutionell noch der letzte Baustein: der Zugriff Himmlers auf die allgemeine Polizei (Schutzpolizei, Gendarmerie) und auf die Kriminalpolizei. Auch hier vollzog sich der bekannte Prozess der Herauslösung der Polizeigewalt aus dem staatlichen Verwaltungsapparat der Länder, ihrer Zentralisierung und „Verreichlichung" und schließlich ihrer Eingliederung in den „SS-Staat". Damit war die Bahn frei für Himmler. Am 17. Juni 1936 zum „Reichsführer-SS und Chef der Deutschen Polizei im Reichsministerium des Innern" ernannt, war es ihm nun gelungen, in der neuen Organisationsstruktur seines „SS-Staates" Staats- und Parteiapparat, Polizei und SS in Personal- und Realunion zu verzahnen.

Am 27. September 1939 wurden die zentralen Ämter der Sicherheitspolizei (Sipo) und des SD zum „Reichssicherheitshauptamt" (RSHA) zusammengefasst und dadurch der von Himmler angestrebte Verschmelzungsprozess von Ämtern aus dem staatlichen Bereich mit solchen der nationalsozialistischen Bewegung abgeschlossen. Mit dem RSHA hatte sich Himmler (zunächst unter Heydrich und dann nach dessen Ermordung unter Ernst Kaltenbrunner) das zuverlässige Instrument für den nationalsozialistischen Terror und für die „Endlösung der Judenfrage" geschmiedet.

Entsprechend dem umfassenden Anspruch des „SS-Staates", zuständig für Gegnerbekämpfung und vorbeugende Maßnahmen, für Überwachung und Kontrolle, für weltanschauliche Erziehung und für Reinhaltung der „völkischen Substanz" zu sein, fraß er sich ungebremst wie ein riesiger Krake mit seinen institutionellen Fangarmen in alle Bereiche von Staat, Gesellschaft und Partei hinein. In einer beispiellosen Ausdehnung seiner Kompetenzen gegenüber der staatlichen Verwaltung, der Wehrmacht und am Ende auch der Partei selbst erlangte er als „Staat im Staate" eine „führerunmittelbare" exekutive Sonderstellung. Sie machte ihn zum Werkzeug der Führergewalt Hitlers und entzog ihn als solches mehr und mehr jeder anderweitigen Kontrolle.

Im „SS-Staat" wurde der „Führerwille" zum höchsten und einzig legitimierenden Gesetz, wurden seine Repräsentanten in der „Führerexekutive" zu Instrumenten und Vollstreckern der Befehle Hitlers. Erst durch die polizeiliche Bürokratisierung der nationalsozialistischen Rassenideologie im Rahmen der Verschmelzung von SS und Polizei und als Ergebnis der Perfektionierung der Verfolgungsmaschinerie im „SS-Staat" bereits vor 1939 war es möglich, bisher noch mehr oder wenige nebulöse Schlagworte wie die „Endlösung der Judenfrage" dann im Krieg zügig umzusetzen. Eine wesentliche Voraussetzung lag auch darin, dass dieser „SS-Staat" mit seinen Organen von Anfang an jenseits von Recht und Gesetz stand. Handlungen im Rahmen des „SS-Staates" waren von jeder gerichtlichen Verfolgung oder Nachprüfung ausgenommen. Gegen sie gab es keinen Rechtsschutz und keine Berufungsmöglichkeiten.

Bernd Jürgen Wendt, Das nationalsozialistische Deutschland, Leske + Budrich, Opladen 2000, S. 99–101.

---

1 Eugen Kogon (1903–1987): Gegner des NS-Regimes, Häftling im KZ Buchenwald von 1939 bis 1945, 1951–1968 Professor für Politikwissenschaft.
2 Die SA war im Jahre 1920 als politische Kampftruppe der NSDAP gegründet worden und diente seitdem zur Terrorisierung von politischen Gegnern und Juden. Da Hitler aufrüsten und die Wehrmacht vergrößern wollte, drängte die SA-Führung unter ihrem mächtigen Chef Ernst Röhm darauf, die führende Rolle in diesem neu aufzubauenden „Volksheer" zu übernehmen. Dieses Konzept widersprach jedoch Hitlers Absicht, mit den bewährten Kräften der alten Reichswehr auf den geplanten Krieg hinzuarbeiten. Am 30. Juni 1934 ließ er Röhm, weitere SA-Führer und konservative Gegner wie den ehemaligen Reichskanzler Kurt von Schleicher durch SS-Kommandos ohne Gerichtsurteil erschießen.

a) Arbeiten Sie dabei Organisation, Aufgaben und Ziele der SS heraus.
b) Bewerten Sie die Rolle Heinrich Himmlers, indem Sie seine Ämter und Funktionen seit 1933 berücksichtigen. Ziehen Sie dafür auch das Personenlexikon, S. 227 ff., heran.
2 Erörtern Sie, inwiefern die Bezeichnung „SS-Staat" für das NS-Regime angemessen ist.

M 11 Folter im KZ-Buchenwald, Fotografie, 1941

M 10 Die Organisation der SS

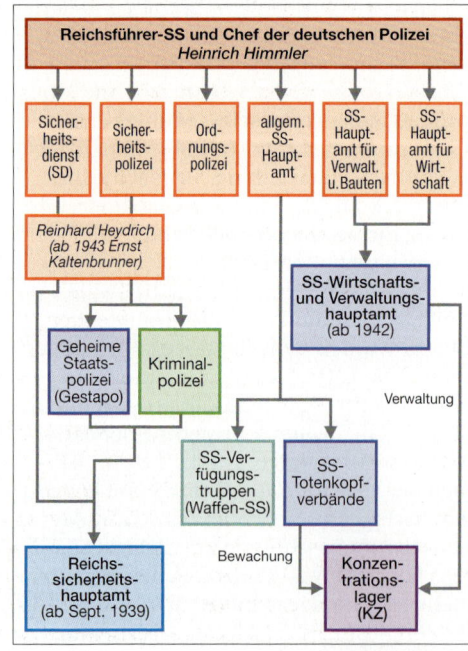

1 Erläutern Sie mithilfe von M 9 und M 10 die Stellung der SS im NS-Herrschaftssystem:

M 12 Der Historiker Wolfgang Wippermann über die Entwicklungsgeschichte der Konzentrationslager (1999)

„Konzentrationslager" sind keine Erfindung der Nationalsozialisten. Sie gab es schon vorher. Die ersten *„campos de concentración"* wurden 1896 von den Spaniern auf Kuba errichtet. Zwei Jahre später folgten die amerikanischen *„concentration camps"* auf den Philippinen. 1900 sperrten die britischen Militärbehörden die Angehörigen der aufständischen Buren in Südafrika in *„concentration camps"* ein. Von den insgesamt 160 000 Insassen (meist Frauen und Kinder) starben 30 000.

Die ersten deutschen „Konzentrationslager" wurden 1921 in Cottbus und Stargard in Pommern errichtet. Dabei handelte es sich um Abschiebelager für, meist jüdische, Ausländer, die jedoch 1923 nach heftigen öffentlichen Protesten wieder aufgelöst wurden. Auf weit weniger Kritik stießen die ebenfalls schon in der Weimarer Republik in einigen Kommunen errichteten „Konzentrationslager" für Sinti und Roma.

Von diesen Vorläufern unterschieden sich die Konzentrationslager, die die Nationalsozialisten seit Ende Februar 1933 überall in Deutschland errichteten, in zweifacher Hinsicht. Einmal, weil es sich bei den Insassen fast ausschließlich um politische Gegner des Nationalsozialismus handelte, die zuvor in „Schutzhaft" genommen worden waren. Bewacht wurden sie keineswegs von Polizisten oder anderen Staatsbeamten, sondern von Angehörigen von SA und SS, die dafür weder befugt noch vom Staat beauftragt worden waren. Daher sind diese ersten nationalsozialistischen auch als „wilde Konzentrationslager" bezeichnet worden. Diese Bezeichnung ist jedoch problematisch, weil die staatlichen Behörden sehr wohl von der Existenz dieser Konzentrationslager und der Tatsache wussten, dass die Insassen von den SA- und SS-Männern gefoltert und nicht selten ermordet wurden. Dennoch griff der Staat zunächst nicht ein.

Erst in der zweiten Hälfte des Jahres 1933 wurden verschiedene dieser Konzentrationslager, die in ehemaligen Kasernen, Fabriken und selbst Schiffen untergebracht waren, wieder geschlossen. Nachdem die SA wegen des angeblichen Röhm-Putsches im Juli 1934 entmachtet worden war, wurden alle noch bestehenden und von der SA bewachten Konzentrationslager der SS unterstellt. Die Wachmannschaften der SS wurden vom Staat eingestellt und finanziert. Daraus entwickelten sich dann die sogenannten Totenkopfverbände der SS.

Seit Anfang 1936 erfolgte eine Umstrukturierung der Konzentrationslager. An die Stelle der bisherigen kleinen traten in dieser zweiten Phase größere Lager, in denen bis zu 10 000 Menschen inhaftiert waren, die in SS-eigenen Steinbrüchen, Klinkerwerken und Fabriken Zwangsarbeit verrichten mussten. Dies galt für das vergrößerte und umorganisierte Konzentrationslager Dachau sowie Sachsenhausen und Buchenwald, die 1936 und 1937 errichtet wurden. 1938 kamen die Konzentrationslager Flossenbürg, Neuengamme und Mauthausen sowie 1939 das Frauenkonzentrationslager Ravensbrück hinzu. In dieser Phase veränderte sich auch die Zusammensetzung der Häftlinge. Waren bisher ausschließlich politische Häftlinge inhaftiert, die mit einem roten Winkel gekennzeichnet waren, wurden seit 1938 neben diesen „Schutzhäftlingen" auch andere Menschen in „polizeiliche Vorbeugungshaft" genommen und ebenfalls in Konzentrationslager verschleppt. Dabei handelte es sich um sogenannte „Asoziale", die einen schwarzen Winkel an ihrer Kleidung tragen mussten, sowie die durch einen grünen Winkel gekennzeichneten sogenannten „Berufsverbrecher" und die durch einen rosa Winkel stigmatisierten Homosexuellen. Während Sinti und Roma meist zu den Asozialen gezählt wurden, erhielten Juden und Zeugen Jehovas eigene Kennzeichen: einen gelben Stern oder einen lila Winkel.

Nach dem Ausbruch des Krieges begann die dritte Phase in der Geschichte der Konzentrationslager. Gekennzeichnet ist sie einmal durch die Gründung neuer Konzentrationslager innerhalb und außerhalb des Reichsgebiets. Die ersten waren Natzweiler-Struthof im Elsass, Stutthof bei Danzig und Auschwitz (I), die bereits 1939 und 1940 errichtet wurden. Bis zum Ende des Krieges gab es insgesamt 22 Hauptlager mit 1202 Außenlagern. Doch nicht nur die Zahl der Lager, auch die Zusammensetzung der Häftlinge änderte sich. Waren es bis 1939 ausschließlich deutsche Staatsbürger, so stellten während des Krieges Ausländer die überwiegende Mehrheit der Insassen. Dabei handelte es sich einmal um politische Häftlinge aus allen von deutschen Truppen besetzten Ländern, die meist bei „Nacht und Nebel" („NN-Häftlinge" genannt) in die deutschen Konzentrationslager verschleppt wurden. Hinzu kamen Angehörige der sowjetischen Armee, Zwangsarbeiter aus West- und Osteuropa, Sinti und Roma und vor allem Juden, von denen die meisten sofort ermordet wurden.

Zu diesem Zweck wurden 1941 und 1944 die Vernichtungslager Chelmno, Belzec, Sobibór und Treblinka errichtet, wo die ankommenden Häftlinge sofort vergast wurden. In Auschwitz-Birkenau und Majdanek fanden dagegen Selektionen statt, wobei Alte, Frauen und Kinder sofort in die Gaskammern getrieben wurden, während die als arbeitsfähig eingestuften Menschen zur Zwangsarbeit in den Haupt- und den vielen Nebenlagern eingesetzt wurden. Das größte und bekannteste war Auschwitz-Monowitz, das auch „Auschwitz III" oder „Auschwitz I. G. Farben" genannt wurde. Weitere größere und kleinere Neben- und Arbeitslager gab es im gesamten deutschen Machtbereich. Hier mussten die Häftlinge für die deutsche Rüstungsindustrie schuften, was die weitaus meisten nicht überlebt haben. Dies wurde nicht nur in Kauf genommen, es war geplant. Die Nationalsozialisten nannten dies „Vernichtung durch Arbeit".

Neben den „Konzentrationslagern" gab es noch andere nationalsozialistische Zwangslager. Zu nennen sind die „Zigeunerlager", die seit 1935/36 auf Initiative kommunaler Behörden in Großstädten wie Frankfurt am Main, Köln, Berlin, Königsberg, Lackenbach (Österreich) usw. errichtet wurden und in denen die Insassen Zwangsarbeit leisten mussten. Dies traf auch auf die Insassen der „Jugendschutzlager" zu. Davon gab es drei: Moringen bei Göttingen für männliche Jugendliche; Uckermark (in der unmittelbaren Nachbarschaft des Frauenkonzentrationslagers Ravensbrück) für weibliche Jugendliche;

polnische Jugendliche kamen in das „Jugendschutzlager" Lodz. Seit 1940/41 wurden von Privatfirmen und der Gestapo „Arbeitserziehungslager" im Reichsgebiet errichtet. Insassen waren deutsche und vor allem ausländische Arbeitskräfte, die wegen „Arbeitsvertragsbruchs" und anderer, meist geringfügiger Vergehen für eine befristete Zeit (maximal 56 Tage) in diese Zwangslager verschleppt wurden.

Wolfgang Wippermann, Zur Entwicklungsgeschichte der Konzentrationslager, in: Jürgen Stilling und Wolfgang Wippermann, Der Nationalsozialismus, Cornelsen, Berlin 2000, S. 32–34.

1 Arbeiten Sie mithilfe von M 11 bis M 13 die Bedeutung der Konzentrationslager für die NS-Herrschaft heraus:
a) Teilen Sie die Geschichte der Konzentrationslager in Phasen ein. Bestimmen Sie dabei für jede Phase die Funktion der Lager und die Zusammensetzung der Häftlinge.
b) Erörtern Sie die geografischen Schwerpunkte der Lager und erklären Sie Ihre Ergebnisse vor dem Hintergrund des historischen Kontextes.

M 13 Konzentrationslager und ihre Außenlager 1933 bis 1945

Karikaturen interpretieren

Karikaturen (von ital. *caricare* = übertreiben) sind bildliche Darstellungen, bei denen gesellschaftliche und politische Zustände oder menschliche Verhaltensweisen bewusst überzeichnet und bis zur Lächerlichkeit verzerrt werden. Der Kontrast zur Realität soll den Betrachter zum Nachdenken bewegen. Karikaturen gab es bereits in der Antike und im Mittelalter. Aber erst durch die Entwicklung des Buchdrucks um 1500 konnte die Karikatur ihre Wirkungsmöglichkeit voll entfalten.

Karikaturen sind eine besondere Form der historischen Bildquelle, durch die der Betrachter einen anschaulichen Eindruck von den zeitgenössischen Auffassungen erhält. Um die „Botschaft" einer Karikatur zu „entschlüsseln", bedarf es einer genauen Interpretation. Dabei müssen nicht nur die einzelnen Bildinhalte erfasst und gedeutet, sondern auch der historische Zusammenhang herangezogen werden. Dabei bleibt zu berücksichtigen, dass Karikaturen stets nur eine zeitgenössische Meinung darstellen.

Arbeitsschritte für die Interpretation

1. Leitfrage	– Welche Fragestellung bestimmt die Untersuchung der Karikatur?
2. Analyse	*Formale Aspekte* – Wer ist der Zeichner und/bzw. sein Auftraggeber (ggf. soziale Herkunft, gesellschaftliche Stellung, Wertmaßstäbe)? – Wann und wo ist die Karikatur entstanden bzw. veröffentlicht worden? – Gibt es einen Titel oder Zusatzkommentar? – Was thematisiert die Karikatur? *Inhaltliche Aspekte* Beschreibung: – Welche Gestaltungsmittel (Figurendarstellung wie Mimik, Gestik, Kleidung, Gegenstände, Symbole, Metaphern, Personifikationen, Vergleiche, Allegorien, Proportionen, Schrift) sind verwendet worden? Deutung: – Was bedeuten die einzelnen Gestaltungsmittel? – Was ist die zentrale Bildaussage („Botschaft") der Karikatur? – Welche Fragen bleiben bei der Deutung offen?
3. Historischer Kontext	– In welchen historischen Zusammenhang (Ereignis, Epoche, Prozess bzw. Konflikt) lässt sich die Karikatur einordnen?
4. Urteilen	*Sachurteil* – Welche Intention verfolgten Zeichner bzw. Auftraggeber? – Für wen wird Partei ergriffen? – Welche Wirkung sollte beim zeitgenössischen Betrachter erzielt werden? – Mit welchen anderen bildlichen und textlichen Quellen lässt sich die Karikatur ggf. vergleichen? – Inwieweit gibt die Karikatur den historischen Gegenstand sachlich angemessen wieder? – Welche Schlussfolgerungen lassen sich im Hinblick auf die Leitfrage ziehen? *Werturteil* – Wie lässt sich die Karikatur im Hinblick auf die Leitfrage aus heutiger Sicht bewerten?

Übungsbeispiel

M 1 Deutsches Verhängnis, Federzeichnung von A. Paul Weber, 1932

1 Interpretieren Sie M 1 mithilfe der Arbeitsschritte von S. 67.

Lösungshinweise

1. Leitfrage
Mögliche Fragestellung: Hitler und die Nationalsozialisten – Retter Deutschlands?

2. Analyse

Formale Aspekte
Zeichner: A. Paul Weber (1893–1980), Maler und Lithograf, Zeichner und Karikaturist, schloss sich 1928 dem „Widerstandskreis" um Ernst Niekisch an, der einen Brückenschlag zwischen Arbeiterbewegung und rechtskonservativen Kreisen versuchte; Weber teilte jedoch die Ideologien dieses Kreises nicht in allen Punkten; 1931 bis 1936 war Weber Mitherausgeber der Zeitschrift „Widerstand. Zeitschrift für nationalrevolutionäre Politik".
Entstehungszeit: 1931/32

Titel: „Deutsches Verhängnis", später meist unter dem Titel „Das Verhängnis" veröffentlicht
Thema: Die Folgen der nationalsozialistischen Politik

Inhaltliche Aspekte
Beschreibung
Bildaufbau: In einer kargen, düsteren Landschaft ist in einem Tal ein offener Sarg eingelassen, der gut sichtbar ein Hakenkreuz, das Parteizeichen der Nationalsozialisten, trägt. Eine kontur- und gesichtslose Menschenmasse drängt sich vom rechten Bildrand einen Hang hinauf. Einige Menschen tragen Hakenkreuzfahnen. Oben auf dem Scheitel des Hanges angekommen, stürzen die Menschen in den Sarg und verschwimmen dort zu einer dunklen Masse.

Gestaltungsmittel: Die Menschen sind nicht als Individuen erkennbar. Allerdings verdeutlichen die Hakenkreuzfahnen ihre politisch-ideologische Gesinnung als Anhänger Hitlers und der Nationalsozialisten. Mit zeichnerischen Mitteln wird die Düsternis, das Bedrohliche, ja das Abgründige des Geschehens unterstrichen (karge Landschaft, gesichtslose Menschenmasse, Sarg).

Deutung
Die Menschenmasse symbolisiert die Anhänger Hitlers und der Nationalsozialisten. Sie drängen begeistert den Hang hinauf in eine bessere Zukunft, können aber nicht erkennen, wohin der Weg sie führt. Denn solange die Menschenmasse den Hang hinaufstürmt, sieht sie ihr Ziel nicht. Erst auf dem Scheitel des Hanges angekommen, wird ihnen bewusst, dass der Weg sie in den Tod führt. Die Menschen, die auf dem Scheitelpunkt des Hanges angekommen sind und in den Tod stürzen, besitzen keine Möglichkeit der Umkehr mehr. Sie fallen den Abhang hinunter in den Sarg; die begeisterte Menge der nachrückenden Menschen drängt sie in die Tiefe.

Die Karikatur verdeutlicht, dass Hitler und die Nationalsozialisten ihre Anhänger bzw. Deutschland in den Abgrund stürzen. Hitler ist nicht der Retter der Deutschen, sondern ihr Totengräber.

3. Historischer Kontext
Epoche: Ende der Weimarer Republik, Weltwirtschaftskrise, Aufstieg der NSDAP zur Massenbewegung, Hitler und die Nationalsozialisten streben an die Macht

4. Urteilen
Sachurteil
Intention: Der Zeichner will seine Zeitgenossen vor Hitler und den Nationalsozialisten warnen, die nach seiner Überzeugung die Deutschen ins Verderben führen. Nationalsozialismus bedeutet, so lässt sich die Warnung des Karikaturisten zuspitzen, Massenselbstmord.
Parteilichkeit: Der Karikaturist ergreift Partei für die Gegner der Nationalsozialisten. Eine genaue parteipolitische und ideologische Zuordnung der Karikatur ist nicht möglich. Aus der Tatsache, dass Hitler und die Nationalsozialisten mit dem Tod identifiziert werden, könnte auf eine politische Nähe des Zeichners zum Pazifismus geschlossen werden.
Wirkung: Beim Betrachter soll Abscheu vor Hitler und den Nationalsozialisten erzeugt werden.
Schlussfolgerungen: Im Gegensatz zu vielen seiner deutschen Zeitgenossen hat der Zeichner die Folgen der nationalsozialistischen Politik hellsichtig vorausgesehen. Seine Warnung, dass Hitler nicht der Retter der Deutschen sei, sondern Deutschland und die Deutschen ins Verderben führen werde, ist grausame Wirklichkeit geworden. Am Ende des von Hitler und den Nationalsozialisten versprochenen nationalen Wiederaufstiegs Deutschlands stand die totale Niederlage des Deutschen Reiches, der Weg der Nationalsozialisten führte nicht in unbekannte Höhen, sondern bedeutete für viele Menschen den Tod.

Werturteil
Aus heutiger Sicht ist die Karikatur ein Indiz dafür, dass es ein „anderes Deutschland" gab, das nichtnationalsozialistische Deutschland, die Gegner der Nationalsozialisten. Nicht alle Deutschen waren begeisterte Anhänger der Nationalsozialisten; ihre Gegner erkannten schon früh die verheerenden Folgen nationalsozialistischer Politik. Und diese Gegner bekämpften schon früh die Nationalsozialisten, das Kampfmittel A. Paul Webers waren dabei Zeichenstift und Karikatur.

Propaganda und Erlebnisangebote des NS-Staates

M 1 Joseph Goebbels (1897 bis 1945) während einer Rede in Berlin, Fotografie 1935

1926 NSDAP-Gauleiter Berlin
seit 1930 Reichspropagandaleiter der NSDAP
1933 Reichspropagandaminister
1944 Bevollmächtigter für den totalen Kriegseinsatz
1945 Gemeinsamer Selbstmord mit seiner Frau, nachdem er zuvor seine sechs Kinder vergiftet hatte

Propaganda

Die NS-Herrschaft beruhte auf Gewalt und Terror, aber auch auf Verführung. Durch glanzvolle Feiern und Inszenierungen sollten die Anhänger der NSDAP in ihrem Glauben an die siegreiche Mission der Partei und ihres Führers bestärkt werden. Gleichzeitig wollte man diejenigen Teile der Bevölkerung, die dem Regime skeptisch gegenüberstanden, für sich gewinnen. Denn die Nationalsozialisten wussten, dass sie mit Zwang allein ihre Herrschaft nicht sichern konnten. Das wichtigste Mittel zur Mobilisierung der öffentlichen Meinung war die Propaganda. Die NSDAP hatte bereits für ihren Aufstieg neue Werbemedien zu nutzen gewusst. Wirkungsvoll inszenierte Großkundgebungen mit großen Lautsprecheranlagen, spektakuläre Flugzeugreisen, die Hitler bei seinen reichsweiten Wahlkampfeinsätzen in wenigen Stunden von einer Stadt zur anderen brachten, der Einsatz der Plakatkunst sowie eine aufwändige Parteipresse kennzeichnen den Stil der NS-Propaganda vor 1933. Gleich nach Hitlers Machtübernahme wurde im März 1933 das Propagandaministerium gegründet und die Propaganda zur Unterstützung der NS-Politik in allen Lebensbereichen eingesetzt. Über die Medien – Presse, Rundfunk und Film – hämmerte die NS-Propaganda der Bevölkerung ihre Ideologie ein. Das Propagandaministerium leitete ab 1933 Joseph Goebbels*, neben Hitler der wirkungsvollste Redner der NSDAP.

Gemeinschaftserziehung und -erlebnis

Die Ausgrenzung der politischen Gegner und „Gemeinschaftsfremden" aus der „Volksgemeinschaft" war die eine Seite des Nationalsozialismus. Die andere Seite bildeten Gemeinschaftserlebnisse, in denen sich die deutsche Bevölkerung als Einheit erleben und feiern durfte. Denn für die NS-Ideologie war das Volk nicht eine Summe von Individuen, sondern ein biologischer Personenverband („Blutsgemeinschaft"), der Klassen-, Stände- und Gruppeninteressen überwinden sollte. Den Nationalsozialisten war stets bewusst, dass die Erziehung zur „Volksgemeinschaft" eine zentrale politisch-ideologische Aufgabe war. Sie sollte von den NS-Organisationen organisiert und kontrolliert werden.

Jugendorganisationen

Um die Erziehung zur „Volksgemeinschaft" so effektiv wie möglich zu gestalten, kümmerte sich das NS-Regime besonders intensiv um die deutsche Jugend. Sie sollte von Kindheit an zum bedingungslosen „Glauben" an den Führer erzogen und ideologisch indoktriniert werden. Erlebnisfahrten, Lagerleben und Rituale dienten der Stärkung des Gemeinschaftsgeistes und boten den geeigneten Rahmen, um die Jugend zu Gehorsam, Disziplin und Kampfeswillen zu erziehen.

HJ – BDM – KdF

Für einen großen Teil der Jugendlichen waren die NS-Jugendorganisationen attraktiv. Sie ermöglichten es ihnen, unabhängig von Elternhaus und Schule Erfahrungen zu sammeln und ihren Erlebnishunger zu befriedigen. Das galt für Jungen und Mädchen. Mit der Verfestigung von bürokratischen Strukturen in **Hitlerjugend (HJ)*** und **Bund Deutscher Mädel (BDM)*** ließ allerdings die Attraktivität für Jugendliche nach, zumal der militärische Drill in der HJ zunahm. So lässt sich seit Ende der 1930er-Jahre in den Großstädten vermehrt eine Ablehnung der NS-Organisationen unter Jugendlichen feststellen, die wilde Cliquen gründeten und autonome Formen von Jugendkultur praktizierten. Im Hinblick auf die **Freizeitgestaltung** standen die Nationalsozialisten vor einer doppelten Aufgabe: Erstens kamen sie nach der Zerschlagung der Gewerkschaften und deren Sozial- und Hilfseinrichtungen nicht umhin, ein Ersatzangebot zu unterbreiten. Zweitens mussten sie nach der Zerschlagung der Arbeiterparteien versuchen, deren Anhänger für das NS-Regime zu gewinnen.

Große Popularität erlangte das Freizeitangebot der NS-Organisation **„Kraft durch Freude" (KdF)***, das von Arbeitsplatzverschönerungen über Konzerte und Ausstellungen bis hin zu Ausflügen, Ferienreisen und Kreuzfahrten reichte. KdF warb damit, erstmals erschwingliche Urlaubsreisen für Arbeiter anzubieten. Auch konnte KdF im Gegensatz zu anderen Anbietern Dumpingpreise bei Unterkunfts- und Transportanbietern durchsetzen und für die Teilnahme an seinen Reisen teilweise Sonderurlaub erwirken. Anspruch und Wirklichkeit klafften aber auseinander: Mit KdF reisten überwiegend Angestellte und Beamte.

1 Nennen Sie verschiedene Instrumente der NS-Propaganda und deren Funktion.
2 Erläutern Sie, mit welchen Mitteln die Nationalsozialisten die deutsche Jugend zur „Volksgemeinschaft" erziehen wollten.

M 2 Zeltlager der HJ, Fotografie, 1939

Hitlerjugend (HJ)
1926 als Jugendorganisation der NSDAP gegründet; nach 1933 staatlicher Jugendverband. Das „Gesetz über die Hitlerjugend" von 1936 verfügte die Zusammenfassung aller Jugendlichen in der HJ; 1939 leitete die NS-Regierung daraus eine Jugenddienstpflicht für alle Jugendlichen zwischen 10 und 18 Jahren ab.

Bund Deutscher Mädel (BDM)
Als Organisation der NSDAP 1930 für die weibliche Jugend gegründet, wurde der Bund 1933 dem „Reichsjugendführer" Baldur von Schirach unterstellt und zur Staatsjugend. Ab 1939 war für Mädchen zwischen 14 und 18 Jahren die Teilnahme an Heimabenden, Sportnachmittagen, Fahrten und Lagern gesetzlich vorgeschrieben.

„Kraft durch Freude" (KdF)
1933 als Unterorganisation der Deutschen Arbeitsfront (s. S. 40) gegründet. Das KdF-Amt „Reisen, Wandern, Urlaub" entwickelte sich rasch zum zweitgrößten deutschen Reiseunternehmen und erzielte eine große propagandistische Wirkung. Mit Ausbruch des Krieges 1939 wurde die Tätigkeit eingestellt.

M 3 Kdf-Erlebnisangebote

a) *Aus einem Rundschreiben des KdF-Amtes „Reisen, Wandern, Urlaub" an die KdF-Gaureferenten vom 23. Januar 1934:*
Die Verhandlungen mit der Reichsbahn über die Fahrverbilligung sind abgeschlossen. Mit Rücksicht auf den besonders propagandistischen Zweck, der mit den Urlaubsfahrten im
5 Monat Februar [1934] verbunden ist, hat sich die Reichsbahn bereit erklärt, unter der Voraussetzung, dass an der oben genannten Zahl der Urlauberzüge festgehalten wird, kostenlose Beförderung zu gewähren. Dies
10 gilt innerhalb der 100-Kilometer-Grenze auch für den Zubringerdienst. Presseveröffentlichungen über diese Tatsache haben unter allen Umständen zu unterbleiben. Die gleichen Vergünstigungen gewährt die
15 Reichspost für die etwa notwendig werdende Beförderung am Unterkunftsort zur Verteilung in die Quartiere und umliegenden Ortschaften mit Kraftomnibussen.

b) *Aus einem Bericht des Sicherheitsdienstes (SD) über eine einwöchige KdF-Reise im Juni 1937 in die Sächsische Schweiz, 2. Juli 1937:*
Vor Beginn der Urlaubsfahrt wurden die Teilnehmerlisten mit den Urlaubern aus Pommern in Bezug auf ihre politische Einstellung bei der Stapoleitstelle Stettin überprüft. [...]
5 Von der Stapoleitstelle wurden zur Beobachtung der KdF-Fahrt zwei Beamte kommandiert. [...]
Die Stimmung unter den Urlaubern war während der ganzen Zeit ausgezeichnet. Es
10 herrschten offensichtlich Freude und Ausgelassenheit. Die Einrichtungen der KdF-Veranstaltungen wurden allgemein als eine anerkennenswerte Maßnahme insbesondere für den Arbeiter bezeichnet. Es ist leider be-
15 dauerlich, dass noch so wenig Arbeiter an den KdF-Reisen teilnehmen. Unter den Teilnehmern an dieser Fahrt befanden sich tatsächlich nur sehr wenig ausgesprochene Arbeiter, überwiegend setzten sich die
20 Teilnehmer aus Angestellten, Büroarbeitern und Verkäufern zusammen. Davon wiederum waren die Mehrzahl Frauen. Der Arbeiter ist noch nicht in der Lage, die Kosten für die an sich schon billige Reise aufzubringen. Die
25 vorhandenen Arbeiter waren entweder von ihren Betriebsführern geschickt worden oder es waren die Kosten aus den z. T. bestehenden Betriebsurlaubskassen entnommen worden. Nur vereinzelte Arbeiter, insbesondere ledige, hatten die Kosten für die Reise durch
30 KdF-Urlaubssparmarken zusammengetragen.

M 3 a und b zit. nach: Christine Keitz, Reisen als Leitbild. Die Entstehung des modernen Massentourismus in Deutschland, dtv, München 1997, S. 241 und 256f.

1 Analysieren Sie M 3 a und b unter der Frage, wie die Bevölkerung auf die NS-Freizeitangebote reagierte.

M 4 „Auch Du kannst jetzt reisen!", Werbeplakat des KdF-Amtes „Reisen, Wandern, Urlaub", 1937

M 5 BDM-Maiden bei einem Aufmarsch der HJ an der Rheinbrücke in Köln am 15. Oktober 1933

M 6 Erinnerungen eines Abiturienten an die HJ (1950)

Diese Kameradschaft, das war es auch, was ich an der Hitlerjugend liebte. Als ich mit zehn Jahren in die Reihen des Jungvolks eintrat, war ich begeistert. Denn welcher Junge ist nicht entflammt, wenn ihm Ideale, hohe Ideale wie Kameradschaft, Treue und Ehre entgegengehalten werden. Ich weiß noch, wie tief ergriffen ich dasaß, als wir die Schwertworte des Pimpfen lernten: „Jungvolkjungen sind hart, schweigsam und treu; Jungvolkjungen sind Kameraden; des Jungvolkjungen Höchstes ist die Ehre!" Sie schienen mir etwas Heiliges zu sein. – Und dann die Fahrten! Gibt es etwas Schöneres, als im Kreis von Kameraden die Herrlichkeiten der Heimat zu genießen? Oft zogen wir am Wochenende in die nächste Umgebung von K. hinaus, um den Sonntag dort zu verleben. Welche Freude empfanden wir, wenn wir an irgendeinem blauen See Holz sammelten, Feuer machten und darauf dann eine Erbsensuppe kochten! […] Und es ist immer wieder ein tiefer Eindruck, abends in der freien Natur im Kreise um ein kleines Feuer zu sitzen und Lieder zu singen oder Erlebnisse zu erzählen! Diese Stunden waren wohl die schönsten, die uns die Hitlerjugend geboten hat. Hier saßen dann Lehrlinge und Schüler, Arbeitersöhne und Beamtensöhne zusammen und lernten sich gegenseitig verstehen und schätzen.

Zit. nach: Kurt Haß (Hg.), Jugend unterm Schicksal. Lebensberichte junger Deutscher 1946–1949, Wegner Verlag, Hamburg 1950, S. 61 ff.

M 7 Aufzeichnungen für eine BDM-Tagung, um 1935

Die vielen Kameradinnen, die in den Fabriken arbeiten, müssen in ihren Ferien herausgeholt werden aus den Betrieben und in eines der Freizeitlager des BDM gebracht werden. Gemeinsame Arbeit und Spiel verbindet sie dort alle miteinander und lässt sie für einige Zeit ihre Arbeit vergessen. Dort erleben sie auch die Kameradschaft. Mit dem Guten und Schönen, das sie in einem solchen Lager aufgenommen haben, können sie mit neuer Kraft an ihre schwere Arbeit gehen.

Und dann sind da noch die Umschulungslager des BDM. Die Mädchen aus Fabrik und Büro lernen dort die Arbeiten des Haushalts oder der Landwirtschaft kennen. Die Lagerleitung sorgt für gute Unterbringung der Mädchen in geprüften Haushalten, wo sie sich dann nutzbringend in einer ihrer Art entsprechenden Arbeit betätigen können. Ihr alle, die ihr keine feste Beschäftigung habt, lasst eure Kraft nicht brachliegen, wendet euch an die Sozialreferentin des BDM, meldet euch zu einem Umschulungskurs in eines unserer Lager! Ihr werdet viel Freude an der neuen Arbeit haben!

Zit. nach: Margarete Hannsmann, Der helle Tag bricht an. Ein Kind wird Nazi, Goldmann, München 1984, S. 74.

1 Diskutieren Sie über die Attraktivität der HJ für damalige Jugendliche (M 2 und M 6).
2 Charakterisieren Sie die Ziele des BDM (M 5 und M 7).
3 Erläutern Sie die Bedeutung der Erlebnisangebote für das NS-Regime (M 3 und M 4).

Erarbeiten Sie Präsentationen

Thema 1
Entstehung und Bedeutung des „Hitlergrußes"

„Nach Niederkämpfung des Parteienstaates ist der Hitlergruß zum Deutschen Gruß geworden", heißt es 1933 in einem Rundschreiben des Reichsministers des Innern an die obersten Reichsbehörden. Der „deutsche Gruß", der in den zwölf Jahren nationalsozialistischer Herrschaft von 1933 bis 1945 tatsächlich zur allgemeinverbindlichen Form des Grüßens geworden war, wurde ausgeführt mit der Formel „Heil Hitler" und dem synchron dazu in Augenhöhe ausgestreckten rechten Arm bei geöffneter Handfläche. Informieren Sie sich über die Entstehung und Bedeutung dieses „deutschen Grußes" und präsentieren Sie Ihre Ergebnisse in einem Kurzreferat.

Literaturtipp
Tilman Allert, Der deutsche Gruß. Geschichte einer unheilvollen Geste, Reclam, Stuttgart 2010.

Thema 2
Der schöne Schein der Diktatur – die Darstellung der NS-„Volksgemeinschaft" in der Propaganda

Sammeln Sie Bildmaterialien zur Darstellung der NS-„Volksgemeinschaft". Beschreiben Sie die Mittel, mit denen die Nationalsozialisten diese inszeniert bzw. präsentiert haben. Erläutern Sie ihre Funktion.
Vergleichen Sie diese Darstellungen mit den Selbstinszenierungen moderner demokratischer Parteien (z. B. Wahlplakate, Parteitage).

Literaturtipp
Peter Reichel, Der schöne Schein des Dritten Reichs. Gewalt und Faszination des deutschen Faschismus, Ellert & Richter, Hamburg 2006.

M 1 „Der deutsche Gruß" erscheint im „Großen Duden" von 1935 als Nummer 1 unter den deutschen Grußformen

M 2 Plakat der Propagandaleitung der NSDAP, 1938

Webcode:
KH639748-074

Überprüfen Sie Ihre Kompetenzen

M 3 „Lichtdom" auf dem Reichsparteitag der NSDAP, Nürnberg 1937, Fotografie

Zentrale Begriffe

Erlebnisangebote
Führermythos
Führerkult
Führerstaat
Gestapo
Konzentrationslager
Monokratie
Polykratie
SS-Staat
Vernichtungslager

Sachkompetenz

1 Stellen Sie die wichtigsten Merkmale des NS-Herrschaftssystems dar. Erörtern Sie, ausgehend von diesem Merkmalskatalog, die Unterschiede zwischen Diktatur und Demokratie.

2 Charakterisieren Sie die Methoden, mit denen Hitler und die Nationalsozialisten Staat und Gesellschaft in Deutschland 1933 bis 1945 beherrschten.

Methodenkompetenz

3 Interpretieren Sie M 3 unter Berücksichtigung des Titels. Untersuchen Sie dabei die Inszenierung des Parteitages aus unterschiedlichen Perspektiven:
a) Untersuchen Sie, welchen Eindruck der Betrachter dieser Fotografie vom Parteitag der NSDAP erhält.
b) Betrachten Sie die Szene aus der Sicht eines der zahlreichen Teilnehmer des Reichsparteitages. Was sieht dieser Einzelne vom Geschehen? Mit welchen Eindrücken verlässt er in Ihren Augen den Parteitag?
c) Vergleichen Sie diese beiden Perspektiven miteinander: Welche Gemeinsamkeiten, welche Unterschiede vermuten Sie?

Urteilskompetenz

4 Die „Anwendung brutaler Gewalt gegen den ‚inneren Feind' [war] von Anfang an ein Kernelement der nationalsozialistischen Machteroberung […] und [wurde] dem Regime nicht, wie oft entschuldigend behauptet, durch den Zwang zur ‚Gegnerbekämpfung' aufgenötigt […]. Die nationalsozialistische Ideologie war eine nackte Gewaltideologie, ihr ausführendes Instrument im Innern waren die Organe des ‚SS-Staates' Himmlers." Bewerten Sie diese Aussage des Historikers Bernd Jürgen Wendt aus dem Jahre 1995.

5 Die NS-Wirtschaft – eine Ökonomie der Zerstörung?

Kompetenzen erwerben

Sachkompetenz:
- wesentliche Maßnahmen der NS-Wirtschaftspolitik nennen
- den Zusammenhang zwischen wirtschaftspolitischen Maßnahmen und nationalsozialistischer Ideologie erläutern

Methodenkompetenz:
- ein historisches Urteil auf der Grundlage von Sekundärtexten entwickeln
- Bildmaterialien interpretieren

Urteilskompetenz:
- propagandistische Erfolge wie den „Sieg in der Arbeitsschlacht" oder das „Rüstungswunder" in ihrer tatsächlichen Bedeutung überprüfen

Der Kampf um „Lebensraum" und die Wirtschaft

„Was das deutsche Volk brauchte, um sich […] einen anständigen Lebensstandard zu sichern, war […] ‚Lebensraum'. Und der war nur durch einen Eroberungskrieg zu gewinnen. Überseekolonien waren ein leidenschaftlich diskutiertes Thema im Wilhelminischen Reich gewesen, bedeuteten für Hitler aber, dass kostbares deutsches Blut auf der ganzen Welt vergossen werden musste. Deshalb favorisierte er die Eroberung des angrenzenden ‚Lebensraums' im Osten." So fasst der englische Historiker Adam Tooze die **ökonomischen Leitideen Hitlers** in der Einleitung seiner Wirtschaftsgeschichte des Nationalsozialismus (2007) zusammen. War die Wirtschaft im „Dritten Reich" wirklich, so der Titel des Buches von Tooze, eine „Ökonomie der Zerstörung", die einzig und allein auf die **Vorbereitung und Durchführung des Krieges** ausgerichtet gewesen sei? War die gesamte Wirtschaftspolitik der Nationalsozialisten strikt ihren radikalen rüstungspolitischen, rassistischen, nationalistischen und imperialistischen Zielen untergeordnet? Tragfähige Antworten auf diese Fragen lassen sich nur gewinnen, wenn man sowohl die Ideologie und Propaganda Hitlers und der Nationalsozialisten als auch die konkreten wirtschaftspolitischen Maßnahmen und Entwicklungen während der NS-Herrschaft in den Blick nimmt.

Literaturtipps
Adam Tooze, Ökonomie der Zerstörung. Die Geschichte der Wirtschaft im Nationalsozialismus, Siedler, München 2007.

Magnus Brechtken, Die nationalsozialistische Herrschaft 1933–1939, Wissenschaftliche Buchgesellschaft, Darmstadt 2004.

Die „Arbeitsschlacht" – Propaganda und Wirklichkeit

Als Hitler im Januar 1933 zum Reichskanzler ernannt wurde, waren ihm und der NS-Führung von Anfang an klar, dass ihr Ansehen und damit die Sicherung und der Ausbau ihrer Macht vom spürbaren und nachhaltigen Abbau der Arbeitslosigkeit abhingen. Im ersten Regierungsjahr kündigte der „Führer" selbstbewusst und vollmundig an, dass seine Regierung die Arbeitslosigkeit innerhalb von vier Jahren überwunden haben werde. Für den **Kampf gegen die Arbeitslosigkeit** prägte er die propagandistisch eindrucksvolle Formel von der „Arbeitsschlacht". Tatsächlich erreichte das „Dritte Reich" als erstes Industrieland 1936 die Vollbeschäftigung. Dieser „Sieg in der Arbeitsschlacht" war ein entscheidender Grund für den massenwirksamen Erfolg Hitlers und der Nationalsozialisten.

Bescheidene Erfolge im Kampf gegen die Massenarbeitslosigkeit hatte bereits die konservative Präsidialregierung Franz von Papens seit ihrem Amtsantritt im Juni 1932 erzielt. Um die Konjunktur anzukurbeln, vertraute sie auf die Wirkung staatlicher Investitions- und Arbeitsbeschaffungsprogramme und Steuererleichterungen. Die Nationalsozialisten setzten 1933 bis 1936 zum Teil diesen Kurs direkter **Arbeitsbeschaffung** und der **Förderung privatwirtschaftlicher Investitionen** durch ein System von Anreizen und Prämien bei gleichzeitiger Kontrolle der Preise und Löhne fort – allerdings mit erheblich größeren Finanzmitteln. Der eigentliche Weg aus der Krise, den das NS-Regime beschritt, war die Vorbereitung ihres imperialistischen Programms der sogenannten **„Lebensraumgewinnung"** im Osten, das sich nur mit Krieg verwirklichen ließ und in einer weltgeschichtlich einmaligen Vernichtungs- und Ausrottungspolitik mündete. Von Anfang an verknüpfte Hitler Arbeitsbeschaffung mit **Aufrüstung**.

Mythos Reichsautobahn

Wenige Themen haben das Interesse der Zeitgenossen wie auch späterer Generationen stärker angeregt als der Autobahnbau. Zwei Meinungen prägten dabei besonders die öffentliche Debatte: Für die einen war der Bau der Autobahnen ein Beweis für den Willen und die Anstrengungen der NS-Führung, die Massenarbeitslosigkeit zu beseitigen und Deutschland zu modernisieren. Andere betrachteten den Autobahnbau als Instrument der NS-Aufrüstungs- und Kriegspolitik. Die Geschichtswissenschaft hat diese Thesen in den letzten Jahrzehnten entkräftet. Sowohl der Beitrag des Autobahnbaus zum Abbau der Arbeitslosigkeit als auch der militärische Nutzen der Reichsautobahnen war aus Sicht der neueren Forschung gering. Dagegen muss der **propagandistische Wert des Autobahnbaus** sehr hoch veranschlagt werden. Hitler und die Nationalsozialisten inszenierten ihn, um der Öffentlichkeit ihre Bemühungen um Massenbeschäftigung eindrucksvoll zu demonstrieren. Und sie wollten der Bevölkerung ihre Aufgeschlossenheit für moderne wissenschaftlich-technische Entwicklungen verdeutlichen. Der Autobahnbau sollte, so die NS-Propaganda, die verkehrstechnischen Voraussetzungen der **Massenmotorisierung** schaffen. Überdies war Hitler nicht der „Erfinder" der Autobahnen, sondern griff lediglich Pläne aus der Weimarer Zeit auf.

Literaturtipp
Erhard Schütz, Eckhard Gruber, Mythos Reichsautobahn. Bau und Inszenierung der „Straßen des Führers" 1933–1941, Weltbild, Augsburg 2009.

Die Organisation der Wirtschaft

Von Anfang an machten Hitler und die Nationalsozialisten deutlich, dass der **Primat der Politik** auch im ökonomischen Bereich uneingeschränkt gelte. Die Wirtschaft hatte sich in den Dienst des NS-Regimes zu stellen. Sie sollte **autark**, d.h. unabhängig von Rohstoff- und Nahrungsmittelimporten aus dem Weltmarkt werden. Dennoch war die Wirtschaftsordnung des „Dritten Reiches" keine Planwirtschaft, in der

Die NS-Wirtschaft

M1 „Der deutsche Wirtschaftsraum", Postkarte, ca. 1938

1 Interpretieren Sie die Propaganda-Postkarte. Gehen Sie dabei auf den Zusammenhang von Wirtschaftspolitik und der nationalsozialistischen Forderung nach neuem „Lebensraum" ein.

Literaturtipp
Michael Schneider, Unterm Hakenkreuz. Arbeiter und Arbeiterbewegung 1933 bis 1939, Verlag J. H. W. Dietz Nachf., Bonn 1999.

Webcode:
KH639748-078

der Staat alle wirtschaftlichen Entscheidungen traf. Zwar schränkte das NS-Regime die Verfügungsrechte über das Eigentum immer stärker ein. Die private Eigentumsordnung blieb jedoch erhalten; auch bei straffen Lenkungsvorgaben besonders während des Krieges besaßen Unternehmer und Manager ein hohes Maß an unternehmerischer Mitbestimmung. Der Historiker Hans-Ulrich Wehler bezeichnet die NS-Wirtschaftsordnung daher als **„staatsgelenkte Marktwirtschaft"**.

Das „Gesetz zur Ordnung der nationalen Arbeit" vom Januar 1934 erklärte die Unternehmer zu „Führern" ihrer Betriebe und setzte innerbetrieblich das **Führer-Gefolgschaftsprinzip** durch. Die „Gefolgschaft" bestand aus den Arbeiterinnen und Arbeitern sowie den Angestellten, die alle eine „Betriebsgemeinschaft" bilden sollten. Ansätze zur innerbetrieblichen Mitbestimmung aus der Weimarer Zeit wurden abgeschafft, die Arbeiterschaft verlor mit der Auflösung der Gewerkschaften eine unabhängige Interessenvertretung. An ihre Stelle trat die „Deutsche Arbeitsfront" (DAF) (s. S. 40). Sie reglementierte gemeinsam mit weisungsgebundenen Beamten der Reichsregierung, den „Treuhändern der Arbeit", das Leben der Belegschaften in den Betrieben und überwachte die Einhaltung der von der Regierung verordneten Lohn- und Tarifverträge. Der NS-Staat beseitigte nach und nach wirtschaftliche Grundfreiheiten wie die Freiheit der Berufs- und Arbeitsplatzwahl oder die Arbeitsvertragsfreiheit.

1 Der Historiker Rolf Walter schreibt über das Verhältnis von Staat und Wirtschaft im „Dritten Reich": „Die Wirtschaftspolitik war für Hitler nur eines von vielen Hilfsmitteln, um seine hochgesteckten Ziele zu erreichen." Überprüfen Sie diese These am Beispiel der Maßnahmen zur Beseitigung der Arbeitslosigkeit, des Baus der Reichsautobahnen, der Organisation der Volkswirtschaft und des innerbetrieblichen Lebens.

Hinweise zur Arbeit mit den Materialien

Die Kenntnis der politisch-ideologischen Motive und Ziele Hitlers und der Nationalsozialisten ist ein wichtiger Schlüssel zum Verständnis auch der Wirtschaftsgeschichte des „Dritten Reiches". Das verdeutlicht in M 2 der Wirtschaftshistoriker Adam Tooze. Mithilfe von M 3 a und b lassen sich die zentralen wirtschaftspolitischen **Motive und Ziele Hitlers** untersuchen. M 4 und M 5 sowie M 7 a–c verdeutlichen, wie die Nationalsozialisten die deutsche Volkswirtschaft und das innerbetriebliche Leben organisierten (M 4, M 5), mit welchen **Maßnahmen** sie die Konjunktur ankurbeln wollten und wie die **NS-Propaganda** diese Wirtschaftspolitik des Regimes darstellte (M 7 a–c). M 6 veranschaulicht die Folgen der NS-Politik für die Arbeiterinnen und Arbeiter. M 8 bis M 10 untersuchen **Anspruch und Wirklichkeit der NS-Wirtschaftspolitik** aus der Sicht der neuesten historischen Forschung. Hans-Ulrich Wehler beschäftigt sich mit den vielfältigen Gründen des **nationalsozialistischen „Wirtschaftswunders"** (M 8) und Hans-Ulrich Thamer fragt nach der Durchführung des **Vierjahresplans** von 1936 (M 9). Die Grafiken und Statistiken M 10 bis M 14 bieten die Möglichkeit, die Entwicklung der deutschen Wirtschaft unter dem Nationalsozialismus zu analysieren. In den Blick genommen werden die **wirtschaftspolitischen Prioritäten** des NS-Regimes (M 10, M 11) sowie die **Einkommen und Lebenshaltungskosten** der deutschen Bevölkerung 1933–1945 (M 12–M 14). Die Methodenseiten zur historischen Urteilsbildung, S. 91 ff., mit kontroversen Texten der Historiker Götz Aly (M 2) und Hartmut Berghoff (M 3) ergänzen und vertiefen die Auseinandersetzung über Motive und Ziele der NS-Wirtschaftspolitik. Im Mittelpunkt steht die Frage, ob die Deutschen vom NS-Regime bestochen worden seien. Am Ende des Kapitels finden sich **weiterführende Arbeitsanregungen** und die Möglichkeit, die im Kapitel erworbenen **Kompetenzen zu überprüfen** (S. 96 f.).

M 2 Der Wirtschaftshistoriker Adam Tooze über die NS-Wirtschaftspolitik (2007)

Wenn wir die schrecklichen Taten des „Dritten Reiches" begreifen wollen, dann bleibt uns nichts anderes als der Versuch, die Täter zu begreifen. [...] Es war die Ideologie, die Hitler mit der Zerrlinse ausstattete, durch die er das internationale Kräfteverhältnis und die Entwicklung des Kampfes betrachtete, der im Sommer 1936 mit dem Spanischen Bürgerkrieg in Europa begonnen hatte und immer globaler wurde. Hitler sah sein Reich durch die Vereinigten Staaten bedroht, aber nicht nur im Sinne einer konventionellen Rivalität zwischen Supermächten. Für ihn war es eine existenzielle Bedrohung, die untrennbar mit seiner anhaltenden Furcht vor einer Verschwörung des „Weltjudentums" verknüpft war, das sich ihm vor allem in Gestalt der „Wall-Street-Juden" und der „jüdischen Presse" in Amerika darstellte. Es war diese wahnwitzige Interpretation des realen Kräfteverhältnisses, die Hitlers Entscheidungsprozessen ihren so sprunghaften und risikobereiten Charakter verlieh. [...] Angesichts des allgegenwärtigen Einflusses von Juden, den Hitler in den wachsenden internationalen Spannungen der späten Dreißigerjahre zu erkennen glaubte, war eine gedeihliche Zukunft Deutschlands als kapitalistischer Partner der Westmächte schlicht undenkbar. Krieg war unvermeidlich. Die Frage war nicht mehr ob, sondern nur noch wann. [...]

Wie wir wissen, hatte [Hitler] bereits in „Mein Kampf" und seinem „Zweiten Buch" die Volkswirtschaft mit einem Schlachtfeld verglichen und diesen Vergleich dann zu einer Doktrin erhoben. Die Richtigkeit seiner sozialdarwinistischen Sicht wurde ihm durch die Weltwirtschaftskrise nur bestätigt. Angesichts der Bevölkerungsdichte in Deutschland und von Hitlers Überzeugung, dass ein vom Export angetriebenes Wachstum unvermeidlich zu einem Konflikt führe, wäre die Eroberung von weiterem „Lebensraum" gewiss ein Mittel gewesen, um das Niveau des Pro-Kopf-Einkommens anzuheben. [...] Schon in den allerersten Tagen seiner Regierung hatte er es sich nicht nehmen lassen, wieder und wieder auf diesen Punkt hinzuweisen. Eine aggressive, auf militärischer

Stärke beruhende Außenpolitik war aus seiner Sicht die einzig mögliche Ausgangsbasis für wirtschaftlichen Erfolg. [...]

In der konventionellen Geschichtsschreibung über das „Dritte Reich" ist es üblich, die Rüstung den „zivilen" Zielen des Regimes gegenüberzustellen, so als handelte es sich um zwei sich gegenseitig ausschließende Alternativen. Dann wird das Ganze oft auch noch als eine Wahl zwischen Kanonen und Butter dargestellt. Tatsächlich ist unbestreitbar etwas Wahres an dieser Behauptung. [...] Dennoch ist die Formel „Kanonen statt Butter" irreführend. Denn es war doch so, dass Kanonen auf strategischer Ebene letztlich nichts anderes waren als das Mittel zu dem Zweck, an mehr Butter heranzukommen, was im Fall der Eroberungen von Dänemark, Frankreich und der landwirtschaftlich so reichen Gebiete Osteuropas ziemlich wörtlich zu nehmen ist. So gesehen war die Rüstung eine Investition in den künftigen Wohlstand.

Adam Tooze, Ökonomie der Zerstörung. Die Geschichte der Wirtschaft im Nationalsozialismus. Aus dem Englischen von Yvonne Badal, Siedler, München 2007, S. 9, 17, 178 f., 197 f.

1 a) Erläutern Sie, warum die Ideologie Hitlers und der Nationalsozialisten der Schlüssel zum Verständnis der NS-Wirtschaftspolitik ist.
b) Arbeiten Sie die wirtschaftspolitischen Ziele der NS-Führungsriege heraus.

M 3 Die wirtschaftspolitischen Ziele Hitlers 1933 und 1936 – ein Vergleich

a) Aus dem Sitzungsprotokoll des Ausschusses der Reichsregierung für Arbeitsbeschaffung vom 8. Februar 1933:
Bei der Prüfung der Anträge der Länder, Gemeinden und sonstigen öffentlich-rechtlichen Körperschaften auf Zuweisung von Mitteln im Rahmen des Sofortprogramms müssten alle Arbeiten ausgeschieden werden, die nicht unbedingt notwendig seien. Für die Wiederaufrüstung Deutschlands seien Milliardenbeträge erforderlich. Der Betrag von 127 Millionen RM für Zwecke der Luftfahrt sei der minimalste Betrag, den man überhaupt in Erwägung ziehen könne. Die Zukunft Deutschlands hänge ausschließlich und allein vom Wiederaufbau der Wehrmacht ab. Alle anderen Aufgaben müssten hinter der Aufgabe der Wiederaufrüstung zurücktreten. [...] Jedenfalls stehe er [= Hitler] auf dem Standpunkt, dass in Zukunft bei einer Kollision zwischen Anforderungen für die Wehrmacht und Anforderungen für andere Zwecke die Interessen der Wehrmacht unter allen Umständen vorzugehen hätten. [...] Er halte die Bekämpfung der Arbeitslosigkeit durch Vergebung öffentlicher Aufträge für die geeignetste Hilfsmaßnahme. Das 500-Millionen-Programm sei das größte seiner Art und besonders geeignet, den Interessen der Wiederaufrüstung dienstbar gemacht zu werden. Es ermögliche am ehesten die Tarnung der Arbeiten für die Verbesserung der Landesverteidigung. Auf diese Tarnung müsse man gerade in der nächsten Zukunft besonderen Wert legen, denn er sei überzeugt davon, dass gerade die Zeit zwischen der theoretischen Anerkennung der militärischen Gleichberechtigung Deutschlands und der Wiedererreichung eines gewissen Rüstungsstandes die schwierigste und gefährlichste sein werde. Erst wenn Deutschland so weit aufgerüstet habe, dass es für den Zusammenschluss mit einer anderen Macht bündnisfähig werde, nötigenfalls auch gegen Frankreich, werde man die Hauptschwierigkeiten der Aufrüstung überwunden haben.

Zit. nach: Akten der Reichskanzlei, hg. v. Konrad Repgen, Die Regierung Hitler, Teil I: 1933/34, Bd. 1, Harald Boldt Verlag, Boppard am Rhein 1983, S. 62 f.

b) Aus der geheimen Denkschrift Hitlers zum Vierjahresplan vom 6. August 1936; Hitler übergab diese Denkschrift lediglich Hermann Göring (u. a. preußischer Ministerpräsident, Oberbefehlshaber der Luftwaffe, Beauftragter für den Vierjahresplan) und Werner von Blomberg (Reichswehrminister), nicht jedoch dem Reichswirtschaftsminister und Reichsbankpräsidenten Hjalmar Schacht:
Deutschland wird wie immer als Brennpunkt der abendländischen Welt gegenüber den bolschewistischen Angriffen anzusehen sein. [...] Wir können uns aber diesem Schicksal nicht entziehen. Unsere politische Lage ergibt sich aus Folgendem:

Europa hat zurzeit nur zwei dem Bolschewismus gegenüber als standfest anzusehende Staaten: Deutschland und Italien. Die anderen Länder sind entweder durch ihre demokratische Lebensform zersetzt, marxistisch infiziert und damit in absehbarer Zeit selbst dem Zusammenbruch verfallen oder von autoritären Regierungen beherrscht, deren einzige Stärke die militärischen Machtmittel sind, d. h. aber: sie sind infolge der Notwendigkeit, die Existenz ihrer Führung den eigenen Völkern gegenüber durch die Brachialmittel der Exekutive zu sichern, unfähig, diese Brachialgewalt zur Erhaltung der Staaten nach außen anzusetzen. Alle diese Länder wären unfähig, jemals einen aussichtsvollen Krieg gegen Sowjetrussland zu führen. Wie denn überhaupt außer Deutschland und Italien nur noch Japan als eine der Weltgefahr gegenüber standhaltende Macht angesehen werden kann. […] *Denn ein Sieg des Bolschewismus über Deutschland würde nicht zu einem Versailler Vertrag führen, sondern zu einer endgültigen Vernichtung, ja Ausrottung des deutschen Volkes.*

Das Ausmaß einer solchen Katastrophe kann nicht abgesehen werden. Wie denn überhaupt der dichtbevölkerte Westen Europas (Deutschland inbegriffen) nach einem bolschewistischen Zusammenbruch wohl die grauenhafteste Völkerkatastrophe erleben würde, die seit dem Verlöschen der antiken Staaten die Menschheit heimgesucht hat. *Gegenüber der Notwendigkeit der Abwehr dieser Gefahr haben alle anderen Erwägungen als gänzlich belanglos in den Hintergrund zu treten!* […]

Die militärische Auswertung soll durch die neue Armee erfolgen. *Das Ausmaß und das Tempo der militärischen Auswertung unserer Kräfte können nicht groß und nicht schnell genug gewählt werden!* […] Wenn es uns nicht gelingt, in kürzester Frist die deutsche Wehrmacht in der Ausbildung, in der Aufstellung der Formationen, in der Ausrüstung und vor allem auch in der geistigen Erziehung zur ersten Armee der Welt zu entwickeln, wird Deutschland verloren sein! Es gilt hier der Grundsatz, dass das, was in Monaten des Friedens versäumt wurde, in Jahrhunderten nicht mehr eingeholt werden kann. Es haben sich daher dieser Aufgabe alle anderen Wünsche bedingungslos unterzuordnen. […]

Wir sind übervölkert und können uns auf der eigenen Grundlage nicht ernähren. […] Die endgültige Lösung liegt in einer Erweiterung des Lebensraumes bzw. der Rohstoff- und Ernährungsbasis unseres Volkes. Es ist die Aufgabe der politischen Führung, diese Frage dereinst zu lösen. […]

Die Erfüllung dieser Aufgaben in der Form eines Mehr-Jahres-Plans der Unabhängigmachung unserer nationalen Wirtschaft vom Ausland wird es aber auch erst ermöglichen, vom deutschen Volk auf wirtschaftlichem Gebiet und dem Gebiete der Ernährung Opfer zu verlangen, denn das Volk hat dann ein Recht, von seiner Führung, der es die blinde Anerkennung gibt, zu verlangen, dass sie auch auf diesem Gebiete durch unerhörte und entschlossene Leistungen die Probleme anfasst und sie nicht bloß beredet, dass sie sie löst und nicht bloß registriert!

Es sind jetzt fast 4 kostbare Jahre vergangen. Es gibt keinen Zweifel, dass wir schon heute auf dem Gebiet der Brennstoff-, der Gummi- und zum Teil auch in der Eisenerzversorgung vom Ausland restlos unabhängig sein könnten. […] Man hat nun Zeit genug gehabt, in 4 Jahren festzustellen, was wir nicht können. Es ist jetzt notwendig, auszuführen das, was wir können.

Ich stelle damit folgende Aufgabe:
I. Die deutsche Armee muss in 4 Jahren einsatzfähig sein.
II. Die deutsche Wirtschaft muss in 4 Jahren kriegsfähig sein.

Zit. nach: Wolfgang Michalka (Hg.), Das Dritte Reich. Dokumente zur Innen- und Außenpolitik, Bd. 1: „Volksgemeinschaft" und Großmachtpolitik 1933–1939, dtv, München 1985, S. 188–190. (Hervorhebungen im Original)

1 Tabelle: Arbeiten Sie mithilfe von M 3 a–b die wirtschaftspolitischen Ziele Hitlers heraus. Stellen Sie Ihre Ergebnisse für 1933 und 1936 in einer Tabelle stichpunktartig gegenüber.

2 Vergleichen Sie Hitlers wirtschaftspolitische Ziele in den Jahren 1933 und 1936 miteinander: Arbeiten Sie Gemeinsamkeiten und Unterschiede heraus. Erklären Sie die Veränderungen vor dem Hintergrund der allgemeinen politischen Lage.

3 Erläutern Sie, ausgehend von M 3 b, den Begriff der „Autarkie". Berücksichtigen Sie auch M 9, wo die Wirklichkeit der NS-Wirtschaft untersucht wird.

Die NS-Wirtschaft

M 4 Aus dem Aufruf der Deutschen Arbeitsfront (DAF)[1] „An alle schaffenden Menschen" vom 27. November 1933

Die Deutsche Arbeitsfront ist die Zusammenfassung aller im Arbeitsleben stehenden Menschen ohne Unterschied ihrer wirtschaftlichen und sozialen Stellung. In ihr soll der Arbeiter neben dem Unternehmer stehen, nicht mehr getrennt durch Gruppen und Verbände, die der Wahrung besonderer wirtschaftlicher oder sozialer Schichtungen und Interessen dienen. Der Wert der Persönlichkeit, einerlei, ob Arbeiter oder Unternehmer, soll in der Deutschen Arbeitsfront den Ausschlag geben. Vertrauen lässt sich nur von Mensch zu Mensch, nicht aber von Verband zu Verband gewinnen.

Nach dem Willen unseres Führers Adolf Hitler ist die Deutsche Arbeitsfront nicht die Stätte, wo die materiellen Fragen des täglichen Arbeitslebens entschieden, die natürlichen Unterschiede der Interessen der einzelnen Arbeitsmenschen aufeinander abgestimmt werden.

Für die Regelung der Arbeitsbedingungen werden in kurzer Zeit Formen geschaffen werden, die dem Führer und der Gefolgschaft eines Betriebes die Stellung zuweisen, die die nationalsozialistische Weltanschauung vorschreibt. Das hohe Ziel der Arbeitsfront ist die Erziehung aller im Arbeitsleben stehenden Deutschen zum nationalsozialistischen Staat und zur nationalsozialistischen Gesinnung.

Zit. nach: Thomas Blanke u. a. (Hg.), Kollektives Arbeitsrecht. Quellentexte zur Geschichte des Arbeitsrechts in Deutschland, Bd. 2, Rowohlt, Reinbek bei Hamburg 1975, S. 44f.

---
[1] Zur DAF siehe auch S. 40.

---

1 Arbeiten Sie Motive, Ziele und Vorgehensweisen heraus, die mit der Gründung der DAF zusammenhängen.
2 Erörtern Sie, inwieweit die Gründung der DAF ein Einschnitt im Arbeitsleben der abhängig Beschäftigten war.

M 5 Das „Gesetz zur Ordnung der nationalen Arbeit" vom 20. Januar 1934

§ 1 Im Betrieb arbeiten die Unternehmer als Führer des Betriebes, die Angestellten und Arbeiter als Gefolgschaft gemeinsam zur Förderung der Betriebszwecke und zum gemeinen Nutzen von Volk und Staat.

§ 2 (1) Der Führer des Betriebes entscheidet der Gefolgschaft gegenüber in allen betrieblichen Angelegenheiten […].

(2) Er hat für das Wohl der Gefolgschaft zu sorgen. Diese hat ihm die in der Betriebsgemeinschaft begründete Treue zu halten. […]

§ 5 (1) Dem Führer des Betriebes mit in der Regel mindestens 20 Beschäftigten treten aus der Gefolgschaft Vertrauensmänner beratend zur Seite. Sie bilden mit ihm und unter seiner Leitung den Vertrauensrat des Betriebes. […]

§ 6 (1) Der Vertrauensrat hat die Pflicht, das gegenseitige Vertrauen innerhalb der Betriebsgemeinschaft zu vertiefen.

(2) Der Vertrauensrat hat die Aufgabe, alle Maßnahmen zu beraten, die der Verbesserung der Arbeitsleistung, der Gestaltung und Durchführung der allgemeinen Arbeitsbedingungen […] dienen. Er hat ferner auf eine Beilegung aller Streitigkeiten innerhalb der Betriebsgemeinschaft hinzuwirken. Er ist vor der Festsetzung von Bußen aufgrund der Betriebsordnung zu hören. […]

§ 18 (1) Für größere Wirtschaftsgebiete, deren Abgrenzung der Reichsarbeitsminister im Einvernehmen mit dem Reichswirtschaftsminister und dem Reichsminister des Innern bestimmt, werden Treuhänder der Arbeit ernannt. Sie sind Reichsbeamte und unterstehen der Dienstaufsicht des Reichsarbeitsministers. Ihren Sitz bestimmt der Reichsarbeitsminister im Einvernehmen mit dem Reichswirtschaftsminister.

(2) Die Treuhänder der Arbeit sind an Richtlinien und Weisungen der Reichsregierung gebunden.

§ 19 (1) Die Treuhänder der Arbeit haben für die Erhaltung des Arbeitsfriedens zu sorgen.

Reichsgesetzblatt 1934, Teil 1, S. 45.

1 a) Beschreiben Sie die Regelungen, die das Gesetz anstrebt.

b) Erläutern Sie Rolle und Aufgaben der „Treuhänder der Arbeit".

2 Beschreiben Sie, ausgehend von M4 und M5, das Verhältnis von Staat und Wirtschaft im „Dritten Reich".

M6 Aus den Sozialberichten der „Reichstreuhänder der Arbeit" (1938)

Streng vertraulich […]
Das Missverhältnis zwischen Arbeitskräften und Aufträgen hat ganz allgemein zu erheblichen Verlängerungen der Arbeitszeit ge-
5 führt, die durch eine elastische Handhabung der Arbeitszeitordnung ermöglicht wurden. Wöchentliche Arbeitszeiten von 58–65 Stunden sind kaum noch Ausnahmeerscheinungen. Dabei wird von den Betrieben teils
10 auch dann Mehrarbeit durchgehalten, wenn etwa saisonbedingt ein Rückgang der Aufträge festzustellen ist, da sie andernfalls eine Abwanderung von Arbeitskräften befürchten. […]
15 Durch die gespannte Lage auf dem Gebiet des Arbeitseinsatzes und die damit verbundene Verlängerung der Arbeitszeit in fast allen Gewerbezweigen sind gewisse Reaktionen unvermeidbar gewesen. Die Krankheits-
20 ziffer ist erheblich gestiegen. […] Gelegentlich wird übrigens auch der Krankheitsfall als Mittel dazu benutzt, um abzuwandern. […]
Eine weitere Reaktionserscheinung infolge dauernder Mehrarbeit ist auch die von
25 mehreren Reichstreuhändern berichtete Neigung von Gefolgschaftsmitgliedern, nicht mehr als 48 Stunden in der Woche zu arbeiten. Kann man diesem Wunsch nicht nachkommen, so ist ein Leistungsrückgang die
30 Folge. Hierher gehört auch das gelegentlich festzustellende willkürliche Fernbleiben vom Arbeitsplatz.

Zit. nach: Timothy W. Mason, Arbeiterklasse und Volksgemeinschaft. Dokumente und Materialien zur deutschen Arbeiterpolitik 1936–1939, Westdeutscher Verlag, Opladen 1975, Nr. 147.

1 Beschreiben Sie mithilfe von M6 die Arbeitsmarktsituation 1938 und die Auswirkungen für die Arbeitnehmer.

2 Erörtern Sie, ausgehend von M6, die Behauptung der Nationalsozialisten, sie hätten eine „arbeiterfreundliche" Politik betrieben.

M7 Die „Arbeitsschlacht"

a) „Schafft Arbeit! Deutsche Gartenbau-Erzeugnisse kaufen!" Plakat, 1933

b) „Beginn der neuen Arbeitsschlacht: 21. März!", Plakat, 1934

c) „Freiwillig in den Arbeitsdienst", Plakat, 1934

1 Bildinterpretation: Hitler verwendete die propagandistische Bezeichnung „Arbeitsschlacht" für die Bekämpfung der Arbeitslosigkeit. Untersuchen Sie mithilfe der Plakate M 7 a–c die Propaganda und Durchführung dieser „Arbeitsschlacht".
2 Kurzreferat: Der Reichsarbeitsdienst – Aufgaben und Funktionen
Untersuchen Sie mithilfe eines Lexikons oder eines Handbuches, wann und zu welchem Zweck der Reichsarbeitsdienst gegründet wurde. Fassen Sie Ihre Ergebnisse in einem Kurzreferat zusammen.

M 8 Das „nationalsozialistische Wirtschaftswunder" – ein Erfolg Hitlers?

Der Historiker Hans-Ulrich Wehler analysiert die NS-Wirtschaftspolitik (2009):
Hitler hat mit sicherem Instinkt erfasst, welche immense Bedeutung einer aktiven Politik gegen die Geißel der vergangenen vier Jahre, die millionenfache Arbeitslosigkeit, im Zeichen hochgespannter, von ihm selber verstärkter Erwartungen seit dem Februar 1933 zukam […]. Hitler verfügte über alles andere als solide ökonomische Kenntnisse […]. Doch Hitler besaß eine schnelle Auffassungsgabe, ein stupendes[1] Gedächtnis und die vielfach erprobte kommunikative Fähigkeit, auch erfahrene, sachkundige, selbstsichere Männer trotz ihrer anfänglichen Opposition in seinem Sinn umzustimmen. […] Im April 1933 unterstützte er den Vorschlag von Arbeitsminister Seldte, öffentliche Aufträge als Stimulans[2] einzusetzen. […] Hitler verließ sich in dieser prekären Situation auf eine „wirksame Mischung" von Anreizen und populistischer Rhetorik. Da die Regierung nicht darauf achten konnte, bis sich eine Belebung des Arbeitsmarktes durch die unverzüglich in Gang gesetzte Rüstungswirtschaft einstellte, wurde zwischen Mai und September 1933 ein Bündel von staatlichen Maßnahmen zur Ankurbelung der Konjunktur und zur Bekämpfung der Arbeitslosigkeit initiiert. Nachdem Fritz Reinhardt, ehemals Gauleiter von Oberbayern und seit April 1933 […] Staatssekretär des Finanzministeriums, Ende Mai mit einer Milliarde aus Staatsmitteln 800 000 Arbeitsplätze zu schaffen versprochen hatte, wurde am 1. Juni das sog. erste „Reinhardt-Programm" verabschiedet, dem dieser Betrag für Arbeitsbeschaffungsmaßnahmen zur Verfügung gestellt wurde.

Am 22. Juni wurde der Bau der Reichsautobahn als propagandistisch hochgejubelter staatlicher Auftrag eingeleitet. Bis 1935 flossen drei Milliarden in dieses Projekt, das insgesamt aber nur 250 000 Arbeiter absorbierte. Darüber hinaus wurden weitere Infrastrukturaufträge an die Reichsbahn und die Post, für den Bau von Flughäfen und Kanälen vergeben. Mitte Juni kamen spürbare Steuererleichterungen hinzu. Auch der Wohnungsbau wurde nachdrücklich gefördert. Innerhalb des folgenden Jahres wuchs er bis zum Februar 1934 um 270 Prozent und zog mehr Investitionen an sich, als das dieser wichtige Wachstumssektor je nach 1918 getan hatte. Die neuen Ehestandsdarlehen erwiesen sich gleichfalls als schneller Erfolg. Ein zinsfreier Zuschuss von bis zu 1 000 Mark wurde für die nachfrageanregenden Haushaltseinrichtungen gewährt, für jedes Kind die Rückzahlung um ein Viertel gekürzt. Bereits 1933 wurden 200 000 Darlehen in Anspruch genommen. Seither stieg die Zahl noch weiter rasch an. 1935 waren bereits 370 000 Darlehen in der Höhe von 206 Millionen Mark abgerufen worden.

Nach der Sommerpause folgte am 21. September das zweite „Reinhardt-Programm", das vor allem die saisonale Winterarbeitslosigkeit vermeiden helfen sollte. Bis Ende 1934 erreichten die Finanzmittel für diese Arbeitsbeschaffungsmaßnahmen die Höhe von 5,2 Milliarden Mark (das entsprach einem Prozent des Bruttosozialprodukts), bis 1935 stiegen sie auf 6,2 Milliarden Mark. Außerdem war für Papen und Schleicher bereits eine Milliarde Mark für denselben Zweck mobilisiert worden [...]. Seit 1934/35 wirkte sich dann vollends der kräftige Nachfragesog der Rüstungswirtschaft auf dem Arbeitsmarkt aus.

Bereits nach einem Jahr nahm das Regime triumphierend für sich in Anspruch, die Arbeitslosenzahl von offiziell sechs Millionen auf 3,7 Millionen gesenkt zu haben. Nach anderthalb Jahren hatte es angeblich schon eine Reduktion um 60 Prozent erreicht. Ungeniert wurde allerdings auch die Statistik manipuliert, indem 2,2 Millionen Arbeitslose auf dem Papier wegdefiniert wurden. 1936 erübrigten sich aber solche propagandistisch wirksamen Tricks, denn das „Dritte Reich" erreichte seit 1936 als erstes Industrieland mit der Überwindung der Depression auch die ersehnte Vollbeschäftigung, während sich etwa in den Vereinigten Staaten eine Arbeitslosenquote von 24 Prozent bis 1939 hielt.

Im internationalen Vergleich [...] beruhte der Erfolg der nationalsozialistischen Konjunkturpolitik auf ihren neuartigen Elementen: auf dem großen Volumen des antizyklischen Konjunkturprogramms, auf der expansiven Kreditschöpfung [...], auf der Rücksichtslosigkeit der Durchführung und auf dem missionarischen Eifer, mit dem Hitler und seine Regierung den wirtschaftlichen Aufschwung zu ihrer Sache machten. Vor allem aber beruhte die effektive Konjunkturankurbelung auf dem Nexus[3] mit der Rüstungspolitik, für die schon bis zum März 1936 mit 10,6 Milliarden Mark doppelt so viel ausgegeben wurde wie für alle zivilen Arbeitsbeschaffungsmaßnahmen. [...]

Wenige Erfolge haben den Nimbus[4] Hitlers als eines heilbringenden Erlösers, welcher der unsäglichen Misere von mehr als acht Millionen Arbeitslosen ein Ende machte, so gesteigert [...] wie dieser „Sieg in der Arbeitsschlacht". Noch Jahrzehnte nach dem Zweiten Weltkrieg konzedierten zahlreiche Deutsche zwar bereitwillig das Unheil, das Hitlers Krieg über die Welt gebracht hatte, bestanden aber weiter darauf: „Er hat doch die Leute von der Straße gebracht." Wie konnte das gelingen?

1. Die konjunkturpolitischen Maßnahmen der Regierung demonstrierten ihre Handlungsbereitschaft, auch im Hinblick auf ungewöhnliche Maßnahmen, in großem Stil. Außerdem gewann sie dadurch zunehmend Stabilität für den Wirtschaftsprozess zurück. Beides wussten viele Unternehmer zu schätzen, wenn sie über Neueinstellungen entschieden [...].

2. Tatsächlich hatte die Depression in Europa 1932 ihren absoluten Tiefpunkt erreicht, und erste Signale der zyklischen Erholung wurden 1933 auch von der deutschen Industriewirtschaft, verstärkt seit 1934, aufgenommen. Ein sachte einsetzender Aufschwung begann daher, ungeachtet der Staatskonjunktur, belebende Impulse auszusenden.

3. Für die Beschäftigungspolitik der Unternehmen war die Tatsache von grundlegender Bedeutung, dass sie mit keinem von den Arbeitnehmern erzwungenen Lohnanstieg, nicht einmal mit einer einzigen gewerkschaftlichen Tarifforderung mehr zu rechnen hatten. Nicht nur herrschte faktisch ein kompletter Lohnstopp, die Basisgröße der Lohnquote schrumpfte sogar, wie es die Arbeitgeber seit Jahren gefordert hatten, von 1932 = 68 auf 1938 = 55 Prozent. Schon dieser genau vermerkte Umstand wirkte investitions- und beschäftigungsfördernd, zumal gleichzeitig die Unternehmerprofite bis 1939 jährlich im Durchschnitt um 36,5 Prozent kräftig anstiegen.

4. Der zügige Ausbau großer Bürokratien durch die NSDAP, die „Arbeitsfront", den „Arbeitsdienst", zahlreiche Ämter und Stäbe, entlastete spürbar den Arbeitsmarkt, insbesondere von Angestellten und Akademikern. Auch die Wehr- und die Arbeitsdienstpflicht zogen seit 1935 Hunderttausende aus dem Arbeitsmarkt.

5. Seit 1934/35 ging eine drastisch stei-

gende Nachfrage nach Arbeitskräften von der Rüstungswirtschaft aus, da enorme Summen in sie hineingepumpt wurden. Das löste einen machtvollen Multiplikatoreffekt aus, der namentlich in den klassischen Industrierevieren die Zahl der Arbeitslosen scharf reduzierte. [...]

6. Dennoch ist es fraglich, ob diese Konstellation sich so schnell und so durchschlagend ausgewirkt hätte, wenn nicht Hitler selber im Verein mit Goebbels' Propagandaapparat die Rhetorik der „Arbeitsschlacht", die es so schnell wie nur irgend möglich zu gewinnen gelte, [...] unentwegt in Gang gehalten hätte. Der modernen Konjunkturpolitik ist längst bewusst, welche bedeutende Rolle die Psychologie der Krisenbekämpfung und die Semantik[4] der beanspruchten Steuerungskompetenz spielt. [...] Damals jedoch war ein derart massives, geradezu bedenkenlos optimistisches Engagement von Regierungsvertretern noch eine Innovation [...]. Jedenfalls ging von dem Engagement, das die Regierung Hitler und vor allem der Reichskanzler selber so anhaltend der Öffentlichkeit einhämmerten, eine ansteckende Dynamik aus. Überdies verstärkte die Arbeitsbeschaffungspolitik das „Bewusstsein volksgemeinschaftlicher Solidarität". Diese „Bewusstseinstatsache" [...] wirkte aber „naturgemäß auch volkswirtschaftlich stimulierend". Insofern darf man die „eigentliche Leistung" Hitlers, mit seinen rhetorischen Fähigkeiten und dem Beschwörungsgestus des charismatischen Demagogen die Erholung gleichsam herbeigeredet zu haben, nicht unterschätzen. Als sich dann der Erfolg relativ schnell einstellte und Abermillionen die Sicherheit ihres Arbeitsplatzes und Lohnes zurückgewannen, konnte Hitler sich mit guten Gründen öffentlich rühmen, dass seiner Führerherrschaft eine „Autorität" zugewachsen sei, „wie sie noch kein Regime vor uns besessen hat".

Hans-Ulrich Wehler, Der Nationalsozialismus. Bewegung, Führerherrschaft, Verbrechen 1919–1945, C. H. Beck, München 2009, S. 91–96.

---

1 stupende: verblüffend
2 Stimulans: Anreiz
3 Nexus: Zusammenhang
4 Nimbus: besonderes Ansehen
5 Semantik: Bedeutung von Wörtern und Sätzen

1 Arbeitsteilige Gruppenarbeit: Bearbeiten Sie M8 unter folgenden Fragestellungen:
a) Mit welchen Mitteln kurbelte Hitler die Konjunktur an?
b) Welchen Anteil besaß die Wirtschaftspolitik der Nationalsozialisten an der Beseitigung der Arbeitslosigkeit?
c) Welchen persönlichen Anteil hatte Hitler an der Belebung der Konjunktur und wie wirkte sich die Beseitigung der Arbeitslosigkeit auf die Legitimität seiner diktatorischen Herrschaft aus? Erläutern Sie dabei den Begriff der „charismatischen Herrschaft".

M9 Anspruch und Wirklichkeit des Vierjahresplans

a) *Der Historiker Hans-Ulrich Thamer (2002):* Anspruch und Wirklichkeit des Vierjahresplanes klafften mitunter weit auseinander. Das galt sowohl für die Lenkungsvollmachten, von denen man in bestimmten Sektoren nur zögernd Gebrauch machte, wie für die Autarkieziele, die bei Kriegsbeginn nur annähernd erreicht wurden, auch weil durch die forcierte Aufrüstung der Bedarf sprunghaft anstieg. So sank bei der Mineralölproduktion die Auslandsabhängigkeit zwischen 1936 und 1938 nur geringfügig von 66 auf 60%, auch die Buna-Produktion[1] deckte trotz großer Anstrengungen bei Kriegsbeginn nur 50% des Bedarfs an Kautschuk. Propagandistisch besonders spektakulär und wirtschaftspolitisch besonders umstritten waren die Bemühungen um eine Steigerung der heimischen Eisenerzproduktion. Durch den Abbau und die Verhüttung heimischer minderwertiger Eisenerze sollte die Abhängigkeit von Exporten reduziert werden. Da dieses Verfahren äußerst kostspielig und wenig rentabel erschien, wollte die Schwerindustrie sich daran nicht beteiligen. Der sich daraus ergebende Konflikt führte schließlich zur Gründung der „Reichswerke Hermann Göring für Erzbergbau und Eisenhütten", die den Abbau und die Verhüttung übernahmen und die Privatwirtschaft zur Übernahme von Aktien zwangen. Trotz dieser Anstrengungen [...] ergab sich bei Kriegsbeginn ein Selbstversorgungsgrad von etwas mehr als 50%. Noch größer war und blieb die Auslandsabhängigkeit bei hochwertigen Stahlveredlern wie Mangan, Chrom und Wolfram. Auch die Selbstversorgung bei den wichtigsten Nahrungsmitteln, die bereits 1933/34 insgesamt bei etwa 80% lag, konnte man nicht wesentlich steigern, wobei besonders bei der Fettversorgung eine Lücke von 40–50% klaffte, während Grundnahrungsmittel wie Brotgetreide, Kartoffeln, Gemüse und Fleisch mit 90–100% hinreichend vorhanden waren.

Gleichwohl kann man die Vierjahresplan-Politik nicht als völligen Fehlschlag bewerten. Das Ziel der Deviseneinsparung konnte allein schon wegen der steigenden Nachfrage nach Rohstoffen nicht erreicht werden. Das Deutsche Reich blieb im Bereich von Eisenerz und Mineralöl weiterhin von Importen abhängig. Doch sollte der Blockadekrieg, für dessen Umgehung man sich durch die Autarkiepolitik vorbereiten wollte, nicht stattfinden, und die Expansion des Deutschen Reiches seit 1938 sicherte zunächst den gewaltig gestiegenen Rohstoffbedarf. Darum erwiesen sich die kostenintensive Verhüttung der minderwertigen Eisenerze in Salzgitter und andere Ersatzbeschaffungen als überflüssig, umgekehrt resultierte aus den Bedingungen einer ungebrochenen Exportabhängigkeit des Deutschen Reiches, dass ein längerer Krieg nur durch Expansion und Okkupation durchzustehen war.

Die ökonomischen und sozialen Folgekosten der Autarkiepolitik waren beträchtlich. Die Verzerrung der ökonomischen Strukturen verschärfte sich, die Handlungsspielräume der Wirtschaft wurden immer enger. Es entstanden Produktionsstandorte, die unrentabel waren und die Arbeitskräfte abzogen, die an anderer Stelle fehlten. […] Das verstärkte nicht nur die Tendenz zu Lenkung und Kontrolle, sondern auch zu Manipulation und Propaganda. […] So versuchte das Regime mit einigem Erfolg, die Nachfrage der Bevölkerung nach Konsumartikeln, die nicht expandieren durften, auf solche Güter umzulenken, die reichlich vorhanden waren und im Inland produziert wurden. Das bedeutete meist, dass man hochwertige Produkte durch solche von minderer Qualität ersetzen musste. […] Diesen Zustand nahm die Bevölkerung zwar nicht ohne Murren, aber doch ohne größeren Protest hin, nicht zuletzt weil sie sich noch allzu gut an die entbehrungsreichen Jahre der Großen Krise erinnerte und die Propaganda solche Enthaltsamkeit und Sparsamkeit zu „deutschen Tugenden" erklärte. So konnte das Regime seinen riskanten Balanceakt zwischen der Befriedigung des privaten Konsums und der Steigerung der Rüstungsausgaben im Großen und Ganzen erfolgreich durchstehen.

Hans-Ulrich Thamer, Der Nationalsozialismus, Reclam, Stuttgart 2002, S. 243–246.

---

1 Buna: synthetischer Kautschuk

---

1 Arbeiten Sie die Erfolge und Misserfolge der Autarkiepolitik heraus.
2 Beschreiben Sie die Folgen der Vierjahresplan-Politik für die Bevölkerung.
3 **Präsentation:** Stellen Sie Hermann Göring in seiner Funktion als „Beauftragter des Vierjahresplanes" und die Geschichte der „Reichswerke Hermann Göring" vor.

M 10 Indices der industriellen Produktion im Deutschen Reich 1932–1939

Jahr	Gesamtindex	Produktionsgüter[1]	Investitionsgüter[2]	Konsumgüter
1932	59	46	35	78
1933	66	54	45	83
1934	83	77	75	85
1935	96	99	102	91
1936	107	113	117	98
1937	117	126	128	103
1938	125	136	140	107
Juni 1939	133	147	152	113

Nach: Charles Bettelheim, Die deutsche Wirtschaft unter dem Nationalsozialismus, übers. v. Jörg Hofmann u. Suzanne Wieczorek, Trikont-Verlag, München 1974, S. 225.

---

1 Rohstoffe, Maschinen, Werkzeuge etc.
2 nur Maschinen und Werkzeuge

M 11 Reichsausgaben insgesamt, Militärausgaben und Aufwendungen für Arbeitsbeschaffungsmaßnahmen 1932–1939

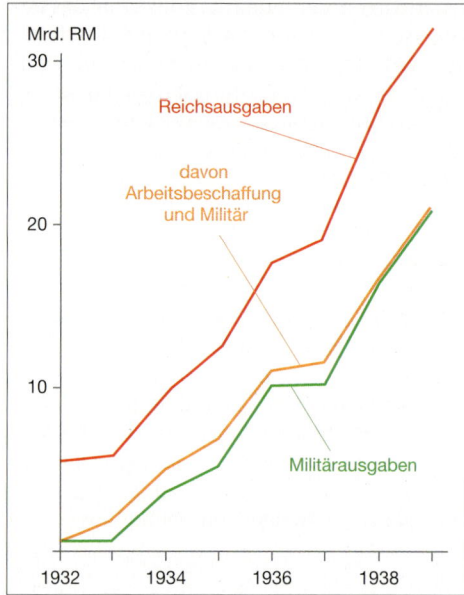

Nach: Friedrich-Wilhelm Henning, Das industrialisierte Deutschland 1914 bis 1992, 8., durchges. und wesentlich erw. Aufl., Schöningh, Paderborn 1993, S. 152.

M 12 Durchschnittliche Stundenlöhne nach anerkannten Tarifen für die bestbezahlten Altersklassen in 17 Industriezweigen im Deutschen Reich 1928–1942 (in Reichspfennig)

	Männer		Frauen	
	qualifiziert	ungelernt	qualifiziert und spezialisiert	ungelernt
1928	95,9	75,2	60,3	49,8
1933	70,5	62,3	58,7	43,4
1936	78,3	62,2	51,6	43,4
1937	78,5	62,3	51,5	43,4
1938	79,0	62,6	51,5	44,0
1940	79,2	63,0	51,5	44,1
1941	80,0	63,9	51,9	44,5
1942	80,8	64,1	52,3	44,6

Nach: Charles Bettelheim, a.a.O., S. 230.

M 13 Index der Bruttoverdienste von Arbeiter/-innen im Deutschen Reich 1928–1942 (1928 = 100)

Jahr	1928	1933	1936	1937
Wochenreallöhne	100	91	97	101
Jahr	1938	1940	1941	1942
Wochenreallöhne	105	108	113	111

Nach: Dietmar Petzina u. a., Sozialgeschichtliches Arbeitsbuch, Bd. 3, C. H. Beck, München 1978, S. 98.

M 14 Einkommen und Lebenshaltungskosten in Deutschland 1933–1944 (1928 = 100)

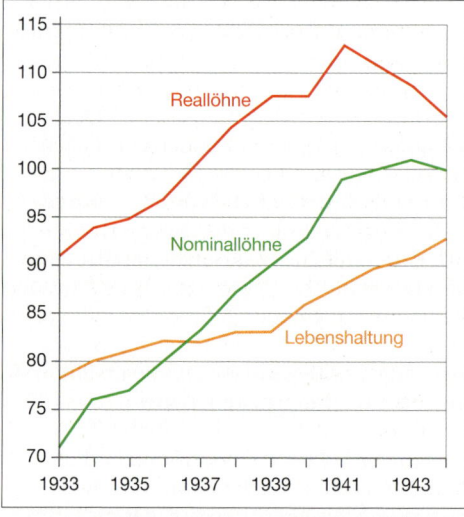

Nach: Dietmar Petzina u. a., Sozialgeschichtliches Arbeitsbuch, Bd. 3, C. H. Beck, München 1978, S. 98, 107.

1 Analysieren Sie mithilfe von M 11 und M 12 die Prioritäten der NS-Wirtschaftspolitik. Erklären Sie diese Wirtschaftspolitik aus der NS-Ideologie.

2 a) Vergleichen Sie die Entwicklung der Stunden- und Reallöhne in M 13 und M 14 und bewerten Sie diese Entwicklung: Brachte die NS-Wirtschaftspolitik den Menschen einen nachhaltigen Anstieg der Löhne?
b) Setzen Sie die Lebenshaltungskosten in Beziehung zu den Löhnen (M 14). Erörtern Sie dabei, welche Folgen der Anstieg der Lebenshaltungskosten für die Menschen bedeutete.

Ein historisches Urteil auf der Grundlage von Sekundärtexten entwickeln

Urteilskompetenz

Zu den zentralen fachspezifischen Fähigkeiten im Geschichtsunterricht gehört die Urteilskompetenz. In nahezu jeder Geschichtsstunde wird verlangt, historische Ereignisse, Epochen, Prozesse oder Konflikte zu beurteilen. Wie jedoch gelangt man zu einem qualifizierten Urteil? Urteilen bedeutet die Fähigkeit, eine eigenständige, begründete und nachvollziehbare Stellungnahme zu einer Fragestellung zu formulieren. Kriterien eines gelungenen Urteils sind
– sachliche Angemessenheit,
– logische Gedankenführung und
– differenzierte Argumentation.

Um einen historischen Gegenstand angemessen beurteilen zu können, ist es sinnvoll, ihn aus unterschiedlicher Sicht zu untersuchen:
– aus der Perspektive historischer Zeitgenossen (Prinzip der Multiperspektivität)
– und/oder aus der Perspektive von Nachgeborenen, z. B. Historikern (Prinzip der Kontroversität).

Auf einer dritten Ebene erfolgt im Rahmen des Unterricht, z. B. in der Gruppe oder im Plenum, die Auseinandersetzung mit den Wahrnehmungen der Zeitgenossen und den Deutungen der Nachgeborenen (Prinzip der Pluralität). Dies ist die Grundlage für eine selbstständige Stellungnahme zum historischen Gegenstand.

Bei der Urteilsbildung wird zwischen Sach- und Werturteil unterschieden: Während das Sachurteil ein Urteil auf der Ebene des historischen Gegenstandes ist, werden bei einem Werturteil gegenwärtige gesellschaftliche Normen auf historische Sachverhalte bezogen und eigene Wertmaßstäbe reflektiert.

Prozess der Urteilsbildung

Das Urteilsmodell M 1 zeigt einen idealtypischen Prozess der Urteilsbildung, der auch variiert werden kann. So lässt sich eine Stellungnahme auf der Basis a) von Quellen, b) von Sekundärtexten, in der Regel Deutungen von Historikern (wie im folgenden Übungsbeispiel), oder c) von Quellen und Sekundärtexten formulieren.

Zunächst erfordert die Fähigkeit, ein Urteil zu bilden, sowohl Kenntnisse über den zu untersuchenden historischen Sachverhalt (Sachkompetenz) als auch methodische Verfahren, sich solche Kenntnisse anzueignen, diese mit vorhandenem Wissen zu vernetzen und auf neue Zusammenhänge anzuwenden (Methodenkompetenz). Mit methodischen Verfahren ist in erster Linie der Vergleich von Quellen und Darstellungen anhand von Vergleichsaspekten gemeint.

Der Prozess der Urteilsbildung verläuft in mehreren Phasen:

1. **Entwicklung einer Leitfrage:** Für die Untersuchung des historischen Gegenstandes wird eine Fragestellung entwickelt, die im Prozess der Urteilsbildung beantwortet werden soll.

2. Erwerb von Kenntnissen: Als Voraussetzung für die Beschäftigung mit dem historischen Sachverhalt ist die Beschaffung von Informationen (Grundwissen) notwendig, die sich aus Gesamtdarstellungen, Schulbuchtexten, Lexika sowie aus Quellen gewinnen lassen.

3. Auseinandersetzung mit dem historischen Gegenstand aus verschiedenen Sichtweisen (Perspektiven): Vergleich anhand geeigneter Aspekte

a) von mindestens zwei Quellen oder bzw. und

b) von mindestens zwei Sekundärtexten oder

c) von mindestens zwei schriftlichen Produkten oder mündlichen Äußerungen einzelner Schüler bzw. Gruppen.

4. Formulierung eines Sachurteils: Urteilsbildung auf der Ebene des historischen Gegenstands.

5. Formulierung eines Werturteils: Urteilsbildung auf der Grundlage gegenwärtiger gesellschaftlicher und subjektiver Normen und Werte.

M 1 Modell der Urteilsbildung

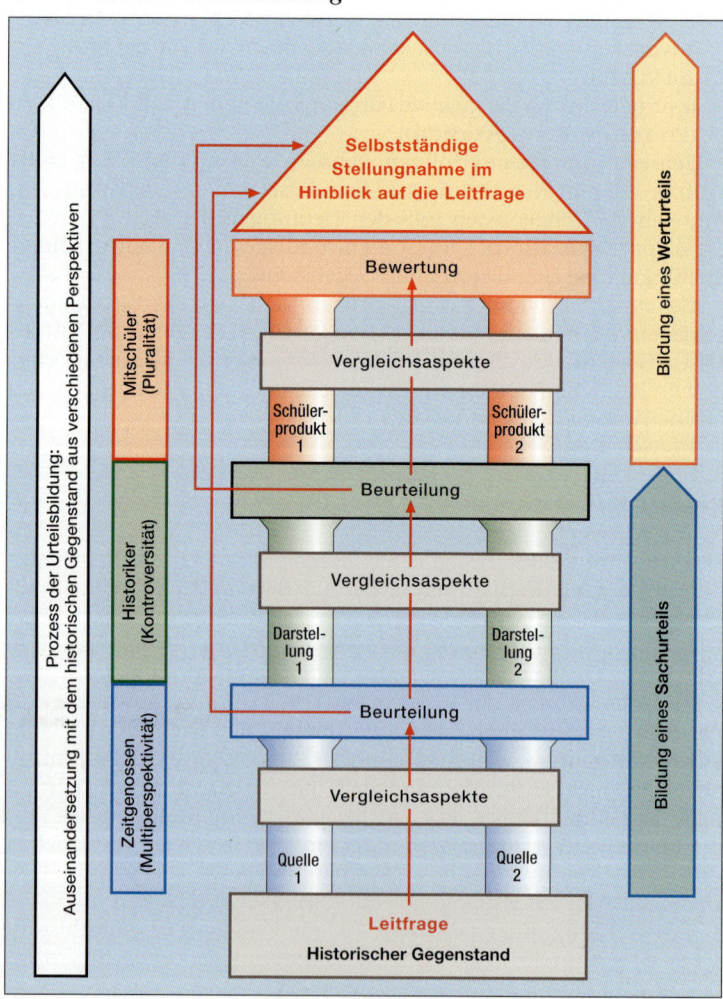

Übungsbeispiel:
Wurden die Deutschen vom NS-Regime bestochen? – Eine Kontroverse

M 2 Der Historiker Götz Aly (2006)

Die mannigfaltigen [...] Formen öffentlicher Habgier und nationalsozialer Bereicherung ermöglichten es, die Masse des Volkes mit einer Mischung aus milder Steuerpolitik, guter Versorgung und punktuellem Terror an den Rändern der Gesellschaft wenigstens ruhig zu stellen. Das stimmungspolitische Optimum, das die NS-Führer anstrebten, bildete allerdings die gute Laune der Deutschen. Von ihr pflegte Goebbels zu sagen, sie „ist ein Kriegsartikel, unter Umständen kann sie nicht nur kriegswichtig, sondern kriegsentscheidend sein". Die materielle Stimulierung einer gehobenen deutschen Massenlaune auf Kosten anderer bildete das wesentliche – stets kurzfristig verstandene – Ziel des Regierens.

So betrachtet, verwandelte die NS-Führung die Deutschen mehrheitlich weder in Fanatiker noch in überzeugte Herrenmenschen. Vielmehr gelang es ihr, sie zu Nutznießern und Nutznießerchen zu machen. Nicht wenige steigerten sich in eine Goldgräberstimmung, in das Gefühl von einer nahen Zukunft, in der das Geld auf der Straße liegen würde. Wie sich der Staat im Großen in eine gewaltige Raubmaschinerie transformierte, wandelten sich gewöhnliche Leute in Vorteilnehmer und passiv Bestochene.

Götz Aly, Hitlers Volksstaat. Raub, Rassenkrieg und nationaler Sozialismus, durchges. u. erw. Ausgabe, Fischer, Frankfurt/Main 2006, S. 360f.

M 3 Der Historiker Hartmut Berghoff (2007)

Der NS-Staat besaß keine eigene konsumpolitische Konzeption, weder im Sinne der Nachahmung des amerikanischen Massenkonsums noch in dem eines Alternativmodells. Stattdessen adaptierte er ziemlich willkürlich einzelne Versatzstücke unterschiedlichster Provenienz. [...]

Letztlich verurteilten die Restriktionen der Rohstoff- und Devisenknappheit die Bemühungen um ein Ausbalancieren von „Ka-nonen" und „Brot" zum Scheitern. Daher war die Konsumpolitik auch so widersprüchlich. Die Konsumenten lebten im „Dritten Reich" in einer „gespaltenen" Lebenswelt. Obwohl sie z. T. unter gravierenden Versorgungsengpässen litten, kam es zu keinen für das Regime bedrohlichen Protesten. Der Bezugspunkt für das Urteil der Menschen war die Weltwirtschaftskrise und daraus resultierte die Selbstwahrnehmung einer substanziellen Verbesserung ihrer Lebensumstände. In diesem Kontext fielen weitreichende Versprechungen auf fruchtbaren Boden, zumal die Propaganda geschickt inszeniert wurde und sich Erfolge auf symbolträchtigen Gebieten wie Rundfunk, Kino und Tourismus einstellten. Hinzu kamen die trotz Aufrüstung möglichen Erfolge einiger Teile der Konsumgüterindustrie.

Hartmut Berghoff, Gefälligkeitsdiktatur oder Tyrannei des Mangels? Neue Kontroversen zur Konsumgeschichte des Nationalsozialismus, in: Geschichte in Wissenschaft und Unterricht (GWU) 09/2007, S. 502–578, hier S. 577f.

1. Vergleichen Sie die Aussagen Alys und Berghoffs anhand geeigneter Vergleichsaspekte.
2. Formulieren Sie anhand der Leitfrage ein Sach- und Werturteil über die NS-Konsumpolitik.

M 4 Hausrat von Juden aus Westeuropa im Sammellager Oberhausen, Mühlheimer Straße/Ecke Brücktorstraße, Fotografie (Ausschnitt), 1943

Historische Urteilsbildung – Methode

Lösungshinweise

1. Leitfrage
Mögliche Fragestellung: Hat das NS-Regime die deutsche Bevölkerung durch eine gute Versorgung mit Konsumgütern bestochen, um sie für sich zu gewinnen?

2. (Grund-)Kenntnisse über den historischen Gegenstand
Hitler und die Nationalsozialisten besaßen von 1933 an bis weit in die Kriegsjahre hinein breite Unterstützung in der deutschen Bevölkerung. Dafür gibt es viele Ursachen, u. a.
- Überwindung der Weltwirtschaftskrise und damit Verbesserung der materiellen Lage (z. B. Einkommen, Lebenshaltung, sozialer Aufstieg, abwechslungsreichere Freizeitgestaltung durch Erlebnisangebote),
- Beseitigung der Arbeitslosigkeit bzw. Herstellung der Vollbeschäftigung,
- Hitlers Charisma,
- Hitlers außenpolitische Erfolge.

Historischer Kontext:
Staat/Politik: totalitäre Herrschaft Hitlers und der Nationalsozialisten in Deutschland 1933–1945 (s. S. 54 ff.)
Wirtschaft: Erholung der deutschen Wirtschaft unter der NS-Herrschaft und damit Anstieg des Lebensstandards (s. S. 76 ff.)
Gesellschaft: Fehlen einer breiten Widerstandsbewegung in Deutschland gegen die NS-Diktatur (s. S. 184 ff.)

3. Auseinandersetzung mit dem historischen Gegenstand aus verschiedenen Perspektiven

Vergleichsaspekt	Aly (M 2)	Berghoff (M 3)
Autor	Historiker: Publizist, Journalist	Historiker: Universitätsprofessor
Erscheinungsjahr	2006	2007
Ziele des NS-Regimes	– Mehrheit der Deutschen sollte bei guter Stimmung gehalten werden – Ruhigstellen der Menschen, die den Nazis kritisch oder skeptisch gegenüberstanden	– in der Bevölkerung sollte der Glaube an die Richtigkeit und Erfolge der NS-Politik geweckt und wach gehalten werden
Mittel zur Beeinflussung der Bevölkerung	– Bestechung der Bevölkerung durch gute Versorgung und geringe Steuerbelastung – Hoffnung wecken auf bessere materielle Versorgung nach dem Krieg (Ausbeutung der eroberten Staaten) – Terror gegenüber den Gegnern und Kritikern des NS-Regimes	– es gab keine bewusste, planmäßige und einheitliche Politik der Nationalsozialisten zur Verbesserung des Massenkonsums und damit zur Herstellung von Massenloyalität – NS-Propaganda und Erlebnisangebote sollten Bevölkerung für das NS-Regime einnehmen
Haltung der Bevölkerung gegenüber NS-Regime und allgemeine Stimmung	– Mehrheit der Deutschen waren keine fanatischen Anhänger der Nationalsozialisten und fühlten sich nicht als germanische Herrenmenschen – die Mehrheit der Deutschen waren passiv Bestochene, die die Vorteile des NS-Regimes annahmen	– trotz gravierender Engpässe bei der materiellen Versorgung gab es keine bedrohliche Unzufriedenheit in der deutschen Bevölkerung – in der Bevölkerung war der subjektive Glaube an materielle Verbesserungen während der NS-Herrschaft weit verbreitet, da sie ihre Lage mit dem Massenelend und der Massenarbeitslosigkeit vorher, während der Weltwirtschaftskrise, verglich – Mehrheit der Deutschen glaubte an die Verheißungen der NS-Propaganda

4. Sachurteil

In der historischen Forschung besteht weitgehend Einigkeit darin, dass Hitler und die Nationalsozialisten in der deutschen Bevölkerung auf große Zustimmung stießen. Kontrovers beurteilen die Historiker die Ursachen dieser Massenloyalität: Beide Forscher stellen die Verführbarkeit der deutschen Bevölkerung durch die NS-Ideologie wie die NS-Propaganda heraus. Aber nur Aly erklärt die Massenloyalität als Erfolg einer bewussten und planmäßigen Bestechungspolitik der Nationalsozialisten. Für ihn waren die meisten Deutschen „Nutznießer" des NS-Regimes, die glaubten, von der NS-Kriegspolitik profitieren zu können. Diese Bestechungsthese lehnt Berghoff mit dem Argument ab, das NS-Regime habe kein einheitliches konsumpolitisches Konzept besessen. Die Massenloyalität der Deutschen führt er anders als Aly auf die Wahrnehmung ihrer materiellen Lebensbedingungen zurück: Verglichen mit dem Massenelend und der Massenarbeitslosigkeit der Weltwirtschaftskrise habe sich während der NS-Herrschaft der allgemeine Lebensstandard und damit die allgemeine Zufriedenheit verbessert.

Zur Beurteilung dieser unterschiedlichen Positionen und zur Formulierung eines angemessenen eigenen Urteils sollten weitere Quellen und geschichtswissenschaftliche Untersuchungen herangezogen werden. Auf der Grundlage der Materialien dieses Kapitels lässt sich die These aufstellen, dass die Rüstungsindustrie während der NS-Herrschaft absolute Priorität besaß. Der Konsum blieb nachgeordnet. Der Vorrang der Rüstungsinteressen, aber auch u. a. die mangelnde Kaufkraft der Konsumenten setzten der von den Nationalsozialisten propagierten Konsumgesellschaft enge Grenzen. Diese Argumente sprechen eher für die Thesen Berghoffs. Für die Interpretation Alys spricht, dass Hitler und die Nationalsozialisten den Deutschen mit großem propagandistischen Aufwand einen „sozialen Volksstaat" versprachen. Das war jedoch nicht nur Propaganda: Sie wussten, dass die Legitimität und Stabilität des NS-Regimes von der Versorgung der Bevölkerung mit Nahrungsmitteln und Konsumgütern abhing. Ein Abgleiten des Lebensniveaus sollte um jeden Preis verhindert werden. Das gelang in engen Grenzen, wie die Daten über die Entwicklung des Privatverbrauchs zeigen, der 1935 niedriger war als 1928 (M 14).

5. Werturteil

Bei der Formulierung eines Werturteils sollte man von folgender historischer Situation ausgehen: In Deutschland schwächte die Weltwirtschaftskrise der 1930er-Jahre die demokratischen Kräfte und das Vertrauen in die Demokratie und deren Fähigkeit zur Lösung der ökonomischen und sozialen Probleme. Dagegen fanden mit den Nationalsozialisten die radikalen Gegner der Demokratie zunehmend Glauben mit ihrer Propaganda, dass das bestehende „Weimarer System" beseitigt werden müsse. Nur ein „starker Mann" an der Spitze des Deutschen Reiches, als der sich ihr „Führer" Adolf Hitler präsentierte, sei in der Lage, Deutschland aus der Wirtschaftskrise herauszuführen und den nationalen Wiederaufstieg des Reiches durchzusetzen. Andere westliche Staaten, die USA, Frankreich oder Großbritannien, blieben nach der Weltwirtschaftskrise Demokratien.

Aus heutiger Sicht muss daher der Anspruch der Nationalsozialisten, nur Diktaturen seien in der Lage, Recht und Ordnung durchzusetzen, soziale Sicherheit und ein Leben in Wohlstand zu garantieren, infrage gestellt werden. Hitler und die Nationalsozialisten waren gerade keine Garanten für diese Werte und Normen, im Gegenteil: Sie haben die Menschen entmündigt und entrechtet, die Menschen- und Bürgerrechte mit Füßen getreten, ganze Menschengruppen wie die Juden ermordet und einen Krieg vom Zaun gebrochen, der Millionen Menschen das Leben kostete. Demokratien, das zeigt nicht nur der Blick auf die historische Situation der 1930er-Jahre, sondern auch auf die Gegenwart, sind im Gegensatz zu totalitären Diktaturen und autoritären Staaten die einzigen Garanten für ein menschenwürdiges Dasein – in Politik, Gesellschaft, Wirtschaft und Kultur.

Erarbeiten Sie Präsentationen

Thema 1
Monumente der Macht – die Selbstdarstellung des NS-Regimes durch Bauwerke

Staatliche Bauwerke sind ein wichtiges Mittel der Selbstdarstellung von Herrschern und Regierungen. Das gilt auch für die NS-Diktatur. Mithilfe der Architektur wollten die Nationalsozialisten ihre Herrschaft erhöhen und die Massen beeindrucken. Ein anschauliches Beispiel für den Größenwahn der Nationalsozialisten sind die durch den Verlauf der Geschichte vereitelten Pläne, Berlin in eine „Welthauptstadt Germania" zu verwandeln. Untersuchen Sie an ausgewählten Beispielen von Plänen Albert Speers oder anderer Architekten, welche Aufgaben und Funktionen Bauwerke für die Selbstdarstellung des NS-Regimes besaßen.

Literaturtipp
Michael Ellenbogen, Gigantische Visionen. Architektur und Hochtechnologie im Nationalsozialismus, Ares Verlag, Graz 2006, S. 33 ff., 69 ff.

Thema 2
Hitler und die Autobahnen

Autobahnen sind keine Erfindung der Nationalsozialisten. Die erste deutsche Autobahn wurde 1921 mit der Avus in Berlin errichtet. Hitler nahm die Baupläne wieder auf und ließ seit September 1933 unter großem Propagandaeinsatz die erste Teilstrecke Frankfurt–Darmstadt bauen; weitere Strecken folgten. Recherchieren Sie die Geschichte des Autobahnbaus während des Nationalsozialismus. Berücksichtigen Sie folgende Aspekte: Anzahl der eingesetzten Arbeitskräfte, Einsatz von Zwangsarbeitern, Ausbaufläche, ziviler und militärischer Nutzen.

Literaturtipps
Wolfgang Wippermann, Hitler und die Autobahnen, in: Jürgen Stillig u. Wolfgang Wippermann, Der Nationalsozialismus, Cornelsen, Berlin 2000, S. 54.

Wolfgang Benz, „Wer hat die Autobahnen erfunden?", in: ders., Die 101 wichtigsten Fragen: Das Dritte Reich, C.H. Beck, München 2006, S. 13 f.

M 1 Modell von Albert Speers „Halle des Volkes", Fotomontage, 1938.
Zum Größenvergleich wurden Fotografien des Brandenburger Tors und des Reichstags in Berlin (mit der alten Kuppel) in das Bild montiert.

Webcode:
KH639748-094

M 2 „Reichsautobahnen in Deutschland", Plakat von Robert Zinner, 1937

Überprüfen Sie Ihre Kompetenzen

M 3 „Schönheit der Arbeit. Wir helfen mit", Plakat, 1934/1939

Zentrale Begriffe

„Arbeitsschlacht"
Autarkie
Deutsche Arbeitsfront (DAF)
Kriegswirtschaft
NS-„Wirtschaftswunder"
Reichsautobahn
Rüstungswirtschaft
Vierjahresplan

Sachkompetenz

1 Charakterisieren Sie Anspruch und Wirklichkeit der NS-Wirtschaftspolitik: Inwieweit hat das NS-Regime seine politischen Grundprinzipien auf dem Gebiet der Wirtschaft verwirklicht?
2 Beschreiben Sie die wichtigsten Methoden, mit denen das NS-Regime die Arbeitslosigkeit beseitigt hat.

Methodenkompetenz

3 „Volksgemeinschaft" statt Klassenkampf. Erläutern Sie, ausgehend von M 3, wie die NS-Diktatur die Arbeitswelt organisierte.

Urteilskompetenz

4 Der Wirtschaftshistoriker Rolf Walter schreibt 2011: „Politische Grundprinzipien, die die Wirtschaftspolitik des Nationalsozialismus in Theorie und Praxis beherrschten, waren der (gewaltsame) Erwerb von Lebensraum und die Autarkie im Rahmen einer Großraumwirtschaft unter der politischen Führung Deutschlands." Beurteilen Sie, ob diese These die Hauptziele der NS-Wirtschaftspolitik angemessen und vollständig erfasst.
5 Der britische Wirtschaftshistoriker Adam Tooze gab seinem Buch über „Die Geschichte der Wirtschaft im Nationalsozialismus" (2006, dt. Ausgabe 2007) den Titel „Ökonomie der Zerstörung". Erörtern Sie, ob dieser Buchtitel angemessen ist, um die Wirtschaftsgeschichte des Nationalsozialismus zu charakterisieren.

6 Die NS-Gesellschaft – eine „Volksgemeinschaft"?

Kompetenzen erwerben

Sachkompetenz:	– wesentliche Elemente der NS-„Volksgemeinschafts"-Ideologie nennen
	– nationalsozialistische Geschlechterbilder charakterisieren
Methoden-kompetenz:	– den Aussagewert unterschiedlicher Quellenarten wie Propagandaplakate, Fotografien, Lebenserinnerungen und Zeitzeugeninterviews untersuchen
Urteilskompetenz:	– das Verhältnis zwischen Anspruch und Wirklichkeit der nationalsozialistischen „Volksgemeinschafts"-Ideologie prüfen und beurteilen

Die NS-„Volksgemeinschaft" – Mythos oder Realität?

Literaturtipp
Bernd Sösemann (Hg.), Der Nationalsozialismus und die deutsche Gesellschaft. Einführung und Überblick, VVA, Stuttgart 2002.

Kurt Sieveking, von 1953 bis 1957 Hamburger Bürgermeister, stand dem Nationalsozialismus kritisch-distanziert gegenüber. 1954 versuchte der CDU-Politiker, die Anziehungskraft der nationalsozialistischen Ideologie zu erklären: „Bei uns war einer der Gründe für die Erfolge des Nationalsozialismus, dass viele Menschen – leider irrtümlich – glaubten, er bringe eine neue Gemeinschaft. Daran sieht man, wie stark die Sehnsucht des Menschen unserer Tage nach einer solchen Gemeinschaft ist." Auch heute sehen viele Historiker in dem Begriff der „Volksgemeinschaft" eine der **„wirkungsmächtigsten Formeln in der nationalsozialistischen Massenbewegung"** (Hans-Ulrich Thamer). Aber war die deutsche Gesellschaft zwischen 1933 und 1945 wirklich eine „Volksgemeinschaft", in der alle Klassengegensätze überwunden und ein frei gewählter einheitlicher nationaler Wille die Politik bestimmte? Oder war die „Volksgemeinschaft" nur eine von der NS-Propaganda erzeugte Scheinwirklichkeit?

Arbeiter

Literaturtipp
Michael Schneider, Unterm Hakenkreuz. Arbeiter und Arbeiterbewegung 1933 bis 1939, Verlag J. H. W. Dietz Nachf., Bonn 1999.

Eines der wichtigsten **Ziele des NS-Regimes** war die **Integration der Arbeiter und Arbeiterinnen in den NS-Staat**. Mit Recht nahmen die Nationalsozialisten an, dass ihnen die „Arbeiterklasse" distanziert gegenüberstand. Das zeigten die Betriebsratswahlen im März und April 1933, bei denen etwa drei Viertel der Belegschaften den Freien Gewerkschaften die Treue hielten: Diese bekamen 73,4 % der Mandate, während die Nationalsozialistische Betriebszellenorganisation (NSBO) 11,7 % erreichte. Mit Terror und Gewalt, aber auch mit Verführung versuchte das NS-Regime, die Arbeiter für sich zu gewinnen. Die Nationalsozialisten zerschlugen die selbstständigen Organisationen der Arbeiterbewegung (KPD, SPD, Freie Gewerkschaften) und kontrollierten mithilfe der DAF das gesamte Arbeitsleben (s. S. 39 f.). NS-Funktionäre redeten viel von der „Ehre der Arbeit", die NSDAP organisierte Aktionen zur „Schönheit der Arbeit" oder kümmerte sich um Erlebnisangebote wie „Kraft durch Freude" (s. S. 71 ff.). Solche Maßnahmen, allen voran jedoch der rasche Abbau der Arbeitslosigkeit 1933/34 (s. S. 76 ff.), beruhigten weite Teile der Arbeiterschaft und verschafften der NS-Diktatur eine gewisse Stabilität. Zahlreiche Arbeiter nahmen die Angebote der Nazis „mit" und ihre Herrschaft „hin", vollständig konnten die Nationalsozialisten die Arbeiter und Arbeiterinnen allerdings nie für sich gewinnen.

Bauern

Das NS-Agrarprogramm von 1930 idealisierte den zur „arischen" Rasse gehörenden „sesshaften Bauern" und versprach sich von der Aufwertung des Reichsnährstandes zum „Quell des deutschen Volkstums" die moralisch-sittliche Erneuerung der Deutschen. Doch darf diese **propagandistische Verklärung des Bauerntums** nicht darüber hinwegtäuschen, dass Hitler der **industriellen Aufrüstung den absoluten Vorrang** gab. Ohne eine leistungsfähige Industrie konnte der „Führer" weder die Expansion der Rüstungswirtschaft durchsetzen noch Krieg führen. Auch die nationalsozialistische Leitidee vom „Lebensraum" im Osten zielte nicht auf die kriegerische Eroberung landwirtschaftlich nutzbaren Siedlungslandes, sondern auf die Gewinnung von riesigen Rohstoff- und Agrarressourcen sowie auf die Ausbeutung eines gewaltigen Arbeits- und Absatzmarktes.

M1 NS-Plakat zum 4. Reichsbauerntag 1936, Goslar

Bürgertum und bürgerliche Normen und Werte

Was für die Arbeiter gilt, trifft auch auf andere Gruppen der deutschen Bevölkerung zu. Die Nationalsozialisten haben nie alle Deutschen für sich gewinnen können. Doch spricht vieles dafür, dass das NS-Regime weite Teile der Bevölkerung, auch des Bürgertums, an sich binden konnte. Das gilt besonders für die Zeit zwischen 1933 und 1939. Der wirtschaftliche Aufschwung, der Abbau der Arbeitslosigkeit, wachsende Konsummöglichkeiten, ein verbreitetes Gefühl sozialer Gleichheit und individueller Aufstiegschancen sowie die sozialpolitischen Aktivitäten des NS-Staates stärkten bei vielen Deutschen die **Loyalitätsgefühle zum Nationalsozialismus**, vor allem zum „Führer", der alle Erfolge für sich reklamierte. Hinzu kamen die außenpolitischen Erfolge des NS-Regimes: Die Nationalsozialisten befreiten Deutschland von den „Fesseln" des Versailler Vertrages und schufen 1938 mit der Eingliederung Österreichs und des Sudetenlandes ins Deutsche Reich entscheidende Voraussetzungen für die Schaffung des Großdeutschen Reiches. Die passive oder aktive Eingliederung der bürgerlichen Schichten in die NS-„Volksgemeinschaft" war verbunden mit dem **Verzicht auf die Verwirklichung bürgerlicher Werte und Normen**, die seit der Aufklärung des 18. Jahrhunderts das Leitbild der bürgerlich-liberalen Gesellschaft bestimmen. Bis in die Gegenwart hinein gehören u. a. die Anerkennung des Rechtsstaats, marktwirtschaftlicher Prinzipien, der rechtlichen Gleichheit der Menschen unabhängig von Religion, Rasse oder Geschlecht sowie die Garantie der Menschen- und Bürgerrechte und die Hochschätzung von Toleranz zu den wesentlichen Merkmalen des bürgerlichen Staats- und Gesellschaftsideal. Diese Normen und Werte traten die Nationalsozialisten mit Füßen.

Literaturtipps
Arno Klönne, Jugend im Dritten Reich. Die Hitlerjugend und ihre Gegner, 3. Aufl., PapyRossa, Köln 2008.

Nicholas Stargardt, Kinder in Hitlers Krieg, Pantheon Verlag, München 2008.

Jugend

Die Jugend sollte von früh an für die Ideen der NS-Bewegung gewonnen und zum Dienst an der „Volksgemeinschaft" erzogen werden. Das geschah besonders in den und durch die Jugendorganisationen der NSDAP, **Hitlerjugend** (HJ) und **Bund Deutscher Mädel** (BDM). Doch erreichten die Nationalsozialisten nicht alle Jugendlichen. Einige organisierten ihre eigene Jugendkultur in sogenannten wilden Cliquen oder bewahrten regionale, konfessionelle und berufliche Bindungen, die die NSDAP in den Hintergrund treten lassen wollten (s. S. 71 ff.).

Geschlechterrollen

M 2 Frau am Steuer eines Schleppers, Fotografie, 1939

Da viele männliche Schlepperführer zur Wehrmacht eingezogen worden waren, ordnete der NS-Reichsnährstand neue Ausbildungslehrgänge auch für Frauen an.

Die NS-Gesellschaft war eine **patriarchalische Gesellschaft**, die **Frauen keine gleichberechtigte Stellung** im politischen und sozialen Leben zugestand. Männern wurde die Führungsposition in Staat und Gesellschaft zugesprochen. Die Frauen sollten der „Vermehrung und Erhaltung der Art und Rasse" dienen (so Hitler in „Mein Kampf"). Trotzdem wollte die NSDAP auch Frauen und Mädchen als „Volks- und Parteigenossinnen" erfassen und zu diesem Zweck in Verbänden organisieren. Dazu wurden 1930 der Bund Deutscher Mädel (BDM) (s. S. 71 ff.) und 1931 die **„NS-Frauenschaft"** gegründet. Diese Organisationen eröffneten den Frauen durchaus soziale Aufstiegschancen. Hier übernahmen sie verantwortungsvolle Aufgaben, die eigenständiges Handeln verlangten. Das gelang ihnen ebenso in der Besatzungsverwaltung der während des Zweiten Weltkrieges eroberten Ostgebiete in Polen und der Sowjetunion, wo Frauen zu selbstständig handelnden Täterinnen wurden. Das Bild der Frau im „Dritten Reich" war in der Forschung lange vom „Mutterkult" geprägt, der zur Männerideologie und -bündelei des Nationalsozialismus gehörte. Frauen galten wegen ihres Geschlechtes oft als Opfer der Männerherrschaft. Dieses Bild wich in den letzten Jahrzehnten einer differenzierteren Betrachtung. Heute besteht in der Geschichtswissenschaft Einigkeit, dass Frauen während der NS-Herrschaft weder allgemein als Opfer noch als Täterinnen bezeichnet werden dürfen. Sie waren **Täterinnen, Opfer, Mitläuferinnen, Zuschauerinnen und Widerstandskämpferinnen**.

Wer sich mit den Geschlechterrollen von Mann und Frau in der NS-Gesellschaft beschäftigt, muss also sorgfältig unterscheiden zwischen ideologischem Anspruch und Realität. Das von der NS-Propaganda entworfene Bild entsprach nicht der Wirklichkeit, wie der Blick auf die **Frauenerwerbstätigkeit** zeigt. Obwohl die Geburtenrate stieg, nahm die Frauenerwerbstätigkeit nicht ab, sondern in einigen Bereichen, wie Industrie und Landwirtschaft, sogar zu. Die Ausweitung der Rüstungsproduktion nach Kriegsbeginn erforderte den **verstärkten Einsatz von Frauen**. Die Einführung einer allgemeinen Dienstpflicht für Frauen lehnte Hitler allerdings ab. Stattdessen kompensierte das NS-Regime den Arbeitskräftemangel in der Kriegswirtschaft mit dem Einsatz von „Fremdarbeitern" aus den besetzten Ländern.

Webcode: KH639748-098

1 Diskutieren Sie am Beispiel von Arbeitern, Bauern, Bürgertum, Jugendlichen, Frauen und dem Ideal der bürgerlichen Gesellschaft das Verhältnis von Ideologie und Wirklichkeit der NS-„Volksgemeinschaft".

Hinweise zur Arbeit mit den Materialien

Die Materialien dieses Kapitels ermöglichen eine differenzierte Auseinandersetzung mit dem Verhältnis von nationalsozialistischer **Ideologie und Wirklichkeit**. Die Plakate M 3 a bis c verdeutlichen die **Vorstellungen Hitlers und der Nationalsozialisten von der „Volksgemeinschaft"**. M 5 bis M 7 konkretisieren den **Beitrag der Landwirtschaft zur „Volksgemeinschaft"**. Welche Bedeutung die NS-Propaganda der Jugend innerhalb der „Volksgemeinschaft" zusprach, lässt sich mithilfe von M 10 und M 11 analysieren. Die „Volksgemeinschafts"-Propaganda wird mit der **gesellschaftlichen Wirklichkeit** unter der Nazi-Diktatur konfrontiert: M 4 bietet eine geeignete Grundlage zur Beurteilung der **Integration der Arbeiter und Arbeiterinnen** in die NS-Gesellschaft. Wer sich mit der Frage befasst, ob die Nationalsozialisten ihre **Agrarutopie** verwirklicht haben, findet in M 6 wichtige Anregungen. M 8 und M 9 beschäftigen sich mit dem **Bürgertum und dem Ideal der bürgerlichen Gesellschaft**. Es geht dabei nicht nur um die Frage, wie die bürgerlichen Mittelschichten die NS-Gesellschaft wahrnahmen, sondern auch um das Problem, ob das Bürgertum versagt habe, indem es seine Utopie von einer bürgerlich-liberalen Sozialordnung preisgegeben habe. Der Jugendbericht in M 12 gewährt Einblicke in die **Realität Jugendlicher** unter der NS-Herrschaft. Die nationalsozialistischen Auffassungen der **Geschlechterrollen** und im Kontrast dazu die tatsächliche Lebenssituation dokumentieren die **Vertiefungsseiten**, S. 106 ff. Am Ende des Kapitels finden sich **weiterführende Arbeitsanregungen** und die Möglichkeit, die im Kapitel erworbenen **Kompetenzen zu überprüfen** (S. 112 f.).

M 3 Die „Volksgemeinschaft" in der NS-Propaganda

a) „Wir bleiben Kameraden", Plakat der Deutschen Arbeitsfront, nach 1933

b) „Die NSDAP sichert die Volksgemeinschaft", Plakat, zwischen 1933 und 1939

c) *„Nun, Volk, steh auf und Sturm brich los!"*, *Broschüre mit dem Wortlaut von Joseph Goebbels' Rede im Berliner Sportpalast am 18. Februar 1943 (s. S. 178), gestaltet von Hermann Fiddickow*

1 Untersuchen Sie in arbeitsteiliger Gruppenarbeit die Plakate M 3 a–c:
   a) Bestimmen Sie die „Botschaft", die die Bilder vermitteln wollen.
   b) Mit welchen gestalterischen Mitteln wird die „Botschaft" präsentiert?
   c) Erörtern Sie, an welche Zielgruppe sich die NS-Propaganda mit diesen Plakaten wandte.
   d) Präsentieren Sie Ihre Ergebnisse.
2 Erörtern Sie mithilfe dieser Plakate, welches Bild die NS-Propaganda von der „Volksgemeinschaft" entwarf. Beschäftigen Sie sich dabei auch mit der Frage, wer zur „Volksgemeinschaft" gehörte und wer nicht.
3 Diskutieren Sie, warum die „Volksgemeinschafts"-Ideologie der Nationalsozialisten in breiten Teilen der deutschen Bevölkerung so populär war.

M 4 Der Historiker M. Schneider über Arbeiter in der „Volksgemeinschaft" (1999)

Die Mehrheit der Arbeiter verhielt sich „unauffällig". […] Sie war, so kann man resümieren, weder integriert noch rebellisch. Arbeiter und Arbeiterinnen haben sich vielmehr in ihrer großen Mehrheit mit den Verhältnissen in einem durchaus widersprüchlichen Prozess „arrangiert" – um vielleicht „mit Anstand" durchzukommen bzw. zu überleben. Die Äußerungen von Dissens waren – ganz gleich ob mündliche Äußerungen oder Arbeitsverfehlungen – nur selten Ausdruck einer grundsätzlich regimekritischen Haltung; demgemäß setzte die Kritik in den meisten Fällen nur punktuell an einzelnen Maßnahmen oder Erscheinungsformen des Regimes an. Die Begriffe der „widerwilligen Loyalität" und des „widerwilligen Mitmachens", beides Kennzeichnungen in sich widersprüchlicher „Überlebensstrategien", scheinen Haltung und Verhalten eines großen Teils der Arbeiter und Arbeiterinnen zutreffend zu beschreiben.

Insgesamt zeigte sich in der Arbeiterschaft ein solches Ausmaß an Unzufriedenheit und Missmut sowie gerade bei den vor 1933 organisierten Arbeitern und Arbeiterinnen an Bereitschaft, sich auch unter größten Opfern aktiv am Widerstand zu beteiligen, dass nicht die Rede davon sein kann, der Nationalsozialismus oder auch Hitler habe „die" Arbeiterschaft vollständig für sich gewinnen können. Nach allem, was wir wissen, gab es bei der Mehrheit der Arbeiter und Arbeiterinnen keine massenhafte Zustimmung, schon gar nicht Begeisterung für Nationalsozialismus und „Drittes Reich". […]

Wenn also für irgendeine soziale Schicht davon gesprochen werden kann, dass ein nennenswerter Teil der Angehörigen dem Nationalsozialismus zurückhaltend oder ablehnend gegenüberstand, dann für die – industrielle – Arbeiterschaft. Unter den speziellen Bedingungen der Diktatur war „die" Arbeiterschaft allerdings nicht zur Ausbildung eines kollektiven Bewusstseins und kollektiver Aktionsformen in der Lage, sodass sich Dissens nur in verdeckter Form und/oder punktuell zeigen konnte. Angesichts des enormen Anpassungsdrucks, der auf allen „Volksgenossen" und „Volksgenossinnen" lastete, sind schon die kleinen Zeichen von unangepasstem Verhalten hervorzuheben. Dies umso mehr, als es keinerlei legale Formen gab, in denen sich auch nur kleinste Vorbehalte gegen Einzelmaßnahmen des Regimes hätten äußern dürfen. Und derartige Zeichen gab es tausendfach. […]

Selten war die Arbeiterschaft weniger Subjekt ihrer eigenen Geschichte als im „Dritten Reich". Jedenfalls verfügte sie nicht über regimeunabhängige kollektive Äußerungs-, Organisations- und Aktionsformen zur Beeinflussung der Politik. Daraus ist jedoch nicht zu schließen, dass die Arbeiter und Arbeiterinnen ausschließlich ebenso wehr- wie hilflose Objekte der (nationalsozialistischen) Politik waren. Angesichts der allgegenwärtigen Unterdrückungsmaßnahmen kann aus der nahezu vollständigen Abwesenheit von kollektiven Protestmanifestationen, z. B. Streiks, nicht geschlossen werden, die Masse der Arbeiter und Arbeiterinnen hätte dem Nationalsozialismus zustimmend gegenübergestanden. Blieben auch die Möglichkeiten der politischen Artikulation eng begrenzt, so wurde der verbliebene „Handlungsraum" von einer in die Hunderttausende gehenden Zahl von Arbeitern und Arbeiterinnen ebenso einfallsreich wie mutig genutzt, ihren „Dissens" zu äußern.

Doch Einstellung und Haltung zum „Dritten Reich" waren nicht nur von der Erfahrung von Not und Entbehrung, von Elend und Terror geprägt. Die nationalsozialistische Herrschaft der Vorkriegszeit bot für viele auch innerhalb der Arbeiterschaft die Erfahrung von sozialem Aufstieg und vor allem sozialer Sicherheit, somit also den Eindruck von alltäglicher Normalität, der die negativen Seiten der nationalsozialistischen Herrschaft zu „Anfangsschwierigkeiten" oder „Begleiterscheinungen" verkleinerte. Diese Doppelung von erzwungener und freiwilliger Mitarbeit war für die Arbeiterexistenz im „Dritten Reich" kennzeichnend, wobei die Tatsache der allgegenwärtigen Drohung mit Gewalt auch die Zeichen der Zustimmung mitprägte und letztlich entwertete. […]

Trotz aller erkennbaren Signale der Resignation und des Arrangements, des Mitnehmens und des Mitmachens zeichnet sich ab, dass es dem nationalsozialistischen Regime keineswegs gelungen war, Arbeiter und Arbeiterinnen in ihrer großen Mehrheit voll und ganz und vor allem aus eigenem Antrieb innerlich – „positiv" – zu integrieren. Aber das Ausmaß der Hinnahme- und Mitmachbereitschaft reichte aus, dem Regime eine beachtliche Stabilität zu sichern, die Kriegsvorbereitung voranzutreiben und den Krieg führbar zu machen. […] Es gelang dem nationalsozialistischen Regime, Missmut und Widerwillen die Spitze zu nehmen. Dafür sorgten sozial-, wirtschafts- und auch außenpolitische Erfolge zusammen mit Propaganda und Gewalt, die beide gleichermaßen allgegenwärtig waren. Zu keiner Zeit gefährdeten Missmut oder auch Verweigerungshaltungen jedenfalls die Stabilität der nationalsozialistischen Herrschaft. Auch der politische Widerstand – im Reich oder im Exil – wurde niemals zu einem regimegefährdenden Faktor. Das Fehlen einer grundsätzlich systemoppositionellen Stellung „der" Arbeiterschaft, ob nun durch positive Einbindung und Überzeugung oder durch Zwang herbeigeführt, wird indessen nicht als Anzeichen von Integration gelten können.

Michael Schneider, Unterm Hakenkreuz. Arbeiter und Arbeiterbewegung 1933 bis 1939, Verlag J. H. W. Dietz Nachf., Bonn 1999, S. 1085 f., 1089 f.

1 Beschreiben Sie die Einstellungen und das Verhalten der Arbeiter während der NS-Herrschaft. Verwenden Sie dabei die im Text verwandten Begriffe bzw. entwickeln Sie eigene Begriffe.

2 Erörtern Sie, ob und inwieweit sich die Arbeiter als „Volksgenossen" im nationalsozialistischen Sinn empfinden.

M 5 Der Historiker Ulrich Kluge über NS-Agrarprogramm und -ideologie (2005)

Der Nationalsozialismus „entdeckte" die bäuerliche Klientel erst in den ländlichen Massenprotesten während der Weltwirtschaftskrise. Das improvisierte NSDAP-Agrarprogramm (1930) versprach, „die Landwirtschaft aus dem Kapitalismus herauszulösen", konkret die marktwirtschaftlichen Verhältnisse zugunsten garantierter „gerechter" Preise aufzuheben. Die Forderung eines „gesunden Bauerntums" als Gegengewicht zur städtischen Gesellschaft ging auf antiurbane,

rassistische und völkische Vorstellungen seit dem 19. Jahrhundert zurück. Nationalsozialisten und konservative Bauerntums-Ideolo-
15 gen trafen sich in der Vorstellung von einer „völkischen Wiedergeburt Deutschlands durch eine umfassende Reagrarisierung" (D. Münkel) mithilfe eines bodenständigen „neuen Menschen" bäuerlicher Herkunft.
20 Das Begriffspaar „Blut und Boden" stammte aus dem politischen Vokabular der Artamanen-Bewegung[1] und ihres Propagandisten Richard Walther Darré […]. Im Mittelpunkt stand die Idealisierung der zur nordischen
25 Rasse gehörenden „sesshaften Bauern" und die sittliche Erneuerung der Deutschen durch einen „neuen Adel" bäuerlicher Herkunft. Ausgesuchte Bauernhöfe sollten der gesellschaftliche Ursprung einer systema-
30 tisch herangezüchteten bäuerlichen Führungselite sein.

Ulrich Kluge, Agrarwirtschaft und ländliche Gesellschaft im 20. Jahrhundert, Oldenbourg, München 2005, S. 27.

---

1 Artamanen: Eine aus dem Umkreis völkischer Jugendbünde, Kampf- und Wehrverbände 1924 hervorgegangene Bewegung freiwilliger Landarbeiter und Siedler. Diese Bewegung erstrebte u. a. die völkische Erneuerung Deutschlands durch harte Landarbeit und strenge Lebensregeln, die Verdrängung polnischer Landarbeiter und eigene Siedlungen im Osten des Deutschen Reiches.

M6 Der Historiker Michael Wildt über die Bedeutung der Landwirtschaft für die NS-„Volksgemeinschaft"

Auf dem Land erlebten die Menschen einschneidende Veränderungen. Noch im Februar 1933 verbot die Hitler-Regierung Zwangsversteigerungen bäuerlicher Betriebe
5 und unterband damit in populistischer Weise eine privatwirtschaftlich legale Maßnahme, die in den Jahren zuvor immer wieder für helle Empörung und sogar gewalttätigen Widerstand in der Bauernschaft gesorgt hat-
10 te. Mit dem Reichserbhofgesetz vom September 1933 erhielten rund eine Million Bauernhöfe, die rund 37 Prozent der landwirtschaftlichen Nutzfläche bewirtschafteten, einen neuen Status: Sie wurden
15 unteilbar, unverkäuflich und durften allein dem erstgeborenen Sohn vererbt werden.

Nur diese, durch „Rasse", „Ehrbarkeit" und Wirtschaftsführung ausgewiesenen Besitzer durften sich Bauern nennen, alle anderen hießen Landwirte. Doch wurde mit dem Erb-
20 hofgesetz das seit Jahrzehnten anstehende Problem einer Bodenreform, um die Diskrepanz zwischen den wenigen Gutshöfen, die über ein Viertel des Ackerlandes verfügten, und der großen Zahl kleiner Bauernhöfe, die
25 weniger als ein Fünftel der Ackerfläche bewirtschafteten, zu schließen, keineswegs gelöst.

Zusätzlich wurde mit dem „Reichsnährstand" unter Landwirtschaftsminister Wal-
30 ther Darré, dem nationalsozialistischen „Blut-und-Boden"-Ideologen, eine staatlich gelenkte Landwirtschaftsorganisation geschaffen, die Erzeuger wie Verteiler einschloss, die Preise festsetzte und damit den
35 freien Agrarmarkt aufhob. Damit wollte die NS-Führung die Selbstversorgung mit Nahrungsmitteln sichern. Doch wurde trotz aller „Erzeugungsschlachten", die zwar zu beachtlichen Produktionssteigerungen führten, we-
40 der die Autarkie in der Lebensmittelversorgung erreicht – nach wie vor blieb Deutschland auf Importe, insbesondere bei Futtermitteln und Fetten, angewiesen – noch konnte bei aller nationalsozialistischen Bau-
45 ernrhetorik der Nationalsozialisten der moderne Trend zur Landflucht aufgehalten werden. Jungen Leuten boten sich in der Industrie, die dringend Arbeitskräfte benötigte, die weitaus besseren Arbeitsbedingun-
50 gen. Im November 1938 musste Darré öffentlich eingestehen, dass der Landwirtschaft seit 1933 rund 500 000 Arbeitsplätze verloren gegangen waren, was einem Rückgang von 20 Prozent entsprach.
55 Konsequent wurden Zehntausende von Jugendlichen aus HJ, BDM und Reichsarbeitsdienst zum „Ernteeinsatz", die Mädchen zum landwirtschaftlichen „Pflichtjahr" abkommandiert, während sich zur selben Zeit
60 die Bevölkerungszahlen neuer Industriestandorte wie Magdeburg, Halle, Dessau oder Bitterfeld verdoppelten.

Michael Wildt, Geschichte des Nationalsozialismus, Vandenhoeck & Ruprecht, UTB, Göttingen 2008, S. 101–103.

---

1 Charakterisieren Sie NS-Agrarprogramm und -Ideologie (M 5, M 7).

2 Erörtern Sie, welche Ziele das NS-Regime verwirklicht hat, welche nicht (M 6).

3 **Weiterführender Arbeitsauftrag: Industriegesellschaft oder Agrarutopie?**
Unter den Zeitgenossen wie in der historisch-politischen Auseinandersetzung einer breiteren Öffentlichkeit hat sich die Auffassung durchgesetzt bzw. gehalten, dass Hitler und die Nationalsozialisten ihre Gesellschafts- und Wirtschaftspolitik an einer rückwärtsgewandten Utopie ausgerichtet hätten. Diese habe sich an vorindustriellen, ja sogar vorkapitalistischen Vorstellungen orientiert. Kern dieser Interpretation ist die These, das NS-Regime habe die moderne industrielle, urbanisierte deutsche Gesellschaft in eine Agrargesellschaft zurückverwandeln wollen. Nehmen Sie Stellung zu dieser Deutung. Berücksichtigen Sie außer M 5 und M 7 auch Kapitel 5.

Literaturtipp
Hans-Ulrich Wehler, Deutsche Gesellschaftsgeschichte, 4. Bd.: Vom Beginn des Ersten Weltkriegs bis zur Gründung der beiden deutschen Staaten 1914–1949, C. H. Beck, München 2003, S. 711–714.

M 7 Propagandapostkarte des NS-Reichsnährstandes, 1939

M 8 Aus der Stellungnahme eines Gymnasiallehrers nach dem Zweiten Weltkrieg über seine soziale Stellung im „Dritten Reich" (1980)

Zum ersten Mal in meinem Leben stand ich wirklich auf gleichem Fuße mit Menschen, die in der Kaiserzeit und in der Weimarer Zeit immer höheren oder niedrigeren Klassen angehört hatten, Menschen, zu denen man hinaufgeschaut oder auf die man hinabgeschaut, denen man aber nie in die Augen gesehen hatte […]. Der Nationalsozialismus löste diese Klassenunterschiede auf. Die Demokratie – soweit wir eine hatten – brachte das nicht zu Wege und bringt es auch heute nicht zu Wege.
Zit. nach: David Schoenbaum, Die braune Revolution. Eine Sozialgeschichte des Dritten Reiches, dtv, München 1980, S. 349.

M 9 Der Historiker Hans-Ulrich Wehler über die NS-„Volksgemeinschaft" und die bürgerliche Gesellschaft (2003)

[Das nationalsozialistische Leitbild der „Volksgemeinschaft"] richtete sich gegen vielfältige Privilegien des Bürgertums, dessen nivellierende[1] Eingliederung in den Verband aller arischen „Volksgenossen" verlangt wurde. Die Reaktion auf diesen ausgreifenden Anspruch fiel zwiespältig aus. Zum einen kritisierten einige heimlich die Anmaßung der „braunen Proleten", schotteten sich nach Möglichkeit in exklusiven Verkehrskreisen ab und suchten, ohne Anstoß zu erregen, eine gewisse soziale Distanz zu wahren. Zum andern aber kapitulierten die meisten vor dem neuen, übermächtigen Ideal, übernahmen es bereitwillig als überzeugenden Grundsatz der Sozialverfassung und Lebensführung […]. Auf jeden Fall wurde die traditionelle bürgerliche Hierarchie von Besitz und Bildung im Kern infrage gestellt.
Auf die prinzipielle Herausforderung der bürgerlichen Welt, wie sie sich in den chaotischen Jahren des Weltkriegs und der Weimarer Republik angebahnt hatte, jetzt aber unter der deutschen Diktatur fatal zuspitzte, reagierte das Bürgertum […] mit einem Totalverrat an der Zielutopie einer „Bürgerlichen Gesellschaft" […].

Die gleichberechtigte Teilhabe aller Staatsbürger und -bürgerinnen am politischen Prozess wurde durch die begeisterte Akklamation des charismatischen „Führers" ersetzt: Die rapide um sich greifende Negierung eines gut Teils bürgerlicher Rechtsnormen, die Außerkraftsetzung jeglicher Rechtssicherheit wurde [...] passiv, wenn nicht gar zustimmend hingenommen. Die Arena freier, rechtlich geschützter marktwirtschaftlicher Tätigkeit [...] wurde durch das Exerzierfeld des staatlichen Dirigismus ersetzt. Seine Kommandowirtschaft ließ die etablierten Autonomiebezirke zunehmend schrumpfen. Die Anerkennung wissenschaftlicher Leistung ohne Ansehen von „Rasse", Geschlecht und Herkunft des Forschers wurde in allen Disziplinen, wo das Regime Druck ausübte, durch die beflissene, charakterlose Verbeugung vor einer völkisch-rassistischen Pseudowissenschaft ersetzt, die sich in der Rechts- und Geschichtswissenschaft, der Literatur- und Sozialwissenschaft, sogar in der „deutschen Physik" und der „deutschen Mathematik" ausbreiten konnte, ohne dass diese Afterlehren auf leidenschaftlichen öffentlichen Widerstand stießen. An die Stelle der freien Meinungsäußerung einer kritischen, namentlich durch zensurfreie Printmedien aller Art verkörperten Öffentlichkeit, einem zentralen Bestandteil der von Aufklärungsdenkern entworfenen „Bürgerlichen Gesellschaft", trat die pedantisch regulierende, straff zensierende Gängelung durch die staatliche Propagandamaschinerie.

Auch an vielen anderen Stellen, wo das reformbedürftige ursprüngliche Programm einer „Bürgerlichen Gesellschaft" angemessen korrigiert und erweitert worden war, trat der stumm hingenommene Rückschlag nicht weniger krass zutage. Die ehemals diskriminierten Minderheiten etwa hatten inzwischen die staatsbürgerlichen Gleichheitsrechte gewonnen, wurden jetzt aber einer lückenlosen Exklusion unterworfen, ehe ihr Leben womöglich ausgelöscht wurde. Der Fortschritt auf dem steinigen Weg, der zur Gleichberechtigung der Frauen führen sollte, wurde vom offiziellen Antifeminismus negiert, der Ausbau des Sozialstaats durch Parlamentsmehrheiten und selbstständige Tarifpartner von einer etatistischen[2] Verordnungspraxis abgelöst.

Wohin man auch blickt: Der Frontalangriff auf die Leitideen und Institutionen einer zeitgemäßen „Bürgerlichen Gesellschaft" ist ebenso unübersehbar wie die schmähliche Kapitulation aller bürgerlichen Klassen vor den Anmaßungen des Hitler-Regimes. Nie ist die Brüchigkeit der politischen Lebens- und Normenwelt des deutschen Bürgertums unverhüllter, deprimierender, folgenschwerer hervorgetreten als in den zwölf Jahren nach 1933.

Hans-Ulrich Wehler, Deutsche Gesellschaftsgeschichte, 4. Bd.: Vom Beginn des Ersten Weltkriegs bis zur Gründung der beiden deutschen Staaten 1914–1949, C. H. Beck, München 2003, S. 719–721.

---

1 nivellierend: Unterschiede aufhebend
2 etatistisch: auf das Staatsinteresse orientiert

---

1 Erörtern Sie, welches Bild von der NS-„Volksgemeinschaft" der Gymnasiallehrer (M 8) entwirft:
a) Arbeiten Sie seine Leitideen heraus.
b) Untersuchen Sie, welche Aspekte er in den Vordergrund rückt und welche er ausblendet. Gehen Sie dabei auch auf das Schicksal anderer sozialer Gruppen, z. B. der jüdischen Beamten und Schüler, ein.
c) Bewerten Sie die These, dass der Nationalsozialismus die Klassenunterschiede aufgelöst hätte.

2 Erläutern Sie die These des Historikers Wehler (M 9), dass das Bürgertum während der NS-Herrschaft die Normen und Werte der bürgerlichen Gesellschaft vollständig verraten habe.
a) Arbeiten Sie die Werte und Normen der bürgerlichen Gesellschaft heraus, die das Bürgertum nach Wehler verraten hat.
b) Zeigen Sie, welche Normen und Werte Hitler und die Nationalsozialisten an die Stelle der bürgerlichen Normen und Werte gesetzt haben.
c) Fassen Sie Ihre Ergebnisse in einer Tabelle zusammen, die die Werte und Normen der NS-„Volksgemeinschaft" denen der bürgerlichen Gesellschaft gegenüberstellt.

NS-„Volksgemeinschaft"	Bürgerliche Gesellschaft

M 10 Aus dem Gesetz über die Hitlerjugend vom 1. Dezember 1936

Von der Jugend hängt die Zukunft des deutschen Volkes ab. Die gesamte deutsche Jugend muss deshalb auf ihre zukünftigen Pflichten vorbereitet werden. […]

§ 1 Die gesamte deutsche Jugend ist in der Hitlerjugend zusammengefasst.

§ 2 Die gesamte deutsche Jugend ist außer in Elternhaus und Schule in der Hitlerjugend körperlich, geistig und sittlich im Geiste des Nationalsozialismus zum Dienst am Volk und zur Volksgemeinschaft zu erziehen.

§ 3 Die Aufgabe der Erziehung der gesamten deutschen Jugend in der Hitlerjugend wird dem Reichsjugendführer der NSDAP übertragen. Er ist damit „Jugendführer des Deutschen Reiches". Er hat die Stellung einer obersten Reichsbehörde mit dem Sitz in Berlin und ist dem Führer und Reichskanzler unmittelbar unterstellt.

Zit. nach: Arno Klönne, Jugend im Dritten Reich. Die Hitler-Jugend und ihre Gegner, Dokumente und Analysen, Eugen Diederichs, Düsseldorf 1984, S. 28.

M 11 Organisation der Jugend im NS-Staat

M 12 Aus dem „Jahreslagebericht" 1938 des Sicherheitshauptamts zur Jugend

Die Einflussmöglichkeiten gegnerischer Strömungen innerhalb der außerschulischen Erziehungsarbeit zeigen am deutlichsten, dass die innere Entwicklung der Staatsjugend mit den organisatorischen Maßnahmen nicht Schritt gehalten hat. Vonseiten der Erzieherschaft wird betont, dass die Erfolge der HJ nicht so sehr auf dem Gebiete der eigentlichen nationalsozialistischen Jugendführung und Jugenderziehung als vielmehr in der kulturellen und sozialen Betreuung der Jugend liegen. Bei der Betrachtung und Erfassung gegnerischer Kreise innerhalb der außerschulischen Erziehungsarbeit konnte immer wieder beobachtet werden, dass jede oppositionelle Jugend, sei sie bündischer, konfessioneller oder parteipolitischer Art, mehr oder weniger unter dem Einfluss der bündischen Ideologie steht und ihre Gemeinschaften im Gegensatz zu der Staatsjugend auf dem bündisch-homoerotischen Freundschaftsprinzip aufbaut. […]

Eine vollkommen neue Form der gegnerischen Jugend ist in den sogenannten „wilden Gruppen" in Erscheinung getreten. Diese Jugendlichen sind ohne einen festen organisatorischen Zusammenhang hauptsächlich in verschiedenen Großstädten festgestellt worden und bedeuten eine akute Gefahr der außerschulischen Jugenderziehung, da sich in ihren Kreisen fast ausschließlich asoziale, sittlich verrohte und kommunistisch beeinflusste Elemente sammeln. […] Zwischen der Staatsjugend und diesen asozialen Gruppen ist es verschiedentlich zu Schlägereien gekommen, sodass sich die Exekutive in einzelnen Städten genötigt sah, umfangreiche Aktionen einzuleiten.

Zit. nach: Heinz Boberach (Hg.), Meldungen aus dem Reich, Bd. 2, Pawlak Verlag, Herrsching 1984, S. 147 f.

1 Untersuchen Sie anhand von M 10 und M 11 die Ziele der NS-Jugendpolitik.
2 Konfrontieren Sie Ihre Ergebnisse mit M 12.
3 Diskutieren Sie ausgehend von M 12 und M 6 sowie M 7, S. 73, über die These, mit der Hitlerjugend habe das NS-Regime die Jugend für sich gewonnen.

Geschlechterrollen in Propaganda und Wirklichkeit

M 1 Hitler über die Rolle der Frau in der NS-„Volksgemeinschaft" (1934)

Das Wort von der Frauen-Emanzipation ist nur ein vom jüdischen Intellekt erfundenes Wort, und der Inhalt ist von demselben Geist geprägt. Die deutsche Frau braucht sich in den wirklich guten Zeiten des deutschen Lebens nie zu emanzipieren. Sie hat genau das besessen, was die Natur ihr zwangsläufig als Gut zur Verwaltung und Bewahrung gegeben hat, genauso, wie der Mann in seiner guten Zeit sich nie zu fürchten brauchte, dass er aus seiner Stellung gegenüber der Frau verdrängt werde. Gerade von der Frau wurde ihm sein Platz am wenigsten streitig gemacht. Nur wenn er selbst nicht sicher war in der Erkenntnis seiner Aufgabe, begann der ewige Instinkt der Selbst- und Volkserhaltung in der Frau zu revoltieren. […]

Wenn man sagt, die Welt des Mannes ist der Staat, die Welt des Mannes ist sein Ringen, die Einsatzbereitschaft für die Gemeinschaft, so könnte man vielleicht sagen, dass die Welt der Frau eine kleinere sei. Denn ihre Welt ist ihr Mann, ihre Familie, ihre Kinder und ihr Haus. Wo wäre aber die größere Welt, wenn niemand die kleine Welt betreuen wollte? Wie könnte die größere Welt bestehen, wenn niemand wäre, der die Sorgen um die kleinere Welt zu seinem Lebensinhalt machen würde? Nein, die große Welt baut sich auf dieser kleinen Welt auf! Diese große Welt kann nicht bestehen, wenn die kleine Welt nicht fest ist. Die Vorsehung hat der Frau die Sorgen um diese ihre eigenste Welt zugewiesen, aus der sich dann erst die Welt des Mannes bilden und aufbauen kann. Diese beiden Welten stehen sich daher nie entgegen. Sie ergänzen sich gegenseitig, sie gehören zusammen, wie Mann und Weib zusammengehören.

Wir empfinden es nicht als richtig, wenn das Weib in die Welt des Mannes, in sein Hauptgebiet eindringt, sondern wir empfinden es als natürlich, wenn diese beiden Welten geschieden bleiben. In die eine gehört die Kraft des Gemütes, die Kraft der Seele! Zur anderen gehört die Kraft des Sehens, die Kraft der Härte, der Entschlüsse und die Einsatzwilligkeit! In einem Falle erfordert diese Kraft die Willigkeit des Einsatzes des Lebens der Frau, um diese wichtige Zelle zu erhalten und zu vermehren, und im anderen Falle erfordert sie die Bereitwilligkeit, das Leben zu sichern, vom Manne.

Was der Mann an Opfern bringt im Ringen seines Volkes, bringt die Frau an Opfern im Ringen um die Erhaltung dieses Volkes in den einzelnen Fällen. Was der Mann einsetzt an Heldenmut auf dem Schlachtfeld, setzt die Frau ein in ewig geduldiger Hingabe, in ewig geduldigem Leid und Ertragen. Jedes Kind, das sie zur Welt bringt, ist eine Schlacht, die sie besteht für das Sein oder Nichtsein ihres Volkes. Und beide müssen sich deshalb auch gegenseitig schätzen und achten, wenn sie sehen, dass jeder Teil die Aufgabe vollbringt, die ihm Natur und Vorsehung zugewiesen hat. So wird sich aus dieser Stellung der beiden Aufgaben zwangsläufig die gegenseitige Achtung ergeben. […]

Wir haben deshalb die Frau eingebaut in den Kampf der völkischen Gemeinschaft, so, wie die Natur und die Vorsehung es bestimmt hat. So ist unsere Frauenbewegung für uns nicht etwas, das als Programm den Kampf gegen den Mann auf seine Fahne schreibt, sondern etwas, das auf sein Programm den gemeinsamen Kampf mit dem Mann setzt. Denn gerade dadurch haben wir die neue nationalsozialistische Volksgemeinschaft gefestigt, dass wir in Millionen von Frauen treueste fanatische Mitkämpferinnen erhielten. Kämpferinnen für das gemeinsame Leben im Dienste der gemeinsamen Lebenserhaltung: Kämpferinnen, die dabei den Blick nicht auf die Rechte richten, die ein jüdischer Intellektualismus vorspiegelt, sondern auf Pflichten richten, die die Natur uns gemeinsam aufbürdet. […]

Sie, meine Parteigenossinnen, stehen nun als Führerinnen, Organisatorinnen und Helferinnen in diesem Ringen. Sie haben eine herrliche Aufgabe mit übernommen. Das, was wir im Großen in unserem Volk gestalten wollen, das müssen Sie im Innern gut fundieren und fest unterbauen! Dem müssen Sie im Innern seelischen und gefühlsmäßigen Halt und Stabilität geben! Sie müssen in diesem Ringen, das wir heute um unseres Volkes Freiheit, Gleichberechtigung und Ehre und Frieden führen, die Ergänzung des Mannes sein, sodass wir mit dem Blick in die Zukunft als wirkliche Kämpfer vor dem Volk und für unser Volk bestehen können!

Dann wird niemals zwischen den beiden Geschlechtern Streit und Hader entbrennen können, sondern sie werden dann Hand in Hand gemeinsam kämpfend durch dieses Leben wandeln, so, wie die Vorsehung es gewollt hat, die sie zu diesem Zweck beide erschuf. Und dann wird auch der Segen einer solchen gemeinsamen Arbeit nicht ausbleiben.

Zit. nach: Max Domarus, Hitler. Reden und Proklamationen 1932–1945, kommentiert v. einem Zeitgenossen, Bd. I: Triumph. Erster Halbbd. 1932–1934, Süddeutscher Verlag, München 1965, S. 450–452.

1 Untersuchen Sie die nationalsozialistischen Vorstellungen über die Aufgabenverteilung zwischen den Geschlechtern.
a) Erläutern Sie die ideologischen Grundlagen der NS-Geschlechterbilder.
b) Arbeiten Sie heraus, welche Rolle Hitler den Frauen, welche den Männern in der NS-„Volksgemeinschaft" zuweist.

M2 Geschlechterrollen von Mann und Frau aus nationalsozialistischer Sicht

a) Verleihung des Mutterkreuzes, Fotografie, 1939

b) Fotomodell hinter einer Reiterstatue, Fotografie aus der Zeitschrift „Elegante Welt", 1940

c) Frau in Motorradkleidung, Fotografie aus der deutschen Zeitschrift „Die Dame", 1936

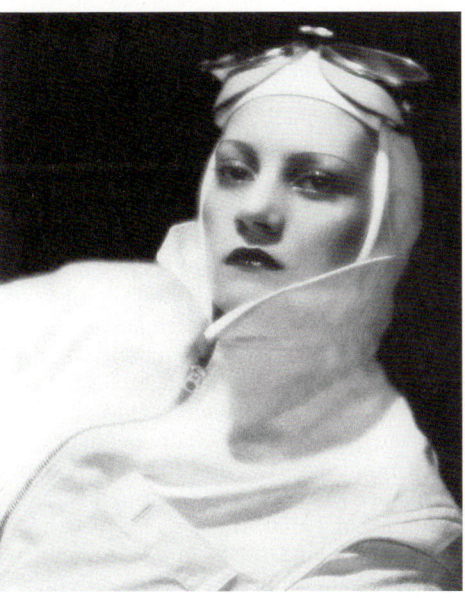

d) Aufseherin des Frauenkonzentrationslagers Ravensbrück mit ihrem Schäferhund, Fotografie, undatiert

1 Untersuchen Sie die dargestellten Frauenbilder aus der NS-Zeit (M 2 a–d).

M 3 Weibliche Lebensstationen und Lebensläufe während der NS-Herrschaft

a) Die Historikerin Ingrid Schäfer hat Interviews mit Frauen aus dem lippischen Dorf Vahlhausen geführt. Schäfer schreibt (1987):
Die große Politik wurde nur sehr selektiv in ihren unmittelbaren Auswirkungen auf den Alltag wahrgenommen. Der Nationalsozialismus zum Beispiel hatte in ihrem Leben in gewisser Weise einen der kirchlichen Politik vergleichbaren Stellenwert: Bei beiden interessierte nur die gebotene Abwechslung vom arbeitsreichen Alltag. Obwohl das Engagement für den kirchlichen Frauenbeirat sehr gering war, nahmen viele Frauen regelmäßig an den jährlichen Ausflügen der Kirche teil. Auch an der NS-Frauenschaft oder dem BDM interessierte nur die Möglichkeit, dem dörflichen Alltag zu entfliehen. „Ich bin mit Freunden in den BDM gegangen, allein schon durch die Abwechslung, die man hatte. Sportveranstaltungen gab's, Gautreffen mit Volkstänzen, Sportwettkämpfe, also ich muss ehrlich sagen, ich möchte die Zeit nicht missen. Man hat ja damals auch nicht geahnt, wie das ausgehen würde. Mir hat das sehr gut gefallen. Man kam überall hin mit gleichaltrigen Mädels, es gab keinen Unterschied zwischen Stadt und Land."
G. Hammer u. a., Vahlhausen. Alltag in einem lippischen Dorf 1900–1950, Detmold 1987, S. 153.

b) Melita Maschmann – geb. 1918, 1933 Mitglied des Bundes Deutscher Mädel, 1937 Abitur, Arbeitsdienst – erinnert sich (1963):
Bei meiner Versetzung nach Posen [1939] hatte ich es zur Bedingung gemacht, dass mir dort eine Möglichkeit eröffnet würde, die Schriftleiterausbildung[1] zu absolvieren. Es dauerte monatelang, bis der „Ostdeutsche Beobachter" sich bereit erklärte, mich als Volontärin aufzunehmen. […] Die meisten führenden Männer vertraten den Standpunkt, dass der Aufgabenbereich der Frau streng auf die Familie und das soziale Feld zu beschränken sei […]. Ab Herbst 1943 gehörte ich an verantwortlicher Stelle zum Stab der Reichsjugendführung der NSDAP. Der Stab war in Ämter gegliedert, die jeweils einem bestimmten Arbeitsgebiet entsprachen. Jedes Amt wurde von einem Amtschef geleitet. Innerhalb des Amtes war eine Amtsreferentin für den weiblichen Besuch verantwortlich. Ihre juristische Stellung ist, soviel ich weiß, nie ganz geklärt worden. Die HJ-Führer waren der Auffassung, dass die BDM-Führerinnen ihnen unterstellt wären, die BDM-Führerinnen vertraten den Standpunkt, sie seien nur ihrer höchsten Vorgesetzten, der BDM-Reichsreferentin, und dem Reichsjugendführer verantwortlich. Wie die Kompetenzen im Einzelfall gehandhabt wurden, hing jeweils von den Persönlichkeiten ab, die zusammenarbeiten mussten. Ich war zur Amtsreferentin im Presse- und Propagandaamt der Reichsjugendführung (RJF) bestellt worden und ich hatte Glück: Mein Amtschef war ein gescheiter, großzügiger, charakterlich angenehmer Schwabe, der es nicht nötig hatte, mich möglichst klein zu halten.
Brigitte Löhr (Hg.), Frauen in der Geschichte, Bd. 2: Materialien, Tübingen 1994 (Deutsches Institut für Fernstudien an der Universität Tübingen), S. 253 f.

---

1 Schriftleiter: Journalist, Redakteur

c) Krystyna Zywulska, eine Überlebende von Auschwitz, in ihren Erinnerungen (1988):
Auch ich trug einen roten Winkel, denn ich war als politische Gefangene von Pawiak nach Auschwitz gekommen. Viel später erfuhr ich, dass sogar ein Todesurteil gegen mich vorlag, das in die Deportation in ein Vernichtungslager umgewandelt wurde. Dass ich Jüdin war, war der Gestapo nicht bekannt – und nur das hätte genügt, um liquidiert zu werden. Den Namen Krystyna Zywulska, den ich mir beim Verhör ausgedacht habe, habe ich bis heute beibehalten. […] Durch die Scheibe in der Baracke sahen wir, wie die Jüdinnen aus dem Nachbarblock zum Zählappell herauskamen. Sie hatten einen irren Blick und versuchten sich hinter den anderen zu verstecken. Sie stritten darüber, wer in der ersten Reihe unter den ersten fünf – an der sichtbarsten Stelle – stehen sollte. Sie stießen sich gegenseitig nach vorne, so als ob das helfen könnte. Wenn das Leben auf dem Spiel steht, denkt man nur daran, wie man es retten kann. Endlich hatten sie sich alle in einer Linie aufgestellt. Taube, die Lagerkapo[1] und die Aufseherin erschienen. Taube stand vor der ersten Reihe und zeigte mit dem Stock auf einen Häftling. Die Frau zog sich aus. Dann dirigierte er sie nach rechts. Sie war von mittlerem Körperbau und hatte einige Furunkel[2]. Aber nach einiger Zeit hat jede im Lager Furunkel. Niemand wusste also, ob die rechte Seite Tod oder Leben bedeuten würde. Die Nächste zog sich aus – ihr ganzer Körper war mit eitrigen Furunkeln übersät – und ebenfalls zeigte er nach rechts. Er war betrunken, sein Blick war gläsern, er schwankte, aber er passte auf, ob jede in die gewiesene Richtung ging. Nach rechts gingen etwa fünfzig, nach links nur diejenigen Häftlinge, die die wenigsten Furunkel hatten. Wir hatten verstanden: Die rechte Seite bedeutete Tod. […]
Block 25 war der Todesblock. Dort hinein lud man das menschliche Alteisen, das durch Selektion ausgewählt worden war. Dieser Block hatte keine Lebensmittelrationen mehr. Das war gewissermaßen ein Wartesaal des Krematoriums. Nach einigen Stunden konnte man im ganzen Lager Jammertöne hören, die aus diesem Block drangen. „Mama, trinken, trinken – gib mir Wasser, ich sterbe!" Niemand näherte sich dem Todesblock. Niemand brachte Wasser. Wir hatten keins, und wenn man welches hätte auftreiben können, so hätte es niemand einer fremden griechischen Jüdin gebracht. In einigen Minuten oder höchstens in einer Stunde „wird sie sowieso sterben". Mit diesem Satz übertönten wir in uns das Gefühl der elementarsten Nächstenpflicht.
Ebd., S. 247.

---

1 Kapo: Häftling, der als Aufsicht über andere Häftlinge eingesetzt ist
2 Furunkel: schmerzhafte, eitrige Hautentzündung

d) Marion Gräfin Yorck von Wartenburg – geb. 1904 in Berlin, Jurastudium und Promotion, 1930 Heirat mit Peter Graf Yorck von Wartenburg, einem Beteiligten des Attentats auf Hitler am 20. Juli 1944 – erinnert sich:
„Mein Kampf" habe ich damals nicht gelesen. Auch später nicht. Ich wusste aber schon sehr bald, dass viele Menschen eingesperrt wurden. Als Peter noch bei der Osthilfe war, also schon 1933, fuhren wir einmal nach Torgau und kamen an einem Lager vorbei, das mit dickem Stacheldraht umzäunt war, unten ein großer Zaun und oben Stacheldraht nach innen und außen, und da sagte Peter: Das ist ein KZ. Man hat schon sehr bald nach der Machtergreifung solche Lager errichtet. Ich entsinne mich auch noch an unseren Schrecken über eine Zeitungsnachricht viele Jahre später, in der von einem Telegramm des Gauleiters Koch aus Ostpreußen die Rede war, der seinem Führer gehorsamst meldete, dass Ostpreußen nun „frei von Juden" sei. Damals haben wir noch lange im größeren Kreis über dieses entsetzliche organisierte Töten durch Deutsche gesprochen. Die Wehrlosigkeit gegenüber den Verbrechen im Dritten Reich quälte Peter am meisten. Deshalb beteiligte er sich eigentlich auch am 20. Juli. […] Wir Frauen haben bei alledem nicht abseits gestanden. Peter hat nie etwas vor mir verheimlicht. […] Er sagte mir eigentlich alles. Und auch an diesen Beratungen habe ich immer, wenn ich in Berlin war, teilgenommen. Ich habe den Männern oft gekocht und gehörte dazu. Ich musste auch Nachrichten überbringen […].
Ebd., S. 256 f. (© Carl Hanser, München).

1 Untersuchen Sie in arbeitsteiliger Gruppenarbeit die Lebenserinnerungen (M 3 a–d). Analysieren Sie u. a. Verlauf des beruflichen/privaten Lebens, Haltung zum Nationalsozialismus, Haltung zur Frage „Hat man von den Gräueltaten gewusst?".

2 Erörtern Sie, inwieweit die tatsächlichen Lebensläufe mit den Zielen der NS-Frauenideologie übereinstimmten.

M 4 Der Historiker Michael Wildt über Frauen in der „Volksgemeinschaft" (2008)

Nationalsozialistische Frauenpolitik hieß zuerst Familien- und Geburtenpolitik. Die „erbgesunde" und rassenbiologisch „artgerechte" Ehe und Familie stand als „Keimzelle der Volksgemeinschaft" unter besonderem Schutz des NS-Staates. Allerdings wurde aus eben denselben erb- und rassenbiologischen Gründen auch die Ehetrennung gefördert. Der „Schutz der Ehe" bedeutete daher keineswegs die Achtung der privaten Sphäre oder ein moralisches Bekenntnis, sondern unterlag einem strikt rassistischen Zweckmäßigkeitsdenken. 1936 wurde erstmals ein Kindergeld von zehn Reichsmark pro Monat ab dem fünften Kind unter 16 Jahren für Familien eingeführt, deren Monatseinkommen 185 Reichsmark nicht überstieg. Diese Einschränkungen wurden im Laufe der nächsten Jahre erweitert, bis im Dezember 1940 ein Kindergeld ab dem dritten Kind unter 21 Jahren für alle Familien ausbezahlt wurde. Zinsfreie Ehestandsdarlehen bis zu 1 000 Reichsmark wurden an jungverheiratete Paare als Zuschuss für den Kauf der Haushaltseinrichtung gezahlt, wobei dieses Darlehen „abgekindert" werden konnte, d. h., mit jedem Kind wurde die Rückzahlung um ein Viertel gekürzt. Bereits 1933 hatten 200 000 junge Paare ein Ehestandsdarlehen in Anspruch genommen, 1935 waren es 370 000 Darlehen.

Den modernen Trend zur Kleinfamilie mit maximal zwei Kindern haben auch die geburtenorientierten Förderungsmaßnahmen des NS-Regimes indes nicht aufhalten können. Da mit den Darlehen zunächst die Auflage verbunden war, dass die Ehefrau zu Hause bleibt, stellte diese Maßnahme nicht allein ein familien-, sondern gleichfalls ein arbeitsmarktpolitisches Instrument im nationalsozialistischen Sinn dar. Zudem war die Gewährung der Darlehen von einem erbgesundheitlichen Gutachten des jungen Paares abhängig. Behinderte oder „nicht-arische" Ehepaare hatten keine Chance, in den Genuss eines solchen Ehestandsdarlehens zu kommen. […] Entgegen einem landläufigen Vorurteil hat die Zahl der erwerbstätigen Frauen im NS-Regime keineswegs abgenommen. 1933 gab es 11,6 Millionen, 1939 14,6 Millionen Frauen, die erwerbstätig waren. Das bedeutete, dass 52 Prozent aller Frauen zwischen 15 und 60 Jahren in Deutschland einer Lohn- bzw. Gehaltsarbeit nachgingen. In Großbritannien waren es zu dieser Zeit 45 Prozent, in den USA sogar nur 36 Prozent, allerdings zu einem deutlich höheren Anteil im industriellen Sektor als in Deutschland. Hierzulande waren die meisten Frauen nach wie vor in der Land- und Hauswirtschaft beschäftigt, danach erst in Büroberufen und die wenigsten in der Industrie, wobei erwartungsgemäß die Erwerbsquote bei ledigen Frauen mit 88 Prozent sehr viel höher lag als bei den verheirateten Frauen, von denen nur etwa ein Drittel erwerbstätig waren. Noch 1943, als der Arbeitskräftemangel hochakut war, sprach sich Hitler aus ideologischen Gründen gegen eine forcierte Einbeziehung von Frauen in die Rüstungsproduktion aus und verweigerte sich auch der Forderung, die Löhne der Frauen denen der Männer gleichzustellen.

Michael Wildt, Geschichte des Nationalsozialismus, Vandenhoeck & Ruprecht, UTB, Göttingen 2008, S. 99 ff.

1 Erörtern Sie mithilfe von M 4 die Situation von Frauen während der NS-Herrschaft. Richten Sie Ihre Aufmerksamkeit auf das Verhältnis von Ideologie und Wirklichkeit.

M 5 Die Historikerin Sybille Steinbacher über Chancen und Schranken für Frauen im Zweiten Weltkrieg (2009)

Zwar änderte sich im Krieg nichts an der sozialen Dominanz der Männer. Frauen erfüllten aber in wachsendem Maße Tätigkeiten von zentraler militärischer Bedeutung, und ihre Handlungsräume erweiterten sich angesichts der militärischen Erfordernisse schlagartig. Die „Volksgemeinschaft", so ließe sich zugespitzt sagen, wurde im Krieg zu einer militarisierten Kameradschaft der Geschlechter. Frauen [...] erschlossen sich mit ihren neuen Tätigkeitsfeldern auch soziale Aufstiegsmobilität. Sie behielten dabei ihre tradierte geschlechtsspezifische Rolle als Zuarbeiterinnen und leisteten in hohem Maße sogenannte Kriegshilfsdienste: Etwa 50 000 „Maiden" des Reichsarbeitsdienstes waren im Sommer 1944 an den Scheinwerferbatterien der Flak eingesetzt, rund 500 000 Wehrmachtshelferinnen taten Anfang 1945 ihren Dienst, genauso viele waren beim Reichsluftschutzbund tätig, 400 000 weitere befanden sich beim Deutschen Roten Kreuz im Kriegseinsatz. Frauen trugen Uniformen und waren wie die eingezogenen Männer kaserniert, sogar mit Handfeuerwaffen und Panzerfäusten wurden sie kurz vor Kriegsende noch ausgerüstet. [...] Frauen waren aber nicht nur Opfer des Krieges, wie die Diskussion über den Bombenkrieg suggeriert, sondern sie sorgten durch ihren Einsatz an Front und Heimatfront auch für die Stabilisierung und Verteidigung des Deutschen Reiches. [...]

Über die Geschlechtergeschichte des Zweiten Weltkrieges, beispielsweise über die Reaktion von Männern auf die Aufweichung der Geschlechtergrenzen, ist bislang kaum etwas bekannt. „Emanzipation" [...] dürfte jedoch der denkbar falsche Begriff sein, um Tätigkeit, Selbstverständnis und den Prozess der Aneignung militärischer Normen bei Frauen zu beschreiben, denn ihr Einsatz für die „Volksgemeinschaft" hatte mit Ansprüchen auf die rechtliche und soziale Gleichberechtigung nichts zu tun. Frauen ging es keineswegs um individuelle Rechte und die Chancengleichheit der Geschlechter – deren Ungleichheit vielmehr vorausgesetzt und anerkannt wurde. [...] Dass Frauen im Dritten Reich auf zahlreichen Tätigkeitsfeldern agierten, erwies sich letztlich als logische Konsequenz der Volksgemeinschaftsidee. Fern des „Altreichs" eröffnete ihnen der Vernichtungskrieg ein ganz besonderes Tätigkeitsfeld. Denn der Rassismus löste die etablierte Geschlechterhierarchie allmählich auf, sodass deutsche Frauen „im Osten" im Ergebnis einheimischen Männern hierarchisch übergeordnet waren. Die von Antisemitismus und Lebensraumeroberung geprägte „Germanisierung" Osteuropas bot „rassisch" genehmen Frauen einzigartige Chancen des sozialen Aufstiegs. Das Herrenmenschengebaren der deutschen Eroberer hatte also auch eine weibliche Seite.

[...] Über Gewaltbereitschaft und Gewalttätigkeit von Frauen, über ihre Anzahl und ihren sozialen Hintergrund ist allerdings erst wenig bekannt, auch die Erforschung ihrer Berufskarrieren „im Osten" und deren nationalsozialistische Besonderheiten steckt noch in den Anfängen. Es ist aber evident, dass Frauen als Angestellte in der Bürokratie und zudem als begünstigte Privatpersonen in den Genuss der finanziellen Erträge aus den „Arisierungen" kamen. Als Ehefrauen, Mütter und Bräute, die mit Mann und Kindern in die eroberten Gebiete zogen, aber auch als (zumeist ledige) Lehrerinnen genossen sie Privilegien und hohes gesellschaftliches Ansehen. Über die Funktionärinnen der NS-Frauenschaft liegen erste Erkenntnisse vor, die zeigen, dass sich ihre Arbeit nicht auf das Verteilen von Propagandamaterial und die Organisation von Hauswirtschaftskursen beschränkte [...]. Vielmehr wirkten die Gaufrauenschaftsleiterinnen auch unmittelbar an der staatlichen Terror- und Vernichtungspolitik mit. Dass Frauen zudem durch ihre Verwaltungsarbeit für die Gestapo an der Vorbereitung von Judendeportationen beteiligt waren, sich an der Enteignung jüdischen Vermögens beteiligten und in Verhören und Vernehmungen, die sie protokollierten, Zeuginnen von Folter und Misshandlungen wurden, wird in jüngster Zeit ebenfalls erforscht.

Sybille Steinbacher, Differenz der Geschlechter? Chancen und Schranken für die „Volksgenossinnen", in: Frank Bajohr u. Michael Wildt (Hg.), Volksgemeinschaft. Neue Forschungen zur Gesellschaft des Nationalsozialismus, Fischer, Frankfurt/M. 2009, S. 100 ff.

1 Erläutern Sie Steinbachers These: „Die ‚Volksgemeinschaft' [...] wurde im Krieg zu einer militarisierten Kameradschaft der Geschlechter." (Z. 7 ff.)

2 Diskutieren Sie davon ausgehend, ob der Nationalsozialismus die Emanzipation der Frauen gefördert oder behindert hat.

Erarbeiten Sie Präsentationen

Thema 1
Jugendarbeit und Jugendverbände in Deutschland – vor und nach 1945
Untersuchen Sie die Situation von Jugendlichen und Jugendverbänden unter dem NS-Regime. Vergleichen Sie die Ziele und Weltanschauungen deutscher Jugendlicher und das Angebot an und von Jugendverbänden unter der totalitären Diktatur des „Dritten Reiches" mit den Lebensbedingungen Jugendlicher in der modernen Demokratie der Bundesrepublik Deutschland. Erarbeiten Sie Aspekte/Leitfragen für den Vergleich, z. B. Zielgruppe, Motive/Ziele, Organisationsstruktur, Aktionen u. a.

M1 „Wilde Cliquen" in Köln vor und nach ihrer Verhaftung, Fotografie, 1940

Literaturtipp
Detlev Peukert, Die Edelweißpiraten. Protestbewegungen jugendlicher Arbeiter im „Dritten Reich". Eine Dokumentation, Köln 1980.

Webcode:
KH639748-112

Thema 2
Die NS-Zeit im Spiegel von Frauenbiografien
Um die Bedeutung des Nationalsozialismus in der deutschen Geschichte zu bestimmen, ist es spannend, die Biografien berühmter und weniger bekannter Frauen zu untersuchen, die in Deutschland oder im Exil gelebt haben. Um die Ergebnisse vergleichbar zu halten, sollten sich alle Referentinnen und Referenten auf Leitfragen einigen, wie z. B.:
1 In welcher Phase ihres Lebens befanden sich die Personen in den Jahren 1933–1945?
2 Wie ist das Berufsleben in der NS-Zeit verlaufen (Arbeitsplatz, Lohn, Karriere)?
3 Wie hat sich das Privatleben in dieser Zeit entwickelt (Ehe, Kinder, Familie, Freizeit)?
4 Wie haben die Frauen politisch auf den Nationalsozialismus reagiert?
5 Inwieweit hat die NS-Zeit das Leben der Frauen nach 1945 beeinflusst?

Tipps für Personen:
Hannah Arendt, Marlene Dietrich, Marion Gräfin Dönhoff, Lotte H. Eisner, Bella Fromm, Marion von Maltzahn, Erika Mann, Melita Maschmann, Stella Müller-Madej, Leni Riefenstahl, Gertrud Scholtz-Klink, Anna Seghers, Marion Gräfin Yorck von Wartenburg, Krystyna Zywulska.

M2 Plakat der NSDAP, undatiert

Überprüfen Sie Ihre Kompetenzen

M 3 Mitarbeiter der Hamburger Werft Blohm & Voss während eines Stapellaufs, Fotografie, 1936.
Der Arbeiter in der Bildmitte (Kreis) ist August Landmesser. Seine Ehe mit einer Jüdin, aus der zwei Kinder hervorgingen, galt als „Rassenschande", für die er 1938 zu zweieinhalb Jahren Zuchthaus verurteilt wurde.

Zentrale Begriffe

Agrarutopie
Arbeiter
„Blut und Boden"-Ideologie
Bürgerliche Gesellschaft
Bürgertum
Geschlechterrollen
Jugend
Landwirtschaft
„Volksgemeinschaft"

Sachkompetenz
1 Erörtern Sie die Gründe für die Attraktivität der NS-„Volksgemeinschafts"-Ideologie für die Zeitgenossen. Berücksichtigen Sie dabei auch die NS-Propaganda (M 3 a–c, S. 99 f.).
2 Erörtern Sie, inwieweit die „Volksgemeinschafts"-Ideologie ein Mythos der NS-Propaganda war oder ob Hitler und die Nationalsozialisten Elemente ihrer Ideologie verwirklicht haben.

Methodenkompetenz
3 Beschreiben und interpretieren Sie M 2. Untersuchen Sie dabei, welches Bild die NS-Propaganda von der Rolle der Frau in der „Volksgemeinschaft" entworfen hat.
4 Interpretieren Sie M 3. Setzen Sie dabei das Verhalten des Mannes in Bezug zum NS-„Volksgemeinschafts"-Konzept.
5 Diskutieren Sie den Wert unterschiedlicher Quellenarten bei der Erforschung der NS-Gesellschaft. Bestimmen Sie die Aussagekraft von Propaganda-Plakaten (M 3 a–c), Lebenserinnerungen (M 8), Fotos (M 2, M 2, S. 107 f.) und Zeitzeugeninterviews (M 3 b–d, S. 108 ff.).

Urteilskompetenz
6 Die vom Nationalsozialismus „ausgehende Anziehungskraft und seine sozial beabsichtigten, teilweise auch erreichten Wirkungen, Standesunterschiede in der ‚Volksgemeinschaft' des ‚Dritten Reiches' zumindest in politischer und sozialpsychologischer Hinsicht zu überwinden, verdeckten dabei über geraume Zeit das eigentliche Bewegungsgesetz des Hitler'schen Nationalsozialismus, die Rassenidee. Gerade sie aber war [...] Kennzeichen für die präzedenzlose Eigenständigkeit der neuen Weltanschauung und Praxis des ‚Dritten Reiches'." Nehmen Sie Stellung zu dieser These des Historikers Klaus Hildebrand (2009).

7 Die Verfolgung der Juden 1933–1939

Kompetenzen erwerben

Sachkompetenz:
- die wesentlichen Stationen der Judenverfolgung bis 1939 benennen
- den Wertewandel durch die Nationalsozialisten, der die Verfolgungen erst möglich machte, beschreiben
- die „Arisierungspolitik" der Nationalsozialisten kennzeichnen
- das nationalsozialistische Vorgehen gegen andere Opfergruppen am Beispiel der Sinti und Roma beschreiben

Methoden-
kompetenz:
- anhand unterschiedlicher Quellenarten (Text, Bild) die antisemitische Indoktrinierung der Nationalsozialisten herausarbeiten

Urteilskompetenz:
- die Verfolgungsmaßnahmen in Bezug zur nationalsozialistischen „Volksgemeinschafts"-Ideologie setzen
- die rassistische Verfolgungspolitik der Nationalsozialisten bewerten

NS-Regime und Wertewandel

„Im März 1933 untersagte die Stadt Köln Juden die Benutzung städtischer Sportanlagen. [...] Am 4. April schloss der deutsche Boxer-Verband alle jüdischen Boxer aus. Am 8. April sollten alle jüdischen Dozenten und Assistenten an Universitäten des Landes Baden unverzüglich entlassen werden. [...] Am 19. April wurde der Gebrauch des Jiddischen auf Viehmärkten in Baden verboten. Am 24. April wurde die Verwendung jüdischer Namen zum Buchstabieren im Telefonverkehr untersagt. Am 8. Mai verbot es der Bürgermeister von Zweibrücken Juden, auf dem nächsten Jahrmarkt Stände zu mieten. Am 13. Mai wurde die Änderung jüdischer Namen in nichtjüdische verboten. Am 24. Mai wurde die restlose Arisierung* der Deutschen Turnerschaft angeordnet, wobei die vollständige arische Abstammung aller vier Großeltern gefordert wurde. [...] Und so ging es weiter Tag für Tag." Diese unvollständige Zusammenstellung der antijüdischen Maßnahmen vom Frühjahr 1933 durch den Historiker Saul Friedländer (1998) verdeutlicht: Unmittelbar nach der Machtübernahme der Nationalsozialisten im Januar 1933 begann in Deutschland die Diskriminierung, Ausgrenzung und Verfolgung der „Volksfeinde" und „Gemeinschaftsfremden" (s. S. 55, 127 ff.), allen voran der Juden.

Für das NS-Regime war die Herstellung eines „judenfreien" großdeutschen Reiches sowohl Ziel seiner Politik als auch Mittel des angestrebten Umsturzes der liberal-demokratischen und bürgerlichen Ordnung. Die auf der „Volksgemeinschafts"-Ideologie des Nationalsozialismus (s. S. 96 ff.) beruhende Vorstellung, dass die Erniedrigung und Verfolgung anderer Menschen notwendig und gut sei, widerspricht grundsätzlich bürgerlichen Werten und Normen. Denn diese garantieren die Menschen- und Bürgerrechte sowie die Rechtsgleichheit der Staatsbürger. Die neue Ordnung, die die Nationalsozialisten schaffen wollten, verachtete dieses Rechtsdenken und strebte einen radikalen Wandel der das gesamte menschliche Handeln bestimmen-

Arisierung
NS-Begriff, der den Prozess der Entfernung der deutschen Juden aus dem Wirtschafts- und Berufsleben bezeichnete. Er umfasste die Enteignung jüdischen Besitzes und Vermögens zugunsten von Nichtjuden, sog. „Ariern", den direkten Zugriff auf jüdische Vermögen und die Einschränkung jüdischer Erwerbstätigkeit.

den moralisch-sittlichen Leitideen an. Der Sozialpsychologe Harald Welzer hat in diesem Zusammenhang von einer „nationalsozialistischen Moral" gesprochen (2005). Diese sei im Kern von der Gewissheit getragen, dass alles gut und sinnvoll sei, was zur „Lösung der Judenfrage" beitrage. Das habe ausdrücklich radikale „Lösungen" eingeschlossen, die, so Welzer, dazu führen sollten, „dass Nachgeborene […] Juden überhaupt nur noch ‚vom Hörensagen' kennen können."

Literaturtipps
Saul Friedländer, Das Dritte Reich und die Juden 1933–1945, gekürzt v. Orna Kenan, aus dem Englischen übersetzt v. Martin Pfeiffer, C. H. Beck, München 2010.
Vom Autor autorisierte gekürzte Ausgabe des zweibändigen Gesamtwerkes. Das Buch richtet sich an Jugendliche und ein breiteres Publikum.

Diskriminierung

Am Beginn der antijüdischen Verfolgungen standen Rempeleien und Prügeleien von Juden auf offener Straße durch SA-Trupps. Nach der antisemitischen Propagandakampagne bei den Reichstagswahlen vom 5. März 1933 kam es zu Ausschreitungen und blutigen Unruhen. Dabei setzten sich nicht „erregte Menschenmengen" gegen das mächtige Judentum zur Wehr, wie die NS-Presse behauptete, sondern örtliche Anhänger der NSDAP terrorisierten gezielt jüdische Geschäftsleute, Ärzte und Juristen.

Moshe Zimmermann, Die deutschen Juden 1914–1945, Oldenbourg, München 1997.
Gut lesbare Überblicksdarstellung zur Geschichte der Judenverfolgung und Judenvernichtung während der NS-Herrschaft.

Der NS-Regierung kamen diese Unruhen ungelegen, weil sie den Prozess der Konsolidierung ihrer Herrschaft störten. Noch musste Hitler Rücksicht nehmen auf seine bürgerlich-konservativen Koalitionspartner, den Reichspräsidenten, die Reichswehr, die staatliche Verwaltung und die Wirtschaft, deren Vertrauen er gewinnen wollte. Die antisemitischen Gewalttätigkeiten belasteten außerdem die Beziehungen zum westlichen Ausland und schränkten die außenpolitischen Handlungsspielräume der neuen Regierung ein. Um den auf antijüdische Aktionen drängenden Gruppen entgegenzukommen, entschloss sich Hitler am 1. April 1933 zu einem straff organisierten Boykott jüdischer Geschäfte sowie der Praxen von jüdischen Ärzten und Rechtsanwälten. Es ging den Nationalsozialisten nicht nur darum, die jüdischen Deutschen zu isolieren und für rechtlos zu erklären, sondern auch darum, jegliche Solidarität und jedes Mitleid mit den Verfolgten zu brandmarken.

M1 Eine Käuferin, die den April-Boykott in Mittweida (Sachsen) missachtet, wird fotografiert, vermutlich 1. April 1933

Verdrängung

Die Verfolgung der Juden radikalisierte sich während der NS-Herrschaft schrittweise. Im April 1933 verabschiedete die Regierung verschiedene Gesetze und Verordnungen, die mithilfe des „Arierparagrafen" den Ausschluss der Juden aus bestimmten Berufen vorantrieben. Der NS-Staat schloss jüdische Ärzte von der Zulassung zu den Krankenkassen aus und verbot jüdischen Rechtsanwälten, Richtern und Staatsanwälten die Berufsausübung. Mit dem „Gesetz zur Wiederherstellung des Berufsbeamtentums" vom 7. April 1933 versperrte das Regime den Juden die Beamtenlaufbahn bzw. ordnete ihre Versetzung in den Ruhestand an. Außerdem schränkten die Nationalsozialisten die Ausbildungs- und Studienmöglichkeiten für Juden stark ein. Ihr Anteil durfte an den einzelnen Schulen und Universitäten nicht höher als 5 % und im gesamten Reichsgebiet nicht höher als 1,5 % betragen.

M 2 Ortsschild, undatiert (ca. 1930er-Jahre)

Pogrom
Der Begriff bezeichnet ursprünglich Judenverfolgungen im zaristischen Russland, die mit Plünderungen und Mord einhergingen; im 20. Jh. allgemein gewaltsame Ausschreitungen gegen Minderheiten, insbesondere Juden.

Ausgrenzung

Mit den „Nürnberger Gesetzen" aus dem Jahre 1935 begann die systematische Ausgrenzung aller Juden, die zu Staatsbürgern minderen Rechts herabgestuft wurden. Das „Reichsbürgergesetz" vom 15. September 1935 nahm den Juden alle politischen Bürgerrechte; sie waren nur noch „Staatsangehörige", nicht mehr „Reichsbürger". Gleichzeitig verbot das Regime im „Gesetz zum Schutz des deutschen Blutes und der deutschen Ehre" die Ehe und auch außereheliche Beziehungen zwischen „Ariern" und Juden. Übertretungen des Verbots galten als „Rassenschande" und wurden mit Zuchthaus bestraft. Mit einer Vielzahl von Sondergesetzen und -verordnungen setzte der NS-Staat in den nächsten Jahren die Diskriminierung, Ausgrenzung und Verdrängung der deutschen Juden aus dem öffentlichen Leben fort. Sie wurden vollständig aus Beamtenpositionen entfernt und die bereits Entlassenen verloren ihre Pensionen. Jüdische Geschäftsleute und Industrielle bekamen keine Aufträge mehr oder wurden von Rohstofflieferungen abgeschnitten, so dass viele von ihnen ihre Unternehmen aufgeben mussten. Der NS-Staat entzog den Juden jeglichen Rechtsschutz. Verträge, die mit Juden abgeschlossen worden waren, wurden von Gerichten für ungültig erklärt. Juden durften nicht mehr in Hotels übernachten, der Besuch von Theater-, Konzert- und Filmvorführungen, ja sogar das Betreten von Parkanlagen wurde ihnen verboten.

Entrechtung und Enteignung

Während der Olympischen Spiele 1936 hatte sich die Verfolgungspolitik des NS-Staates vorübergehend verlangsamt, da das Regime die prestigeträchtige Sportveranstaltung in Berlin nicht gefährden wollte. Doch unmittelbar nach Beendigung der Spiele forcierte das NS-Regime wieder seine antijüdischen Maßnahmen. Das von den Nationalsozialisten geplante und durchgeführte reichsweite Pogrom* gegen die Juden in der Nacht vom 9. zum 10. November 1938 zielte nicht mehr allein auf die Diskriminierung und Ausgrenzung der deutschen Juden, sondern auf ihre Vertreibung sowie die Auslöschung jüdischer Kultur in Deutschland. Und es führte den Zeitgenossen vor Augen, dass die deutschen Juden mittlerweile völlig rechtlos waren. Die Radikalisierung der NS-Judenpolitik wurde zusätzlich unterstrichen durch die Enteignung und Ausplünderung der noch in Deutschland lebenden jüdischen Bevölkerung, die damit ihre wirtschaftliche Existenzgrundlage verlor. Hauptzweck dieser Maßnahme war die Aneignung jüdischer Vermögen und Wirtschaftsbetriebe. Die Nationalsozialisten deklarierten diese planmäßige und praktisch entschädigungslose Enteignung der Juden als „Arisierung". Diese „Arisierungspolitik" begann nicht erst 1938, sondern setzte bereits 1933 ein. Bis 1937 sollten die von den Nationalsozialisten inszenierten Boykotte die Besitzer von Einzelhandelsgeschäften, mittleren und kleineren Betrieben entweder zu „freiwilligen" Verkäufen unter Wert zwingen oder in den Ruin treiben. Von den 1933 existierenden jüdischen Unternehmen gehörten zu Beginn des Jahres 1938 nur noch rund ein Drittel ihren ursprünglichen Eigentümern, und nur 9 000 von den mehr als 50 000 Einzelhandelsgeschäften aus der Zeit vor 1933 bestanden noch.

Seit 1937/38 systematisierte der NS-Staat die „Arisierungspolitik". Um die beschleunigte Aufrüstung Deutschlands zu finanzieren, ordnete der für den Vierjahresplan zuständige Minister Hermann Göring an, dass die im Rahmen des „Entjudungsprogramms" auf Sperrkonten einzufrierenden jüdischen Vermögen dem staatlichen Rüstungshaushalt zufließen sollten. Seit April 1938 mussten alle Juden ihre Werte und Vermögen über 5 000 Reichsmark anmelden, seit Juni war die Registrierung jüdischer Gewerbebetriebe vorgeschrieben. Ihre Scheinübertragung an nichtjüdische Geschäftspartner stand unter Strafe. Nach dem Novemberpogrom 1938 beschloss die NS-Regierung die entschädigungslose Zwangsenteignung jüdischer Unternehmen. Die „Verordnung über den Einsatz des jüdischen Vermögens" vom 3. Dezember 1938 schrieb die „Zwangsarisierung" bzw. Stilllegung all der jüdischen Betriebe in Deutschland zum 1. Januar 1939 vor, die bis dahin noch nicht verkauft oder aufgelöst worden waren. Der Staat verbot den Juden praktisch die Ausübung aller Berufe. Bei ihrer Entlassung verloren sie alle Ansprüche auf Rente, Pension und Versicherungen. Die Pogrome im November 1938 und die damit einhergehenden Maßnahmen zeigen dreierlei: den unverhüllten **Vernichtungswillen des NS-Regimes**, die inzwischen **vollständige Rechtlosigkeit der Juden** in Deutschland und die weitgehende **Passivität der deutschen Bevölkerung**.

Webcode:
KH639748-117

Widerstand, Vertreibung, Exil

Innerhalb der jüdischen Organisationen stand zwar kurz zur Debatte, dem Regime organisierten Widerstand zu leisten, doch wurde die Idee wegen Aussichtslosigkeit bald verworfen. Als Reaktion auf die Verfolgungen beschlossen tatsächlich viele der Juden, die finanziell dazu in der Lage waren, auszuwandern. Die jüdischen Organisationen versuchten, durch Informationen und Gegenpropaganda im Rahmen der noch vorhandenen Möglichkeiten auf das Unrecht hinzuweisen, das ihnen widerfuhr. Den Prozess der fortschreitenden Diskriminierung, Ausgrenzung und Entrechtung konnten sie dadurch nicht aufhalten.

Bereits 1933, im Jahr der NS-Regierungsübernahme, verließen 37 000 jüdische Deutsche ihr Heimatland. Danach sank die Zahl der jährlichen Auswanderer auf um 20 000, stieg jedoch nach den „Nürnberger Gesetzen" erneut an. Bei der Verwirklichung ihres Ziels, die Juden im Jahre 1938 durch eine verschärfte wirtschaftliche und physische Verfolgung zu einer beschleunigten Auswanderung zu veranlassen, hatten die Nationalsozialisten großen Erfolg. Im Jahr des Novemberpogroms flohen 40 000 Juden aus Deutschland, 1939 erreichte ihre Zahl mit 78 000 den Höhepunkt. Insgesamt gelang es 270 000 Juden, durch **Emigration*** der NS-Judenverfolgung zu entgehen. Davon wählten 55 000 Palästina als Zufluchtsort, rund 113 000 suchten in den USA eine neue Heimat.

Emigration
Bezeichnung für meist erzwungene Auswanderung aus wirtschaftlichen, politischen oder religiösen Gründen

1 Beschreiben Sie mithilfe der Darstellung den Wertewandel, den die Nationalsozialisten seit ihrer Machtübernahme 1933 einleiteten.
2 Erstellen Sie eine Zeittafel zur NS-Judenpolitik zwischen 1933 und 1939. Charakterisieren Sie dabei die wichtigsten Etappen der Judenverfolgung.

Hinweise zur Arbeit mit den Materialien

Die Materialien M 1 bis M 5 verdeutlichen, dass das NS-Regime seit der „Machtergreifung" im Januar 1933 mit der Verfolgung der Juden begann. Ein Schwerpunkt dieser Materialien liegt auf dem **Boykott jüdischer Geschäfte am 1. April 1933**. Mithilfe der Lebenserinnerungen des Publizisten Sebastian Haffner (M 5) lässt sich der **Verhaltens- und Wertewandel**, den die Nazis in Gang gesetzt haben, untersuchen. M 6 a, b und M 7 beschäftigen sich mit den **„Nürnberger Gesetzen"**. Vorgeschichte, Verantwortlichkeit, Durchführung, Herrschaftsmethode und Folgen des **Novemberpogroms 1938** lassen sich mithilfe von M 8 a, b und M 9 untersuchen. Dass der NS-Staat den jüdischen Mitbürgern die wirtschaftlichen Lebensgrundlagen entzog, geht aus dem Text des Historikers Wolfgang Benz über die **Enteignung der deutschen Juden** (M 10) hervor. Die Interpretation des Historikers Michael Wildt (M 11) ermöglicht eine Auseinandersetzung mit der Frage, welche Funktion die Verfolgung der deutschen Juden, insbesondere die Gewalt gegen sie, für die Schaffung der von den Nationalsozialisten angestrebten „Volksgemeinschaft" besaß. Die **Möglichkeiten und Grenzen** der deutschen Juden, dem Nazi-Terror durch **Auswanderung** zu entkommen, erläutert M 12. Mit dem Vorgehen der Nationalsozialisten gegen **andere Opfer des NS-Rassismus am Beispiel der Sinti und Roma** befassen sich die **Vertiefungsseiten**, S. 127 ff. Am Ende des Kapitels finden sich **weiterführende Arbeitsanregungen** und die Möglichkeit, die im Kapitel erworbenen **Kompetenzen zu überprüfen** (S. 130 f.).

M 3 Flugblatt der NSDAP Elbing (Westpreußen), Dezember 1932

Der Boykott gegen jüdische Geschäfte war keine Erfindung der Nationalsozialisten, aber sie haben den Boykott erst zu einer systematisch eingesetzten politischen Waffe gemacht. Mit der NSDAP verbundene Gruppen wie die „Kampfgemeinschaft gegen Warenhaus und Konsumverein" in Oberbayern oder der nationalsozialistisch geführte „Kampfbund des gewerblichen Mittelstandes" trieben die Boykottaktivitäten voran. Das Flugblatt aus Elbing war überschrieben mit „Weihnachten – ein Fest der Deutschen oder Rebbach für Juden?".

Deutscher Volksgenosse! Es ist richtig, Du hast Pflichten Deiner Familie gegenüber, aber noch mehr Pflichten hast Du Deinem Volke gegenüber. Du liebst Deinen Sohn und
5 Deine Tochter und willst ihnen eine Freude machen. Du sollst aber auch Deinen deutschen Bruder lieben und ihn nicht verhungern lassen! Sieh ihn Dir an, Deinen deutschen Bruder! Sieh ihn Dir an, den kleinen
10 Kaufmann und den Handwerker! Er war einstmals eine der festesten Säulen des Staates, der kleine Mittelstand. Heute ist er verproletarisiert. Er ist zugrunde gegangen durch die Schleuderkonkurrenz der Waren-
15 häuser. Und wer hat geholfen, ihn zugrunde zu richten? Du! sein deutscher Bruder. [...]
Vielleicht hättest Du heute noch Arbeit, wenn Du nicht den Juden, sondern den deutschen Bruder unterstützt hättest und wenn alle anderen das auch getan hätten.
20 [...] Was schert Dich der dreckige Jude? Er hat in Deinem Vaterlande nichts zu suchen. Verachte ihn und lass ihn nichts verdienen, dann verschwindet er von alleine und Dein deutscher Bruder kann wieder leben. [...]
25 Hast Du einmal etwas vom ‚Dolchstoß' gehört? 1918 erdolchten Schufte mit galizischem Namen die deutsche Front von hinten. Du hast in Empörung von diesem Dolchstoß gesprochen. Du selbst bist aber
30 auch ein solcher Dolchstößler, wenn Du die deutsche Volksgemeinschaft dadurch verrätst, dass Du Dein Geld zum Juden trägst. Deutscher Volksgenosse, besinne Dich! Kauf nicht bei Juden, sondern bei Deutschen!
35

Zit. nach: Michael Wildt, Volksgemeinschaft als Selbstermächtigung. Gewalt gegen Juden in der deutschen Provinz 1919 bis 1939, Hamburger Edition, Hamburg 2007, S. 147 f.

1 Erläutern Sie mithilfe von M 3 die politische Bedeutung von Boykottaufrufen für die Nationalsozialisten.

2 Nennen Sie Boykott-Beispiele aus der Gegenwart (Ziele, Mittel) und vergleichen Sie mit M 3.

M 4 Kaufhaus „Woolworth" in Wuppertal-Barmen am 1. April 1933, Fotografie

M 5 Aus den Erinnerungen des Publizisten Sebastian Haffner, 2002

Der junge Gerichtsassessor Haffner (1907 bis 1999) saß im März 1933 in der Bibliothek des Berliner Kammergerichts, als SA-Leute das Gericht nach jüdischen Mitarbeitern durchsuchen. Freitag, der 31. März [1933]. […] Ich ging in die Bibliothek […] und richtete mich an einem der langen Arbeitstische mit einem Aktenstück ein. […] Draußen in den Gängen
5 hörte man Getrappel, vielschrittiges grobes Laufen die Treppen herauf, dann fernes unentwirrbares Getöse, Rufen, Türenschlagen. Ein paar standen auf, gingen zur Tür, öffneten sie, spähten hinaus und kamen zurück.
10 Ein paar traten zu den Wachtmeistern und sprachen mit ihnen […]. Draußen der Lärm wurde stärker. Einer sagte in die vorhaltende Stille hinein: „SA". Darauf sagte ein anderer, mit nicht besonders erhobener Stimme: „Die
15 schmeißen die Juden raus", und zwei oder drei Leute lachten dazu. Dieses Lachen war im Augenblick erschreckender als der Vorgang selbst: Es ließ blitzhaft daran denken, dass ja auch in diesem Raum, wie sonderbar,
20 Nazis saßen. […]
Kurz darauf erschien jemand am Eingang, vielleicht eine Art Oberwachtmeister, und rief laut, aber mit besonnener Stimme, in den Raum: „Die SA ist im Haus. Die jüdi-
25 schen Herren tun besser daran, für heute das Haus zu verlassen." Zugleich hörte man von draußen, wie zur Illustration, rufen: „Juden raus!" Eine Stimme antwortete: „Sind schon raus", und wieder hörte ich die zwei oder
30 drei Lacher von vorhin kurz und fröhlich aufglucksen. Ich sah sie jetzt. Es waren Referendare wie ich. […]
Inzwischen waren die Eindringlinge auch bei uns. Die Tür wurde aufgerissen, braune
35 Uniformen quollen herein, und einer, offenbar der Anführer, rief mit schallender, strammer Ausruferstimme: „Nichtarier haben sofort das Lokal zu verlassen!" […] Mir schlug das Herz. Was konnte man tun, wie wahrte
40 man seine Haltung? Ignorieren, sich gar nicht stören lassen! Ich senkte mich auf mein Aktenstück. Ich las mechanisch irgendwelche Sätze […]. Keine Notiz nehmen!
Indem kam eine braune Uniform auf
45 mich zu und macht Front vor mir: „Sind Sie arisch?" Ehe ich mich besinnen konnte, hatte ich geantwortet: „Ja." Ein prüfender Blick auf meine Nase – und er retirierte. Mir aber schoss das Blut ins Gesicht. Ich empfand, ei-
50 nen Augenblick zu spät, die Blamage, die Niederlage. Ich hatte „ja" gesagt! Nun ja, ich war ein „Arier", in Gottes Namen. Ich hatte nicht gelogen. Ich hatte nur viel Schlimmeres geschehen lassen. Welche Demütigung,
55 Unbefugten auf Befragen pünktlich zu erklären, ich sei arisch – worauf ich übrigens keinen Wert legte. Welche Schande, damit zu erkaufen, dass ich hier hinter meinem Aktenstück in Frieden gelassen würde! Über-
60 rumpelt auch jetzt noch! Versagt in der ersten Prüfung! Ich hätte mich ohrfeigen können.

Sebastian Haffner, Geschichte eines Deutschen. Die Erinnerungen 1914–1933. Als Engländer maskiert. Ein Gespräch mit Jutta Krug über das Exil, DVA, Sonderausgabe, München 2006, S. 151–155.

1 Charakterisieren Sie mithilfe von M 1 bis M 5 die antijüdischen Maßnahmen des NS-Regimes.
2 Untersuchen Sie exemplarisch anhand der Erinnerungen Haffners (M 5) den Verhaltens- und Wertewandel, den die Nationalsozialisten bereits im Jahr ihrer Machtübernahme 1933 in Gang gesetzt haben:
a) Beschreiben Sie die von Haffner geschilderte Situation.
b) Erörtern Sie den Handlungsspielraum Haffners.
c) Erklären und bewerten Sie das Verhalten Haffners.

M6 Aus den Rassengesetzen des „Reichsparteitages der Freiheit" in Nürnberg 1935 („Nürnberger Gesetze")

a) „Reichsbürgergesetz" vom 15. September 1935

§ 1 (1) Staatsangehöriger ist, wer dem Schutzverband des Deutschen Reiches angehört und ihm dafür besonders verpflichtet ist.

(2) Die Staatsangehörigkeit wird nach den Vorschriften des Reichs- und Staatsangehörigkeitsgesetzes erworben.

§ 2 (1) Reichsbürger ist nur der Staatsangehörige deutschen oder artverwandten Blutes, der durch sein Verhalten beweist, dass er gewillt und geeignet ist, in Treue dem deutschen Volk und Reich zu dienen.

(2) Das Reichsbürgerrecht wird durch Verleihung des Reichsbürgerbriefes erworben.

(3) Der Reichsbürger ist der alleinige Träger der vollen politischen Rechte nach Maßgabe der Gesetze.

§ 3 Der Reichsminister des Innern erlässt im Einvernehmen mit dem Stellvertreter des Führers die zur Durchführung und Ergänzung des Gesetzes erforderlichen Rechts- und Verwaltungsvorschriften.

Reichsgesetzblatt, Jg. 1935, Teil 1, Nr. 100, S. 1146 f.

b) Auszug aus dem „Gesetz zum Schutze des deutschen Blutes und der deutschen Ehre" vom 15. September 1935

Durchdrungen von der Erkenntnis, dass die Reinheit des deutschen Blutes die Voraussetzung für den Fortbestand des deutschen Volkes ist, und beseelt von dem unbeugsamen Willen, die deutsche Nation für alle Zukunft zu sichern, hat der Reichstag einstimmig das folgende Gesetz beschlossen, das hiermit verkündet wird:

§ 1 (1) Eheschließungen zwischen Juden und Staatsangehörigen deutschen oder artverwandten Blutes sind verboten. Trotzdem geschlossene Ehen sind nichtig, auch wenn sie zur Umgehung dieses Gesetzes im Ausland geschlossen sind. […]

§ 2 Außerehelicher Verkehr zwischen Juden und Staatsangehörigen deutschen oder artverwandten Blutes ist verboten.

§ 3 Juden dürfen weibliche Staatsangehörige deutschen oder artverwandten Blutes unter 45 Jahren in ihrem Haushalt nicht beschäftigen.

§ 4 (1) Juden ist das Hissen der Reichs- und Nationalflagge und das Zeigen der Reichsfarben verboten.

(2) Dagegen ist ihnen das Zeigen der jüdischen Farben gestattet. Die Ausübung dieser Befugnis steht unter staatlichem Schutz.

§ 5 (1) Wer dem Verbot des § 1 zuwiderhandelt, wird mit Zuchthaus bestraft.

(2) Der Mann, der dem Verbot des § 2 zuwiderhandelt, wird mit Gefängnis oder mit Zuchthaus bestraft.

(3) Wer den Bestimmungen der §§ 3 oder 4 zuwiderhandelt, wird mit Gefängnis bis zu einem Jahr und mit Geldstrafe oder mit einer dieser Strafen bestraft.

Reichsgesetzblatt, Jg. 1935, Teil 1, Nr. 100, S. 1146 f.

1 Arbeiten Sie die Folgen des „Reichsbürgergesetzes" für die deutschen Juden heraus (M 6 a).
2 Untersuchen Sie die Konsequenzen des Gesetzes M 6 b für das Zusammenleben der Bevölkerung.

M7 Aus dem Juristischen Kommentar zu den „Nürnberger Gesetzen" von Staatssekretär Wilhelm Stuckart (1902–1953) und Ministerialrat Hans Globke (1898 bis 1973), 1935

Die nationalsozialistische Staatsführung hat den unerschütterlichen Glauben, im Sinne des allmächtigen Schöpfers zu handeln, wenn sie den Versuch macht, die ewigen ehernen Gesetze des Lebens und der Natur, die das Einzelschicksal wie das der Gesamtheit beherrschen und bestimmen, in der staatlich-völkischen Ordnung des Dritten Reiches wieder zum Ausdruck zu bringen […].

Die Rechts- und Staatsordnung des Dritten Reiches soll mit den Lebensgesetzen, den für Körper, Geist und Seele des deutschen Menschen ewig geltenden Naturgesetzen wieder in Einklang gebracht werden. Es geht also bei der völkischen und staatlichen Neuordnung unserer Tage um nicht mehr und nicht weniger als um die Wiederanerkennung der im tiefsten Sinne gottgewollten organischen Lebensordnung im deutschen Volks- und Staatsleben. [...]

Das Blutschutzgesetz zieht die Trennung zwischen jüdischem und deutschem Blut in biologischer Hinsicht. Der in dem Jahrzehnt vor dem Umbruch um sich greifende Verfall des Gefühls für die Bedeutung der Reinheit des Blutes und die damit verbundene Auflösung aller völkischen Werte ließ ein gesetzliches Eingreifen besonders dringend erscheinen. Da hierfür dem deutschen Volk nur vonseiten des Judentums eine akute Gefahr drohte, bezweckt das Gesetz in erster Linie die Verhinderung weiterer Blutmischung mit Juden. [...]

Kein nach der nationalsozialistischen Revolution erlassenes Gesetz ist eine so vollkommene Abkehr von der Geisteshaltung und der Staatsauffassung des vergangenen Jahrhunderts wie das Reichsbürgergesetz. Den Lehren von der Gleichheit aller Menschen und von der grundsätzlich unbeschränkten Freiheit des Einzelnen gegenüber dem Staate setzt der Nationalsozialismus hier die harten, aber notwendigen Erkenntnisse von der naturgesetzlichen Ungleichheit und Verschiedenartigkeit der Menschen entgegen: Aus der Verschiedenartigkeit der Rassen, Völker und Menschen folgen zwangsläufig Unterscheidungen in den Rechten und Pflichten der Einzelnen. Diese auf dem Leben und den unabänderlichen Naturgesetzen beruhende Verschiedenheit führt das Reichsbürgergesetz in der politischen Grundordnung des deutschen Volkes durch.

Zit. nach: Gerhard Schoenberner, *Der gelbe Stern. Judenverfolgung in Europa 1933–1945*, Bertelsmann, München 1978, S. 11.

1 Charakterisieren Sie die ideologischen Grundlagen der „Nürnberger Gesetze".
2 Erörtern Sie das Verständnis vom „Naturgesetz", das diesem Kommentar zugrunde liegt.

M 8 Novemberpogrom 1938

a) Blitzfernschreiben des SS-Gruppenführers und Chefs der Sicherheitspolizei (SD) Reinhard Heydrich, München, 10. November 1938, 1 Uhr 20:
An alle Staatspolizeileit- und Staatspolizeistellen./An alle SD-Oberabschnitte und SD-Unterabschnitte./Dringend! Sofort dem Leiter oder seinem Stellvertreter vorlegen!/Betr.: Maßnahmen gegen Juden in der heutigen Nacht./Aufgrund des Attentats gegen ... vom Rath in Paris sind im Laufe der heutigen Nacht – 9. auf 10.11.1938 – im ganzen Reich Demonstrationen gegen die Juden zu erwarten. Für die Behandlung dieser Vorgänge ergehen die folgenden Anordnungen:

1) Die Leiter der Staatspolizeistellen oder ihre Stellvertreter haben sofort nach Eingang dieses Fernschreibens mit den für ihren Bezirk zuständigen politischen Leitungen – Gauleitung oder Kreisleitung – fernmündlich Verbindung aufzunehmen und eine Besprechung über die Durchführung der Demonstrationen zu vereinbaren, zu der der zuständige Inspekteur oder Kommandeur der Ordnungspolizei zuzuziehen ist. In dieser Besprechung ist der politischen Leitung mitzuteilen, dass die Deutsche Polizei vom Reichsführer SS und Chef der Deutschen Polizei die folgenden Weisungen erhalten hat, denen die Maßnahmen der politischen Leitungen zweckmäßig anzupassen wären:

a) Es dürfen nur solche Maßnahmen getroffen werden, die keine Gefährdung deutschen Lebens oder Eigentums mit sich bringen (z. B. Synagogenbrände nur, wenn keine Brandgefahr für die Umgebung vorhanden ist).

b) Geschäfte und Wohnungen von Juden dürfen nur zerstört, nicht geplündert werden. Die Polizei ist angewiesen, die Durchführung dieser Anordnung zu überwachen und Plünderer festzunehmen.

c) In Geschäftsstraßen ist besonders darauf zu achten, dass nichtjüdische Geschäfte unbedingt gegen Schäden gesichert werden.

d) Ausländische Staatsangehörige dürfen – auch wenn sie Juden sind – nicht belästigt werden.

2) Unter der Voraussetzung, dass die unter 1) angegebenen Richtlinien eingehalten werden, sind die stattfindenden Demonstra-

tionen von der Polizei nicht zu verhindern, sondern nur auf die Einhaltung der Richtlinien zu überwachen.

3) Sofort nach Eingang dieses Fernschreibens ist in allen Synagogen und Geschäftsräumen der Jüdischen Kultusgemeinden das vorhandene Archivmaterial polizeilich zu beschlagnahmen, damit es nicht im Zuge der Demonstrationen zerstört wird. [...] Das Archivmaterial ist an die zuständigen SD-Dienststellen abzugeben.

4. Die Leitung der sicherheitspolizeilichen Maßnahmen hinsichtlich der Demonstrationen gegen Juden liegt bei den Staatspolizeistellen [...]. Zur Durchführung der sicherheitspolizeilichen Maßnahmen können Beamte der Kriminalpolizei sowie Angehörige des SD, der Verfügungstruppe und der Allgemeinen SS zugezogen werden.

5. Sobald der Ablauf der Ereignisse dieser Nacht die Verwendung der eingesetzten Beamten hierfür zulässt, sind in allen Bezirken so viele Juden – insbesondere wohlhabende – festzunehmen, als in den vorhandenen Hafträumen untergebracht werden können. Es sind zunächst nur gesunde männliche Juden nicht zu hohen Alters festzunehmen. Nach Durchführung der Festnahme ist unverzüglich mit den zuständigen Konzentrationslagern wegen schnellster Unterbringung der Juden in den Lagern Verbindung aufzunehmen. Es ist besonders darauf zu achten, dass die aufgrund dieser Weisung festgenommenen Juden nicht misshandelt werden.

Zit. nach: Heinz Lauber, Judenpogrom: „Reichskristallnacht" November 1938 in Großdeutschland, Bleicher, Gerlingen 1981, S. 80–82.

b) Der Historiker Ludolf Herbst über die Hintergründe des Pogroms (1996):
Am 8. und 9. November versammelte sich in München jedes Jahr die Parteiprominenz, um des gescheiterten Putsches vom November 1923 zu gedenken. Alles, was Rang und Namen in der NSDAP hatte und eine Führungsposition bekleidete, befand sich in München. Am Nachmittag des 9. November verstarb der [am 7. November niedergeschossene] Gesandtschaftsrat Ernst vom Rath. Die Nachricht wurde Hitler um 21 Uhr während eines NSDAP-Kameradschaftsabends im „Alten Rathaus" in München überbracht. Er unterhielt sich daraufhin im Flüsterton mit dem neben ihm sitzenden Goebbels und begab sich anschließend in seine Wohnung in der Prinzregentenstraße. Worüber die beiden sprachen, wissen wir nicht.

Kurz nach Hitlers Abgang, um 22 Uhr, teilte Goebbels der Versammlung den Tod vom Raths mit und hielt eine wüste antisemitische Brandrede. Er wies dabei auf die antisemitischen Demonstrationen hin, die am Abend des 8. November hier und da bereits begonnen hatten, und fügte vielsagend hinzu: „Der Führer habe ... entschieden, dass derartige Demonstrationen von der Partei weder vorzubereiten noch zu organisieren seien; soweit sie spontan entstünden, sei ihnen aber auch nicht entgegenzutreten." Offenbar begriff, stellte das Oberste Parteigericht später fest, die Mehrheit der Anwesenden dies als Aufforderung zur Organisation sogenannter „spontaner" Aktionen des „Volkszorns": Die Partei solle „nach außen nicht als Urheber von Demonstrationen in Erscheinung treten, sie in Wirklichkeit aber organisieren und durchführen".

Gegen 23 Uhr begaben sich die Parteifunktionäre und SA-Führer in ihre Quartiere und riefen die „Heimatorganisationen" an, die Gauleitungen, Gaupropagandaleitungen und SA-Gruppen. Die mündlich erteilten Befehle forderten zum Vorgehen gegen jüdische Geschäfte und Synagogen auf. Etwa um Mitternacht liefen die Aktionen überall im Reich an. Da es keine genauen Instruktionen gab, vielmehr jeder den Auftrag etwas anders verstand, kam es nicht zu einem einheitlichen Vorgehen. In manchen Fällen agierten SA-Trupps und Parteifunktionäre in Uniform, in anderen zogen sie zuvor Zivil an. Erst gegen zwei Uhr morgens trat Goebbels erneut in Aktion und gab den regionalen Instanzen seines Parteipropagandaapparates, den Propagandaämtern, die Weisung, die Durchführung der Aktion zu leiten. Zu diesem Zeitpunkt brannte aber bereits eine ganze Reihe von Synagogen.

Ludolf Herbst, Das nationalsozialistische Deutschland 1933–1945, Suhrkamp, Frankfurt/M. 1996, S. 207 f.

1 Untersuchen Sie anhand von M 8 a, b den Novemberpogrom 1938. Gehen Sie auf Vorgeschichte, Durchführung und Verantwortung ein.

M 9 Protokoll der Besprechung Hermann Görings mit Leitern der Obersten Reichsbehörden am 12. November 1938

Göring: Meine Herren, die heutige Sitzung ist von entscheidender Bedeutung. Ich habe einen Brief bekommen, den mir der Stabsleiter des Stellvertreters des Führers, Bormann, im Auftrag des Führers geschrieben hat, wonach die Judenfrage jetzt einheitlich zusammengefasst werden soll und so oder so zur Erledigung zu bringen ist. Durch telefonischen Anruf bin ich gestern vom Führer noch einmal darauf hingewiesen worden, jetzt die entscheidenden Schritte zentral zusammenzufassen. Da das Problem in der Hauptsache ein umfangreiches wirtschaftliches Problem ist, wird hier der Hebel angesetzt werden müssen. [...] Denn, meine Herren, diese Demonstrationen habe ich satt. Sie schädigen nicht den Juden, sondern schließlich mich, der ich die Wirtschaft als letzte Instanz zusammenzufassen habe. Wenn heute ein Geschäft zertrümmert wird, wenn Waren auf die Straße geschmissen werden, dann ersetzt die Versicherung dem Juden den Schaden – er hat ihn gar nicht –, und zweitens sind Konsumgüter, Volksgüter zerstört worden. Wenn in Zukunft schon Demonstrationen, die unter Umständen notwendig sein mögen, stattfinden, dann bitte ich nun endgültig, sie so zu lenken, dass man sich nicht in das eigene Fleisch schneidet. Denn es ist irrsinnig, ein jüdisches Warenhaus auszuräumen und anzuzünden, und dann trägt eine deutsche Versicherungsgesellschaft den Schaden, und die Waren, die ich dringend brauche – ganze Abteilungen Kleider und was weiß ich alles –, werden verbrannt und fehlen mir hinten und vorn. Da kann ich gleich die Rohstoffe anzünden, wenn sie hereinkommen. [...]
Göring: Mir wäre lieber gewesen, ihr hättet 200 Juden erschlagen und hättet nicht solche Werte vernichtet. [...]
Heydrich: Bei allem Herausnehmen des Juden aus dem Wirtschaftsleben bleibt das Grundproblem letzten Endes doch immer, dass der Jude aus Deutschland herauskommt. Darf ich dazu einige Vorschläge machen? Wir haben in Wien auf Weisung des Reichskommissars eine Judenauswanderungszentrale eingerichtet, durch die wir in Österreich immerhin 50 000 Juden herausgebracht haben, während im Altreich in der gleichen Zeit nur 19 000 Juden herausgebracht werden konnten, und zwar ist uns das durch Zusammenarbeit mit dem zuständigen Wirtschaftsministerium und den ausländischen Hilfsorganisationen gelungen. [...]
Göring: Wie war das möglich?
Heydrich: Wir haben das in der Form gemacht, dass wir den reichen Juden, die auswandern wollten, bei der jüdischen Kultusgemeinde eine gewisse Summe abgefordert haben. Mit dieser Summe und Devisenzuzahlungen konnte dann eine Anzahl der armen Juden herausgebracht werden. Das Problem war ja nicht, den reichen Juden herauszukriegen, sondern den jüdischen Mob. [...] Darf ich vorschlagen, dass wir eine ähnliche Zentrale im Reich unter Beteiligung der zuständigen Reichsbehörden einrichten. [...]
Göring: Einverstanden.
Heydrich: Das Zweite, um die Juden herauszubekommen, müsste eine Auswanderungsaktion für das Judentum im übrigen Reich sein, die sich auf mindestens 8 bis 10 Jahre erstreckt. [...].
Göring: [...] Wenn das Deutsche Reich in irgendeiner absehbaren Zeit in außenpolitischen Konflikt kommt, so ist es selbstverständlich, dass auch wir in Deutschland in allererster Linie daran denken werden, eine große Abrechnung an den Juden zu vollziehen.

Zit. nach: Kurt Pätzold (Hg.), Verfolgung, Vertreibung, Vernichtung. Dokumente des faschistischen Antisemitismus 1933 bis 1942, Reclam, Leipzig 1987, S. 175–180.

1 Erörtern Sie mithilfe von M 9 Motive, Ziele und Folgen sowie Schärfe der NS-Judenverfolgung im Jahre 1938.

M 10 Der Historiker Wolfgang Benz über die Enteignung der deutschen Juden (1995)

Im Herbst 1938, zur Zeit des Novemberpogroms, befanden sich von ehemals rund 100 000 jüdischen Betrieben noch 40 000 in Händen ihrer rechtmäßigen Besitzer. Am stärksten hatten die „Arisierungen" im Einzelhandel zu Buche geschlagen, von rund

50 000 Geschäften waren noch 9 000 übrig. Die Zahl der jüdischen Arbeitslosen war stetig angestiegen, Berufsverbote und erzwungene Verkäufe hatten zur Verarmung vieler geführt. Die „Verordnung zur Ausschaltung der Juden aus dem deutschen Wirtschaftsleben" vom 12. November 1938 vernichtete die noch verbliebenen Existenzen. Ab dem 1. Januar 1939 war Juden das Betreiben von Einzelhandelsgeschäften, ebenso das Anbieten von Waren und gewerblichen Leistungen auf Märkten und Festen, das Führen von Handwerksbetrieben untersagt.

Die Betriebe wurden, in der Regel zu einem Bruchteil ihres Wertes, in die Hände von nichtjüdischen Besitzern überführt („arisiert") oder aufgelöst. Für den jüdischen Eigentümer bedeutete das in jedem Fall den Ruin, denn auch über den Erlös konnte er nicht verfügen, er wurde auf Sperrkonten eingezahlt und später zugunsten des Deutschen Reiches konfisziert. Schmuck, Juwelen, Antiquitäten mussten Juden zwangsweise verkaufen, die Ankäufe erfolgten zu Preisen, die weit unter dem Wert lagen; auch über Wertpapiere und Aktien durften Juden nicht mehr verfügen, sie mussten ins Zwangsdepot gegeben werden. Jüdischer Immobilienbesitz wurde gleichfalls zwangsarisiert. Jüdischen Arbeitnehmern wurde gekündigt, die Selbstständigen hatten fast ausnahmslos Berufsverbot. Von 3 152 Ärzten hatten 709 noch die widerrufliche Erlaubnis, als „Krankenbehandler" ausschließlich jüdische Patienten zu versorgen.

Die zunehmende Verelendung der deutschen Juden wurde von den Behörden ausgenutzt, um Zwangsarbeit zu verordnen. Der entsprechende Erlass des Präsidenten der Reichsanstalt für Arbeitsvermittlung und Arbeitslosenversicherung datiert vom 20. Dezember 1938; fortan wurden alle arbeitseinsatzfähigen Juden unter diskriminierenden Umständen („abgesondert von der Gefolgschaft") in „staatspolitisch wichtigen Vorhaben" (das waren vor allem Betriebe der Rüstungsindustrie) ausgebeutet.

Nach dem Novemberpogrom kam mit dem Verbot jüdischer Zeitungen und Organisationen das öffentliche Leben der Juden zum Erliegen. Ausgeraubt und verelendet, blieb ihnen die private Existenz unter zunehmend kläglichen Umständen, unter immer neuen Schikanen. Am 30. April begannen mit einem „Gesetz über Mietverhältnisse mit Juden" die Vorbereitungen der Zusammenlegung jüdischer Familien in „Judenhäusern". Absicht war, und sie wurde rasch verwirklicht, das Zusammendrängen von Juden in Wohnungen, die die Überwachung (und später die Deportationen) erleichterten. „Ariern", so die Begründung, sei das Zusammenleben mit Juden im selben Haus nicht zuzumuten.

Wolfgang Benz, Der Holocaust, C. H. Beck, München 1995, S. 34 f.

1 Beschreiben Sie die Ausschaltung der Juden aus dem Wirtschaftsleben.
2 Untersuchen Sie anhand von M 10 Begriff und Funktion der „Arisierung". Berücksichtigen Sie dabei auch M 7 auf S. 9. **a)** Erläutern Sie den Bezug des Begriffs „Arisierung" zur „Volksgemeinschafts"-Ideologie. **b)** Erörtern Sie Motive und Ziele der „Arisierungen". **c)** Arbeiten Sie die Folgen der „Arisierungen" für die jüdischen und die nichtjüdischen Deutschen heraus.

M 11 Judenverfolgung und „Volksgemeinschaft" – eine Interpretation des Historikers Michael Wildt (2007)

Die Verfolgung der deutschen Juden als „Volksfeinde", als „rassische Gegner des deutschen Volkes", war das wesentliche politische Instrument zur Zerstörung des Staatsvolkes und zur Herstellung der Volksgemeinschaft.

In der politischen Praxis vor Ort hieß das, soziale Distanz herzustellen, jedwede Solidarität und Mitleid mit den Verfolgten zu stigmatisieren, um die Juden zu isolieren und für rechtlos, ja vogelfrei zu erklären. Man kann kaum unterschätzen, was zum Beispiel der Ausschluss der jüdischen Mitglieder aus den örtlichen Vereinen, ob Sport-, Gesangs-, Schützenverein oder die lokale Feuerwehr, die allesamt im Laufe des Jahres 1933 den „Arierparagrafen" in ihr Vereinsstatut übernahmen, für die soziale Isolierung der jüdischen Familien im Ort bedeutete. Hinzu kam die Boykottbewegung, die keineswegs auf den 1. April 1933 beschränkt blieb. Während in den Großstädten unter den Augen der ausländischen Beobachter und konzentrierter Kontrolle durch die Polizei der Boykott nach dem 1. April fürs Erste abgebrochen wurde, eröffnete er in der Provinz, in den Kleinstädten und Dörfern, den örtlichen Partei- und SA-Gruppen eine politische Arena, in der sie die soziale, kulturelle und politische Ordnung des Ortes verändern konnten. Mit dem Boykott ließen sich diverse Aktionsformen ausprobieren, von öffentlichen Plakaten und Transparenten, über das Postenstehen direkt vor dem Laden, das bloße Auffordern von Kunden, das Geschäft nicht zu betreten bis hin zu Beschimpfungen und Anwendung von Gewalt. [...]

Die zahlreichen geschilderten Fälle zeigen, dass es falsch wäre, den Blick allein auf die Aktivisten zu richten. So wie die Täter keineswegs bloße Befehlsempfänger waren, die Anweisungen ausführten, sondern die Situation, die Gewalttat mitdefinierten, so hatten auch die Zuschauer, Passanten, *bystanders* eine gleichermaßen elementare Rolle als Duldende oder Billigende, als Komplizen. Die Opfer mussten ihre Ohnmacht erleiden, während die „Volksgenossen" ihre Ermächtigung alltäglich erfuhren und selbst diejenigen, die sich nicht direkt beteiligten, sondern dabeistanden und zuschauten, komplizenhaft an der Machtausübung teilhaben konnten.

Zugleich stiftet Gewalt Gemeinschaft. Jeder kann mittun, dabei sein, ohne als Einzelner Verantwortung oder Führung zu übernehmen. Auch der Feigste darf schlagen, stoßen, Gewalt antun, ohne vor der Gegenwehr des Opfers Angst zu haben. In der Gemeinschaft vervielfacht sich die Gewalt gegenüber dem Opfer auf der einen, wie sich die Furcht des Täters, seinerseits verletzt zu werden, Schaden am eigenen Körper zu nehmen, auf der anderen Seite verringert. In der kollektiven Gewalttat gegen Juden wurde die Ausgrenzung der „Anderen" auf brutale Weise exekutiert, und gleichermaßen bedeutete die Gewalt für den einzelnen Täter eine machtvolle Erfahrung der „Selbstaffirmation"[1] (Alf Lüdtke). In der Aktion bildete sich jene „Volksgemeinschaft", von der die NS-Propaganda sonst nur redete: eine Gemeinschaft, die einen Feind besaß, dessen Verfolgung und Vertreibung zum Prüfstein ihrer Existenz wurde; eine Gemeinschaft, die sich nicht durch Gesetze definierte, die immer auch Grenzen hätte setzen können, die sich erst durch die Tat schuf und als Selbstbestimmung erfahren werden konnte.

Die jeweiligen Motive mochten durchaus unterschiedlich gewesen sein: Habgier, Neid, Missgunst mögen die Handelnden ebenso befeuert haben wie explizite Judenfeindschaft. Und selbst unter den antijüdischen Beweggründen mag es variierende Motive und Absichten gegeben haben. Insofern ist die gemeinsame Tat kein Beweis für eine geteilte Motivation oder eine gleichförmige Weltanschauung. Doch verschmolzen die unterschiedlichen Beweggründe in der gemeinsamen Tat, die gewalttätige Praxis hob die möglichen Motivdifferenzen zwischen den Beteiligten in der kollektiven Aktion auf. Gleich welche Intention zur Tat drängte, stets richtete sich die Gewalt gegen Juden. Und in jedem Fall bot der offizielle rassenbiologische Antisemitismus auch denen eine wohlfeile, öffentlich sanktionierte Legitimierung, die aus bloßer Habgier, Rachsucht oder anderen, nicht unbedingt antijüdischen Antrieben handelten. Ja, schlimmer noch, die antisemitische Praxis gestattete, all die Gefühle und Ressentiments, die ansonsten sozial sanktioniert waren, ungehemmt auszuleben. [...] Die Gewaltaktionen gegen Juden haben nicht die „Volksgemeinschaft" geschaffen, aber diese Praxis der Gewalt nahm die Wirklichkeit der „Volksgemeinschaft", wenn auch zeitlich und räumlich begrenzt, vorweg. Gewalt machte einen Gesellschaftszustand konkret, ja körperlich erfahrbar, in dem die alte Ordnung außer Kraft gesetzt war und sich eine neue politische Ordnung rassistischer Ungleichheit etablierte.

Michael Wildt, Volksgemeinschaft als Selbstermächtigung. Gewalt gegen Juden in der deutschen Provinz 1919–1939, Hamburger Edition, Hamburg 2007, S. 361f., 372f.

---

1 Selbstaffirmation: Selbstbestätigung

---

1 Erläutern Sie die These von Wildt: „Die Verfolgung der deutschen Juden als ‚Volksfeinde', als ‚rassische Gegner des deutschen Volkes', war das wesentliche politische Instrument zur Zerstörung des Staatsvolkes und zur Herstellung der Volksgemeinschaft."

M 12 Der Historiker Wolfgang Benz über die jüdische Emigration (1995)

Die Auswanderungspolitik des NS-Regimes war widersprüchlich und undurchsichtig, dem verstärkten Druck zur Emigration Anfang 1939 folgten massive Behinderungen bis zum Auswanderungsverbot im Herbst 1941. Gefördert wurde die Auswanderung nach Palästina […]. Behindert wurde dagegen die Auswanderung in die europäischen Nachbarländer. Dass sich die jüdischen Flüchtlinge vor Hitler in der ersten Auswanderungswelle zunächst in die unmittelbare Nachbarschaft begaben, lag nahe. Das bis 1935 unter Völkerbundsmandat stehende Saargebiet war ebenso erste Zuflucht für viele wie Österreich und die Tschechoslowakei, die per saldo mehr Menschenfreundlichkeit den Emigranten gegenüber bewies als die Schweiz. Das wichtigste Exilland war 1933/34 Frankreich. Freilich war die wirtschaftliche Lage dort trostlos, und nicht wenige Juden kehrten, der zermürbenden und aussichtslosen Jagd nach einer neuen Existenz müde, nach Deutschland zurück. […] Das kleine Luxemburg bot bis zum deutschen Überfall im Mai 1940 Zuflucht, in die Niederlande hatten sich 25 000 bis 30 000 deutsche Juden in eine trügerische Sicherheit gerettet. Möglichkeiten bot auch das faschistische Italien, und zwar über den September 1938 hinaus, als Mussolini unter deutschem Druck eine Judengesetzgebung einführte, die sich allmählich mit den Nürnberger Gesetzen vergleichen ließ. In Italien – und Ähnliches galt auch für das Spanien, in dem der Faschist Franco herrschte – mangelte es der Bevölkerung an antisemitischer Überzeugung […]. Weil es nicht wie die meisten Emigrationsländer Europas schließlich unter deutsche Herrschaft geriet, hielt Großbritannien den größten Anteil deutschjüdischer Einwanderer auf Zeit wie auf Dauer. Bis Herbst 1938 hatten sich ca. 11 000 Juden auf die britischen Inseln gerettet, nach der „Reichskristallnacht" durften noch einmal 40 000 kommen. Generös war die rasche, unmittelbar nach dem Novemberpogrom einsetzende Hilfe für jüdische Kinder aus Deutschland, Tausende konnten mithilfe der Kindertransporte gerettet werden.

Die wichtigsten und begehrtesten Exilländer waren Palästina und USA. Aus unterschiedlichen Gründen war es jedoch schwer, dorthin zu gelangen. Palästina war britisches Mandatsgebiet, und die einwanderungswilligen Zionisten […] wurden nur in geringer Zahl nach einem komplizierten Quotensystem zugelassen. Von der *Jewish Agency* offiziell betreut, also legal, wanderten 1933 bis 1936 maximal 29 000 Juden aus Deutschland nach Palästina aus, in den Jahren 1937 bis 1941 waren es noch rund 18 000. Die illegale Einwanderung (*Allija Beth*) war reich an Risiko und nur für einige tausend Menschen insgesamt erfolgreich. Einwanderungsquoten bildeten auch die für viele unüberwindbare Barriere vor den Vereinigten Staaten. Aber bis 1939 wurden nicht einmal die Jahresquoten ausgenutzt. Ursachen waren sowohl die Devisenbewirtschaftung in Deutschland als auch die restriktive Politik der amerikanischen Einwanderungsbehörden. Nach dem Novemberpogrom 1938 wurden die Restriktionen zwar gelockert, aber für viele war es zu spät. War es erst die Sorge, von verarmten Juden aus Mitteleuropa belästigt zu werden, so kam nach Kriegsausbruch die Furcht vor Nazi-Spionen dazu, die im Flüchtlingsstrom einsickern könnten. […] Trotzdem waren die Vereinigten Staaten das wichtigste Exilland überhaupt, in dem über 130 000 deutsche und österreichische Juden Zuflucht fanden. Die aus Deutschland entkommenen Juden erwartete ein mühsamer Alltag mit beträchtlichen Eingewöhnungsproblemen, mit Sprachbarrieren, beruflichem Abstieg, wirtschaftlicher Not und Gefühlen des Entwurzeltseins – für viele lebenslang. Das Jahr 1939 wurde zum Hauptauswanderungsjahr, in dem noch 75 000 bis 80 000 Juden die Flucht aus Deutschland gelang. 1940 waren es noch 15 000, 1941 8 000, dann, am 23. Oktober 1941, wurde die Emigration verboten. Zu diesem Zeitpunkt war der Völkermord bereits im Gang.

Wolfgang Benz, Der Holocaust, C. H. Beck, München 1995, S. 30–33.

1 Beschreiben Sie die Auswanderungspolitik des NS-Regimes gegenüber den Juden. Arbeiten Sie dabei Motive und Ziele heraus.

2 Erläutern Sie a) das Verhalten der jüdischen Emigranten und b) die Politik der möglichen Emigrationsländer.

Weitere Opfergruppen: Sinti und Roma

Opfer der NS-Rassenpolitik

Die NS-Rassenpolitik zielte nicht nur auf die Verfolgung und Vernichtung der Juden, sondern zählte auch andere Bevölkerungsgruppen zu den rassisch „Minderwertigen", die aus der „Volksgemeinschaft" „ausgemerzt" werden müssten. Hierzu rechneten die Nationalsozialisten Homosexuelle, „Asoziale", Kriminelle und unheilbar Kranke, Sinti und Roma*, nationale Minderheiten wie die Afrodeutschen (Afrikaner aus ehemaligen deutschen Kolonien und die Kinder von farbigen Soldaten der französischen Besatzungstruppen im Rheinland), die slawischen Minderheiten der Kaschuben, Sorben und Masuren, allgemein Angehörige slawischer Bevölkerungsgruppen, wie z. B. Polen und Russen, sowie generell alle Menschen, die nach der NS-Ideologie nicht zu der angeblich überlegenen „nordisch-germanischen Herrenrasse" gehörten. Für die Nationalsozialisten stand fest, dass alle diese „rassisch minderwertigen" Menschen eine „lebensunwerte" Existenz führten. Nur wenigen zeitgenössischen Deutschen war jedoch bekannt, dass die Kategorie „lebensunwertes Leben" oder „unheilbar krank" auch eines Tages jeden hätte treffen können – z. B. den Soldaten, der als überzeugter Nationalsozialist für das Vaterland in den Krieg zog, aber als Kriegsversehrter zurückkehrte.

Sinti und Roma
Eigenbezeichnung einer vor allem in Europa verbreiteten ethnischen Minderheit indischer Herkunft. Der Fremdbegriff „Zigeuner" wird vom Zentralrat Deutscher Sinti und Roma als diskriminierend abgelehnt. Sinti und Roma leben seit dem 15. Jahrhundert in Mitteleuropa und wurden häufig als Sündenböcke der Mehrheitsgesellschaft diffamiert.

Sinti und Roma

Die SS begann 1933 mit der Erfassung der aufgrund ihrer „Rasse" als „Untermenschen" abgewerteten Sinti und Roma. Das 1936 gegründete „Rassenhygiene-Institut" sollte die Ausgrenzung und Verfolgung dieser Minderheit wissenschaftlich fundieren. Arbeitsgruppen des Instituts erstellten etwa 24 000 pseudowissenschaftliche „Gutachten", in denen die Sinti und Roma vom „reinrassigen" bis zum „Achtelzigeuner" klassifiziert wurden. Diese Gutachten dienten als Grundlage für spätere Deportationen, deren Voraussetzungen im Dezember 1938 vom „Chef der deutschen Polizei", Heinrich Himmler, geschaffen wurden. Nach Ausbruch des Krieges, im Oktober 1939, kündigte Himmler dann an, dass die „Zigeunerfrage binnen kurzem im gesamten Reichsgebiet geregelt" werde; kein „Zigeuner" dürfe seinen bisherigen Wohnort verlassen. Wie die Juden wurden im Verlauf des Krieges auch die Sinti und Roma zunehmend entrechtet, schließlich deportiert und ermordet. Die genaue Zahl der ermordeten Sinti und Roma ist nur schwer zu bestimmen, da in allen von Deutschland besetzten Gebieten Europas Massenerschießungen stattgefunden haben, über die es kaum Quellen gibt. Hochrechnungen schwanken zwischen mindestens 200 000 und einer Million.

M1 Anfertigung von pseudowissenschaftlichen Kopfmodellen von Sinti und Roma, Fotografie, 1937

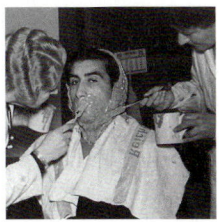

Webcode:
KH639748-127

M 2 Aus dem Runderlass Heinrich Himmlers vom 8. Dezember 1938

§ 1 (1) Die bisher bei der Bekämpfung der Zigeunerplage gesammelten Erfahrungen und die durch die rassenbiologischen Forschungen gewonnenen Erkenntnisse lassen es angezeigt erscheinen, die Zigeunerfrage aus dem Wesen dieser Rasse heraus in Angriff zu nehmen. Erfahrungsgemäß haben die Mischlinge den größten Anteil an der Kriminalität der Zigeuner. Andererseits hat es sich gezeigt, dass die Versuche, die Zigeuner sesshaft zu machen, gerade bei den rassereinen Zigeunern infolge ihres starken Wandertriebes misslungen sind. Es erweist sich deshalb als notwendig, bei der endgültigen Lösung der Zigeunerfrage die rassereinen Zigeuner und die Mischlinge gesondert zu behandeln.
   (2) Zur Erreichung dieses Zieles ist es zunächst erforderlich, die Rassenzugehörigkeit der einzelnen im Deutschen Reich lebenden Zigeuner und der nach Zigeunerart umherziehenden Personen festzustellen.

Ministerialblatt des Reichs- und Preußischen Ministeriums des Innern, Jg. 99, Nr. 51.

M 3 Erinnerungen der Auschwitz-Überlebenden Roma Elisabeth Guttenberger (1995)

1926 wurde ich in Stuttgart geboren. Ich hatte vier Geschwister, die auch dort zur Welt kamen. Meine Eltern waren schon längere Zeit in Stuttgart ansässig. Wir wohnten in einem sehr schönen Stadtteil mit vielen Gärten und Grünflächen. Mein Vater verdiente seinen Unterhalt mit Antiquitäten und Streichinstrumenten. Mit unseren Nachbarn lebten wir friedlich zusammen. Niemand hat uns diskriminiert. Alle waren freundlich zu uns. Wenn ich an diese Zeit zurückdenke, so muss ich sagen, dass sie die schönste in meinem Leben war. […]

Über die Jahre nach 1933 berichtet sie:

In der Schule erlebte ich jetzt zum ersten Mal offenen Rassenhass. Eine Mitschülerin, eine BDM-Führerin, fiel eines Tages mit der halben Klasse über mich her. Gemeinsam schlugen sie mich blutig. Ich wehrte mich, so gut ich konnte, mit meinem Schirm. Am nächsten Tag ließ mich der Rektor zu sich holen. Er empfing mich mit den Worten: „Was hast du dir denn gestern erlaubt?" Und er gab mir mit dem Rohrstock sechs Tatzen auf die ausgestreckten Hände. Ich war fast ohnmächtig vor Schmerz. Zum Glück hatte ich eine sehr couragierte Lehrerin. Sie war eine ehemalige Reichstagsabgeordnete und Gegnerin des Hitler-Regimes. Sie nahm mich in Schutz und hielt den anderen Mädchen eine Moralpredigt. Am Ende erlaubte sie sich sogar die Worte: „Habt ihr diese Frechheit etwa im BDM gelernt?" Und keiner wagte, ihr zu widersprechen, selbst der Rektor nicht, der ein Nazi war.

Zit. nach: Romani Rose (Hg.), Der nationalsozialistische Völkermord an den Sinti und Roma, Wunderhorn, Heidelberg 1999, S. 100 und 202.

M 4 Aus den Erinnerungen des Rom Eichwald Rose

Der Bericht ist in den Dokumenten des Nürnberger Kriegsverbrecherprozesses überliefert:
[Geboren am 3. Mai 1908 in Elgut, Krs. Oppeln/Oberschlesien] war ich im Geschäft meines Vaters, der Pferdehändler in Stettin war, bis 1938 beschäftigt. Im Juni 1938 wurde ich von der Polizei in Stettin abgeholt, weil ich ein Verhältnis mit einem arischen Mädchen hatte. Man hat mich in das Konzentrationslager Sachsenhausen transportiert, wo ich, trotzdem ich Zigeuner-Mischling bin, in der Judenabteilung untergebracht wurde. Mein Vater war Zigeuner, meine Mutter Halbjüdin, ihr Vater war auch Zigeuner. Ich blieb im Lager Sachsenhausen bis Dezember 1940 und wurde, wie alle anderen Lagerinsassen, schlecht behandelt. Im Dezember 1940 meldete ich mich freiwillig zum Suchen von Blindgängern und wurde zu diesem Zweck der Luftwaffe überwiesen, wo ich unter Bewachung von SS-Leuten Blindgänger ausgrub. […] Als Belohnung für meine Tätigkeit bei dem Kommando wurde ich vor Weihnachten 1940 nach Stettin entlassen, unter der Bedingung, dass ich mich einer Unfruchtbarmachung im Krankenhaus Wendorf bei Stettin unterzog. Ich habe einen Schein bei der Gestapo unterzeichnen müssen, dass ich mich freiwillig der Sterilisation unterwerfe. Wenn ich das nicht getan hätte, wäre ich wieder zurück ins Lager gebracht

worden. Die Operation hat im Mai 1941 auf Anordnung von Dr. Ritter im Gesundheitsamt Stettin im Krankenhaus Wendorf stattgefunden [...]. Nach meiner Operation wurde ich im Jahre 1941 als Landarbeiter vom Arbeitsamt Stettin nach Pommern (Lauenburg) verschickt. [...]

Im September 1942 wurde ich wieder von der Gestapo mit meinem Vater, vier Brüdern und zwei Schwestern und anderen Zigeunern aus dem Gau Pommern verhaftet. Ich allein wurde in das Konzentrationslager Sachsenhausen eingeliefert, während alle anderen nach Auschwitz versandt worden sind und bis auf einen Bruder von mir nicht mehr zurückgekehrt sind.

Während meiner zweiten Inhaftierung in Sachsenhausen wurde auch meine damals 12-jährige Tochter Martha von der Gestapo abgeholt und im Stettiner Krankenhaus sterilisiert. [...] Ich hatte Glück, dadurch, dass ich nicht zum Außendienst, sondern in der Schneiderei beschäftigt worden bin, konnte ich mit den kärglichen Nahrungsmitteln auskommen und den Aufenthalt bis zu meiner Befreiung überstehen.

Zit. nach: Donald Kenrick/Grattan Puxon, Sinti und Roma – die Vernichtung eines Volkes im NS-Staat, übersetzt v. Astrid Stegelmann, Gesellschaft für bedrohte Völker, Göttingen 1981, S. 134.

M 5 Das „Zigeunergetto" in Lodz, Fotografie, undatiert (ca. 1941/42)

1 Erarbeiten Sie mithilfe des Darstellungstextes und von M 2 die ideologischen Grundlagen für die Verfolgung der Sinti und Roma.
2 a) Beschreiben Sie die Erfahrungen, die Frau Guttenberger in der NS-Zeit gemacht hat (M 3).
b) Beurteilen Sie das Verhalten der Lehrerin und des Schuldirektors in M 3.
3 Stellen Sie anhand von M 3 bis M 6 die Praxis der Verfolgung von Sinti und Roma in der Zeit des Nationalsozialismus dar.

M 6 Meldung eines Höheren SS- und Polizei-Führers aus dem Jahr 1941 über Erschießungen

```
                    A b s c h r i f t .

Der Höh.-SS-u.Pol.-Führer              St.Qu., den 15. 10. 41.
    Rußland Mitte
beim Befehlshaber d.rückw.H.-G.Mitte
Ia
                 A l s  K u r i e r p o s t .

Betr.: Exekutionen.
Bez. : Funkspruch Chef O.P. Nr. 31 v. 13.9.41.

In der Zeit vom 12.10. bis 14.10.41 wurden folgende Exekutionen
durchgeführt.
```

Formationen	russische Soldaten	Kommunisten	Zigeuner	Juden
Pol.Rgt.Mitte	62	4	3	10
Stab des Hssupf. Rußl.Mitte			50	
zus.	62	4	53	10

```
                         I.A. gez. Unterschrift.
                         Major der Sch.
Verteiler:
RFss.              1      F.d.R.d.A.
Kdo.-Stab d.Rfss.  1
Chef O.P.          1
                   3
```

Kompetenzen überprüfen

Erarbeiten Sie Präsentationen

Thema
Ausgrenzung und Verfolgung der Juden – ein lokal- bzw. regionalgeschichtliches Projekt
Recherchieren Sie in Ihrer Region den Verlauf der Judenverfolgung während der NS-Herrschaft 1933–1939. Untersuchen Sie mithilfe von Stadt-, Heimat- und Zeitungsarchiven, Museen, Literatur und Internet, wie sich die Geschichte „vor Ort" vollzog: Ging die Ausgrenzung im Alltag der gesetzlichen Ausgrenzung und Verfolgung voraus? Wie schnell oder langsam wurden Anordnungen „von oben" vor Ort umgesetzt? Welches waren herausragende Einzelereignisse „vor Ort"? Welche Bevölkerungsgruppen waren an der Judenverfolgung beteiligt?

Beispielthemen:
– Jüdisches Leben in unserer Stadt vor 1933
– Die „Nürnberger Gesetze" und ihre Folgen in unserem Ort
– „Arisierungen" jüdischer Geschäfte
– Die „Reichspogromnacht" und Folgen
– Die Ausgrenzung der Juden aus der Öffentlichkeit
– Die Berichte über jüdische Mitbürger in der Presse und die Rolle der Propaganda
– Einzelschicksale von Tätern und Opfern

Hinweise zur Erstellung des Arbeits- und Zeitplans:
1 Vorinformationen zum Thema studieren und Leitfragen stellen.
2 Klären, wo in der Stadt welche Quellen zu finden sind. Wie umfangreich sind die Quellenbestände? Vorbesuche organisieren und grobe Sichtung der Materialien. Kontaktaufnahme zu möglichen Zeitzeugen.
3 Überarbeiten des Fragen- und Themenkatalogs.
4 Auswahl jener Quellen, die untersucht werden sollen.
5 Zeit für die Sichtung und Auswertung der Quellen abschätzen.
6 Wie soll das Endprodukt aussehen? Abschätzen der Zeit, die die Erstellung einer Dokumentation, Wandzeitung, Homepage usw. in Anspruch nimmt.

Literaturtipp
Peter Longerich, Politik der Vernichtung. Eine Gesamtdarstellung der nationalsozialistischen Judenverfolgung, Piper, München 1998.

Webcode: KH639748-130

M 1 Seite aus einem nationalsozialistischen Kinderbuch, 1936.
Die Texte lauten links: „Der Deutsche ist ein stolzer Mann, der arbeiten und kämpfen kann. Weil er so schön ist und voll Mut, hasst ihn von jeher schon der Jud!"
Rechts: „Das ist der Jud, das sieht man gleich, der größte Schuft im ganzen Reich! Er meint, dass er der Schönste sei, und ist so hässlich doch dabei!"

Überprüfen Sie Ihre Kompetenzen

M 2 Arthur Kaufmann, Die geistige Emigration, Gemälde, 1939/1964

Sachkompetenz
1 Beschreiben Sie die NS-Judenverfolgung während der Jahre 1933–1939 anhand der Begriffe „Diskriminierung", „Verdrängung", „Ausgrenzung", „Entrechtung", „Enteignung".

Methodenkompetenz
2 Analysieren Sie M 1. Beschreiben Sie Aufbau und Text der Kinderbuchseite. Arbeiten Sie heraus, welche antisemitischen Vorurteile Bild und Text schüren bzw. verstärken sollten. Erörtern Sie die möglichen Wirkungen der Abbildung auf Kinder und Jugendliche.
3 Abgebildet sind in M 3 jüdische und nichtjüdische Emigranten, z. B. Albert Einstein und die Familie Thomas Manns. Diskutieren Sie über den Titel des Gemäldes „Die geistige Emigration".

Urteilskompetenz
4 „Was die jüdische Minderheit betrifft", schreibt der Historiker Helmut Berding in seinem Buch „Moderner Antisemitismus in Deutschland" (1988), „stand sie seit 1933 vor der Alternative, sich den Unterdrückungsmaßnahmen des Regimes zu beugen oder auszuwandern. Einen dritten Weg gab es nicht. Es stand zwar kurz zur Debatte, dem Regime organisierten Widerstand zu leisten, doch wurde die Idee wegen der Aussichtslosigkeit bald verworfen." Diskutieren Sie diese These.

Zentrale Begriffe

„Arisierung"
Novemberpogrom
„Nürnberger Gesetze"
„Reichsbürgergesetze"
Sinti und Roma
Wertewandel

8 Der Völkermord an den Juden 1939–1945

Kompetenzen erwerben

Sachkompetenz:
- den rassenpolitischen Charakter der NS-Kriegsführung erläutern
- die Radikalisierung der NS-Vernichtungspolitik anhand ihrer verschiedenen Phasen beschreiben

Methodenkompetenz:
- historische Spielfilme analysieren

Urteilskompetenz:
- die Ursachen des Massenmords an den Juden und anderen Opfergruppen benennen und gewichten
- den Völkermord an den Juden als „Zivilisationsbruch" charakterisieren
- die Einzigartigkeit dieses Völkermordes erörtern

Einzigartigkeit der Judenvernichtung

M1 Mann mit Judenstern, Berlin, September 1941

Seit dem 1. September 1941 waren alle Juden in Deutschland zum Tragen des „Judensterns" verpflichtet.

Das zentrale Ziel des vom nationalsozialistischen Deutschland 1939 entfesselten Zweiten Weltkrieges bestand in der Eroberung von „Lebensraum" im Osten. Diese „Lebensraumpolitik" verband sich bei Hitler eng mit der Rassenpolitik. Der rassenpolitische Charakter dieses Krieges macht seine Einzigartigkeit aus – nicht allein das bis dahin unvorstellbare Ausmaß der Zerstörung von Menschenleben sowie die globale Ausdehnung des Krieges. Die Systematisierung des Rassenkrieges erreichte mit der **Vernichtung der jüdischen Bevölkerung** ihren mörderischen Höhepunkt. Zuerst wurden die Juden in Gettos zusammengetrieben, später wurden sie planmäßig in die Vernichtungs- bzw. Todeslager im Osten Europas deportiert. Etwa sechs Millionen Juden verloren ihr Leben: durch Hungerrationen, durch Exekution, durch Gas – allein in Auschwitz starben etwa eine Million Menschen. An dieser Tötung haben in Deutschland und in Europa Hunderttausende mitgewirkt: als Ärzte, als Polizisten, als Eisenbahner, als Hersteller und Lieferanten von Giftgas, als Soldaten, als SS-Lagerpersonal. Nur wenige haben protestiert. Der welthistorisch einzigartige Völkermord an den Juden schloss **alle Juden vom Säugling bis zu den Alten** ein. Und er richtete sich nicht nur gegen die Juden im eigenen Lande, sondern gegen **alle in Europa lebenden Juden**. Aus allen von deutschen Truppen eroberten und besetzten Gebieten wurden sie zusammengetrieben, deportiert und in die Konzentrations- und Vernichtungslager gebracht. Der Historiker Dan Diner hat den Völkermord an den Juden einmal als **„Zivilisationsbruch"** bezeichnet. Indem „Menschen der bloßen Vernichtung wegen vernichtet werden konnten", argumentierte er 1988, „wurden auch im Bewusstsein verankerte Grundfesten unserer Zivilisation tief greifend erschüttert – ja gleichsam dementiert." Wie lässt sich dieser Bruch mit zentralen Werten der westlichen Zivilisation, die die Vernunft zum Maßstab des Handelns und die Menschenrechte für unteilbar erklärt hat, erklären? Welche Motive und Ziele trieben die Täter zu ihrem mörderischen Tun? Wie organisierten sie den Massenmord? Wie viel wusste die nichtjüdische Bevölkerung?

„Euthanasie"

Die **„Ausmerzung lebensunwerten Lebens"** gehörte zu den zentralen Zielen des NS-Regimes. Den Nationalsozialisten ging es dabei nicht nur um den „Ausschluss" der Juden aus der „Volksgemeinschaft". Bereits im Juli 1939 begannen die Vorbereitungen zur Tötung der hilflosesten Opfer, der **behinderten Kinder**. In 30 psychiatrischen Anstalten richteten die NS-Machthaber im Frühjahr 1940 „Kinderfachabteilungen" ein, wo die Kinder nach ihrer Behinderung eingruppiert wurden. Besonders schwerstbehinderte Kinder sollten mit Giftinjektionen getötet werden. Die „Kinder-Euthanasie" betraf ab 1941 auch Jugendliche bis 17 Jahren und wurde bis Kriegsende kontinuierlich durchgeführt.

Gleich nach Kriegsbeginn 1939 wandte sich der NS-Staat den **körperlich, seelisch und geistig Behinderten** in Deutschland zu. Ärztekommissionen prüften sie auf ihre „Arbeitstauglichkeit". Wer nicht als arbeitsfähig galt, wurde in Vernichtungsanstalten ermordet, die als „Heil- und Pflegeheime" getarnt waren – mitten in Deutschland. Die Vergasung (s. auch S. 134) der schwächsten und hilflosesten Mitglieder der Gesellschaft, die sogenannte „Euthanasie", war eine im nationalsozialistischen Sinne konsequente Folge der Rassenhygiene. Doch dagegen regte sich bei der deutschen Bevölkerung Widerstand, vor allem bei den Angehörigen der Ermordeten und bei den Kirchen. Die Vergasungsaktionen wurden deshalb offiziell eingestellt, doch starben weiterhin viele Behinderte an von Ärzten verabreichten Giftspritzen, durch Übermedikation oder Unterernährung

Literaturtipp
Der Holocaust. FAQs – häufig gestellte Fragen, Deutsch/Englisch, hg. v. Avraham Milgram u. Robert Rozett, übers. v. Diane Coleman Brandt u. Ursula Kömen, Wallstein, Göttingen 2011. *Hervorragendes Nachschlagewerk zur Geschichte der NS-Judenverfolgung und -vernichtung.*

Pläne zur „territorialen Endlösung"

Das Schicksal der deutschen und europäischen Juden war aufs Engste mit dem Verlauf des Zweiten Weltkrieges verbunden. Vom Überfall auf Polen 1939 bis zum Stocken des deutschen Vormarsches an der russischen Front 1941 verfolgten die Nationalsozialisten verschiedene **Pläne zur Deportation der Juden** aus Deutschland und den eroberten Gebieten. Zunächst planten die NS-Machthaber die Zwangsumsiedlung der Juden nach Polen, wo sie in Gettos nach dem Muster von Warschau, Lodz und Lublin zusammengefasst und isoliert werden sollten. Nach dem Sieg über Frankreich 1940 schlug der Chef des Reichssicherheitshauptamtes, Reinhard Heydrich, eine „territoriale Endlösung der Judenfrage", den sogenannten **„Madagaskar-Plan"**, vor: Heydrich wollte die Juden auf die Insel Madagaskar im Indischen Ozean umsiedeln, die Frankreich an Deutschland abtreten und die der Reichsführer-SS verwalten sollte. Das hätte die Schaffung eines Großgettos unter nationalsozialistischer Herrschaft bedeutet. Doch dieses Vorhaben zerschlug sich mit dem Überfall auf die Sowjetunion 1941, der Millionen von Juden in die deutsche Machtsphäre brachte. Zwar überlegten die NS-Machthaber zeitweilig, die Juden nach Sibirien umzusiedeln. Aber die Ausweitung der deutschen Herrschaft in Europa machte schon allein wegen der völlig neuen quantitativen Dimension, d.h. der großen Zahl von Juden, die unter nationalsozialistische Herrschaft gerieten, alle Umsiedlungsprojekte zunichte.

Beginn des Völkermords

Am 30. Januar 1939 sprach Hitler vor dem Reichstag davon, dass ein künftiger Krieg die „Vernichtung der jüdischen Rasse in Europa" zur Folge haben werde. Tatsächlich war mit dem Übergang vom außenpolitischen Aggressionskurs zum Weltkrieg eine **Eskalation von Gewalt und Terror** verbunden, die dem Völkermord an den Juden den Weg ebnete. Schon während der Eroberung Polens 1939 begannen SS-Einsatzgruppen hinter den Linien mit Massenerschießungen von Juden. Im Krieg gegen die Sowjetunion wurde diese Praxis verschärft. Neben der SS waren hier auch andere Institutionen beteiligt, z. B. die **„Reserve-Polizeibataillone"**. Sie rekrutierten sich aus Männern, die zu alt für den Dienst in der Wehrmacht waren und – so der Historiker Christopher R. Browning – aus „ganz normalen Männern" bestanden, die keineswegs immer zu den engagierten Anhängern des Nationalsozialismus zählten. Hinzu traten bei den Massenmorden weitere zivile und militärische Stellen sowie verbündete Truppen, besonders aus Weißrussland und Rumänien, die entsetzliche Massaker anrichteten. Von den insgesamt 4,7 Millionen Juden, die im Sommer 1941 auf dem Territorium der Sowjetunion lebten, wurden bis zum Ende des Jahres 1942 2,2 Millionen, also fast die Hälfte, ermordet.

Wannsee-Konferenz

Bis zum Frühjahr 1941 lässt sich noch nicht von einem „planmäßigen" Vorgehen gegen die Juden sprechen. Deportationen, Umsiedlungen, Arbeitslager, Gettoisierung und Massenerschießungen liefen weitgehend unkoordiniert nebeneinander her. Zur besseren Organisation der Judenverfolgung beauftragte Göring am 31. Juli 1941 Heydrich im Namen des „Führers" mit den „Vorbereitungen für eine Gesamtlösung der Judenfrage im deutschen Einflussbereich in Europa". Auf Einladung Heydrichs trafen sich dann am 20. Januar 1942 die Staatssekretäre der betroffenen Stellen (Partei- und Reichskanzlei, Innen-, Justiz- und Ostministerium, Auswärtiges Amt, Organisation des Vierjahresplans und das Amt des Generalgouverneurs), um die weiteren Maßnahmen zu beraten. Die Besprechungen dieser „Wannsee-Konferenz" führten zu dem Beschluss, die Juden in ganz Europa zunächst als Arbeitskräfte optimal auszubeuten und sie anschließend zu ermorden. Der Völkermord an den Juden war bereits vor der Wannsee-Konferenz in vollem Gange. Im Juni 1941 hatte Heinrich Himmler dem Kommandanten des KZ Auschwitz, Rudolf Höß, befohlen, große, im „Euthanasie"-Programm erprobte Vergasungsanlagen zu besorgen, und im Herbst 1941 begann dort die physische Vernichtung der Juden Europas. Nach **Auschwitz-Birkenau** folgten im Frühjahr/Sommer 1942 die Vernichtungslager Belzec, Sobibor und Treblinka und im Oktober 1942 erhielt das KZ Majdanek eine Vergasungsanlage. Zu den Lagern, in denen jüdisches Leben technisch-fabrikmäßig vernichtet wurde, gehörte zudem Chelmno. Die Wannsee-Konferenz schuf jedoch erst die organisatorischen Voraussetzungen für diesen unvorstellbaren Massenmord, indem sie die Bürokratie auf die bevorstehende „Endlösung" einschwor und das reibungslose Zusammenspiel von Ministerien und Reichsbehörden sicherte.

Literaturtipp
Christopher R. Browning, Ganz normale Männer. Das Reserve-Polizeibataillon 101 und die „Endlösung" in Polen, übers. v. Jürgen Peter Krause, Rowohlt, Reinbek 1993.

Ursachen des Völkermords an den Juden

Die Geschichtswissenschaft führt seit Jahrzehnten eine intensive Debatte über die **Ursachen, die Verantwortlichen und die Rahmenbedingungen** des Völkermords. Die Historikerinnen und Historiker nehmen dabei nicht nur Täter und Opfer in den Blick, sondern betten den Holocaust* in umfassende Zusammenhänge ein. Zu nennen sind hier beispielsweise das Verhältnis von Judenmord und Kriegsverlauf, die Bevölkerungs- und Umsiedlungspolitik der Nationalsozialisten, die Mitwirkung der Staatsbürokratie oder die Rolle der deutschen Bevölkerung und ihre Haltung zum NS-Staat. Eine Vielzahl von Fragen kommt dabei zur Sprache: Lässt sich die systematische Ausrottung der europäischen Juden auf den Judenhass des „Führers" Adolf Hitler zurückführen, der seinen „Vernichtungsplan" während der NS-Herrschaft planmäßig durchführte? Oder kam sie ohne den Willen oder einen Befehl Hitlers zustande? War der Holocaust das Ergebnis einer allmählichen Radikalisierung der NS-Politik, bei der viele Faktoren, z. B. der Kriegsverlauf oder eventuelle Interessengegensätze zwischen Einrichtungen des Staates, der Partei und der Wirtschaft, bedeutsam waren? Welche Rolle spielte insgesamt der Antisemitismus? Über die zeitliche Abfolge der Ereignisse und das Ausmaß des Völkermords ist sich die Geschichtswissenschaft einig. Meinungsverschiedenheiten gibt es jedoch nach wie vor darüber, wie die Ursachen des Verfolgungs- und Vernichtungsprozesses (z. B. NS-Ideologie, Wille des „Führers", Verhalten der NS-Größen, Rivalität und Konkurrenz zwischen Partei und Staatsbürokratie) zu gewichten und zu beurteilen sind, um zu einer Erklärung zu gelangen.

Zur Begriffserläuterung Holocaust/Shoah siehe Begriffslexikon, S. 225.

Webcode: KH639748-135

1 Skizzieren Sie mithilfe des Darstellungstextes Ursachen, Verlauf und Folgen der NS-Vernichtungspolitik während des Zweiten Weltkrieges.

M 2 SS-Männer trennen auf der Rampe im Konzentrationslager Auschwitz Juden aus Ungarn, Fotografie, Sommer 1944.
Das Foto wurde nach Kriegsende bei einem SS-Mann in der Tschechoslowakei gefunden.

Hinweise zur Arbeit mit den Materialien

M 3 vermittelt einen Überblick über die **„Euthanasie"**, den Mord der Nationalsozialisten an den behinderten Kindern sowie den körperlich, seelisch und geistig Behinderten. M 4 dokumentiert die **Vernichtungsdrohungen Hitlers gegen die Juden** bei Kriegsbeginn 1939. M 5 beleuchtet ihren historischen Kontext, dessen Kenntnis unabdingbar ist für eine Interpretation der Rede Hitlers (M 4). Mithilfe von M 6 bis M 8 lässt sich die fortschreitende **Radikalisierung der nationalsozialistischen Judenverfolgung** analysieren, die im Massenmord an den Juden mündet. M 9 und M 10 offenbaren am Beispiel des Kommandanten des Konzentrationslagers Auschwitz, Rudolf Höß, und des Reichsführers SS, Heinrich Himmler, die **brutale Kälte des Denkens und Handelns der Täter**. Die Karte M 11 ermöglicht die Untersuchung der Zusammenhänge zwischen dem Verlauf des Zweiten Weltkrieges und der Judenvernichtung. Die Fotodokumente M 2, M 12 und M 13 a–c zeigen nicht nur das mitleidlose mörderische Tun der Täter, allen voran der SS, sondern sensibilisieren auch für das **Leiden der Opfer**. Dass nicht alle Deutschen Hitlers „willige Volksgenossen" waren, wird in dem Interview mit dem Publizisten und Historiker Arno Lustiger (M 14) über die **Minderheit der Judenretter in Europa** deutlich. Die Historikertexte M 15 bis M 18 bieten die Möglichkeit, die intensive Auseinandersetzung der historischen Forschung mit den **Ursachen des Holocaust** kennenzulernen und **verschiedene Meinungen** gegeneinander abzuwägen. M 19 bis M 21 sind geeignete Texte für eine Diskussion über das **Verhalten der nichtjüdischen Deutschen gegenüber ihren jüdischen Mitbürgern**. Die **Methodenseiten**, S. 152 f., vermitteln das methodische Rüstzeug zur **quellenkritischen Analyse von Filmen**. Am Ende des Kapitels finden sich **weiterführende Arbeitsanregungen** und die Möglichkeit, die im Kapitel erworbenen **Kompetenzen zu überprüfen** (S. 154 f.).

M 3 Der Historiker Wolfgang Benz über „Euthanasie" während der NS-Herrschaft (2006)

Was war „Euthanasie"? Die Tötung unheilbar Kranker wurde als Erlösung und als Gebot der „Erbgesundheit" öffentlich thematisiert und in Filmen wie „Das Erbe" (1935) oder „Ich klage an" (1941) und in Schulbüchern mit Rechenexempeln über unnütze Esser dargestellt. Die seit 1933 im Dritten Reich propagierte sozialdarwinistische Bevölkerungspolitik gegen Behinderte, die als „Ballastexistenzen", „Defektmenschen", „leere Menschenhülsen" diskriminiert waren, wurde nach der Besetzung Polens erstmals gegen arbeitsunfähige Insassen polnischer Pflegeanstalten praktiziert. Ein mobiles „Sonderkommando" tötete mit Kohlenmonoxyd aus Stahlflaschen. In Posen wurden Geisteskranke in einer Gaskammer ermordet. Eine SS-Einheit erschoss in einem polnischen Waldgebiet Kranke aus Pommern und Westpreußen. Im Gebiet des Deutschen Reiches begann die Mordaktion mit der euphemistischen Tarnbezeichnung „Euthanasie" (griechisch: „Schöner Tod") Ende Oktober 1939 unter größter Geheimhaltung. Formale Grundlage bildete erst eine mündliche Ermächtigung Hitlers, die dann, auf einem Briefbogen der Privatkanzlei des „Führers" schriftlich fixiert, auf den 1. September 1939, den Kriegsbeginn, zurückdatiert war. „Ermächtigt" waren Karl Brandt, Hitlers Leibarzt, und Philipp Bouhler, der Chef der „Kanzlei des Führers", unheilbar Kranken bei „kritischster Beurteilung ihres Krankheitszustandes den Gnadentod" zu gewähren. Meldepflicht für missgestaltete Neugeborene bestand ab August 1939, Meldebögen und ärztliche Gutachter sorgten für ein geregeltes Verfahren des nun einsetzenden Massenmords, der in den Heil- und Pflegeanstalten Bernburg, Brandenburg, Grafeneck, Hadamar, Hartheim und Sonnenstein betrieben wurde. Unter der Tarnbezeichnung „Aktion T 4" war eine nahezu perfekt arbeitende Organisation tätig, die in einer Villa in der Berliner Tiergartenstraße 4 ihre Zentrale hatte.

Eigene Standesämter beurkundeten den Tod, die Leichen wurden sofort eingeäschert. Erkennbar falsche Angaben der Todesursache weckten bei der Benachrichtigung oft das Misstrauen der Angehörigen, der ständige Betrieb der Krematorien in den Euthanasie-Anstalten erregte die Aufmerksamkeit der Umgebung. Die Justizbehörden erhielten erst im Sommer 1940 durch Hinweise aus der Bevölkerung Kenntnis von den Vorgängen. Reichsjustizminister Gürtner, den sowohl die Vorgänge selbst als auch das Fehlen einer gesetzlichen Grundlage beunruhigten, drängte auf die sofortige Einstellung der heimlichen Tötung Geisteskranker. Nach seinem Tod im Januar 1941 warb sein kommissarischer Nachfolger Schlegelberger, der den Typ des reaktionären Bürokraten, keineswegs den des fanatischen Nationalsozialisten verkörperte, jedoch bei den nachgeordneten Stellen seines Ressorts ausdrücklich um Verständnis und Unterstützung für die „Euthanasie". Proteste aus der Bevölkerung wurden von den Kirchen aufgenommen. Der katholische Bischof von Münster, Clemens August Graf von Galen, machte am 3. August 1941 den Krankenmord zum Thema einer Predigt. Daraufhin wurden die Tötungen erwachsener Behinderter eingestellt, die Kinder-„Euthanasie" mit unauffälligeren Methoden wie Injektionen oder Nahrungsentzug und Hungertod dauerten an, ebenso die planmäßige Tötung kranker KZ-Häftlinge mit Giftgas in der „Aktion 14 f 13" (so genannt nach ihrem Aktenzeichen). Bis zum offiziellen Stopp der „Euthanasie" im Sommer 1941 sind 70 000 Kranke getötet worden, danach noch einmal 50 000. Die „Aktion Gnadentod" war nur das Vorspiel einer Bevölkerungspolitik durch systematischen Massenmord. Die Erfahrungen und das Personal der „Aktion T 4" wurden wenig später, 1942, unmittelbar in den Vernichtungslagern in Polen bei der „Endlösung der Judenfrage" eingesetzt.

Wolfgang Benz, Die 101 wichtigsten Fragen. Das Dritte Reich, C. H. Beck, München 2006, S. 33–35.

1 Erläutern Sie das nationalsozialistische Menschenbild. Erörtern Sie, welches Leben die Nationalsozialisten als „lebenswert", welches sie als nicht „lebenswert" einstuften.
2 Untersuchen Sie die Geschichte der „Euthanasie" während der NS-Herrschaft: Beschreiben Sie die ideologischen Grundlagen, die Politik des NS-Staates, das Verhalten der Täter, die Reaktionen der Familienangehörigen und den Protest gegen die „Euthanasie".

M 4 Aus der Reichstagsrede Adolf Hitlers vom 30. Januar 1939

Ich bin in meinem Leben sehr oft Prophet gewesen und wurde meistens ausgelacht. In der Zeit meines Kampfes um die Macht war es in erster Linie das jüdische Volk, das nur mit Gelächter meine Prophezeiungen hinnahm, ich würde einmal in Deutschland die Führung des Staates und damit des ganzen Volkes übernehmen und dann unter vielen anderen auch das jüdische Problem zur Lösung bringen. Ich glaube, dass dieses damalige Gelächter dem Judentum in Deutschland unterdes wohl schon in der Kehle erstickt ist.

Ich will heute wieder ein Prophet sein: Wenn es dem internationalen Finanzjudentum in- und außerhalb Europas gelingen sollte, die Völker noch einmal in einen Weltkrieg zu stürzen, dann wird das Ergebnis nicht die Bolschewisierung der Erde und damit der Sieg des Judentums sein, sondern die Vernichtung der jüdischen Rasse in Europa.

Zit. nach: Kurt Pätzold (Hg.), Verfolgung, Vertreibung, Vernichtung, Reclam, Leipzig 1983, S. 217.

1 Fassen Sie die wesentlichen Inhalte der Rede zusammen.
2 Erörtern Sie die möglichen Wirkungen dieser Rede auf die Zeitgenossen (nichtjüdische und jüdische Deutsche, Ausland).

M 5 Der Historiker Peter Longerich über die Vernichtungsankündigung Hitlers von 1939 (1998)

Diese sich zwischen November 1938 und Januar 1939 auffällig häufenden Vernichtungsankündigungen bedeuten jedoch nicht, dass die NS-Führungsspitze bereits zu diesem Zeitpunkt […] fest dazu entschlossen gewesen wäre, die europäischen Juden bei der nächsten sich bietenden Gelegenheit mit einem Massenmord zu überziehen. Der Sinn dieser Ankündigungen erscheint demgegenüber durchaus mehrdeutig. Die taktische Absicht dieser Ankündigungen, insbesondere der Rede Hitlers vom 30. Januar, liegt auf der Hand: Durch die Vernichtungsdrohung sollte der Vertreibungsdruck auf die deutschen Juden erhöht und die Aufnahmebereitschaft des Auslands erpresst werden. In diesem

Zusammenhang sind die im November 1938 einsetzenden Kontakte und schließlich Verhandlungen zwischen der Reichsregierung und dem in Evian[1] geschaffenen *Intergovernmental Committee* von größter Wichtigkeit; die Regierungen der potenziellen Aufnahmeländer und „das internationale Finanzjudentum" sollten durch Drohungen dazu gezwungen werden, mithilfe einer Anleihe und Erleichterungen für den deutschen Export (also den endgültigen Verzicht auf den gegen Deutschland gerichteten Boykott) einer umfassenden Auswanderungslösung zuzustimmen. Zweitens sollte mit der Ankündigung, die Juden unter deutscher Herrschaft im Falle eines Weltkrieges zu vernichten, die Bildung einer gegen Deutschland gerichteten Allianz der Westmächte im Falle eines deutschen militärischen Vorgehens auf dem Kontinent verhindert werden: Würde ein von Deutschland begonnener Krieg durch das Eingreifen der Westmächte zum Weltkrieg, befänden sich die Juden im deutschen Einflussbereich automatisch in der Rolle mit dem Tode bedrohter Geiseln. Die Vernichtungsdrohung enthielt aber noch eine weitere Perspektive: Sollte sie wirkungslos bleiben, das heißt, sollte die Auswanderung keine wesentlichen Fortschritte machen und sollten sich die Westmächte im Falle eines Krieges nicht von einer Intervention abhalten lassen, so war die „Schuld" für eine weitere Verschärfung der deutschen Judenverfolgung aus der Sicht führender Nationalsozialisten bereits eindeutig zugewiesen.

Peter Longerich, Politik der Vernichtung. Eine Gesamtdarstellung der nationalsozialistischen Judenverfolgung, Piper, München 1998, S. 221.

---

1 Die Konferenz von Evian fand im Juli 1938 im französischen Evian-les-Bains am Genfersee statt. Vertreter von 32 Nationen trafen sich auf Initiative des amerikanischen Präsidenten Franklin D. Roosevelt, um die Möglichkeiten der Auswanderung von Juden aus Deutschland und Österreich zu verbessern – allerdings ohne konkretes Ergebnis.

1 Analysieren Sie Longerichs Interpretation (M 5) der Hitler-Rede (M 4):
a) Arbeiten Sie die zentralen Thesen der Deutung heraus: Welche Aufgaben spricht er der Hitler-Rede zu, welche nicht?
b) Nehmen Sie Stellung zu der Interpretation Longerichs.

M 6 Nationalsozialistische Umsiedlungspläne 1940

Aus dem Vermerk über eine Besprechung am 30. Januar 1940 im Reichssicherheitshauptamt unter der Leitung von Reinhard Heydrich:
1. Gruppenchef Heydrich gab bekannt, dass die heutige Sitzung auf Anordnung des Reichsführers SS einberufen wurde, um bei der Durchführung der vom Führer verfügten Umsiedlungsaufgaben eine einheitliche Linie mit allen beteiligten Stellen herzustellen. Die bisher erfolgten Räumungen umfassten rund 87 000 Polen und Juden aus dem Warthegau[1], um für die dort anzusiedelnden Baltendeutschen Raum zu schaffen. […]

3. Nach den beiden Massenausweisungen
a) von 40 000 Polen und Juden im Interesse der Baltendeutschen und
b) von etwa 120 000 Polen im Interesse der Wolhyniendeutschen[2] soll als letzte Massenbewegung die Abschiebung von sämtlichen Juden der neuen Ostgaue und 30 000 Zigeunern aus dem Reichsgebiet in das Generalgouvernement erfolgen. […]

Mitte Februar 1940 sollen 1000 Juden aus Stettin, deren Wohnungen aus kriegswirtschaftlichen Gründen dringend benötigt werden, geräumt und gleichfalls ins Generalgouvernement abgeschoben werden.

Zit. nach: Kurt Pätzold (Hg.), Verfolgung, Vertreibung, Vernichtung, Reclam, Leipzig 1983, S. 250.

---

1 Warthegau: nach der Besetzung Polens errichteter Reichsgau; er war von der allgemeinen Reichsverwaltung relativ unabhängig; SS und Wehrmacht hatten daher weitgehend freie Hand bei der Judenverfolgung
2 Wolhynien: Region in der Ukraine

M 7 Rede des Generalgouverneurs Hans Frank zur „Judenfrage" in einer Sitzung der Regierung des Generalgouvernements vom 16. Dezember 1941 (Auszug aus dem Protokoll)

Mit den Juden – das will ich Ihnen auch ganz offen sagen – muss so oder so Schluss gemacht werden. Der Führer sprach einmal das Wort aus: Wenn es der vereinigten Judenschaft wieder gelingen wird, einen Weltkrieg zu entfesseln, dann werden die Blutopfer nicht nur von den in den Krieg gehetzten Völkern gebracht werden, sondern dann wird der Jude in Europa sein Ende gefunden haben. Ich weiß, es wird an vielen Maßnahmen, die jetzt im Reich gegenüber den Juden getroffen werden, Kritik geübt. Bewusst wird – das geht aus den Stimmungsberichten hervor – immer wieder versucht, von Grausamkeit, von Härte usw. zu sprechen. Ich möchte Sie bitten: einigen Sie sich mit mir zunächst, bevor ich weiterspreche, auf die Formel: Mitleid wollen wir grundsätzlich nur mit dem deutschen Volk haben, sonst mit niemandem auf der Welt. [...] Ich werde daher den Juden gegenüber grundsätzlich nur von der Erwartung ausgehen, dass sie verschwinden. Sie müssen weg. Ich habe Verhandlungen zu dem Zwecke angeknüpft, sie nach dem Osten abzuschieben. Im Januar findet über diese Frage eine große Besprechung in Berlin statt, zu der ich Herrn Staatssekretär Bühler entsenden werde. Diese Besprechung soll im Reichssicherheitshauptamt bei SS-Obergruppenführer Heydrich gehalten werden. Jedenfalls wird eine große jüdische Wanderung einsetzen. Aber was soll mit den Juden geschehen? Glauben Sie, man wird sie im Ostland in Siedlungsdörfern unterbringen?

Zit. nach: Werner Präg/Wolfgang Jakobmeyer (Hg.), Das Diensttagebuch des Generalgouverneurs in Polen 1939–1945, Deutsche Verlagsanstalt, Stuttgart 1975, S. 457 f.

1 Der Historiker Hans Mommsen sprach von der „kumulativen Radikalisierung", d. h. der sich ständig steigernden Radikalisierung der NS-Judenverfolgung. Überprüfen Sie diese These mithilfe von M 8 und M 11, S. 121 ff., und M 4, M 6 und M 7 dieses Kapitels. Entwickeln Sie ein Phasenmodell.

M 8 Aus dem Protokoll der „Wannsee-Konferenz" zur „Endlösung der Judenfrage" vom 20. Januar 1942

Anstelle der Auswanderung ist nunmehr als weitere Lösungsmöglichkeit nach entsprechender vorheriger Genehmigung durch den Führer die Evakuierung der Juden nach dem Osten getreten. Diese Aktionen sind jedoch lediglich als Ausweichmöglichkeiten anzusprechen, doch werden hier bereits jene praktischen Erfahrungen gesammelt, die im Hinblick auf die kommende Endlösung der Judenfrage von wichtiger Bedeutung sind. Im Zuge dieser Endlösung der europäischen Judenfrage kommen rund 11 Millionen Juden in Betracht. [...]

Unter entsprechender Leitung sollen im Zuge der Endlösung die Juden in geeigneter Weise im Osten zum Arbeitseinsatz kommen. In großen Arbeitskolonnen, unter Trennung der Geschlechter, werden die arbeitsfähigen Juden Straßen bauend in diese Gebiete geführt, wobei zweifellos ein Großteil durch natürliche Verminderung ausfallen wird. Der allfällig endlich verbleibende Restbestand wird, da es sich bei diesen zweifellos um den widerstandsfähigsten Teil handelt, entsprechend behandelt werden müssen, da dieser, eine natürliche Auslese darstellend, bei Freilassung als Keimzelle eines neuen jüdischen Aufbaus anzusprechen ist. (Siehe die Erfahrung der Geschichte.)

Im Zuge der praktischen Durchführung der Endlösung wird Europa von Westen nach Osten durchgekämmt. Das Reichsgebiet, einschließlich Protektorat Böhmen und Mähren, wird allein schon aus Gründen der Wohnungsfrage und sonstiger sozial-politischer Notwendigkeiten vorweggenommen werden müssen.

Zit. nach: Leon Poliakov/Josef Wulf (Hg.), Das Dritte Reich und die Juden, Ullstein, Berlin 1955, S. 119 ff.

1 Erarbeiten Sie die Kernaussagen von M 8.
2 Analysieren Sie Sprache und Stil.
3 Erläutern Sie den historischen Stellenwert von M 8. Berücksichtigen Sie dabei auch den Darstellungstext, S. 134.

M 9 Rudolf Höß, der Kommandant des KZs von Auschwitz, beschreibt seine Tätigkeit (1946)

Diese Erklärung vom 5. April 1946 verfasste Höß nach seiner Inhaftierung durch britisches Militär.

[...] 4. Massenhinrichtungen durch Vergasung begannen im Laufe des Sommers 1941 und dauerten bis zum Herbst 1944. Ich beaufsichtigte persönlich die Hinrichtungen in Auschwitz bis zum 1. Dezember 1943 und weiß aufgrund meines laufenden Dienstes in der Überwachung der Konzentrationslager WVHA¹, dass diese Massenhinrichtungen wie vorerwähnt sich abwickelten. Alle Massenhinrichtungen durch Vergasung fanden unter dem direkten Befehl, unter der Aufsicht und Verantwortlichkeit der RSHA² statt. Ich erhielt unmittelbar von der RSHA alle Befehle zur Ausführung dieser Massenhinrichtungen. […]

6. Die „Endlösung" der jüdischen Frage bedeutete die vollständige Ausrottung aller Juden in Europa. Ich hatte den Befehl, Ausrottungserleichterungen in Auschwitz im Juni 1942 zu schaffen. Zu jener Zeit bestanden schon drei weitere Vernichtungslager im Generalgouvernement: Belzec, Treblinka und Wolzek. Diese Lager befanden sich unter dem Einsatzkommando der Sicherheitspolizei und des SD. Ich besuchte Treblinka, um festzustellen, wie die Vernichtungen ausgeführt wurden. Der Lagerkommandant von Treblinka sagte mir, dass er 80 000 im Laufe eines halben Jahres liquidiert hätte. Er hatte hauptsächlich mit der Liquidierung aller Juden aus dem Warschauer Getto zu tun. Er wandte Monoxid-Gas an und nach seiner Ansicht waren seine Methoden nicht sehr wirksam. Als ich das Vernichtungsgebäude in Auschwitz errichtete, gebrauchte ich also Zyclon B, eine kristallisierte Blausäure, die wir in die Todeskammer durch eine kleine Öffnung einwarfen. Es dauerte 3 bis 15 Minuten, je nach den klimatischen Verhältnissen, um die Menschen in der Todeskammer zu töten. Wir wussten, wann die Menschen tot waren, weil ihr Kreischen aufhörte. Wir warteten gewöhnlich eine halbe Stunde, bevor wir die Türen öffneten und die Leichen entfernten. Nachdem die Leichen fortgebracht waren, nahmen unsere Sonderkommandos die Ringe ab und zogen das Gold aus den Zähnen der Körper. Eine andere Verbesserung gegenüber Treblinka war, dass wir Gaskammern bauten, die 2 000 Menschen auf einmal fassen konnten, während die 10 Gaskammern in Treblinka nur je 200 Menschen fassten. […] Zwei SS-Ärzte waren in Auschwitz tätig, um die einlaufenden Gefangenentransporte zu untersuchen. Die Gefangenen mussten bei einem der Ärzte vorbeigehen, der bei ihrem Vorbeimarsch durch Zeichen die Entscheidung fällte. Diejenigen, die zur Arbeit taugten, wurden ins Lager geschickt. Andere wurden sofort in die Vernichtungsanlagen geschickt. Kinder im zarten Alter wurden unterschiedslos vernichtet, da aufgrund ihrer Jugend sie unfähig waren zu arbeiten. Noch eine andere Verbesserung, die wir gegenüber Treblinka machten, war diejenige, dass in Treblinka die Opfer fast immer wussten, dass sie vernichtet werden sollten, während in Auschwitz wir uns bemühten, die Opfer zum Narren zu halten, indem sie glaubten, dass sie ein Entlausungsverfahren durchzumachen hätten. Natürlich erkannten sie auch häufig unsere wahren Absichten und wir hatten deswegen manchmal Aufruhr und Schwierigkeiten. Sehr häufig wollten Frauen ihre Kinder unter den Kleidern verbergen, aber wenn wir sie fanden, wurden die Kinder natürlich zur Vernichtung hineingesandt. Wir sollten diese Vernichtungen im Geheimen ausführen, aber der faule und Übelkeit erregende Gestank, der von der ununterbrochenen Körperverbrennung ausging, durchdrang die ganze Gegend, und alle Leute, die in den umliegenden Gemeinden lebten, wussten, dass in Auschwitz Vernichtungen im Gange waren.

8. Von Zeit zu Zeit kamen Sondergefangene an aus dem örtlichen Gestapo-Büro. Die SS-Ärzte töteten solche Gefangene durch Benzin-Einspritzungen. Die Ärzte hatten Anweisung, gewöhnliche Sterbeurkunden auszustellen, und konnten irgendeine Todesursache ganz nach Belieben angeben.

9. Von Zeit zu Zeit führten wir medizinische Experimente an weiblichen Insassen aus, zu denen Sterilisierung und den Krebs betreffende Experimente gehörten. Die meisten dieser Menschen, die unter diesen Experimenten starben, waren schon durch die Gestapo zum Tode verurteilt worden.

Leon Poliakov/Josef Wulf (Hg.), Das Dritte Reich und die Juden, Ullstein, Berlin 1955, S. 127 ff.

---

1 WVHA: SS-Wirtschafts-Verwaltungs-Hauptamt, seit Frühjahr 1942 für die Inspektion der KZs zuständig
2 Reichssicherheitshauptamt, oberste Behörde der Sicherheitspolizei und des Sicherheitsdienstes

---

1 Beschreiben Sie das Verhalten von Höß.
2 Erörtern Sie, welches Ziel Höß verfolgte.
3 Charakterisieren Sie am Beispiel des KZs Auschwitz die Methoden des Massenmords an den Juden.

M 10 Aus einer Rede Heinrich Himmlers, 1943

Am 4. Oktober 1943 hielt Himmler bei der SS-Gruppenführertagung im Posener Rathaus eine mehrstündige Rede vor 92 SS-Offizieren, die er auf Schallplatte aufnehmen ließ. Abwesenden Gruppenführern wurde sie als leicht veränderte Textfassung zugesandt. M 10 folgt dem Text der Tonaufnahme:

Ich will auch ein ganz schweres Kapitel, will ich hier vor Ihnen in aller Offenheit nennen. Es soll zwischen uns ausgesprochen sein, und trotzdem werden wir nicht in der Öffentlichkeit darüber reden. Ich meine die Judenevakuierung, die Ausrottung des jüdischen Volkes. Es gehört zu den Dingen, die man leicht ausspricht. – „Das jüdische Volk wird ausgerottet", sagt Ihnen jeder Parteigenosse, „ganz klar, steht in unserem Programm drin, Ausschaltung der Juden, Ausrottung, machen wir. Ha, Kleinigkeit!" Und dann kommen sie alle, alle die braven 80 Millionen Deutschen, jeder hat seinen anständigen Juden, sagt, alle anderen sind Schweine, der ist 'n prima Jude. Und zugesehen, es durchgestanden hat keiner. Von Euch werden die meisten wissen, was es heißt, wenn 100 Leichen beisammen liegen, wenn 500 daliegen oder wenn 1 000 daliegen. Und dies durchgehalten zu haben und dabei – abgesehen von menschlichen Ausnahmeschwächen – anständig geblieben zu sein, hat uns hart gemacht und ist ein niemals genanntes und niemals zu nennendes Ruhmesblatt. Denn wir wissen, wie schwer wir uns täten, wenn wir heute noch in jeder Stadt – bei den Bombenangriffen, bei den Lasten des Krieges und bei den Entbehrungen –, wenn wir da noch die Juden als geheime Saboteure, Agitatoren und Hetzer hätten. Wir würden wahrscheinlich in das Stadium des Jahres [19]16/17 jetzt gekommen sein, wenn die Juden noch im deutschen Volkskörper säßen.

Die Reichtümer, die sie hatten, haben wir ihnen abgenommen. Und ich habe einen strikten Befehl gegeben, den [SS-]Obergruppenführer Pohl[1] durchgeführt hat, wir haben diese Reichtümer restlos dem Reich, dem Staat abgeführt. Wir haben uns nichts davon genommen. Einzelne, die sich verfehlt haben, werden gemäß einem von mir gegebenen Befehl bestraft, den ich am Anfang gab: „Wer sich auch nur eine Mark davon nimmt, ist des Todes." Eine Anzahl SS-Männer haben sich dagegen verfehlt – es sind nicht sehr viele – und sie werden des Todes sein, gnadelos. Wir haben das moralische Recht, wir hatten die Pflicht unserem Volk gegenüber, das zu tun, dieses Volk, das uns umbringen wollte, umzubringen. Wir haben aber nicht das Recht, uns auch nur mit einem Pelz, mit einer Mark, mit einer Zigarette, mit einer Uhr, mit sonst etwas zu bereichern. Das haben wir nicht. Denn wir wollen nicht am Schluss, weil wir den Bazillus ausrotten, an dem Bazillus krank werden und sterben.

Zit. nach: Erlebte Geschichte Nationalsozialismus, Cornelsen, Berlin 2005.

---

[1] Oswald Pohl (1892–1951), Chef des SS-Wirtschafts- und Verwaltungshauptamtes, das im Frühjahr 1942 für die KZ-Inspektion zuständig war

---

1 Untersuchen Sie den Text dieser Geheimrede Himmlers:
   a) Bestimmen Sie das Thema der Rede.
   b) Charakterisieren Sie die Adressaten. Erörtern Sie dabei, warum die Rede geheim gehalten werden sollte.
   c) Analysieren Sie Aufbau sowie zentrale Aussagen und Argumente der Rede.
   d) Ordnen Sie die Rede in ihren historischen Zusammenhang ein.
   e) Beurteilen Sie die Rede: Welchen politisch-ideologischen Standpunkt vertritt der Redner? Welche Absicht verfolgt er?
2 In seiner Rede erhebt Himmler Anspruch auf Recht, Moral und Anstand.
   a) Erörtern Sie, welche moralisch-sittlichen Werte und Normen seinem Denken und Handeln zugrunde liegen.
   b) Diskutieren Sie, ob die Werte und Normen Himmlers mit denen der westlichen Zivilisation zu vereinbaren sind. Begründen Sie Ihre Auffassung.
3 Diskutieren Sie, ausgehend von der Rede Himmlers, die These des Historikers Dan Diner, dass der NS-Völkermord an den Juden ein „Zivilisationsbruch" gewesen sei.

Der Völkermord an den Juden 1939–1945

M 11 Die Vernichtung der europäischen Juden durch die Nationalsozialisten 1939–1945

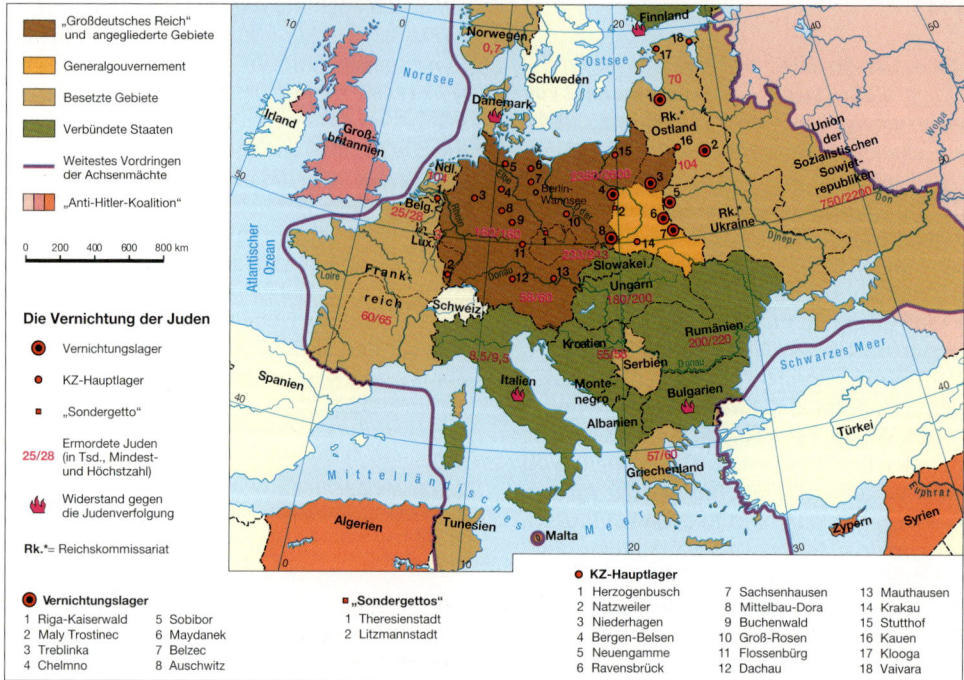

1 a) Untersuchen Sie, welche Länder am stärksten von der Judenvernichtung betroffen waren.
b) Erklären Sie Ihre Ergebnisse, indem Sie den Kriegsverlauf und die NS-Ideologie einbeziehen.

M 12 Der Junge aus dem Warschauer Getto, Fotografie, 1943.
Das Foto stammt aus einem Bericht des SS-Brigadeführers und Generalmajors der Polizei, Jürgen Stroop, über die von ihm geleitete Niederschlagung des Aufstandes des Warschauer Gettos (19. April bis 16. Mai 1943). Der Fotograf des Bildes ist nicht bekannt. Der Bericht fiel in die Hände der US-Armee, die das Bild bei den Nürnberger Prozessen veröffentlichte.

1 Beschreiben Sie das Foto aus dem Warschauer Getto:
a) Untersuchen Sie die Situation, die das Foto darstellt.
b) Charakterisieren Sie die unterschiedlichen Menschen und Menschengruppen.
2 a) Der SS-Mann Stroop versah das Foto mit der Bildlegende „Mit Gewalt aus Bunkern hervorgeholt". Erörtern Sie, welche politisch-ideologische Einstellung und welche moralische Haltung dieser Formulierung zugrunde liegen.
b) Verfassen Sie eine eigene Bildlegende. Diskutieren Sie Ihre Vorschläge.
3 **Kurzvortrag:** Stellen Sie Entstehung und Geschichte dieses mittlerweile international berühmten Fotos dar. Fassen Sie Ihre Ergebnisse in einem Kurzreferat zusammen.

Literaturtipp
Christoph Hamann, Der Junge aus dem Warschauer Getto. Der Stroop-Bericht und die globalisierte Ikonografie des Holocaust, in: Gerhard Paul (Hg.), Bilder, die Geschichte schrieben. 1900 bis heute, Vandenhoeck & Ruprecht, Göttingen 2011, S. 106–115.

M13 Das Leiden der Opfer – Fotodokumente zur Geschichte des Holocaust

a) Ein ausgehungertes, sterbendes Kind im Warschauer Getto, Fotografie, 19. September 1941

b) Eisenacher Juden am 9. Mai 1942 auf dem Weg zum Deportationszug, der sie in das zum Getto umfunktionierte polnische Dorf Belzyce brachte, Fotografie.
Das Foto entstand im Auftrag der Stadt für eine kommunale Chronik.

c) Massenmord an Juden in der Ukraine, Juni und September 1941, Fotografie, undatiert.
Das Foto wurde in der Uniform eines Soldaten gefunden.

1 Beschreiben Sie mithilfe der Fotos (M13 a–c) die Geschichte des nationalsozialistischen Völkermordes an den Juden – aus der Sicht der Täter wie der Opfer.
2 Diskutieren Sie, ausgehend von den Fotos M2, M12 und M13 a–c die These, die Nazi-Barbarei zeige sich besonders am industrialisierten Massenmord in den Vernichtungslagern.

M 14 Der Publizist und Historiker Arno Lustiger über Judenretter in Europa während der NS-Zeit (2011)

Lustiger äußert sich hier in einem Interview mit der Süddeutschen Zeitung (SZ):

SZ: Herr Lustiger, die Menschen, über die Sie in Ihren Büchern schreiben, haben sich gegen das Böse gewehrt: Juden im spanischen Bürgerkrieg, jüdische Partisanen im besetzten Europa, jetzt die Retter – Männer und Frauen, die Juden vor dem Holocaust bewahrten.[1] […] Schreiben Sie eigentlich immer über Helden?

Arno Lustiger: Ja, das auch. Aber vor allem versuche ich, die weißen Flecken der Historiografie zu füllen. In meinem Buch erinnern meine Mitautoren und ich an die vielen Menschen, über die man zu wenig weiß und die nicht kollektiv geehrt werden: jene, die Juden geholfen haben, dem Holocaust zu entkommen.

SZ: Wie viele sind es gewesen?

Lustiger: Das ist sehr schwer zu sagen. Jedenfalls viel mehr, als man glaubt. Allein in Berlin gab es Tausende Deutsche, die ihren jüdischen Mitbürgern halfen. In der Jerusalemer Holocaust-Gedenkstätte Jad Vaschem sind nur 23 778 Helfer aus der ganzen Welt als ‚Gerechte unter den Völkern' anerkannt.

SZ: Unter ihnen 495 Deutsche.

Lustiger: Aber das ist nur ein Bruchteil. Das spiegelt nicht die wirkliche Zahl wider, es waren weit mehr Deutsche, die halfen. Für sie war das besonders schwierig, denn anders als die Bürger der besetzten Länder mussten sie gegen die eigene Regierung handeln, ohne Unterstützung nationaler Widerstandsgruppen wie in Dänemark oder Frankreich. Und sie hatten nach 1945 wenige Fürsprecher […]. Man hat sie nie angemessen geehrt.

SZ: Sie waren selbst Verfolgter, Kämpfer gegen die Nationalsozialisten und verdanken Ihr Leben mehreren Helfern.

Lustiger: Ja. Und dann habe ich 40 Jahre geschwiegen, keinen Ton gesagt.

SZ: Warum?

Lustiger: Dafür gab es viele Gründe. Einer davon war der Satz, den mir ein SS-Mann in Auschwitz-Blechhammer sagte. Es war ein junger Mann, der sich offenbar ziemlich gelangweilt hat auf den vielen Kilometern zur Zwangsarbeit. Der unterhielt sich ganz gern mit mir, einmal sagte er wie nebenbei: ‚Du wirst nicht überleben. Aber solltest du es doch tun, wird dir niemand glauben.' Das hatte ich noch sehr lange Zeit im Kopf.

SZ: Aber Ihre Kinder werden Sie doch gefragt haben, wie Sie den Holocaust überlebten?

Lustiger: Ich habe sogar meine Kinder belogen. Sie fragten mich: Papa, was hast du da für eine Nummer in den Arm tätowiert? Aber da waren sie noch klein, und ich sagte: Ach, das ist nur meine Telefonnummer, da ich so vergesslich bin.

SZ: Und als sie größer wurden?

Lustiger: Da fragten sie nicht mehr. Sie hatten nämlich in der Schule gelernt, was die Auschwitz-Nummer bedeutete. Ich wollte meine Kinder davor beschützen, das zu erfahren, was ich mitgemacht hatte. […]

SZ: Warum haben Sie denn geschwiegen, selbst als Sie hoffen konnten, man würde Ihnen glauben? Viele Überlebende haben das getan: nicht darüber zu sprechen.

Lustiger: Ich wusste oder glaubte, die Menschen meiner Generation in Deutschland würden das nicht wahrhaben wollen oder wegdrängen. Und ich wollte die Wunden auch vernarben lassen. Das Schweigen habe ich erst am 27. Januar 1985 gebrochen. Die Organisationen ‚Zeichen der Hoffnung' und ‚Pax Christi' haben dieses Jahrestages der Befreiung von Auschwitz durch einen Schweigemarsch gedacht. Sie fragten mich, ob ich mitmachen möchte. Und da ich ohnehin ein großer Schweiger war, hat mir diese Art des Gedenkens sehr zugesagt. Danach habe ich erst begonnen, darüber zu schreiben und zu sprechen. Ich wurde vom Bundestagspräsidenten eingeladen, im Bundestag die Gedenkrede am 27. Januar 2005 zu halten. Und in dieser Rede habe ich unter anderem beklagt, dass die deutschen Retter im eigenen Land kaum oder nicht genug geehrt werden.

SZ: Warum war das so?

Lustiger: Die meisten Deutschen, die Juden gerettet haben oder es versuchten, wurden erst geehrt, als sie schon lange tot waren. Ich glaube, es gibt einen ganz einfachen Grund: Diese Menschen haben den anderen den Spiegel vorgehalten …

SZ: … den Spiegel der Schuld.

Lustiger: Ja. Oder der Mitschuld. Es gab

acht Millionen NSDAP-Mitglieder, dazu Angehörige der Parteiformationen wie SA und SS, des Staatsapparats, also Anhänger des Regimes. Dann gab es eine große Masse, viele Millionen, die sich einfach bemüht haben, ein einigermaßen normales Leben zu führen. Sie haben sich arrangiert – viele sahen dann einfach zu oder weg. Es gab aber auch ländliche Gegenden, wo gar keine Juden lebten und diese Leute auch nichts von der Verfolgung mitbekamen. Aber in Berlin zum Beispiel wusste fast jeder Bescheid. Im Unterbewusstsein verkörperten die Judenretter eine sehr unangenehme Wahrheit: Selbst im Dritten Reich, im Polizeistaat Deutschland, gab es Spielräume, die man nutzen konnte. Aber Millionen haben sie nicht genutzt – und mit diesem Wissen mussten sie weiterleben.

SZ: Was waren denn die Motive der Retter?

Lustiger: Das ist sehr verschieden. Es gab, wie im Konzentrationslager Buchenwald, kommunistische Kapos, die jüdische Kinder gerettet haben. […] Auf der anderen Seite gab es Unternehmer, die alles taten, um jüdische Angestellte und deren Familien zu retten; großartige Persönlichkeiten und Industrielle wie Berthold Beitz, Robert Bosch, Ernst Leitz und Eduard Schulte.

SZ: Sie hatten Spielräume.

Lustiger: Und sie haben sie konsequent und unter erheblichem Risiko genutzt. Andere in ihrer Position taten das nicht.

Arno Lustiger über Rettung, In: *Süddeutsche Zeitung,* 12./13. November 2011, S. V2/8.

---

1 Arno Lustiger, Rettungswiderstand. Über die Judenretter in Europa während der NS-Zeit, Wallstein, Göttingen 2011.

1 Erörtern Sie mithilfe der Aussagen Lustigers, ob alle Deutschen während der NS-Gewaltherrschaft willige „Volksgenossen" Hitlers und der Nationalsozialisten waren.
2 Sowohl die Judenretter als auch die von ihnen vor dem Tod bewahrten Juden schwiegen nach dem Ende der Nazi-Herrschaft lange Zeit über ihre Erlebnisse während der NS-Zeit. Erklären Sie mithilfe des Interviews von Lustiger dieses Schweigen.
3 **Lokalrecherche:** Forschen Sie in Ihrer Region nach Personen, die Juden während des Nationalsozialismus geholfen haben. Stellen Sie ihre Geschichte in Kurzporträts vor.

Geschichte kontrovers: Die Ursachen des Holocaust

M 15 Die Interpretation des Historikers Helmut Berding (1988)

Über die Abfolge der Ereignisse und das Ausmaß der Mordaktionen besteht dank intensiver Forschung weitgehend Klarheit. Alle wichtigen Vorgänge sind eingehend untersucht und breit dokumentiert worden. Dennoch stößt der Versuch, den Holocaust in historischer Perspektive zu erklären, auf ungewöhnliche Schwierigkeiten. Die grauenhafte Unmenschlichkeit übersteigt die Vorstellungs- und Darstellungskraft des Historikers. Es bleibt zudem ein Problem zu begreifen, wie sich „messianischer Fanatismus und bürokratische Strukturen, pathologische Handlungsantriebe und administrative Erlasse" miteinander verbinden und wie „archaische Denkweisen in einer hoch entwickelten Gesellschaft" die Oberhand gewinnen konnten. Auch steht die außerordentliche Komplexität des Geschehens einfachen Deutungen entgegen. Es sind mindestens vier Faktorenbündel, die bei einer Analyse des Verfolgungs- und Vernichtungsprozesses berücksichtigt werden müssen. *Erstens* kann der Völkermord an den Juden nicht ohne die zentrale Bedeutung der NS-Weltanschauung und die Verblendung des Rassenantisemitismus gedacht werden. Bei der antisemitischen Ideologie handelt es sich also um einen Faktor von erheblichem Gewicht. *Zweitens* steht die herausragende Stellung des „Führers" und damit die unmittelbare Verantwortung Hitlers außer Frage. Auch von anderen NS-Größen, z. B. Rudolf Hess, Heinrich Himmler oder Joseph Goebbels, kamen wichtige Anstöße für Verfolgungsmaßnahmen. Der personale Faktor darf daher als Erklärungselement nicht außer Acht gelassen werden. Starke Impulse gingen *drittens* vom NS-Herrschaftssystem aus. Der „Führerstaat" mit seiner polykratischen Struktur stellte nach 1933 genauso ein dynamisches Element dar wie das „Führerprinzip" der NS-Bewegung vor der sog. „Machtergreifung". Folglich ist dem systemstrukturellen Faktor große Bedeutung beizumessen. Zu bedenken ist *viertens*, dass nicht jede Verfolgungsmaßnahme unmittelbar aus rassenpolitischen Motiven hervorging. Zu einem beträchtlichen Teil trug das technokratisch-subalterne Verhalten von NS-Funktionären und Staatsbeamten, die nicht unbedingt antisemitisch eingestellt waren, zur „Endlösung der Judenfrage" bei.

Diesen Faktor, der den mörderischen Prozess gleichfalls mit vorantrieb, hat Hannah Arendt sehr treffend die „Banalität des Bösen" genannt. Offen bleibt die Frage, wie sich in bestimmten Situationen die einzelnen Faktoren bündelten und welches Gewicht ihnen für den Holocaust insgesamt beizumessen ist.

Helmut Berding, Moderner Antisemitismus in Deutschland, Suhrkamp, Frankfurt/M.1988, S. 226 f.

M 16 Die Deutung des Historikers Ian Kershaw (2000)

In einem Interview mit der Zeitschrift „Der Spiegel" äußerte sich Kershaw so:

Kershaw: Unter den Historikern würde heute niemand mehr Hitler nur auf die Figur eines zynischen Machtpolitikers reduzieren. Natürlich war er das auch, aber seine Antriebskraft war eine politische Vision: Deutschland zu neuer Größe zu führen, am Ende sollte die Weltherrschaft stehen. Die Vernichtung Andersdenkender und der Genozid an den Juden gehörten dazu, waren aber nicht Selbstzweck.

SPIEGEL: War Hitlers letzte Antriebskraft Mordlust […]?

Kershaw: Nein, Hitlers entscheidender Beweggrund war der Wunsch, Deutschland zur beherrschenden Weltmacht zu erheben. Das bedeutete nicht nur, die Gegner im Krieg zu besiegen, sondern sie buchstäblich zu vernichten. Zu Feinden zählten für Hitler hauptsächlich natürlich die Juden, die für ihn zugleich Weltkapitalismus und Weltkommunismus verkörperten.

SPIEGEL: War der Holocaust nur ein Nebenprodukt des Kriegs?

Kershaw: Vernichtung und Krieg sind nicht zu trennen, der Genozid fiel mit dem Krieg zusammen. […]

SPIEGEL: Aber wie lässt sich das Zusammenspiel zwischen Hitler und der NSDAP, der Verwaltung oder der Wehrmacht erklären?

Kershaw: Den Schlüssel fand ich in einer Rede, die Werner Willikens, ein Staatssekretär im preußischen Landwirtschaftsministerium, 1934 vor NS-Funktionären hielt. Er sagte, es gelte, „dem Führer entgegenzuarbeiten". Dieser Satz war mein Aha-Erlebnis. Hitler hatte eine unveränderliche Vision, doch kein konkretes Programm etwa für die Ermordung der Juden oder für den Kampf um Lebensraum in Osteuropa. Da jedoch bekannt war, dass Hitler immer die radikalste Lösung wählte, wussten seine Mitarbeiter, aber auch die Verwaltungs- und Mordexperten in den besetzten Gebieten, dass sie selbst für radikalste Vorschläge Zustimmung aus Berlin erhielten […].

SPIEGEL: „Dem Führer entgegenarbeiten" – ist das auch Ihr Schlüssel für den Holocaust?

Kershaw: Ja. Bezeichnenderweise lassen sich die ersten Schritte in den Genozid ohne Hitlers Einmischung erklären. Nach dem Sieg über Polen 1939 handelten die SS und der Polizeiapparat eigenständig. Indem sie immer neue Projekte für Deportationen und Umsiedlungen erdachten, arbeiteten sie dem Führer entgegen. So entstand auch 1940 der Plan, Juden in Madagaskar anzusiedeln.

SPIEGEL: Glauben Sie wirklich, dass Hitler nach Kriegsbeginn den Juden die Emigration gestattet hätte, wenn denn ein Land bereit gewesen wäre, sie aufzunehmen?

Kershaw: Nein, die Juden waren für ihn Geiseln, vor allem im Blick auf Amerika. Alle Umsiedlungspläne schlossen ein, dass die Juden unter dem Regime der SS bleiben sollten. Er glaubte, die Westmächte erpressen zu können.

SPIEGEL: Sie neigen der Ansicht zu, dass der Holocaust 1940 noch nicht beschlossen war?

Kershaw: Hitler wollte die Juden nicht von vornherein ermorden. Sie sollten zwar später irgendwie territorial entfernt werden, aber das meinte 1940 noch nicht vergasen.

SPIEGEL: Wann fallen die Entscheidungen zum Mord?

Kershaw: Es gibt nicht eine einzelne Entscheidung Hitlers, die Juden zu ermorden, sondern eine Fülle von Schritten zwischen Sommer 1941 und Frühjahr 1942. Im Juli/August 1941 zum Beispiel baute SS-Chef Heinrich Himmler die Polizeieinheiten aus, die in den eroberten sowjetischen Gebieten zunächst alle jüdischen Männer, dann alle Juden erschossen. Himmler traf in jenen Tagen mehrmals mit Hitler in der Wolfsschanze, seinem ostpreußischen Hauptquartier, zusammen. Wir wissen nicht, was die beiden besprochen haben, aber es ist sehr wahrscheinlich, dass Himmler die Genehmigung Hitlers zur Ausweitung der Erschießung von sowjetischen Juden auch auf Frauen und Kinder einholt.

SPIEGEL: Was macht Sie in der Annahme so sicher, dass Himmler bei Hitler die Erlaubnis einholte, die Juden zu töten?

Kershaw: Weil es in einem anderen Fall so gehandhabt wurde. Als der Höhere SS- und Polizeiführer im Warthegau, Wilhelm Koppe, bei Himmler anregte, 30 000 tuberkulosekranke Polen zu ermorden, antwortete ihm Himmlers Adjutant, dass darüber der Führer entscheiden müsse. Wenn Hitlers Einwilligung zum Mord an 30 000 Menschen eingeholt werden musste, muss es erst recht bei größeren Menschenmengen der Fall gewesen sein.

SPIEGEL: Zum Völkermord kam es erst Ende 1941? Und wieder wird dem Führer entgegengearbeitet?

Kershaw: Ja, die Gauleiter im Altreich hatten Hitler im Frühherbst 1941 bedrängt, die Juden aus ihren Gebieten nach Osten zu deportieren. Diese Leute wussten instinktiv, dass sie damit Hitlers Vorstellungen entsprachen, auch wenn er zunächst zögerte. Die deutsche Führung rechnete im Herbst 1941 immer noch mit einen schnellen Sieg über die Sowjetunion; die Juden sollten zuerst nach Osteuropa und später nach dem eroberten Russland deportiert werden – übrigens in die Gulag-Lager, die Stalin angelegt hatte.

SPIEGEL: Die Deportation ging in Mord über, als der Vormarsch der Wehrmacht ins Stocken geraten war?

Kershaw: Zunächst stockten auch die Deportationen, weil SS und Verwaltung in den besetzten Gebieten Osteuropas nicht wussten, wohin sie die Juden bringen sollten. Anstatt aber die Deportationen abzubrechen, schlugen die Nazis den radikalsten Weg ein und brachten die Menschen einfach um. Hitlers Zustimmung war dafür unerlässlich.

SPIEGEL: In dieser Logik wäre der Holocaust ausgeblieben, falls Deutschland die Sowjetunion besiegt hätte.

Kershaw: Nein. Der Holocaust hätte aber wohl andere Formen angenommen. Eines ist unumstößlich: Hitler wollte alle Juden aus Europa entfernen; möglicherweise hätte er sie in Sibirien dahinsiechen lassen. Eine menschenwürdige Existenz war für sie nicht vorgesehen.

SPIEGEL: Ihre Theorie über den Beginn des Holocaust besitzt einen Schwachpunkt: Himmler und Hitler trafen sich 1941 Dutzende Male. Ob Hitler dabei Himmler Befehle gegeben hat oder ob Himmler die Initiative ergriff, wissen wir nicht. Möglicherweise hat die SS gar nicht Hitler entgegengearbeitet, sondern einfach seine Aufträge an Himmler ausgeführt.

Kershaw: Das ist natürlich denkbar, aber nicht belegt und an sich eher unwahrscheinlich. Ich beschränke mich auf belegbare Vorgänge und ziehe plausible Analogien. Bei den wichtigsten Schritten in der Judenpolitik, wie zum Beispiel bei der Entfaltung der Nürnberger Gesetze 1935, der Entfesselung des Novemberpogroms 1938 oder der Deportation der „Reichsjuden" im September 1941, reagierte Hitler auf Initiativen von anderen. Es ist anzunehmen, dass er in diesem Fall nicht anders handelte.

„Dem Führer entgegenarbeiten". Der britische Historiker Ian Kershaw über das Zusammenspiel zwischen Hitler und den Deutschen sowie den Zusammenhang von Krieg und Holocaust, in: Der Spiegel 34/2000, S. 56–63.

M 17 Die Auffassung des Historikers Hans-Ulrich Wehler (2003)

Manche „Intentionalisten"¹ haben den Judenmord auf die seit langem bekundeten, schließlich […] zielstrebig verwirklichten Absichten Hitlers zurückgeführt. In einer langwierigen Kontroverse […] haben dagegen bekannte Zeithistoriker eine […] entgegengesetzte Deutung ins Feld geführt. Ihr zufolge sei durch einen Prozess „kumulativer² Radikalisierung" eine Konstellation heraufgeführt worden, unter der eine Vielzahl von Bedingungen […] – die Bevölkerungsverschiebung etwa, die Gettoüberfüllung, die Handlungsbereitschaft örtlicher SS-Führer und Dienststellenleiter, die Beflissenheit, dem „Führer entgegenzuarbeiten"; die Siege und Rückschläge im Russlandkrieg usw. – [...] zusammengewirkt und die Steigerung der Judenpolitik bis hin zur „Endlösung" herbeigeführt haben, ohne dass es dazu der expliziten[3] Planung eines Entscheidungszentrums bedurft hätte. [...]

Weil ein von Hitlers Deutschen verübtes beispielloses Menschheitsverbrechen zur Debatte steht, muss klargestellt werden [...]:
Im Hinblick auf die nationalsozialistische Judenpolitik führt kein Weg daran vorbei, dass in dem von Hitler repräsentierten [...] Weltbild ein radikalisierter biologistischer Antisemitismus [...] eine Schlüsselposition besaß. [...]

Dank seiner Sonderstellung als charismatischer „Führer" besaß Hitler frühzeitig in allen Weltanschauungsfragen ein absolutes Interpretationsmonopol. Auch wenn keineswegs jede Initiative von Hitler ausging, blieb er doch die letzte Entscheidungsinstanz im Besitz der Kompetenzkompetenz. [...] Ohne die Machtkompetenz und Sanktionsgewalt des „Führers" hätten die Himmler, Heydrich und Konsorten, allein für sich genommen, den Holocaust als europaweit angelegte Mordaktion nicht organisieren, ausführen und rechtfertigen können.

Hitler als personales Entscheidungszentrum auch für den Judenmord anzuerkennen [...], bedeutet nicht, dass allein ihm die Gesamtschuld am Holocaust zugerechnet werden sollte. Charismatische Herrschaft ist eine soziale Dauerbeziehung, und das hervorgehobene Individuum hängt stets von der [...] Folgebereitschaft seiner Gesellschaft ab. Daher bleiben die Hunderttausende von Aktivisten und Millionen von bereitwilligen Helfern, die am Judenmord beteiligt waren, ein zentrales Problem. Aber noch einmal: [...] ihre Durchsetzungsfähigkeit gewann die antijüdische Vernichtungspolitik, weil sie als „Auftrag", als „Werk", als „Wille" des „Führers" ausgegeben werden konnte.

Hans-Ulrich Wehler, Deutsche Gesellschaftsgeschichte, Bd. 4: 1914–1949, C. H. Beck, München 2003, S. 883–885.

1 Intention: Absicht
2 kumulativ: anhäufend, steigernd
3 explizit: ausdrücklich

M 18 Die Interpretation des Historikers Dieter Pohl (2011)

Der Mord an den europäischen Juden ragt unter den nationalsozialistischen Gewaltverbrechen eindeutig heraus. Ausschließlich hier bestand ein staatliches Programm, eine Gruppe von Menschen – Männer, Frauen, Kinder – allein wegen ihrer Herkunft restlos und in kürzester Zeit zu ermorden. Grundlage dafür war eine langlebige und weit verbreitete Judenfeindschaft. Diese Vorurteile wurden zur Staatsdoktrin des Deutschen Reiches. Sie erlebten in der Bevölkerung während der Dreißigerjahre eine enorme kulturelle Aufladung, d. h. lange bestehende Stereotypen breiteten sich rasant aus und wurden für weite Kreise handlungsrelevant. Für die Explosivität des Antisemitismus im Vergleich zu den anderen Vorurteilen sorgte vor allem der von vielen geteilte Glaube, Juden seien als Kollektiv dabei, die Welt zu beherrschen, sie seien eine Bedrohung für die Menschheit.

Und doch führte der Antisemitismus nicht zwangsläufig zum Massenmord. Vielmehr ist die fundamentale Bedeutung der Expansionspolitik für die Eskalation der Gewalt zu unterstreichen, die generell mörderische Politik in Osteuropa wie auch die Zersetzung konventioneller Politikstrukturen. Utopische Pläne zur Neugestaltung und die radikale Ausbeutung der besetzten Gebiete setzten jegliche Ansätze zu einer rechtmäßigen Politik außer Kraft. Immer mehr Extremisten wetteiferten um ein möglichst radikales Vorgehen gegen die Juden. Dieses Verbrechen war zugleich von einem gigantischen Raubzug begleitet. In den Köpfen der Antisemiten geisterte die Vorstellung, Europas Juden besäßen sagenhafte Reichtümer. So war jede Verfolgungsmaßnahme auch von der Enteignung begleitet, zunächst der Immobilien, Betriebe, dann der Wertsachen, und schließlich wurde den Opfern noch bei den Mordaktionen die letzte Habe genommen, selbst die Leichen geplündert.

An der Ermordung der Juden entzündeten sich im Herrschaftsapparat kaum interne Diskussionen, wie dies etwa beim Massensterben der sowjetischen Kriegsgefangenen oder bei der brutalen Anti-Partisanenbekämpfung der Fall war. Schließlich setzte sich niemand mehr gegen antisemitische Vorurteile zur Wehr, vielmehr fanden sie im Reich weite Verbreitung, zum Teil auch im besetzten und verbündeten Europa. Selbst wenn dazu die Möglichkeit bestanden hätte, wollte kaum jemand den Verfolgten zu Hilfe eilen. Das neutrale und alliierte Ausland, wo bruchstückhafte Informationen kursierten, war dieser moralischen Herausforderung offensichtlich nicht gewachsen.

Dieter Pohl, Verfolgung und Massenmord in der NS-Zeit 1933–1945, 3. Aufl., Wissenschaftliche Buchgesellschaft, Darmstadt 2011, S. 109 f.

1 Untersuchen Sie mithilfe der Texte M 15 bis M 18 die wichtigsten Ursachen für den Völkermord an den europäischen Juden:
a) Stellen Sie dafür eine Tabelle zusammen, in der die zentralen Thesen der Historiker gegenübergestellt werden.
b) Gewichten Sie, ausgehend von dieser Tabelle, die unterschiedlichen Ursachen.

Die Deutschen und die Judenverfolgung

M 19 Der Historiker Peter Longerich über das Verhalten der deutschen Bevölkerung 1933–1935 (2006)

Die schon in der Weimarer Republik einsetzenden Bemühungen der Nationalsozialisten, in der Bevölkerung einen Boykott jüdischer Geschäfte und Dienstleistungen durchzusetzen, blieben außerhalb der Kernanhängerschaft der Nationalsozialisten ohne größere sichtbare Auswirkungen. Der Boykott war nur dann – einigermaßen – erfolgreich, wenn er wie am 1. April 1933 mit massiven Bedrohungen der Kundschaft einherging. Durch bloße Propaganda war das Käuferverhalten offenkundig nicht wesentlich zu beeinflussen. […] Erst Berufsverbote und „Arisierung", schließlich das gesetzliche Verbot der wirtschaftlichen Betätigung der Juden infolge des Novemberpogroms [1938] unterbanden die geschäftlichen Beziehungen zwischen Juden und Nichtjuden tatsächlich.

Die von der Partei erhobene Forderung an die Bevölkerung, intime und freundschaftliche Beziehungen zu Juden abzubrechen, ließ sich erst mittels der Rassenschande-Krawalle 1935, letztlich erst nach dem Erlass der Nürnberger Gesetze durchsetzen. Die bloße Verächtlichmachung als „Judenfreunde" und „Rasseschänder" seitens der Partei hatte offenbar nicht ausgereicht, nichtjüdische Menschen von solchen Beziehungen abzuhalten.

Dass die Bevölkerung nach dem Erlass der Nürnberger Gesetze allgemein mit Befriedigung auf die nun erfolgende biologische Segregation der Juden reagierte, ist nicht nachweisbar. Eher dürfte sich das Gefühl der Erleichterung auf das – scheinbare – Ende der Krawalle bezogen haben, und wir haben einige Anhaltspunkte dafür, dass das Gefühl der Zufriedenheit mit den Gesetzen durch die Berichterstattung übertrieben wurde, da die berichterstattenden Instanzen Partei, Polizei und staatliche Bürokratie alle drei ein starkes Interesse daran hatten, die antisemitische Kampagne des Jahres 1935 abzuschließen.

Peter Longerich, „Davon haben wir nichts gewusst!" Die Deutschen und die Judenverfolgung 1933–1945, Siedler, München 2006, S. 321 f.

1 Arbeiten Sie mithilfe von M 19 die Reaktionen der deutschen Bevölkerung auf die Judenverfolgung in den Jahren 1933 bis 1935 heraus.

M 20 Ereignisse im Jahr 1938

a) Die Historikerin Marion Kaplan über Reaktionen auf den Novemberpogrom 1938 (2001):

Der Novemberpogrom bietet Beispiele für das widersprüchliche Verhalten der Deutschen gegenüber den Juden – eine Mischung aus zügelloser Brutalität, gezielter Unwissenheit und gelegentlicher Freundlichkeit. Viele Leute schlossen sich den Nazis an, um jüdische Wohnungen, Betriebe und Synagogen anzugreifen und zu verbrennen. Andere zogen es vor, ihre jüdischen Nachbarn auszunutzen. In Bayern etwa bot ein „arischer" Nachbar einer jüdischen Frau und ihrer Mutter nach der Verhaftung ihrer Ehemänner ein „Geschäft" an. Die jüdischen Frauen sollten ihm die Besitzurkunde ihres Hauses überschreiben und Deutschland verlassen. […] Ingeborg Hechts Nachbarin versuchte es mit

Entschuldigungen: „Der Führer weiß das nicht", sagte sie und gab Ingeborg ein großes Lebensmittelpaket für deren Vater, als dieser aus [dem KZ] Sachsenhausen zurückkehrte. Mally Dienemann [...] war tief berührt, als ihre nicht jüdische Vermieterin ihr dabei half, die Wohnung zu reinigen: „[...] Diese einfachen Leute [...] brachten mir, als ich allein war, Blumen."

Marion Kaplan, Der Mut zum Überleben, übers.v. Christian Wiese, Aufbau/© M. Kaplan, Berlin 2001.

b) Der Historiker Christoph Nonn über Verhaltensweisen der Käufer bei den „Arisierungen" (2008):
[Der Historiker] Bajohr hat idealtypisch drei verschiedene Verhaltensweisen der Käufer jüdischer Geschäfte identifiziert. Eine Gruppe nutzte die Notlage der Verkäufer aus. Eine andere Gruppe bereicherte sich nicht nur besonders rücksichtslos auf Kosten der Juden, sondern trieb auch durch eigene Initiativen die „Arisierung" aktiv voran. Eine dritte Gruppe schließlich, die zu großen Teilen aus Mitgliedern der Handelskammer-Elite und älteren Unternehmern bestand, setzte der „Arisierung" zunächst im politischen Bereich hinhaltenden Widerstand entgegen. Als es dann doch zum Ausverkauf der jüdischen Geschäfte kam, griffen auch ihre Angehörigen zu, erstatteten den verkaufenden Juden aber häufig die Differenz zwischen verordneten Schleuderpreisen und tatsächlichem Wert der Betriebe unter der Hand oder ließen ihnen heimlich Wertsachen oder Pensionen zukommen. Denken in traditionellen Moralbegriffen einer unternehmerischen Ehre spielten für das Handeln dieser letzten Gruppe ebenso eine Rolle wie persönliche Verbundenheit alten jüdischen Geschäftsfreunden gegenüber.

Christoph Nonn, Antisemitismus, Wissenschaftliche Buchgesellschaft, Darmstadt 2008, S. 90.

c) Der Historiker Peter Longerich über das Verhalten der deutschen Bevölkerung 1938 (2006):
Die Politik des Regimes, den vollständigen Ausschluss der Juden aus dem wirtschaftlichen und gesellschaftlichen Leben mit dem Pogrom vom November 1938 zu vervollkommnen und durch Terror eine Massenflucht der Juden aus Deutschland auszulösen, nahm die Bevölkerung letztlich zwar hin, aber mit erheblichem Widerwillen, der sich vor allem gegen die Gewalttätigkeiten und Zerstörungen richtete. Trotz der vom Regime öffentlich gepflegten Interpretation der passiven Hinnahme als Zustimmung lässt sich an der unmittelbar nach dem Novemberpogrom gestarteten Propagandakampagne ablesen, dass aus Sicht der Verantwortlichen Rechtfertigungsbedarf bestand und der öffentlich zur Schau gestellte Antisemitismus noch zu wünschen übrig ließ.

Diese Propagandakampagne konnte nur unter großen Anstrengungen und Schwierigkeiten über den Winter 1938/39 hinweg aufrechterhalten werden. Die Tatsache, dass die Zeitungsredaktionen die Weisungen des Propagandaministeriums nicht so recht umsetzen wollten, hatte mehrere Ursachen: Zum einen zeigte sich, dass nach sechs Jahren NS-Judenverfolgung die weitere Hervorhebung einer „jüdischen Gefahr" in Deutschland propagandistisch wenig glaubwürdig war. Zum anderen erwies sich der Anfang 1939 eingeschlagene Kurs, die international angeblich dominierende Stellung der Juden zu betonen, als außenpolitisch riskant. Und: Wir können annehmen, dass die relativ starke Ablehnung, auf die die Gewaltaktionen vom 9. November bei der deutschen Bevölkerung trafen, ein Klima geschaffen hatte, das für die Rezeption einer scharfen antisemitischen Propagandakampagne nicht günstig war. Die Strategie, die Gewaltaktion im Nachhinein propagandistisch zu rechtfertigen und gerade die Schichten der deutschen Gesellschaft, die sich über den Pogrom so empört gezeigt hatten – insbesondere das Bildungsbürgertum – , unter Druck zu setzen, fruchtete letztlich wenig. Die den Stimmungsberichten des Jahres 1939 zu entnehmende Indifferenz der Bevölkerung in der „Judenfrage" ist daher nicht glaubwürdig. Dieses Desinteresse scheint eher Ausdruck einer Übersättigung mit antisemitischer Propaganda zu sein.

Peter Longerich, „Davon haben wir nichts gewusst!" Die Deutschen und die Judenverfolgung 1933–1945, Siedler, München 2006, S. 323.

1 Vergleichen Sie M 20 a–c hinsichtlich der Reaktionen der deutschen Bevölkerung auf die NS-Judenverfolgung.

M 21 Forschungsergebnisse des Historikers Peter Longerich zu der Frage, was über den Judenmord bekannt war (2006)

Im Laufe des Jahres 1942 machten im Reichsgebiet zunehmend Gerüchte über die Ermordung der Juden die Runde. Vor allem über Erschießungen wurde häufig spekuliert, und vielen war klar, dass die Deportierten dem Tod entgegensahen. Gemutmaßt wurde auch über den Massenmord mit Giftgas, konkrete Informationen über Vernichtungslager waren indes kaum in Umlauf. Ab Mitte 1942 begann das Regime, auf die zunehmenden Gerüchte über die Ermordung der Juden offensiv zu reagieren. Im Oktober erließ die Partei-Kanzlei eine parteiinterne Sprachregelung, in der sie in einer Weise Stellung zu Gerüchten über die Erschießungen im Osten nahm, die als Bestätigung gelesen werden konnte. Gleichzeitig versuchte das Regime, die immer offener propagierte Vernichtung der Juden zu rechtfertigen: Man komme damit der jüdischen Vernichtungsabsicht zuvor. […] Die öffentliche Handhabung des Themas durch das Regime in der zweiten Jahreshälfte 1942 lief also darauf hinaus, die umlaufenden Gerüchte indirekt zu bestätigen; dahinter stand offenkundig das Kalkül, die deutsche Bevölkerung zu Zeugen und Mitwissern des Massenmordes an den Juden zu machen. Die „Judenfrage" wurde so zu einem öffentlichen Geheimnis; umgeben von einer Aura des Unheimlichen, handelte es sich um etwas, worüber man besser nicht sprach, das im allgemeinen Bewusstsein jedoch deutlich präsent war. Die vorhandenen Informationen zu einem Gesamtbild vom wirklichen Umfang der Judenverfolgung […] zusammenzusetzen, war in dieser Atmosphäre für die meisten offenbar außerordentlich schwierig. […]

1943 versuchte das Regime also noch einmal, die von ihm gesteuerte Öffentlichkeit mithilfe der „Judenfrage" neu auszurichten. Der Bevölkerung wurde klar gemacht, dass sie im Falle einer Niederlage für die Verbrechen des Regimes als dessen Mitwisser und Komplizen zur Rechenschaft gezogen werden würde; Angst vor Vergeltung sollte die letzten Reserven mobilisieren […]. Die Botschaft des Regimes, an der „Judenfrage" entscheide sich nicht nur die Existenz des „Dritten Reiches", sondern auch die des deutschen Volkes, wurde in der Bevölkerung durchaus verstanden – und gleichzeitig sperrte man sich offenkundig gegen die Vorstellung einer kollektiven Haftung für die verübten Verbrechen. Je wahrscheinlicher diese Niederlage wurde, desto größer war das Bedürfnis, sich dem Wissen über das offensichtlich vor sich gehende Verbrechen zu entziehen […]. In dieser von Angst – sowohl vor der „jüdischen Rache" als auch vor Erörterung der zum Tabu gewordenen „Endlösung" – erfüllten Atmosphäre der zweiten Kriegshälfte war die Bevölkerung offenbar mehr oder weniger unwillig, sich weiterhin mit Details der „Judenfrage" zu befassen und die bruchstückhaft vorhandenen Einzelinformationen und offiziellen Stellungnahmen des Regimes zu einem Gesamtbild zusammenzusetzen. Damit hätte man sich eingestehen müssen, dass der Massenmord an den Juden ein Jahrhundertverbrechen darstellte […]. Zwischen Wissen und Unwissen gab es also eine breite Grauzone, gekennzeichnet durch Gerüchte und Halbwahrheiten, Imagination, verordnete und selbst auferlegte Kommunikationsbeschränkungen, Nicht-Wissen-Wollen und Nicht-Begreifen-Können. Die Tatsache, dass das Thema in den letzten beiden Kriegsjahren eine wesentlich geringere Rolle in der Propaganda des Regimes wie in der Deutschlandpropaganda der Alliierten spielte als im Zeitraum 1941 bis Mitte 1943, beförderte die Tendenz zur Verdrängung noch. Die einfachste und vorherrschende Haltung war daher sichtbar zur Schau getragene Indifferenz und Passivität gegenüber der „Judenfrage" – eine Einstellung, die nicht mit bloßem Desinteresse an der Verfolgung der Juden verwechselt werden darf, sondern als Versuch gesehen werden muss, sich jeder Verantwortung für das Geschehen durch ostentative Ahnungslosigkeit zu entziehen.

Peter Longerich, a.a.O., S. 324–328.

1 Arbeiten Sie aus M 21 heraus, welche Information über die Judenvernichtung zu welchem Zeitpunkt vermutlich bekannt war.
2 Untersuchen Sie mithilfe des Textes die Informationspolitik des NS-Regimes über die Judenverfolgung und -vernichtung.

Historische Spielfilme analysieren

Geschichte in Film und Fernsehen garantiert seit Jahrzehnten hohe Zuschauerzahlen. Filme machen Geschichte anschaulich, indem sie trockene Texte in laufende Bilder oder multiperspektivische Quellen in handelnde Personen mit Mimik, Gestik und Sprache verwandeln.

Zwei Gattungen sind zu unterscheiden: Dokumentarfilme versuchen, historische Themen anhand originaler Filmaufnahmen – zum Teil ergänzt durch Standfotos, aktuelle Aufnahmen, nachgespielte Szenen, Trickaufnahmen oder Interviews mit Zeitzeugen oder Experten – authentisch aufzuarbeiten. Historische Spielfilme erzählen, personalisieren und dramatisieren Geschichte. Dabei verbreiten sie Geschichtsbilder und tragen zur Legendenbildung bei. Obwohl Spielfilme eine hohe Realitätsnähe vermitteln, darf der Zuschauer die zum Teil sehr suggestiven Bilder nicht mit der geschichtlichen Wirklichkeit verwechseln. Historische Spielfilme liefern häufig mehr Erkenntnisse über die Zeit, in der sie entstanden sind, als über die Zeit der Filmhandlung. So spiegeln zum Beispiel deutsche Spielfilme aus den 1930er-Jahren über den preußischen König Friedrich II. oder Reichskanzler Otto von Bismarck das Weltmachtstreben der Nationalsozialisten wider. Hollywood-Produktionen aus den 1950er-Jahren geben Auskunft über den Zeitgeist im Kalten Krieg. Daher müssen Spielfilme – wie jede Quelle – kritisch analysiert werden.

Beispiel: „Am Ende kommen Touristen" (2007)

M 1 Filmplakat zu „Am Ende kommen Touristen", Deutschland, 2007

Webcode: KH639748-152

In dem deutschen Film „Am Ende kommen Touristen" (2007) verarbeitet Regisseur und Drehbuchautor Robert Thalheim seine Erfahrungen als Zivildienstleistender in Auschwitz. Der 19-jährige Deutsche Sven (Alexander Fehling) leistet seinen Zivildienst in der Gedenk- und Begegnungsstätte Auschwitz, seine Hauptaufgabe besteht in der Betreuung eines KZ-Überlebenden, mit dem er auch die Wohnung auf dem Gelände der Gedenkstätte teilt. Dieser ehemalige Häftling, Stanislaw Krzeminski (Ryszard Ronczewski), hält als Zeitzeuge Vorträge und restauriert abends Koffer ermordeter Juden für den Ausstellungsbereich. Sven ist anfangs stark überfordert, er findet keine bzw. nicht die „richtigen" Worte. Das Verhältnis der beiden ist gespannt und der alte Mann verweigert sich Svens Hilfe. Der Film vermeidet Kitsch oder Anbiederung; das Verhältnis zwischen Sven und Krzeminski bleibt distanziert – das durchlebte Grauen des einen schafft eine Distanz, die vom anderen nicht zu durchbrechen ist. Doch entwickelt Sven immer größere Sympathie für Herrn Krzeminski, der bei offiziellen Gedenkveranstaltungen trotz „Betroffenheitsfloskeln" respektlos behandelt wird und dessen Aufgabe, das Restaurieren alter Häftlingskoffer für das Museum, ihm entzogen werden soll. Durch die Liebesbeziehung mit der polnischen Museumsführerin Ania lernt er dabei das Leben in einer Kleinstadt kennen, deren Name Synonym für den weltgeschichtlich einmaligen Genozid an den Juden ist. Auf sensible Weise kreist der Film um die Frage, wie ein Gedenken an den Genozid – und gleichzeitig das Leben in der Gegenwart – gelingen kann.

Arbeitsschritte für die Interpretation

1. Formale Aspekte	– Wer sind Regisseur, Drehbuchautor und Auftraggeber? – Welches Land bzw. welche Länder haben den Film produziert? – Wie lang ist der Film? – Wann ist der Film entstanden und aufgeführt worden? – Aus welchem Anlass wurde der Film gedreht (z. B. Jubiläum eines historischen Ereignisses)?
2. Inhaltliche Aspekte	*Filminhalt* – Mit welchem historischen Thema (z. B. Person) setzt sich der Film auseinander? – Wie lässt sich die Handlung kurz zusammenfassen? – Wer sind die Hauptfiguren und in welcher Beziehung stehen sie zueinander? *Filmische Mittel* – Welche szenischen Gestaltungsmittel (z. B. Einstellungsgrößen, Kameraperspektiven und -bewegung) sind verwendet worden? – Wie werden Ton (Geräusche, Musik, Sprache und Dialoge, Kommentare) und Beleuchtung (Hell-Dunkel bzw. Farbkontraste) eingesetzt? – Nimmt der Film die Perspektive der Hauptfigur ein oder werden auch andere Sichtweisen dargestellt?
3. Historischer Kontext	– Auf welchen historischen Sachverhalt (Epoche, Ereignis, Person bzw. Konflikt) bezieht sich das Thema des Films?
4. Urteilen	*Intention* – Welche Intentionen verfolgt der Film? – Wie wirkt der Film auf den Betrachter? – Welche Reaktionen – z. B. Kritiken – rief der Film nach der Uraufführung in der Öffentlichkeit hervor? – Welche gesellschaftlichen Anschauungen, Normen und Werte spiegelt der Film aus der Zeit wider, in der er entstanden ist? *Authentizität der Handlung* – Ist die Handlung logisch und glaubhaft? – Halten sich Regisseur und/bzw. Autor an die historische Realität? (Welche Änderungen wurden vorgenommen? Gibt es fiktive Szenen?) *Bewertung* – Wie lässt sich der Film aus heutiger Sicht bewerten? (z. B. Verfassen einer eigenen Filmkritik)

Filmlexikon: Einstellungsgrößen der Kamera

Einstellungsgrößen	Definition	Funktion	Beispiel aus „Am Ende kommen Touristen"
Die Großaufnahme (engl. Close up)	lenkt den Blick des Zuschauers auf einen engen Ausschnitt	Die geringe Distanz zum Objekt macht es möglich, z. B. kleinste mimische Reaktionen auf dem Gesicht eines Schauspielers abzulesen.	Der erste Kuss zwischen Sven und Ania; der versteinert wirkende Krzeminski während einer Fragestunde mit deutschen Lehrlingen
Die Totale	gibt einen Überblick über die gesamte Situation um den Ort des Geschehens	Das Bild wirkt sachlich, der Betrachter bleibt auf Distanz. Weiträumige Aufnahmen (Panoramaeinstellungen) können stimmungsvoll wirken.	Die Frage der Auszubildenden nach Krzeminskis KZ-Nummer
Die „Normale"	Sammelbegriff für Einstellungsgrößen zwischen Großaufnahme und Totale: Halbtotale (etwa von Kopf bis Fuß), Halbnah (Kopf bis zum Knie) und Nah (Kopf bis Oberkörper)	Der Zuschauer ist nah am Geschehen, aber gleichzeitig so weit entfernt, dass er den Situations- und Aktionsbezug im Auge behält. Bei dieser Einstellung kommt am stärksten die Gestik zur Geltung.	Beispiel „für Halbnah": Krzeminski stellt sich als Häftling Nummer 9372 vor, Beispiel für „Nah": Gespräch zwischen Sven und Dremmler, dem Ausbildungsleiter des Chemiewerks

Planen Sie eine Exkursion

Gedenkstätten- oder Museumsexkursion
Organisieren Sie mit Ihrem Kurs den Besuch eines Museums bzw. einer Ausstellung zur NS-Gewaltpolitik oder bereiten Sie eine Exkursion zu einer NS-Gedenkstätte vor.

Ziele klären
– Welche Ergebnisse wollen Sie mit der Exkursion erreichen? Geht es um die Vertiefung von Kenntnissen und/oder einen anderen methodischen Zugang zum Schulstoff? Sind Konflikte/Vorurteile im Kurs Anlass für die Exkursion?
– Besprechen Sie die Erwartungen und Bedenken der Teilnehmenden und was dies für die Auswahl des Ortes und die Gestaltung des Programms bedeutet. Ein Gedenkstättenbesuch ist kein „normaler" Wandertag und emotionale Verunsicherungen sind legitim.

Planung
– Recherchieren Sie, mit welcher Einrichtung Sie ein passendes Programm verabreden können.
– Beraten Sie frühzeitig mit den dortigen Betreuern die thematische und methodische Gestaltung des Programms inklusive Zeiten für eigenständiges Lernen und Arbeit in Kleingruppen.
– Recherchieren Sie vorweg Themen, die vor Ort vertieft werden sollen (viele Institutionen bieten dazu Materialien an).
– Planen Sie Freiräume für eine flexible Gestaltung des Programms – Zeiten zur Reflexion sind wichtig.
– Fragen Sie nach den Öffnungszeiten (montags sind viele Ausstellungen geschlossen) und nach möglichen Zuschüssen für Ihre Exkursion.

Auswertung
– Nehmen Sie sich Zeit für den Austausch über die Exkursion: Was hat Sie überrascht? Was hat Sie besonders beschäftigt? Welche Fragen sind offen geblieben? Wie können die Ergebnisse zu Hause weiter vermittelt werden?

Möglichkeiten zur Nachbereitung
– Präsentieren Sie Ihre Eindrücke von der Exkursion in der Schule.
– Vertiefen Sie einzelne Aspekte/Themen durch Projekte oder Facharbeiten.

M1 Im Dokumentationszentrum der Gedenkstätte Bergen-Belsen, Fotografie, 2007.
Eine Besucherin betrachtet die Registrierungsfotos polnischer Kriegsgefangener aus dem Warschauer Aufstand.

Webcode:
KH639748-154

Überprüfen Sie Ihre Kompetenzen

Ohnesarg

In der Grube Ohnesarg
Gibt es keine Stufe.
In der Grube Ohnesarg
Wimmern Hilferufe.
In der Grube Ohnesarg
Wächst kein Gras und Halm.
In der Grube Ohnesarg
Schwelt der Menschrestqualm.
In der Grube Ohnesarg
Glüht kein Morgenrot.
In der Grube Ohnesarg
Stöhnt die Stille: Tod.

M 2 Ohnesarg – ein Gedicht von Ilse Blumenthal-Weiss (1984)

Ilse Blumenthal-Weiss, Ohnesarg. Gedichte und ein dokumentarischer Bericht mit einer Einführung von Günter Kunert, Postscriptum-Verlag, Hannover 1984, S. 10.

Zentrale Begriffe

Auschwitz
Deportation
„Euthanasie"
Holocaust
Judenretter
Shoah
„Umsiedlung"
Völkermord
Wannsee-Konferenz
Zivilisationsbruch

Sachkompetenz

1 Erstellen Sie eine Zeittafel zum Völkermord an den europäischen Juden im Zweiten Weltkrieg 1939–1945.
2 Nennen Sie die wichtigsten Ursachen für den Völkermord an den europäischen Juden.

Methodenkompetenz

3 Interpretieren Sie das Gedicht M 2. Informieren Sie sich dazu über die Autorin, die Lyrikerin und Holocaust-Überlebende Ilse Blumenthal-Weiss.
4 Wählen Sie einen historischen Spielfilm zum Thema Holocaust (z. B. „Schindlers Liste", USA 1993, oder „Das Leben ist schön", Italien 1998) aus und analysieren Sie ihn hinsichtlich seiner Darstellungsmittel.

Urteilskompetenz

5 Beschreiben und bewerten Sie das Verhalten der nichtjüdischen Deutschen gegenüber ihren jüdischen Mitbürgern.
6 „Beim Nationalsozialismus sieht der Historiker sich einem Phänomen gegenüber, das er nur ablehnen kann, was immer auch seine individuelle Position sein mag. […] Deutet eine so grundsätzliche Ablehnung nicht auf ein grundlegend mangelndes Verstehen hin? Und wenn wir nicht verstehen, wie können wir dann Geschichtsschreibung betreiben? Der Begriff ‚Verstehen' hat zweifellos eine ambivalente Bedeutung: Wir können etwas ablehnen und dennoch ‚verstehen'. Und doch stoßen unsere intellektuellen und psychischen Fähigkeiten im Fall des Nationalsozialismus an eine Grenze […]. Wir können erklärende Theorien erarbeiten, doch wenn wir uns direkt den Fakten stellen, erweisen sich alle Erklärungen als schwach." Nehmen Sie Stellung zu dieser These des Historikers Wolfgang Sauer (1967/68). Erörtern Sie dabei die moralische Dimension der Beschäftigung mit dem Holocaust.
Diskutieren Sie die Aufgaben des Historikers bei der Beschreibung, Analyse, Erklärung und Beurteilung des nationalsozialistischen Völkermordes an den Juden.

9 Die deutsche Außenpolitik 1933–1939

Kompetenzen erwerben

Sachkompetenz:	– Hitlers außenpolitische Doppelstrategie kennzeichnen – Motive für Hitlers Friedensbeteuerungen erläutern – wichtige Stationen der deutschen Außenpolitik der Jahre 1933 bis 1939 nennen
Methoden- kompetenz:	– Karikaturen analysieren – schriftliche Quellen interpretieren
Urteilskompetenz:	– Spielräume der internationalen Akteure bewerten – erörtern, ob Hitlers Außenpolitik systematisch-planvoll oder pragmatisch ausgerichtet war

Hitlers Doppelstrategie

Literaturtipps
Lars Lüdicke, Griff nach der Weltherrschaft. Die Außenpolitik des Dritten Reiches 1933–1945, be.bra verlag, Berlin-Brandenburg 2009.

Marie-Luise Recker, Die Außenpolitik des Dritten Reichs, 2. Aufl., Oldenbourg, München 2010.

In seiner Reichstagsrede vom 17. Mai 1933 beschwor Hitler die bestehende internationale Friedensordnung. Die Deutschen wie die Bevölkerungen und Regierungen des Auslandes sollten beruhigt werden. In geheimen Besprechungen plädierte Hitler dagegen für Gewalt als einziges Mittel zur „Lösung der deutschen Frage". Zwar war Hitler bereits vor der Machtübernahme für eine kompromisslose Aufrüstung und außenpolitische Konfrontation eingetreten. Als neuer Reichskanzler umriss er jedoch seine Ziele vorsichtiger. Der Versailler Vertrag sollte nicht mehr revidiert, sondern bekämpft werden. Gleichzeitig dachte Hitler über die Zeit nach der Abschüttelung der Einschränkungen des Versailler Vertrages nach und kündigte Eroberungen im Osten und eine rücksichtslose Germanisierung dieser Länder an. Bis heute streiten Historiker darüber, ob Hitlers Außenpolitik einem Plan folgte oder sich eher pragmatisch an den jeweiligen außenpolitischen Konstellationen ausrichtete.

Aufrüstung und Risikopolitik

Nichtangriffspakt mit Polen
Der am 26. Januar 1934 zwischen Polen und dem Deutschen Reich unterzeichnete Vertrag verpflichtete beide Staaten in einem Zeitraum von zehn Jahren, politische, wirtschaftliche und kulturelle Probleme friedlich zu lösen. Der Vertrag stand in deutlichem Gegensatz zur vorherigen antipolnischen Propaganda der Nationalsozialisten. Ziel Hitlers war es, die polnischen Rohstoffe zu nutzen und das Bündnis zwischen Frankreich und Polen zu schwächen.

Bereits im Oktober 1933 trat das Deutsche Reich aus dem Völkerbund aus, doch suggerierten Verträge wie der Nichtangriffspakt mit Polen* (1934) oder das Flottenabkommen mit England* (1935) eine eher auf Ausgleich bedachte Politik. Zugleich betonte Hitler nach außen in mehreren Reden den Friedenswillen der NS-Regierung. Dem aufmerksamen Beobachter fiel jedoch die starke militärische Ausrichtung der NS-Außenpolitik auf. 1935 führte das Deutsche Reich die allgemeine Wehrpflicht wieder ein. Hitler besaß keinerlei Skrupel, die durch diese Aufrüstung gewonnene außenpolitische Beweglichkeit für seine Macht- und Gewaltpolitik zu nutzen. Das zeigte der Einmarsch deutscher Truppen in die entmilitarisierte Rheinlandzone im März 1936 sowie die militärische Unterstützung, die Deutschland und Italien den national-faschistischen Truppen Francos im spanischen Bürgerkrieg gewährten. Im **März 1938** überschritten Wehrmachtseinheiten dann die Grenze zu **Österreich**. Unter Ausnutzung innerer Schwierigkeiten hatten die Nationalsozialisten dazu beigetragen, die österreichische Republik zu schwächen. Österreich wurde als „Ostmark" dem Deutschen Reich eingegliedert.

Reaktionen des Auslandes

Die nationalsozialistische Machtpolitik spaltete die europäischen Mächte in zwei Lager: Deutschland und Italien auf der einen und **Frankreich und England** auf der anderen Seite. Für Frankreich war diese Politik angesichts der Rückgliederung des **Saargebietes** 1935 und der Aufhebung der entmilitarisierten Zone 1936 am gefährlichsten. Die englische Regierung aber versuchte jeden offenen Konflikt mit dem NS-Staat zu vermeiden. Ein Gleichgewicht der Mächte auf dem Kontinent konnte aus britischer Sicht auf friedlichem Wege am besten dadurch erreicht werden, dass England der deutschen Revisionspolitik nachgab, allerdings in gegenseitigem Einverständnis und abgesichert durch entsprechende internationale Vereinbarungen.

Spätestens im März 1939, als Hitler unter Androhung militärischer Gewalt von Polen die Wiedereingliederung Danzigs in das Deutsche Reich verlangte, wurde den Westmächten jedoch bewusst, dass der deutsche Diktator den Krieg wollte. Großbritannien, aber auch Frankreich rückten jetzt von ihrer Appeasement*-Politik ab. Sie verkündeten, dass jeder militärische Angriff des Deutschen Reiches mit Gewalt beantwortet werden würde, und sie erneuerten ihre Garantieversprechen gegenüber Polen. Hatten die Westmächte aus Furcht vor einer Weltrevolution den sowjetischen Diktator Stalin noch 1938 von der Münchner Konferenz ausgeschlossen, nahmen Frankreich und Großbritannien nun Verhandlungen mit der Sowjetunion auf. Der Kreml hatte schon seit dem sowjetischen Beitritt zum Völkerbund 1934 versucht, sich durch internationale Diplomatie gegen die wachsende Stärke des nationalsozialistischen Deutschland abzusichern.

Zerschlagung der Tschechoslowakei 1938/39

Hitler nahm Konflikte um die Rechte der **Sudetendeutschen** in der Tschechoslowakei zum Anlass, auf die tschechische Führung Druck auszuüben. Nur vordergründig ging es darum, einen autonomen Status für die dortige deutsche Minderheit zu erreichen. Hitlers Ziel war es, die Tschechoslowakei zu „zerschlagen", wie er in einer Rede am 30. Mai 1938 äußerte. Die Drohung eines militärischen Eingreifens führte zu diplomatischen Initiativen Frankreichs und Englands, die der Tschechoslowakei bei einem Angriff Beistand hätten leisten müssen. Der italienische Diktator Benito Mussolini (1883–1945) unterstützte Frankreich und England, weil er für sein Regime keinen Sinn in einem europäischen Krieg um einen Teil der Tschechoslowakei sah. So ließ sich Hitler unter diplomatischem Druck auf eine Konferenz mit dem britischen Premierminister Neville Chamberlain (1869–1940), dem französischen Ministerpräsidenten Edouard Daladier (1884–1970) und Mussolini ein, die 1938 in München stattfand.

Deutsch-britisches Flottenabkommen
Am 18. Juni 1935 in London unterzeichnetes Abkommen, das das Stärkeverhältnis der deutschen und britischen Flotte auf 35 zu hundert festlegte. Das Abkommen stellte einen klaren Bruch des Versailler Vertrages dar. England ließ sich trotz französischer Proteste auf das Abkommen ein, um einen Rüstungswettlauf mit Deutschland zu verhindern. Hitlers Ziel war es, Frankreich durch eine Annäherung an England zu isolieren.

Appeasement
engl. „Beschwichtigung"; abwertender Begriff für die englische Politik gegenüber Deutschland und Italien während der 1930er-Jahre. Vor allem England bemühte sich unter dem Premier Chamberlain seit 1937, den Frieden durch Zugeständnisse an Deutschland und Italien zu erhalten. Höhepunkt der Appeasement-Politik war das Münchner Abkommen vom September 1938, die Besetzung der Tschechoslowakei durch deutsche Truppen 1939 markiert ihr Ende.

Das **Münchner Abkommen** vom 29. September 1938 legte die Abtretung des Sudetenlandes an Deutschland fest. Unter dem Deckmantel des Selbstbestimmungsrechtes beschnitt es die territoriale Eigenständigkeit der Tschechoslowakei. Außerdem erhielt der slowakische Landesteil gegenüber der Zentralregierung in Prag mehr Rechte. Die Regierung in Prag wurde gezwungen, dem Abkommen zuzustimmen. Innenpolitische Konflikte waren unvermeidbar, insbesondere zwischen Tschechen und Slowaken. Letztere konnten sich nun deutscher Unterstützung sicher sein. Als die Prager Regierung Militär einsetzte, um die Einheit des Landes zu erhalten, nahm Hitler dies zum Anlass, den militärischen Angriff auszuführen, den das Abkommen von München noch verhindert hatte. Am 15. März 1939 besetzten deutsche Truppen Tschechien, das als „Protektorat Böhmen und Mähren" dem Reich eingegliedert wurde. Die Slowakei wurde formal souverän, war aber völlig vom nationalsozialistischen Deutschland abhängig.

Entfesselung des Weltkrieges

Der Erfolg seiner Politik verleitete Hitler dazu, unmittelbar nach der Annexion Tschechiens das nächste Konfliktfeld auf ähnliche Weise zu behandeln. Jetzt richteten sich die deutschen Pressionen gegen Polen, das der **Wiedereingliederung Danzigs** ins Reich zustimmen sollte. Hitler beauftragte die Wehrmacht am 11. April 1939 mit der Vorbereitung eines „vernichtenden" Angriffs auf Polen. Seit der Tschechoslowakei-Krise hatte sich das internationale Umfeld aber gewandelt. England und Frankreich waren nicht länger bereit, der immer skrupelloser vorgehenden Machtpolitik Hitlers tatenlos zuzusehen, und garantierten Polens Unabhängigkeit. Da Polen aber für die Truppen beider Länder nicht unmittelbar erreichbar war, nahmen Paris und London Verhandlungen mit der Sowjetunion auf. Ein militärisches Bündnis zwischen diesen drei Staaten schien jedoch nur möglich, wenn Polen der sowjetischen Armee ein Durchmarschrecht zugestand. Hiervor fürchtete sich Polen aber nicht weniger als vor einer deutschen Aggression. Die polnische Regierung versuchte daher ihre Unabhängigkeit zu wahren; die Verhandlungen der Westmächte mit der sowjetischen Führung zogen sich hin – von Stalin durchaus nicht ungewollt. Die sowjetische Regierung verhandelte auch mit dem deutschen Außenminister. Dieser schien Stalin mehr bieten zu können als die Westmächte. Der am 23. August 1939 abgeschlossene deutsch-sowjetische Nichtangriffspakt, der sogenannte **Hitler-Stalin-Pakt**, schloss ein geheimes Zusatzabkommen ein, in dem beide Mächte ihre Interessensphären absteckten. Durch die deutsch-sowjetische Bündniskonstellation vom August 1939 sah Hitler die Bedingungen für den **Überfall auf Polen** als gegeben an. Am 1. September 1939 überschritten die deutschen Truppen die polnische Grenze. England und Frankreich ließen sich durch den deutsch-sowjetischen Pakt – vermutlich gegen Hitlers Erwartungen – nicht davon abhalten, ihre Garantieerklärung einzulösen. Am 3. September erklärten sie Deutschland den Krieg.

Webcode:
KH639748-158

1 Erstellen Sie ein Schaubild zur Doppelstrategie der NS-Außenpolitik.
2 Diskutieren Sie, ob es sich bei der Außenpolitik Hitlers um eine langfristige Strategie oder ein situativ-bedingtes Kalkül handelte.

Hinweise zur Arbeit mit den Materialien

Die Texte M1 bis M4 ermöglichen die genaue Analyse der **außenpolitischen Ziele Hitlers**: M1 und M2 zeigen, wie Hitler die Menschen im In- und Ausland eingelullt hat. M3 verdeutlicht, wie und wo er seine aggressiven Handlungen vorbereitet hat. M4 weist darauf hin, wie Hitler die öffentliche Meinung beeinflusst hat. Die **Karte** M5 vermittelt einen Überblick über **die politischen Verhältnisse in Europa** während der Jahre 1933 bis 1939 sowie über die **Expansion des Deutschen Reiches**. In der Übersicht M6 werden die wichtigsten **außenpolitischen Ereignisse** dargestellt. Sie lassen sich mithilfe der im **Text von Wehler** (M7) genannten „vier Zwecke" analysieren. Mithilfe der Tagebucheintragungen Klemperers (M8) können die **Reaktionen der Bevölkerung** untersucht werden. Die Materialien M9 bis M11 befassen sich mit dem **Hitler-Stalin-Pakt**: M9 ordnet ihn in die NS-Außenpolitik ein, M10 macht das geheime Zusatzprotokoll deutlich und M11 lässt die Reaktionen des Auslandes erkennen. Die **Geschichte der deutschen Innen- und Außenpolitik** lässt sich ausgehend von M12 reflektieren. Am Ende des Kapitels finden sich **weiterführende Arbeitsanregungen** und die Möglichkeit, die im Kapitel erworbenen **Kompetenzen zu überprüfen** (S. 166f.).

M1 Aus der Reichstagsrede Adolf Hitlers vom 17. Mai 1933

Weder politisch noch wirtschaftlich könnte die Anwendung irgendwelcher Gewalt in Europa eine günstigere Situation hervorrufen, als sie heute besteht. Selbst bei ausschlaggebendem Erfolg einer neuen europäischen Gewaltlösung würde als Endergebnis nur noch eine Vergrößerung der Störung des europäischen Gleichgewichts eintreten und damit so oder so der Keim für spätere Gegensätze und neue Verwicklungen gelegt werden.

Neue Kriege, neue Opfer, neue Unsicherheiten und eine neue Wirtschaftsnot würden die Folge sein. Der Ausbruch eines solchen Wahnsinns ohne Ende aber müsste zum Zusammenbruch der heutigen Gesellschafts- und Staatenordnung führen. Ein im kommunistischen Chaos versinkendes Europa würde eine Krise in der Entwicklung der Welt heraufbeschwören von unübersehbarem Ausmaß und nicht abzuschätzender Dauer. Es ist der tiefernste Wunsch der nationalen Regierung des Deutschen Reiches, eine solche unfriedliche Entwicklung durch ihre aufrichtige und tätige Mitarbeit zu verhindern.

Zit. nach: Josef Becker/Ruth Becker (Hg.), Hitlers Machtergreifung, dtv, München 1983, S. 307.

M2 Aus Hitlers sogenanntem „Friedensprogramm" im Reichstag, 21. Mai 1935

Das nationalsozialistische Deutschland will den Frieden aus tiefinnersten weltanschaulichen Überzeugungen. Es will ihn weiter aus der einfachen, primitiven Erkenntnis, dass kein Krieg geeignet sein würde, das Wesen unserer allgemeinen europäischen Not zu beheben. […] Niemand von uns hat die Absicht, jemanden zu bedrohen. […]

Wir leben in der Überzeugung, dass das Glück und die Leistungen Europas unzertrennlich verbunden sind mit dem Bestand eines Systems unabhängiger freier nationaler Staaten. […] Wir Nationalsozialisten erkennen jedem Volk die Berechtigung eines eigenen Innenlebens nach seinen eigenen Erfordernissen und seiner eigenen Wesensart zu. […] Soweit es sich beim Bolschewismus um eine russische Angelegenheit handelt, sind wir an ihm gänzlich uninteressiert. […] Deutschland hat weder die Absicht noch den Willen, sich in die inneren Verhältnisse Österreichs einzumengen, Österreich etwa zu annektieren oder anzuschließen. […] Die deutsche Reichsregierung wird […] die im Wandel der Zeiten unvermeidlichen Revisionen [des Versailler Vertrags] nur auf dem Wege einer friedlichen Verständigung durchführen.

Zit. nach: Magnus Brechtken, Die nationalsozialistische Herrschaft 1933–1939, Wissenschaftliche Buchgesellschaft, Darmstadt 2004, S. 134.

M 3 Niederschrift des Obersten Hoßbach über eine Besprechung Hitlers mit führenden Militärs und einigen Regierungsvertretern am 5. November 1937

Der Führer stellte einleitend fest, dass der Gegenstand der heutigen Besprechung von derartiger Bedeutung sei, dass dessen Erörterung in anderen Staaten wohl vor das Forum des Regierungskabinetts gehörte, er – der Führer – sähe aber gerade im Hinblick auf die Bedeutung der Materie davon ab, diese in dem großen Kreise des Reichskabinetts zum Gegenstand der Besprechung zu machen. Seine nachfolgenden Ausführungen seien das Ergebnis eingehender Überlegungen und der Erfahrungen seiner viereinhalbjährigen Regierungszeit; er wolle den anwesenden Herren seine grundlegenden Gedanken über die Entwicklungsmöglichkeiten und -notwendigkeiten unserer außenpolitischen Lage auseinandersetzen, wobei er im Interesse einer auf weite Sicht eingestellten deutschen Politik seine Ausführungen als seine testamentarische Hinterlassenschaft für den Fall seines Ablebens anzusehen bitte.

Der Führer führte sodann aus: Das Ziel der deutschen Politik sei die Sicherung und die Erhaltung der Volksmasse und deren Vermehrung. Somit handele es sich um das Problem des Raumes. Die deutsche Volksmasse verfüge über 85 Millionen Menschen, die nach der Anzahl der Menschen und der Geschlossenheit des Siedlungsraumes in Europa einen in sich so fest geschlossenen Rassenkern darstelle, wie er in keinem anderen Land wieder anzutreffen sei und wie er andererseits das Anrecht auf größeren Lebensraum mehr als bei anderen Völkern in sich schlösse […].

Der durch die Rüstungskonjunkturen verursachte Auftrieb in der Weltwirtschaft könnte niemals die Grundlage zu einer wirtschaftlichen Regelung für einen längeren Zeitraum bilden, welch Letzterer vor allem auch die vom Bolschewismus ausgehenden Wirtschaftszerstörungen im Wege stünden. Es sei eine ausgesprochene Schwäche derjenigen Staaten, die ihre Existenz auf dem Außenhandel aufbauten. Da unser Außenhandel über die durch England beherrschten Seegebiete führe, sei es mehr eine Frage der Sicherheit des Transports als eine solche der Devisen, woraus die große Schwäche unserer Ernährungssituation im Kriege erhelle. Die einzige, uns vielleicht traumhaft erscheinende Abhilfe läge in der Gewinnung eines größeren Lebensraumes, ein Streben, das zu allen Zeiten die Ursache der Staatenbildung und Völkerbewegungen gewesen sei. Dass dieses Streben in Genf und bei den gemäßigten Staaten keinem Interesse begegne, sei erklärlich. Wenn die Sicherheit unserer Ernährungslage im Vordergrunde stünde, so könne der hierfür benötigte Raum nur in Europa gesucht werden, nicht aber ausgehend von liberalistisch-kapitalistischen Auffassungen in der Ausbeutung von Kolonien. […] Zur Lösung der deutschen Frage könne es nur den Weg der Gewalt geben, dieser niemals risikolos sein.

Zit. nach: Wolfgang Michalka (Hg.), Deutsche Geschichte 1933–1945, Fischer, Frankfurt/M. 1993, S. 140 f.

M 4 Aus Hitlers Rede vor der deutschen Presse über die Aufgabe der Propaganda für die deutsche Außenpolitik, 10. November 1938

Die Umstände haben mich gezwungen, jahrzehntelang fast nur vom Frieden zu reden. Nur unter der fortgesetzten Betonung des deutschen Friedenswillens und der Friedensabsichten war es mir möglich, dem deutschen Volk Stück für Stück die Freiheit zu erringen und ihm die Rüstung zu geben, die immer wieder für den nächsten Schritt als Voraussetzung notwendig war. Es ist selbstverständlich, dass eine solche jahrzehntelang betriebene Friedenspropaganda auch ihre bedenklichen Seiten hat; denn es kann nur zu leicht dahin führen, dass sich in den Gehirnen vieler Menschen die Auffassung festsetzt, dass das heutige Regime an sich identisch sei mit dem Entschluss und dem Willen, den Frieden unter allen Umständen zu bewahren. Das würde aber nicht nur zu einer falschen Beurteilung der Zielsetzung dieses Systems führen, sondern es würde vor allem auch dahin führen, dass die deutsche Nation, statt den Ereignissen gegenüber gewappnet zu sein, mit einem Geist erfüllt wird, der auf die Dauer als Defaitismus[1] gerade die Erfolge des heutigen Regimes […] nehmen müsste. Der Zwang war die Ursache, warum ich jahrelang nur vom Frieden redete. Es war nunmehr notwendig, das deutsche Volk psychologisch allmählich umzustellen und ihm langsam klarzumachen, dass es Dinge gibt, die […] mit Mitteln der Gewalt durchgesetzt werden müssen. Dazu war es aber notwendig, nicht etwa nun die Gewalt als solche zu propagieren, sondern es war notwendig, dem deutschen Volk bestimmte außenpolitische Vorgänge so zu beleuchten, dass die innere Stimme des Volkes selbst langsam nach der Gewalt zu schreien begann. […] Irgendwie, glaube ich, hat sich […] die pazifistische Platte […] bei uns abgespielt. […]

Meine Herren, es war früher mein größter Stolz, eine Partei mir aufgebaut zu haben, die auch in den Zeiten der Rückschläge stur und fanatisch hinter mir stand, gerade dann fanatisch hinter mir stand. […] Dazu müssen wir das ganze deutsche Volk bringen. Es muss lernen, so fanatisch an den Endsieg zu glauben, dass, selbst wenn wir einmal Niederlagen erleiden würden, die Nation sie nur, ich möchte sagen, von dem höheren Gesichtspunkt aus wertet: Das ist vorübergehend; am Ende wird uns der Sieg sein! […]

Dazu ist es auch notwendig, dass gerade die Presse sich ganz blind zu dem Grundsatz bekennt: Die Führung handelt richtig! […]

Dann stehen wir nicht jetzt im Jahre 1938 am Ende einer geschichtlichen Epoche, sondern dann stehen wir sicherlich erst am Beginn einer großen Geschichtsepoche unseres Volkes.

Zit. nach: Wolfgang Michalka (Hg.), Das Dritte Reich, Bd. 1, dtv, München 1985, S. 261–265.

1 Defaitismus (auch Defätismus): Hoffnungslosigkeit

1 Untersuchen Sie in arbeitsteiliger Gruppenarbeit M 1 bis M 4:
   a) Analysieren Sie die Ziele des NS-Regimes.
   b) Präsentieren Sie Ihre Ergebnisse.
   c) Erklären Sie die Unterschiede zwischen den Texten. Gehen Sie dabei vor allem auf den Adressatenkreis ein.

M 5 Staatsformen in Europa und die Expansion des Deutschen Reiches 1933–1939

M6 NS-Außenpolitik 1933–1939

1933	3. Febr.	Geheime Rede Hitlers vor den Befehlshabern der Wehrmacht: Hitler erklärt die Gewinnung von „Lebensraum" im Osten zum Ziel der deutschen Außenpolitik.
	5. Mai	Ratifikation der Verlängerung des „Berliner Vertrages" von 1926, eines Freundschafts- und Neutralitätsabkommens mit der Sowjetunion.
	17. Mai	Hitlers **„Friedensrede" im Reichstag**: Hitler beteuert den Friedenswillen des nationalsozialistischen Deutschland.
	15. Juli	Unterzeichnung des „Viererpakts" (nicht ratifiziert): Bei ausdrücklicher Anerkennung von Völkerbund, Locarno- und Kelloggpakt vereinbaren Deutschland, England, Frankreich u. Italien, die Politik Europas auf eine neue Grundlage zu stellen.
	20. Juli	Das **Reichskonkordat mit dem Vatikan** verschafft dem NS-Regime einen außenpolitischen Prestigegewinn und trägt zur inneren Machtkonsolidierung bei.
	14. Okt.	Austritt Deutschlands aus dem Völkerbund und aus der Abrüstungskonferenz
1934	26. Jan.	Nichtangriffspakt zwischen Deutschland und Polen auf zehn Jahre
1935	13. Jan.	Bei der **Saarabstimmung** gemäß dem Versailler Vertrag stimmen 91 % der Saarländer für die Rückführung des Saargebiets in das Deutsche Reich. Nach einem Beschluss des Völkerbunds wird das Saargebiet am 1. März wiedereingegliedert.
	16. März	Deutschland sagt sich von den Rüstungsbeschränkungen des Versailler Vertrages los und führt die allgemeine Wehrpflicht ein. Die Verurteilung der deutschen Vertragsbrüche durch den Völkerbund bleibt ohne Folgen.
	21. Mai	**„Friedensprogramm"** Hitlers im Reichstag; dieser beschließt vorher ein neues Wehrgesetz, nach dem die deutschen Soldaten „rückhaltlos für den Führer und das nationalsozialistische Reich einzutreten" haben.
	18. Juni	Im **deutsch-britischen Flottenabkommen** erklärt sich Großbritannien mit einer deutschen Aufrüstung zur See einverstanden. Die Stärke der deutschen Kriegsmarine darf bis zu 35 % der britischen erreichen.
1936	7. März	Die Wehrmacht besetzt vertragswidrig das durch den Versailler Vertrag entmilitarisierte Rheinland.
	11. Juli	Das deutsch-österreichische Abkommen verpflichtet Österreich zur Anlehnung an das Deutsche Reich. Italien stimmt zu.
	25. Okt.	Ein Vertrag über deutsch-italienische Zusammenarbeit begründet die von Mussolini am 1. Nov. verkündete **„Achse Berlin–Rom"**. Beide Staaten vereinbaren Unterstützung für General Franco im spanischen Bürgerkrieg.
	25. Nov.	**„Antikominternpakt"** zwischen Deutschland und Japan: Beide Staaten vereinbaren die gemeinsame Unterrichtung über die Aktivitäten der Kommunistischen Internationale (Komintern) und wollen aktiv gegen die Komintern einschreiten.
1937	5. Nov.	In seiner Ansprache vor den Oberbefehlshabern der Wehrmacht, dem Reichskriegs- und Außenminister über seine außenpolitischen Ziele („**Hoßbach-Niederschrift**") erklärt Hitler, dass die deutschen „Raumprobleme" nur mit Gewalt zu lösen sind.
1938	4. Febr.	**Hitler wird „Oberbefehlshaber der Wehrmacht"**. Ein Oberkommando der Wehrmacht (Chef: General Keitel) wird geschaffen.
	12./13. März	Deutsche Truppen marschieren in Österreich ein und erzwingen den Rücktritt des österreichischen Bundeskanzlers Schuschnigg. Der Nationalsozialist Arthur Seyß-Inquart übernimmt die Regierung. Der **„Anschluss"** Österreichs an das Deutsche Reich wird durch eine Volksabstimmung am 10. April nachträglich bestätigt.
	29./30. Sept.	**Münchner Konferenz** (Teilnehmer: Hitler, der italienische „Duce" Mussolini, der englische Premierminister Chamberlain, Frankreichs Ministerpräsident Daladier): Nach dem Münchner Abkommen soll die Tschechoslowakei die deutsch besiedelten Randgebiete Böhmens, Mährens und Schlesiens ab dem 1. bis 10. Okt. räumen und an das Deutsche Reich abtreten. Deutsche Truppen marschieren vom 1. bis 10. Okt. in die Tschechoslowakei ein und besetzen das Sudetenland.

1939	14.–16. März	„**Zerschlagung der Resttschechei**": Deutsche Truppen marschieren in die Tschechoslowakei ein und entwaffnen die tschechischen Truppen, die keinen Widerstand leisten. Die „Resttschechei" wird deutsches Protektorat, die Slowakei begibt sich „unter den Schutz des Deutschen Reiches".
	23. März	Deutsche Truppen marschieren in das litauische **Memelgebiet** ein, das mit dem Deutschen Reich wiedervereinigt wird.
	3. April	Hitler gibt die „Führeranweisung" zum **Angriffskrieg gegen Polen**.
	28. April	Hitler kündigt den deutsch-polnischen Nichtangriffspakt und das deutsch-britische Flottenabkommen.
	22. Mai	Italien und das Deutsche Reich schließen ein Militärbündnis („Stahlpakt").
	23. Aug.	Deutschland und die Sowjetunion schließen einen Nichtangriffspakt. Dieser „**Hitler-Stalin-Pakt**" enthält ein Geheimprotokoll über die Aufteilung Osteuropas in Interessensphären.
	1. Sept.	**Deutschland beginnt den Zweiten Weltkrieg** ohne Kriegserklärung durch einen Angriff auf Polen.

M7 Der Historiker Hans-Ulrich Wehler über die NS-Außenpolitik (2009)

Spektakuläre außenpolitische Erfolge, die sich vorrangig mit Hitlers Person verbanden, gewannen aber die Oberhand mit einer Wirkung, die seit 1935/36 über die Erfolgsbilanz
5 im Inneren wahrscheinlich noch weit hinausreichte. Anders gesagt: Da in der Innenpolitik die forcierte Aufrüstung für eine schwere Belastung sorgte, neue Krisen schwer abzufangen waren, Engpässe und
10 Dienstverpflichtungen aller Art neue „Siege" erschwerten, stieg die Bedeutung der legitimatorischen Wirkung der Außenpolitik. Sie diente bis 1939 vornehmlich vier Zwecken: Sie sollte, erstens, die Konsolidierung des Re-
15 gimes abschirmen, vor allem die aufklaffende „Sicherheitslücke zwischen Rüstungsstand und Rüstungsrisiko" tarnen oder sogar schließen. Zum Zweiten sollte sie die Revision des verhassten Versailler Vertrags radika-
20 ler vorantreiben als das die Weimarer Republik je unternommen hatte. Drittens sollte sie die Wege in die Expansion des „Dritten Reiches" vorbereiten und absichern. Und schließlich sollte sie, dem alten Ratschlag
25 Macchiavellis folgend, die Zustimmungsbereitschaft der Bevölkerung erhöhen, denn Erfolge in den auswärtigen Beziehungen verschaffen gewöhnlich auch einen innenpolitischen Legitimationszuwachs.

Hans-Ulrich Wehler, Der Nationalsozialismus. Bewegung, Führerherrschaft, Verbrechen 1919–1945, C.H.Beck, München 2009, S.85f.

1 Beschreiben Sie die Wirkungen der deutschen Außenpolitik von 1933 bis 1939.
2 Untersuchen Sie mithilfe der Begriffe Wehlers die NS-Außenpolitik von 1933 bis 1939: Welchem der „vier Zwecke" standen die Ereignisse in M6 nahe? Berücksichtigen Sie auch M5.

M8 Aus den Tagebucheintragungen Victor Klemperers über die innenpolitischen Wirkungen der Wiederbesetzung des Rheinlandes (1936)

8. März 1936
Ich lief gestern am Bismarckplatz mitten in die Reichstagsrede Hitlers hinein. […] Er sprach mit durchaus gesunder Stimme, das meiste war wohl formuliert, abgelesen, nicht
5 allzu pathetisch. Die Rede zur Besetzung des Rheinlands („Bruch des Locarno-Vertrages"). Vor drei Monaten wäre ich überzeugt gewesen, dass wir am selben Abend Krieg gehabt hätten. Heute, *vox populi*[1] (mein Schlächter):
10 „Die riskieren nichts". Allgemeine Überzeugung, und auch unsere, dass alles still bleibt. Eine neue „Befreiungstat" Hitlers, die Nation jubelt – was heißt innere Freiheit, was gehen uns die Juden an? Er ist auf unabsehbare Zeit
15 gesichert. Er hat auch den „Reichstag" aufgelöst – kein Mensch kennt die Namen der „Gewählten" – und „bittet" das Volk, ihm durch Neuwahl am 29. 3. usw. – Ich bin unendlich bedrückt, ich erlebe keine Änderung
20 mehr.

23. März 1936

Es wird ein ungeheurer Triumph der Regierung. Sie erhält Abermillionen Stimmen für „die Freiheit und den Frieden". Sie braucht keine Stimme zu fälschen. Die Innenpolitik ist vergessen. – Exemplum: Martha Wiechmann, neulich bei uns, bisher ganz demokratisch. Jetzt: „Nichts imponiert mir so wie die Aufrüstung und der Einmarsch im Rheinland." Und dann: „Ich habe einen Vortrag über Russland gehört, das ist doch zu grässlich, da haben wir es besser." a) Die Schauergeschichten über Russland glaubt man; b) man kennt nur noch die Alternative Bolschewismus – Nationalsozialismus [sic!], nichts dazwischen; c) man hat im Rausch der Außenpolitik alles andere vergessen. – Das Ganze imponiert dem Ausland und wird auch, trotz der Verurteilung durch den Völkerbund und dem Vorschlag einer übernationalen Polizeimacht für die Rheinzone, ein ungeheurer Sieg Hitlers. Er fliegt von Ort zu Ort und hält Triumphreden. Das Ganze heißt „Wahlkampf". Die Krolloper heißt Reichstag. Charakteristisch. Die gewählten sind Chor, Statisten, Claqueure, Sprechchöre. Hitler sagte neulich: „Ich bin kein Diktator, ich habe die Demokratie nur vereinfacht." […]

Ursula Winkler führt uns ihren Bräutigam Greiner vor, Stockbayern, protestantischen Theologen, angehenden Vikar. Er erzählte von einem Rundschreiben des Innenministers über nationalsozialistische Feiern: „Liturgie": „Gemeinsamer Gesang"; „Schriftverlesung" (aus Hitlers Schriften) etc. – *Ad vocem*[2] diffamieren: In den Wahlbestimmungen ist von Ariern, Juden und „Mischlingen" die Rede.

Marta[3] auf der Rückreise von Prag sprach sich ungemein optimistisch aus. Dann kam Martha Wiechmann als *vox populi*. Dann kam die unendliche „Wahlpropaganda" und das Paktieren Englands. Meine Grundstimmung zu jeder Tagesstunde: Ich erlebe keinen Umschwung mehr.

Victor Klemperer, Ich will Zeugnis ablegen bis zum Letzten. Tagebücher 1933–1941, Aufbau, Berlin 1995, S. 250 ff.

---

1 *vox populi* (lat.): Stimme des Volkes
2 *ad vocem* (lat.): in Bezug auf
3 Marta Jelski: Klemperers Schwester

1 Beschreiben Sie anhand der Tagebucheintragungen die Reaktionen auf die militärische Wiederbesetzung des Rheinlands.

M9 Hitler erläutert Carl J. Burckhardt[1] sein Lebensraum-Programm, 11. August 1939

Alles, was ich unternehme, ist gegen Russland gerichtet; wenn der Westen zu dumm und zu blind ist, um dies zu begreifen, werde ich gezwungen sein, mich mit den Russen zu verständigen, den Westen zu schlagen, und dann nach seiner Niederlage mich mit meinen versammelten Kräften gegen die Sowjetunion zu wenden. Ich brauche die Ukraine, damit man uns nicht wieder wie im letzten Krieg aushungern kann.

Zit. nach: Wolfgang Michalka (Hg.), Das Dritte Reich, Bd. 1, dtv, München 1985, S. 276.

---

1 Carl J. Burckhardt (1891–1974): Schweizer Diplomat und Historiker, Hochkommissar des Völkerbundes

---

1 Erläutern Sie Hitlers zentrale Aussage in M 9.

M10 Geheimes Zusatzprotokoll zum deutsch-sowjetischen Nichtangriffspakt vom 23. August 1939

Aus Anlass der Unterzeichnung des Nichtangriffsvertrags zwischen dem Deutschen Reich und der Union der Sozialistischen Sowjetrepubliken haben die unterzeichneten Bevollmächtigten der beiden Teile in streng vertraulicher Aussprache die Frage der Abgrenzung der beiderseitigen Interessensphären in Osteuropa erörtert. Diese Aussprache hat zu folgendem Ergebnis geführt:

1. Für den Fall einer territorial-politischen Umgestaltung in den zu den baltischen Staaten (Finnland, Estland, Lettland, Litauen) gehörenden Gebieten bildet die nördliche Grenze Litauens zugleich die Grenze der Interessensphäre Deutschlands und der UdSSR. Hierbei wird das Interesse Litauens am Wilnaer Gebiet beiderseits anerkannt.

2. Für den Fall einer territorial-politischen Umgestaltung der zum polnischen Staat gehörenden Gebiete werden die Interessensphären Deutschlands und der UdSSR un-

gefähr durch die Linie der Flüsse Narew, Weichsel und San abgegrenzt.

Die Frage, ob die beiderseitigen Interessen die Erhaltung eines unabhängigen polnischen Staates erwünscht erscheinen lassen und wie dieser Staat abzugrenzen wäre, kann endgültig erst im Laufe der weiteren politischen Entwicklung geklärt werden.

In jedem Falle werden beide Regierungen diese Frage im Wege einer freundschaftlichen Verständigung lösen.

3. Hinsichtlich des Südostens Europas wird von sowjetischer Seite das Interesse an Bessarabien betont. Von deutscher Seite wird das völlige politische Desinteressement an diesen Gebieten erklärt.

4. Dieses Protokoll wird von beiden Seiten streng geheim gehandelt werden.

Zit. nach: Wolfgang Michalka (Hg.), Das Dritte Reich, Bd. 1, dtv, München 1985, S. 171.

1 Skizzieren Sie die Inhalte von M 10 und beschreiben Sie die Konsequenzen, die sich daraus für Kommunisten und Faschisten in Europa zwischen 1939 und 1941 ergaben.

M 11 „Mal sehen, wie lange die Flitterwochen dauern werden!", englische Karikatur, September 1939

1 Erörtern Sie, ausgehend von M 11 und M 6, die Haltung des Auslands zum deutschen Kriegskurs.

M 12 Joseph Goebbels über die politischen Ziele der NSDAP, 5. April 1940

Knapp fünf Wochen vor Beginn des Frankreichfeldzuges gab Propagandaminister Joseph Goebbels vor ausgewählten Vertretern der deutschen Presse die folgende selbstgefällige Erfolgsmeldung kund:

Bis jetzt ist es uns gelungen, den Gegner über die eigentlichen Ziele Deutschlands im Unklaren zu lassen, genauso wie unsere innenpolitischen Gegner bis 1932 gar nicht gemerkt haben, wohin wir steuerten, dass der Schwur auf die Legalität nur ein Kunstgriff war. Wir wollten legal an die Macht kommen, aber wir wollten sie doch nicht legal gebrauchen. [...]

Man hätte uns ja erdrücken können, so schwer war das nicht. Aber man tat es nicht. Man hätte 1925 ein paar von uns in Haft nehmen können, und alles wäre aus und zu Ende gewesen. Nein, man hat uns durch die Gefahrenzone hindurchgelassen. Genauso war das in der Außenpolitik. [...] 1933 hätte ein französischer Ministerpräsident sagen müssen (und wäre ich französischer Ministerpräsident gewesen, ich hätte es gesagt): Der Mann ist Reichskanzler geworden, der das Buch „Mein Kampf" geschrieben hat, in dem das und das steht. Der Mann kann nicht in unserer Nachbarschaft geduldet werden. Entweder er verschwindet, oder wir marschieren. Das wäre durchaus logisch gewesen. Man hat darauf verzichtet.

Man hat uns gelassen, man hat uns durch die Risikozone ungehindert durchgehen lassen, und wir konnten alle gefährlichen Klippen umschiffen, und als wir fertig waren, gut gerüstet, besser als sie, fingen sie den Krieg an.

Zit. nach: Rainer F. Schmidt, Die Außenpolitik des Dritten Reiches 1933–1939, Klett-Cotta, Stuttgart 2002, S. 11.

1 „Entweder er verschwindet, oder wir marschieren." Diskutieren Sie diese These über Hitler.

Erarbeiten Sie Präsentationen

Thema 1
Die Olympiade 1936 in Berlin
Erstellen Sie eine Präsentation über die Olympischen Sommerspiele 1936 in Berlin. Zeigen Sie, mit welchen Mitteln sich das NS-Regime selbst inszenierte, und untersuchen Sie, ob diese Inszenierung bei den ausländischen Teilnehmern und Beobachtern erfolgreich war.

Literaturtipp
Armin Fuhrer, Hitlers Spiele. Olympia 1936 in Berlin, be.bra, Berlin 2011.

M1 Werbeplakat der deutschen Fremdenverkehrszentrale für die Olympischen Spiele 1936 in Berlin

Webcode:
KH639748-166

Thema 2
Die deutsche Außenpolitik bis 1939 im Spiegel ausländischer Karikaturen
Sammeln Sie ausländische Karikaturen zur NS-Außenpolitik der Jahre 1933 bis 1939. Versuchen Sie, zu selbst gewählten Aspekten verschiedene Bilder zu finden – möglichst aus unterschiedlichen Ländern. Analysieren Sie, wie die Karikaturisten die politische Lage analysieren und kommentieren. Je nach Möglichkeit kontrastieren Sie mit der deutschen Selbstdarstellung. Präsentieren Sie Ihre Ergebnisse.

Literaturtipps
Herbert Krüger (Hg.), Geschichte in Karikaturen. Von 1848 bis zur Gegenwart, Reclam, Stuttgart 1991.

Praxis Geschichte Heft 1/2004: Politische Karikaturen.

M2 US-Karikatur aus „The Nation", New York, zur Rede Hitlers am 17. Mai 1933 (s. M 1, S. 159)

M 3 „Der Mann mit dem Doppelgesicht und den sich widersprechenden Erklärungen", französische Karikatur aus *„Le Rempart"*, November 1933

M 4 „Adolf in the Lookingglas", britische Karikatur aus dem „Punch" vom 2. Dezember 1934

Zentrale Begriffe

„Appeasement"
Aufrüstung
Hitler-Stalin-Pakt
Konfrontation, außenpolitische
„Lebensraum"
Münchner Abkommen
Saargebiet
Sudetendeutsche
Tschechoslowakei
Versailler Vertrag
Völkerbund
Wehrpflicht

Sachkompetenz
1 Erörtern Sie die Motive für die häufigen Friedensbeteuerungen Hitlers nach 1933.
2 Nennen Sie die Maßnahmen, mit deren Hilfe Hitler den Versailler Vertrag revidiert hat.
3 Erläutern Sie die Methoden der deutschen Außenpolitik in den Jahren 1938/39.

Methodenkompetenz
4 Analysieren und vergleichen Sie M 2 bis M 4. Berücksichtigen Sie dazu die Hinweise auf S. 67 ff.

Urteilskompetenz
5 Untersuchen Sie, ob der Hitler-Stalin-Pakt ein situativ bedingtes Kalkül der deutschen Außenpolitik war.
6 „Seine eigene außenpolitische Linie hatte Hitler bereits am 3. Februar 1933 vor hohen Repräsentanten der Reichswehr verdeutlicht. Unverhohlen hatte er von seinem Vorsatz der ‚Eroberung neuen Lebensraums im Osten' und dessen ‚rücksichtslose[r] Germanisierung' […] gesprochen. Diese Zielsetzung wollte er in mehreren Stufen verwirklichen. Zuerst sollte Deutschland im Inneren in nationalsozialistischem Sinne umgestaltet werden […]. Dann sollte die deutsche Großmachtstellung in Europa wiedererlangt werden, begleitet vom ‚Aufbau der Wehrmacht' und von weiteren Schritten zur Revision des Versailler Vertrags. Als dritte Stufe sollte dann der Einsatz des militärischen Potenzials folgen im Sinne der erwähnten Eroberung von ‚Lebensraum' im Osten." Diskutieren Sie diese These Marie-Luise Reckers.

10 Der Zweite Weltkrieg 1939–1945

Kompetenzen erwerben

Sachkompetenz:
– die nationalsozialistischen Kriegsziele herausarbeiten
– die unterschiedliche Kriegsführung in Ost und West charakterisieren
– das Leid der betroffenen Bevölkerungen beschreiben

Methodenkompetenz:
– politische Rede analysieren
– Denkmäler analysieren

Urteilskompetenz:
– die Bedeutung der bedingungslosen Kapitulation für Deutschland beurteilen

Lesetipps
Gerhard Schneider, Der Zweite Weltkrieg, C. H. Beck, München 2002.

Christian Hartmann, Unternehmen Barbarossa. Der deutsche Krieg im Osten 1941–1945, C. H. Beck, München 2011.

Diese lesbaren Taschenbücher bieten einen guten Überblick über die Geschichte des Zweiten Weltkrieges.

Blitzkrieg
nat.-soz. Begriff für die schon in der Endphase des Ersten Weltkrieges geprägte Strategie, den Gegner durch einen überraschenden Angriff mit massiven Panzerkräften und Luftunterstützung in kürzester Zeit militärisch zu besiegen

Entfesselung des Zweiten Weltkrieges

Kein ernsthafter Forscher zweifelt heute daran, dass das nationalsozialistische Deutschland den Zweiten Weltkrieg planmäßig vorbereitet und bewusst entfesselt hat. Aber war der Zweite Weltkrieg „Hitlers Krieg"? Die Historiker diskutieren nach wie vor intensiv darüber, welche politisch-sozialen und wirtschaftlichen Gruppen die Kriegspolitik des NS-Regimes unterstützt und welche internationalen Rahmenbedingungen sie begünstigt haben. Einigkeit besteht jedoch in der langfristigen Entschlossenheit und dem unbedingten Kriegswillen Hitlers. Er spielte bei der Entfesselung des Zweiten Weltkrieges 1939 die entscheidende Rolle. Allerdings besaß der „Führer" die Unterstützung hoher Militärs und konnte auf die Einsatzbereitschaft von Diplomaten und Beamten sowie Unternehmen und Banken vertrauen.

Die Kriege im Westen

Da die militärischen Kräfte Deutschlands für einen Krieg an mehreren Fronten zu schwach waren, das NS-Regime aber weitreichende Kriegsziele durchsetzen wollte, entwickelten Hitler und seine Generäle die Strategie des Blitzkrieges*. Das erste Opfer war Polen, das am 1. September 1939 angegriffen wurde. Die deutschen Truppen errangen einen schnellen Sieg. Am 6. Oktober 1939 kapitulierten die letzten polnischen Einheiten. Die Sowjetunion und Deutschland (s. Hitler-Stalin-Pakt, S. 158) teilten Polen vollständig unter sich auf. Westpreußen und Posen gerieten unter die Herrschaft des Deutschen Reiches, Zentralpolen und die übrigen Gebiete erklärte Berlin zum „Generalgouvernement". Eine polnische Exilregierung entstand in London unter General Sikorski. Sie vertrat die polnische Nation und den polnischen Staat, da Polen offiziell nicht kapituliert hatte. Die kampflose Besetzung Dänemarks im April 1940 sowie die Eroberung Norwegens von April bis Juni 1940 sollten Deutschland eine breitere Ausgangsbasis für den Handelskrieg mit Großbritannien und die schwedische Erzzufuhr sichern. Im Mai 1940 begann Hitler mit dem „Schlag gegen den Westen", um England zur „Einsicht" zu zwingen. Der Krieg gegen Frankreich galt in Berlin als äußerst riskantes Unternehmen, da er in Deutschland unter Verletzung der Neutralität der Niederlande, Belgiens und Luxemburgs konzipiert wurde. Nach nur sechs Wochen konnte das deutsche Militär Frankreich zu einem Waffenstillstandsabkommen in Compiègne zwingen. Das führte zur Teilung des Landes: Mittel- und Südfrankreich blieben unter der Regierung des Marshalls Philippe Pétain (1856–1951) formal selbstständig. Dieses „Vichy"-Frankreich repräsentierte die nationalkonservativen Kräfte und war zu einer Zusammenarbeit mit den Deutschen bereit. Dagegen kam der Norden mit der Atlantikküste und Paris unter deutsche Militärverwaltung. Von London aus versuchte General Charles de Gaulle (1890 bis 1970), die nationalen Ansprüche Frankreichs gegenüber der Außenwelt zu wahren und den französischen Widerstand (frz. *résistance*) gegen die deutschen Besatzer zu stärken. Nachdem Italien 1940 aufseiten Deutschlands in den Krieg eingetreten war, setzte das NS-Regime ein „Afrikacorps" nach Tunesien und Libyen über, um die italienischen Kriegsziele in Nordafrika und im Mittelmeer zu schützen. Entgegen Hitlers Absicht war das Deutsche Reich damit in einen Mehrfrontenkrieg verwickelt worden, was zu einer Zersplitterung der deutschen Kräfte führte. Außerdem besetzten deutsche Truppen im Balkankrieg 1941 Jugoslawien und Griechenland. Auf diese Weise sollten die rumänischen Erdölfelder dem gegnerischen Zugriff entzogen, der Aufbau einer feindlichen Abwehrfront vereitelt und die deutsche Südostflanke für den geplanten Angriff gegen die Sowjetunion gesichert werden. Doch gleichzeitig zeigten sich auch die Grenzen deutscher Militärmacht: Gegenüber England hatte sich das Konzept der „Blitzkriege" als untauglich erwiesen. Der Luftkampf gegen England musste im Frühjahr 1941 ergebnislos abgebrochen werden.

M1 Deutsche Heereseinheiten beim Vormarsch während des Polenfeldzuges, Fotografie, September 1939

Überfall auf die Sowjetunion

Der Krieg im Osten begann am 22. Juni 1941 mit dem Überfall des Deutschen Reiches auf die Sowjetunion. Als Deckname der Angriffsvorbereitungen, die trotz des Hitler-Stalin-Paktes bereits 1940 begonnen hatten, wählten die Nationalsozialisten den Begriff „Fall Barbarossa". Obwohl die alliierten Staaten die Sowjetunion gewarnt hatten, zeigten sich der sowjetische Diktator Josef W. Stalin (1879–1953) und die Armeeführung der UdSSR vom Beginn der Kampfhandlungen überrascht. Die ersten Kriegsmonate waren für die sowjetischen Armeen ungeheuer verlustreich; der größte Teil der westlichen Sowjetunion musste aufgegeben werden. Aber schon im Winter 1941/42 offenbarten sich die ersten Anzeichen für das Scheitern der „Blitzkriegs"-Strategie: Mit der kommunistischen Sowjetunion, dem Hauptfeind und eigentlichen Ziel der deutschen „Lebensraumpolitik", stieß das deutsche Militär auf einen mächtigen Gegner, der stärkere Panzer, Panzer abwehrende Waffen und zahlenmäßig überlegene Bodentruppen einsetzen konnte. 1942 erreichten die deutschen Truppen nur noch geringe Landgewinne, die Verlustbilanz unter den Soldaten nahm immer verheerendere Ausmaße an. Zum Symbol der Kriegswende entwickelte sich im Januar/Februar 1943 die Einkesselung und Kapitulation der 6. Armee in Stalingrad: Sie führte zur Erschöpfung der Soldaten, zur Unmöglichkeit, hinreichend Nachschub zur Verfügung zu stellen, und zu einem sinnlosen Durchhaltewillen der politischen und militärischen Führung. Der Zusammenbruch der Front in Nordafrika im Mai 1943 verschlimmerte die Lage ebenso wie die wachsende militärische und wirtschaftliche Stärke der feindlichen Allianz.

Kriegsende 1945

Nach dem japanischen Überfall auf amerikanische Truppen in Pearl Harbor auf Hawaii am 7. Dezember 1941 **erklärte Deutschland am 11. Dezember 1941 den USA den Krieg**. Mit Großbritannien verständigte sich diese Weltmacht, dass die Entscheidung über den Ausgang des Krieges nicht in Asien, sondern in Europa fallen sollte. Es dauerte allerdings noch bis Juni 1944, bis beide Mächte mit der **Invasion der westlichen Alliierten in der Normandie** die Rückeroberung des europäischen Kontinents begannen. Am 25. August befreiten die Alliierten Paris und bereits im September stießen sie bei Trier und Aachen bis zur deutschen Grenze vor. Anfang März überschritten sie den Rhein, während die sowjetische Armee im Osten nach Westen vorrückte. Im April 1945 begannen die Sowjets mit ihrer letzten Offensive, bei der sie die Oder überschritten und Berlin umzingelten. Schon am 25. April trafen sich sowjetische und amerikanische Einheiten an der Elbe; die Engländer rückten von Hamburg nach Mecklenburg vor. Die alliierten Streitkräfte reagierten auf die deutschen Kriegsanstrengungen mit **Flächenbombardierungen**, denen nahezu alle deutschen Mittel- und Großstädte zum Opfer fielen. Die **amerikanischen und britischen Luftangriffe** sollten die Zivilbevölkerung demoralisieren und eine Kapitulation erzwingen. Sie erreichten jedoch das Gegenteil: Die Deutschen betrachteten sich zunehmend als Kriegsopfer und schenkten der NS-Propaganda, die von einer „verbrecherischen" Kriegsführung der Alliierten sprach, eher Glauben. Der Tod Hitlers, der sich am 30. April im Bunker der Reichskanzlei erschoss, war noch nicht das Kriegsende. Dieses kam für Deutschland im Mai mit der Unterzeichnung der **bedingungslosen Kapitulation** der deutschen Wehrmacht. Am 7. Mai unterschrieb der deutsche Generaloberst Alfred Jodl im amerikanischen Hauptquartier in Reims die Kapitulationsurkunde; in der Nacht vom 8. auf den 9. Mai wiederholte auf ausdrücklichen Wunsch Stalins Generalfeldmarschall Wilhelm Keitel in Berlin-Karlshorst, dem sowjetischen Hauptquartier, diesen Akt. In Europa war der Krieg zu Ende. Die alliierten Militärbefehlshaber übernahmen in Deutschland die Regierung. Dagegen endete der Krieg in Asien erst im September 1945, nachdem die USA am 6. und 9. August **Atombomben auf Hiroshima und Nagasaki** abgeworfen und die Japaner mit der grausamen Zerstörungskraft dieser neuen Waffe zur Kapitulation gezwungen hatten.

M2 Hiroshima nach dem Atombombenabwurf, Fotografie, 1945

Charakter des Krieges

Mit der deutschen Kriegserklärung an die USA 1941 entwickelte sich der bis dahin europäische Krieg zum globalen Krieg. Der Zweite Weltkrieg war dabei **kein konventioneller Krieg**, in dem es vornehmlich um Land und Rohstoffe ging. Das Deutsche Reich führte auch Krieg, um die Welt radikal neu zu ordnen. Im Mittelpunkt stand die Frage, welche Menschen auf dieser Welt noch leben und welche Ressourcen sie genießen sollten. Das NS-Regime verfolgte ausdrücklich das Ziel, Völker oder Volksgruppen auszulöschen (s. S. 132 ff.) bzw. auf die Situation rechtloser Staatssklaven herabzuwürdigen.

Diesen **Weltanschauungs- und Vernichtungskrieg** führten Hitler und die Nationalsozialisten besonders im Osten. Auf der Grundlage der NS-Ideologie, an erster Stelle sind hier die „Lebensraum"-Politik und der rassistische Antisemitismus zu nennen (s. S. 14 ff.), wollte das NS-Regime die unterworfenen Völker des „Ostens", Polens und der Sowjetunion, beherrschen, versklaven und vernichten. Dieser erbarmungslose Kampf richtete sich nicht nur gegen die Juden, sondern auch gegen die Slawen sowie sogenannte bolschewistische Hetzer und Saboteure. Der „Kommissarbefehl" schrieb den deutschen Truppen außerdem die „Vernichtung" der politischen Kommissare der Roten Armee vor. Beteiligt waren an diesem Kampf überwiegend die **Einsatzgruppen** der Sicherheitspolizei und des **Sicherheitsdienstes** (SD) der SS sowie Einheiten von Wehrmacht und Polizei. Aber auch für die deutsche Bevölkerung veränderte sich der Krieg: Am 18. Februar 1943, nach der Niederlage bei Stalingrad, erklärte Reichspropagandaminister Goebbels vor ausgesuchtem Publikum im Berliner Sportpalast den Zweiten Weltkrieg zum **„totalen Krieg"**. Das bedeutete die vollständige Indienstnahme aller zivilen Kräfte Deutschlands für den Krieg. Für den sogenannten „Volkssturm" konnten nun bereits 16-Jährige sowie 65-Jährige verpflichtet werden. Angesichts der seit 1943 immer aussichtsloser werdenden militärischen Lage suchte die nationalsozialistische Führung nicht mehr nach politischen Lösungen, sondern reagierte mit hemmungsloser Gewalt nach innen und außen. Allein im Jahre 1943 verhängten deutsche Gerichte hundert Todesurteile pro Woche, z. B. für angeblichen Defätismus oder Sabotage.

Besatzungspolitik

Das nationalsozialistische Deutschland strebte eine weltweite Vormachtstellung an. Eine wichtige Voraussetzung dafür bestand in der wirtschaftlichen Ausrichtung der eroberten Gebiete auf die deutschen Bedürfnisse. Dabei ging das Deutsche Reich sehr unterschiedlich vor. In **Nord- und Westeuropa** arbeiteten die NS-Behörden bei der Durchsetzung ihrer Ausbeutungs- und Unterdrückungspolitik mit einheimischen Kräften zusammen, die bereit zur Kollaboration waren. In **Polen und der Sowjetunion** dagegen bevorzugten die „Reichskommissare" und die Wehrmachtsverwaltung direktere Form der Herrschaft. Den Deutschen im Osten sollte „Lebensraum" zur Verfügung gestellt werden; der einheimischen Bevölkerung gestand die Besatzungsmacht nur ein eingeschränktes Lebensrecht auf niedrigem Niveau zu. Das NS-Regime setzte von Anfang an seine rassenpolitischen Vorstellungen in die Tat um. Ein Ergebnis dieses grauenvollen Krieges war der Völkermord an den Juden (s. S. 132 ff.).

Webcode:
KH639748-171

1 Erstellen Sie eine Zeittafel zum Verlauf des Zweiten Weltkrieges. Nutzen Sie dazu die Karten auf den Umschlaginnenseiten des Buches.
2 Charakterisieren Sie den Zweiten Weltkrieg: Erläutern Sie dabei vor allem den Begriff des „Weltanschauungs- und Vernichtungskriegs".

Hinweise zur Arbeit mit den Materialien

Die Materialauswahl zur Geschichte des Zweiten Weltkrieges setzt vier Schwerpunkte: Mithilfe der beiden Karten auf den Umschlaginnenseiten gewinnen die Schülerinnen und Schüler erstens einen Überblick über den **Verlauf des Krieges**. Ein anschauliches Bild vom Krieg im Osten vermitteln – zweitens – M 3 bis M 9. M 3 zeigt, mit welcher Aggressivität der Krieg geplant und durchgesetzt wurde. Dass der Krieg von Anfang an ein **„Weltanschauungs"- und „Vernichtungskrieg"** war, verdeutlichen M 4 bis M 9. Gemeinsamkeiten und Unterschiede zwischen der **deutschen Besatzungspolitik im Westen** (M 10b, M 11) und **im Osten** (M 6, M 10a) lassen sich – drittens – herausarbeiten. M 12 bis M 13 sind – viertens – Materialien über die Wirkungen des Krieges in Deutschland. M 12 erläutert, was Goebbels in seiner Sportpalast-Rede 1943 unter einem **„totalen Krieg"** verstand. Der Text von Kershaw über das Ende des Nationalsozialismus (M 13) erlaubt eine abschließende Reflexion darüber, warum der Zweite Weltkrieg für Deutschland bis zur „totalen Vernichtung" dauerte. Die Vertiefungsseiten, S. 179 ff. ergänzen das Nachdenken über das Kriegsende, indem sie das **Gedenken an die Tage der bedingungslosen Kapitulation** Deutschlands betrachten. Am Ende des Kapitels finden sich weiterführende Arbeitsanregungen und die Möglichkeit, die im Kapitel erworbenen Kompetenzen zu überprüfen (S. 182 f.).

M 3 Aus der Führerbesprechung „Barbarossa" vom 30. März 1941

11.00 Uhr Generals-Versammlung beim Führer: Fast 2½ stündige Ansprache: Lage nach dem 30.6.1940. Fehler Englands, die Möglichkeit eines Friedens auszuschlagen. Schilderung der weiteren Ereignisse. Scharfe Kritik an italienischer Kriegführung und Politik. Vorteile für Englands Lage aus den Misserfolgen Italiens. England setzt seine Hoffnung auf Amerika und Russland. Höchstleistung erst in 4 Jahren; Transportproblem.

Russlands Rolle und Möglichkeiten. Begründung der Notwendigkeit, die russische Lage zu bereinigen. Nur so werden wir in der Lage sein, in zwei Jahren materiell und personell unsere Aufgaben in der Luft und auf den Weltmeeren zu meistern, wenn wir die Landfragen endgültig und gründlich lösen. Unsere Aufgaben gegenüber Russland: Wehrmacht zerschlagen, Staat auflösen. Äußerungen zur russischen *Tankwaffe* (respektabel): 4,7 cm, eine gute schwere Type, Masse alt […]. Zahlenmäßig ist der Russe an Panzern am stärksten auf der Welt. Er hat aber nur eine kleine Zahl von neuen Riesentypen […]. *Luftwaffe* sehr groß an Zahl, aber sehr viel alte Typen; nur geringe Zahl neuzeitliche Typen. Problem des russischen Raumes: Unendliche Weite des Raumes macht Konzentration auf entscheidende Punkte notwendig. Masseneinsatz von Luftwaffe und Panzern an entscheidender Stelle. Luftwaffe kann diesen Riesenraum nicht gleichzeitig beackern, sie kann bei Kriegsbeginn nur Teile der Riesenfront beherrschen. Ihr Einsatz muss daher in engster Beziehung zur Landoperation erfolgen. Der Russe wird versagen gegenüber dem Masseneinsatz von Tanks und Luftwaffe. […]

Nach Lösung der Aufgaben im Osten werden 50–60 Divisionen (Panzer) genügen. Ein Teil der Landmacht wird entlassen werden können für Rüstungsarbeiten für Luftwaffe und Marine, ein Teil wird für andere Aufgaben benötigt sein, z. B. Spanien. Koloniale Aufgaben!

Kampf zweier Weltanschauungen gegeneinander. Vernichtendes Urteil über Bolschewismus, ist gleich asoziales Verbrechertum. Kommunismus ungeheure Gefahr für die Zukunft. Wir müssen von dem Standpunkt des soldatischen Kameradentums abrücken. Der Kommunist ist vorher kein Kamerad und nachher kein Kamerad. Es handelt sich um einen Vernichtungskampf. Wenn wir es nicht so auffassen, dann werden wir zwar den Feind schlagen, aber in 30 Jahren wird uns wieder der kommunistische Feind gegenüberstehen. Wir führen nicht Krieg, um den Feind zu konservieren.

Künftiges Staatenbild: Nordrussland gehört zu Finnland. Protektorate Ostseeländer, Ukraine, Weißrussland.
Kampf gegen Russland: Vernichtung der bolschewistischen Kommissare und der kommunistischen Intelligenz. Die neuen Staaten müssen sozialistische Staaten sein, aber ohne eigene Intelligenz. Es muss verhindert werden, dass eine neue Intelligenz sich bildet. Hier genügt eine primitive sozialistische Intelligenz.
Der Kampf muss geführt werden gegen das Gift der Zersetzung. […] Kommissare und GPU-Leute[1] sind Verbrecher und müssen als solche behandelt werden. Deshalb braucht die Truppe nicht aus der Hand der Führer zu kommen. Der Führer muss seine Anordnungen im Einklang mit dem Empfinden der Truppe treffen. Der Kampf wird sich sehr unterscheiden vom Kampf im Westen. Im Osten ist Härte mild für die Zukunft. Die Führer müssen von sich das Opfer verlangen, ihre Bedenken zu überwinden.

Zit. nach: Michael Salewski (Hg.), Deutsche Quellen zur Geschichte des Zweiten Weltkrieges, Wissenschaftliche Buchgesellschaft, Darmstadt 1998, S. 173 f.

---

[1] GPU: Staatliche Politische Verwaltung, sowjetische Geheimpolizei 1922–1934

---

1 Ordnen Sie M 3 in den zeitlichen Kontext ein.
2 Erläutern Sie die Motive und Ziele der deutschen Außenpolitik gegenüber Russland.

M 4 Aus dem „Geiselmordbefehl" für die besetzten sowjetischen Gebiete vom 16. September 1941

a) Bei jedem Vorfall der Auflehnung gegen die deutsche Besatzungsmacht, gleichgültig, wie die Umstände im Einzelnen liegen mögen, muss auf kommunistische Ursprünge geschlossen werden.
b) Um die Umtriebe im Keime zu ersticken, sind beim ersten Anlass unverzüglich die schärfsten Mittel anzuwenden, um die Autorität der Besatzungsmacht durchzusetzen und einem weiteren Umsichgreifen vorzubeugen. Dabei ist zu bedenken, dass ein Menschenleben in den betroffenen Ländern vielfach nichts gilt und eine abschreckende Wirkung nur durch ungewöhnliche Härte erreicht werden kann. Als Sühne für ein deutsches Soldatenleben muss in diesen Fällen im Allgemeinen die Todesstrafe für 50–100 Kommunisten als angemessen gelten. Die Art der Vollstreckung muss die abschreckende Wirkung noch erhöhen.

Zit. nach: Der Prozess gegen die Hauptkriegsverbrecher vor dem Internationalen Militärgerichtshof, Bd. 2, Nürnberg 1946, S. 487 f.

M 5 Befehl des Oberbefehlshabers der 6. Armee, Generalfeldmarschall von Reichenau, über das „Verhalten der Truppe im Ostraum" vom 10. Oktober 1941

Dieser Befehl wurde von Hitler als vorbildlich bezeichnet und von zahlreichen Befehlshabern übernommen.

Hinsichtlich des Verhaltens der Truppe gegenüber dem bolschewistischen System bestehen vielfach noch unklare Vorstellungen. Das wesentlichste Ziel des Feldzuges gegen das jüdisch-bolschewistische System ist die völlige Zerschlagung der Machtmittel und die Ausrottung des asiatischen Einflusses im europäischen Kulturkreis. Hierdurch entstehen auch für die Truppe Aufgaben, die über das hergebrachte einseitige Soldatentum hinausgehen. Der Soldat ist im Ostraum nicht nur ein Kämpfer nach den Regeln der Kriegskunst, sondern auch Träger einer unerbittlichen völkischen Idee und der Rächer für alle Bestialitäten, die deutschem und artverwandtem Volkstum zugefügt wurden.
Deshalb muss der Soldat für die Notwendigkeit der harten, aber gerechten Sühne am jüdischen Untermenschentum volles Verständnis haben. Sie hat den weiteren Zweck, Erhebungen im Rücken der Wehrmacht, die erfahrungsgemäß stets von Juden angezettelt wurden, im Keime zu ersticken. Der Kampf gegen den Feind hinter der Front wird noch nicht ernst genug genommen. Immer noch werden heimtückische grausame Partisanen und entartete Weiber zu Kriegsgefangenen gemacht, immer noch werden halbuniformierte oder in Zivil gekleidete Heckenschützen und Herumtreiber wie anständige Soldaten behandelt und in die Gefangenenlager abgeführt. […]

Das Verpflegen von Landeseinwohnern und Kriegsgefangenen, die nicht im Dienste der Wehrmacht stehen, an Truppenküchen ist eine ebenso missverstandene Menschlichkeit wie das Verschenken von Zigaretten und Brot. Was die Heimat unter großer Entsagung entbehrt, [...] hat nicht der Soldat an den Feind zu verschenken, auch nicht, wenn es aus der Beute stammt. Sie ist ein notwendiger Teil unserer Versorgung. [...]

Fern von allen politischen Erwägungen der Zukunft hat der Soldat zweierlei zu erfüllen:

1) Die völlige Vernichtung der bolschewistischen Irrlehre, des Sowjet-Staates und seiner Wehrmacht.

2) Die erbarmungslose Ausrottung artfremder Heimtücke und Grausamkeit und damit die Sicherung des Lebens der deutschen Wehrmacht in Russland.

Nur so werden wir unserer geschichtlichen Aufgabe gerecht, das deutsche Volk von der asiatisch-jüdischen Gefahr ein für alle Mal zu befreien.

Zit. nach: Reinhard Rürup (Hg.), Der Krieg gegen die Sowjetunion 1941–1945, Argon, Berlin ²1991, S. 122.

M6 Öffentliche Hinrichtung in Minsk, der heutigen Hauptstadt Weißrusslands, Fotografie vom 26. Oktober 1941.
An jenem Sonntag wurden 12 Personen durch Wehrmachtsangehörige öffentlich erhängt. Sie trugen Schilder mit der Aufschrift „Wir sind Partisanen und haben auf deutsche Soldaten geschossen". Das entsprach nicht der Wahrheit. Tatsächlich hatten sie versucht, verletzten Soldaten der Roten Armee bei der Flucht zu helfen.

M7 Frauen in Leningrad (St. Petersburg) bei der Trinkwasserbeschaffung während der deutschen Belagerung, Foto, 1942

M8 Pogrom in Kowno/Litauen, Foto, 1941.
Die deutsche Sicherheitspolizei hatte Zuchthäusler freigelassen und mit Eisenstangen bewaffnet, um Juden totschlagen zu lassen.

1 Erarbeiten Sie aus M4 bis M8, wie die Truppen des nationalsozialistischen Deutschland den „Weltanschauungs"- und „Vernichtungskrieg" gegen die Sowjetunion durchgeführt haben.
2 Erörtern Sie auf der Basis von M4 bis M8, inwieweit die Wehrmacht in die in der Sowjetunion begangenen Verbrechen verstrickt war.

M9 Der Historiker Wolfgang Michalka über den „Weltanschauungs"- und „Vernichtungskrieg" des NS-Regimes (2003)

Von Anfang an besaß der „programmatische" Krieg gegen die Sowjetunion für Hitler eine besondere Qualität, sodass er sich prinzipiell von den Feldzügen in Skandinavien und in Afrika, auf dem Balkan und gegen Frankreich unterschied. Diese vermögen trotz nicht zu übersehender Grausamkeiten und Exzesse durchaus noch dem Typus des „Normalkriegs" zu entsprechen. Für die Kriege in Osteuropa, gegen Polen und besonders gegen die Sowjetunion, dagegen erscheinen alle in der Forschung verwendeten Bezeichnungen und Charakterisierungen „geschönt"; denn sie verharmlosen und verfälschen regelrecht die historische Realität. Erst der Vernichtungskrieg gegen die UdSSR kann die unauflösbare Verbindung von Ideologie und Machtpolitik, von Lebensraumeroberung und radikalem Rassenantisemitismus demonstrieren und damit die unvergleichbare Singularität nationalsozialistischer Politik offenbaren. Dass die Vernichtung des Gegners und die Ausrottung der europäischen Juden nicht „lediglich" und „zufällig" das Resultat eines sich radikalisierenden Krieges war, belegen unmissverständlich die Anweisungen und Befehle, die Hitler lange vor Beginn des Unternehmens „Barbarossa" erteilte, sodass die daraus resultierenden Beherrschungs- und Vernichtungspraktiken systematisch geplant und [...] langfristig vorbereitet erscheinen. Bereits im Frühjahr 1941 war den an der Planung des Angriffs auf die Sowjetunion Beteiligten klar, dass der Krieg im Osten neben strategisch-machtpolitischen und wirtschaftlichen vor allem ideologische Aufgaben zu erfüllen hatte und dass völkerrechtliche Beschränkungen und Regeln absolut fehl am Platze waren. Am deutlichsten zeigt sich dies im Komplex der sogenannten „verbrecherischen Befehle", vor allem im „Kriegsgerichtsbarkeitserlass" und im „Kommissarbefehl". Beide Direktiven erhielten ihre Begründung und Verbreitung in einer Rede vor etwa 230 Generalen [...] am 30. März 1941, in der Hitler über den bevorstehenden „Kampf zweier Weltanschauungen" zur „Ausrottung" des Kommunismus „für alle Zeiten" offen und klar informierte und zur „Vernichtung der bolschewistischen Kommissare und kommunistischen Intelligenz" aufrief. Es handle sich „um einen Vernichtungskampf", in dem man den Feind nicht „konservieren" dürfe. In den folgenden Wochen wurden beide Befehle auf mittlerer Ebene [...] ausgearbeitet, ohne dass es weitere Anstöße vonseiten Hitlers bedurft hätte; dies bedeutet gleichzeitig, dass kein entschiedener Widerspruch von den militärischen Führungsstäben erfolgt ist.

Der „Kriegsgerichtsbarkeitserlass" bestimmte, dass „Straftaten feindlicher Zivilpersonen" nicht, wie üblich, durch Kriegsgerichte abgeurteilt werden durften. Zivilisten, die die Wehrmacht „angriffen", sollten erbarmungslos „niedergemacht", sogenannte „verdächtige Elemente" auf Befehl eines Offiziers erschossen werden. Demgegenüber sollten Verbrechen deutscher Soldaten an sowjetischen Bürgern nicht verfolgt werden, wenn der Täter politische Motive geltend machte. Der „Kommissarbefehl" forderte von der Truppe die sofortige Erschießung aller gefangen genommenen politischen Kommissare der Roten Armee. [...] Die Entscheidung, alle kommunistischen Funktionäre und darüber hinaus alle potenziellen Träger von Widerstand zu beseitigen, resultierte aus der Absicht, die Eroberung im Osten – die Basis der zukünftigen Weltmachtstellung – mit größter Rücksichtslosigkeit zu sichern. [...] Die besetzten Gebiete wurden in dieser Absicht [= die deutsche Bevölkerung möglichst „friedensmäßig" zu ernähren] systematisch nach Nahrungsressourcen ausgeplündert, und die Ernährungsrationen für die sowjetischen Kriegsgefangenen lagen weit unter dem Existenzminimum.

Mangelnde Ernährung, unzureichende medizinische Versorgung, extreme Arbeitsbelastung und nicht zuletzt Massenerschießungen „vernichteten" 3,3 Millionen von insgesamt 5,7 Millionen sowjetischen Kriegsgefangenen. Das entsprach 57,8 % oder dem Zehnfachen der im Ersten Weltkrieg in deutscher Gefangenschaft umgekommenen Russen. [...] Es ist [...] offensichtlich [...], dass zwischen der erklärten Absicht deutscher Führungseliten, die „Ostvölker" zu dezimieren, und dem Massensterben sowjetischer Gefangener ein enger Kausalzusammenhang besteht. Helmuth James Graf

Moltke, […] als Mitarbeiter der Völkerrechtsabteilung des Amtes Ausland/Abwehr im OKW[1] stets gut unterrichtet, schrieb schon im August 1941 über die Auswüchse des Vernichtungskriegs an seine Frau: „Die Nachrichten aus dem Osten sind wieder schrecklich. Wir haben offenbar doch sehr, sehr große Verluste. Das wäre aber noch erträglich, wenn nicht Hekatomben[2] von Leichen auf unseren Schultern liegen. Immer wieder hört man Nachrichten, dass von Transporten von Gefangenen und Juden nur 20 % ankommen, dass in Gefangenenlagern Hunger herrscht, dass Typhus und andere Mangel-Epidemien ausgebrochen seien."

Die Kontinuität und Verbindung von rassen- und raumpolitischen Leitideen bei Hitler lassen sich am eindeutigsten an dem Komplex „Endlösung der Judenfrage" demonstrieren: Die Eroberung von Lebensraum und die Vernichtung der Juden waren ideologische Axiome[3], die nun beim Angriff auf die Sowjetunion ihre Realisierung finden sollten.

Wolfgang Michalka, Das Dritte Reich 1933–1945, in: Martin Vogt (Hg.), Deutsche Geschichte. Von den Anfängen bis zur Gegenwart, 2. Aufl., Fischer, Frankfurt/M. 2003, S. 750 ff.

---

1 OKW: Oberkommando der Wehrmacht
2 Hekatombe (griech.): einem Unglück zum Opfer gefallene, erschütternd große Zahl von Menschen
3 Axiom: Grundsatz

---

1 Beschreiben Sie die Folgen des Krieges für die Menschen in der Sowjetunion.
2 Erläutern Sie anhand von Beispielen den Zusammenhang von Krieg und Rassenideologie. Berücksichtigen Sie dabei M4 bis M8.
3 **Präsentation:** In der unmittelbaren Nachkriegszeit entstand in der westdeutschen Öffentlichkeit das Bild der „sauberen Wehrmacht", die an den deutschen Kriegsverbrechen unbeteiligt war. Historische Forschungen seit den 1960er-Jahren und – in der breiteren Öffentlichkeit – vor allem die 1995 organisierte Ausstellung „Verbrechen der Wehrmacht. Dimensionen des Vernichtungskrieges 1941–1944" widerlegten diese Sichtweise. Die öffentliche Diskussion über die Ausstellung wurde von Kritik und massiven Protesten begleitet und führte zu einer teilweisen Überarbeitung der Ausstellung. Recherchieren Sie Inhalt und Verlauf dieser Kontroverse, erstellen Sie daraus eine Präsentation und ziehen Sie eine Bilanz.
Webcode:
KH639748-176

M10 Der Historiker Wolfgang Wippermann über die deutsche Besatzungspolitik in Polen und den Niederlanden (1999)

a) Polen:
Polen wurde am 1. September 1939 von der deutschen Wehrmacht überfallen, besiegt und zwischen Deutschland und der UdSSR aufgeteilt. Die westpolnischen Gebiete wurden annektiert und in die deutschen „Gaue" Danzig-Westpreußen und „Wartheland" umgewandelt. Aus dem Rest Polens entstand das „Generalgouvernement", das 1941 nach dem deutschen Überfall auf die UdSSR um die von den Sowjets eroberten polnischen Gebiete erweitert wurde.

Die Einsatzgruppen des Sicherheitsdienstes der SS ermordeten nach vorbereiteten Fahndungslisten Tausende von einflussreichen polnischen Bürgern, darunter Intellektuelle, Geistliche, Arbeiter und Gewerkschafter. Um Platz für die aus dem Baltikum, Ostgalizien, Wolhynien und Bessarabien umgesiedelten Volksdeutschen zu schaffen, führten die Deutschen im Warthegau brutale Enteignungs- und Aussiedlungsaktionen durch. Die erste planmäßige Massendeportation von Polen und Juden fand hier im Dezember 1939 statt.

Das „Generalgouvernement" wurde wie eine Kolonie von dem deutschen „Generalgouverneur" Hans Frank von Krakau aus verwaltet und rücksichtslos ausgebeutet. Allein 1942/43 lieferte es 630 000 t Getreide, 520 000 t Kartoffeln, 28 666 t Zucker, 55 000 t Vieh und 7 500 t Fette zugunsten des Reichs ab. Darüber hinaus diente ganz Polen als Reservoir für Zwangsarbeiterinnen und Zwangsarbeiter, die ins Reich verschleppt wurden: bis 1944 ca. 1,7 Mio.

Während die polnische Regierung ins Exil flüchtete, gründeten sich schon Ende 1939 polnische Untergrundverbände. Am 14. Februar 1942 formierten sie sich zur „Armee im Lande" (*Armia Krajowa*/AK), die an die Exilregierung gebunden war. Der polnische militärische Widerstand wurde zum größten seiner Art in Europa und konnte sich auf die breite Masse der Bevölkerung stützen. Vor dem Warschauer Gettoaufstand im April/ Mai 1943 kam es auch zu geringfügigen Waffenlieferungen vonseiten der AK ins Getto, während andere Gettos allerdings keine militärische Hilfe erhielten. Der Aufstand, der am 1. August 1944 in Warschau gegen die deutsche Besatzungsherrschaft begann (um der Befreiung Warschaus durch sowjetische Truppen zuvorzukommen), konnte von der deutschen Wehrmacht niedergeschlagen werden, weil eine bemerkenswerte Unterstützung durch die Rote Armee ausblieb. Die Hauptstadt wurde völlig zerstört. Insgesamt hat Polen im Krieg fast 6 Mio. Staatsbürger, darunter mindestens 2,7 Mio. Juden, verloren. Das war rund ein Fünftel der Vorkriegszahl.

b) Niederlande:
Die neutralen Niederlande wurden am 15. Mai 1940 von den Deutschen überfallen und nach wenigen Tagen besetzt. Königin Wilhelmina und das Kabinett waren am 13. Mai nach London ins Exil gegangen. An die Stelle einer kurzzeitigen Militärverwaltung trat am 25. Mai 1940 eine Zivilverwaltung. Unter dem Reichskommissar für die besetzten Niederlande, Arthur Seyss-Inquart, blieb die gesamte niederländische Verwaltung intakt. Die zunächst etwas zurückhaltende Besatzungspolitik gegenüber den nicht jüdischen Niederländern führte jedoch nicht zur erhofften Selbstnazifizierung. Im Februar 1941 kam es zu einem großen Streik. Daraufhin setzte die deutsche Besatzung stärker auf eine aktive Nazifizierung, und zwar mithilfe der kleinen von Adriaan Mussert geführten „Nationaal-Socialistische Beweging" (ca. 31 500 Mitglieder). Die zunehmende Repression bedeutete Ausschaltung der Parteien und Gewerkschaften, Gründung einer kurzzeitig erfolgreichen niederländischen Sammlungsbewegung mit bis zu 800 000 Mitgliedern („Niederländische Union"), die Deportation Hunderttausender niederländischer Zwangsarbeiter nach Deutschland und die radikale Ausbeutung der Wirtschaft. Allein 1943 ging rund ein Drittel und ein Jahr später fast die Hälfte aller produzierten Güter des Landes ins Reich. Dies löste ab 1943 stärkeren Widerstand gegen die Besatzung aus, vor allem nachdem es wegen der massiven deutschen Plünderungen im Winter 1944/45 zu einer Hungersnot gekommen war, der mehrere tausend Menschen zum Opfer fielen. Als „Vergeltung" für die Widerstandsaktionen zerstörten deutsche Truppen das holländische Dorf Puttens und ermordeten fast alle Bewohner. Von den holländischen Juden sind fast alle deportiert worden. Nur wenige tausend haben überlebt.

Wolfgang Wippermann, Besatzungsherrschaft in Polen und den Niederlanden, in: Jürgen Stillig u. Wolfgang Wippermann (Hg.), Der Nationalsozialismus. Die Zeit der NS-Herrschaft und ihre Bedeutung für die deutsche Geschichte, Cornelsen, Berlin 2000, S. 111 f.

M 11 Deutsche räumen in Amsterdam die Wohnungen deportierter Juden leer, Fotografie, um 1943.
Die Firma, die für die Deutschen die Wohnungen ausräumt, heißt Puls. Deshalb sprechen die Amsterdamer vom „Pulsen" einer Wohnung.

1 Erarbeiten Sie anhand von M 10 und M 11 die Strukturen deutscher Besatzungsherrschaft:
a) Beschreiben Sie das Vorgehen der Besatzungsmacht und die Reaktionen der einheimischen Bevölkerung.
b) Verdeutlichen Sie Gemeinsamkeiten und Unterschiede in der Besatzungsherrschaft wie auch im Verhalten der einheimischen Bevölkerung.
2 Referat: Ergänzen Sie diese Ausführungen über die deutsche Besatzungspolitik, indem Sie Referate erarbeiten über die deutsche Besatzungsherrschaft in der Sowjetunion, in Norwegen, Dänemark, Serbien, Griechenland und Frankreich.

M 12 „Totaler Krieg"

Aus der Rede von Joseph Goebbels im Berliner Sportpalast vom 18. Februar 1943:
Es geht hier nicht um die Methoden, mit der man den Bolschewismus zu Boden schlägt, sondern um das Ziel, nämlich um die Beseitigung der Gefahr. Die Frage ist also nicht die,
5 ob die Methoden, die wir anwenden, gut oder schlecht sind, sondern ob sie zum Erfolg führen. Jedenfalls sind wir als nationalsozialistische Volksführung jetzt zu allem entschlossen. [...] Ich frage euch: Seid ihr
10 entschlossen, dem Führer in der Erkämpfung des Sieges durch dick und dünn und unter Aufnahme auch der schwersten persönlichen Belastung zu folgen? [...] Ich frage euch: Seid ihr bereit, mit dem Führer, als
15 Phalanx der Heimat hinter der kämpfenden Wehrmacht stehend, diesen Kampf mit wilder Entschlossenheit und unbeirrbar durch alle Schicksalsfügungen fortzusetzen, bis der Sieg in unseren Händen ist? [...] Ich frage
20 euch: Wollt ihr den totalen Krieg? Wollt ihr ihn, wenn nötig, totaler und radikaler, als wir ihn uns heute überhaupt noch vorstellen können? [...] Ich frage euch neuntens: Billigt ihr, wenn nötig, die radikalsten
25 Maßnahmen gegen einen kleinen Kreis von Drückebergern und Schiebern, die mitten im Kriege Frieden spielen und die Not des Volkes zu eigensüchtigen Zwecken ausnutzen wollen? Seid ihr damit einverstanden,
30 dass, wer sich am Krieg vergeht, den Kopf verliert?
Zit. nach: Wolfgang Michalka, Das Dritte Reich, Bd. 2: Weltmachtanspruch und nationaler Zusammenbruch 1939–1945, dtv, München 1985, S. 295–297.

1 Arbeiten Sie heraus, was Goebbels unter einem „totalen Krieg" versteht.

M 13 Das Ende des Nationalsozialismus – eine Erklärung des britischen Historikers Ian Kershaw (2011)

Als sich das Kriegsglück wendete und die Niederlagen sich häuften, war [...] Hitlers „Charisma", was seinen Anklang bei den Massen angeht, hoffnungslos untergraben.
5 Strukturell jedoch war seine „charismatische Herrschaft" keineswegs am Ende. [...] [D]ie Strukturen und Mentalitäten „charismatischer Herrschaft" wirkten auch dann noch fort, als Hitlers Beliebtheit bei der Bevölkerung verfiel. Sie wurden in erster Linie nicht
10 von blindem Glauben an Hitler getragen. Wichtiger war für eingefleischte Nationalsozialisten die Einschätzung, dass sie ohne Hitler keine Zukunft hatten. [...]
Für viele von denen, die mittlerweile dem
15 Nationalsozialismus halbherzig oder gar feindlich gegenüberstanden, war es oft so gut wie unmöglich, die Unterstützung für Hitler und sein Regime von der patriotischen Entschlossenheit zu trennen, die Niederlage
20 und die Besetzung durch fremde Mächte zu vermeiden. Hitler stand schließlich für die fanatische Verteidigung des Reiches. [...] Nicht zuletzt stand dem Diktator, wie alle wussten, immer noch ein brutaler Apparat
25 der Zwangsausübung und Repression zur Verfügung. Furcht (oder zumindest äußerste Vorsicht) spielte im Verhalten der meisten ganz offensichtlich eine Rolle. Selbst die Höchstrangigen im Land wussten, dass sie
30 sich bei ihren Schritten vorsehen mussten. Wie immer die Skala der Motive aussah, die Wirkung war die gleiche: Hitlers Macht blieb bis ganz zum Schluss erhalten.
Als das Ende nahte und die Zentralregie-
35 rung sich fast völlig auflöste, gingen Entscheidungen über Leben und Tod immer weiter die Hierarchie hinunter auf die Provinz-, Kreis- und Ortsebene über, und das führte dann dazu, dass Einzelpersonen wie
40 der Kampfkommandant in Ansbach willkürliche und tödliche Exekutivgewalt erlangten. Doch so entscheidend diese Radikalisierung auf der untersten Ebene für die zunehmende Irrationalität der Schlussphase auch war, sie
45 wäre nicht möglich gewesen ohne die Ermutigung, die Genehmigung und „Legitimierung", die von oben kam, von der Führung eines Regimes im Todeskampf, das auf keinen Widerstand im Innern stieß.
50
Ian Kershaw, Das Ende. Kampf bis in den Untergang. NS-Deutschland 1944/45. Aus dem Englischen von Klaus Binder, Bernd Leineweber u. Martin Pfeiffer, DVA, München 2011, S. 33 f.

1 Arbeiten Sie heraus, wie und warum das NS-Regime bis zur „totalen Vernichtung" durchhielt.
2 Diskutieren Sie die Thesen Kershaws.

Das Gedenken an den 8. und 9. Mai 1945

Unterschiedliche Perspektiven

Mit der Unterzeichnung der bedingungslosen Kapitulation Deutschlands am 8. und 9. Mai 1945 endete der Zweite Weltkrieg in Europa. An diese Tage erinnern sich viele Menschen unterschiedlich – bis heute. Was den einen als „Zusammenbruch", „totale Niederlage" oder „Untergang" erscheint, ist für die anderen „Befreiung", „Chance" oder „Neuanfang". Das Gedächtnis der Menschen wurde und wird davon geprägt, ob sie Sieger oder Besiegte, Deutsche oder Ausländer sind. Aber auch die Erfahrungen und Hoffnungen bestimmen entscheidend das Nachdenken über solche Tage, die tief greifende politische Zäsuren darstellen. Einem überzeugten Anhänger oder Profiteur des NS-Regimes gehen andere Gedanken durch den Kopf als Mitläufern, Emigranten, Verfolgten, Häftlingen oder Gegnern des untergegangenen Staates. In Deutschland wurde das Gedenken an den 8. und 9. Mai noch zusätzlich erschwert durch die Teilung des Landes seit 1949.

Gedenken in der DDR

Welch hohen politischen Stellenwert die DDR dem Kriegsende 1945 beimaß, lässt sich am ehesten verdeutlichen an den Erinnerungsritualen der SED. Jährlich am 8. Mai begingen nicht nur die Sowjets ihre Siegesfeiern. Auch die Staats- und Parteiführung der DDR organisierte in Berlin und an anderen Orten Kundgebungen und Kranzniederlegungen, an denen in der Regel Angehörige der sowjetischen Streitkräfte oder sowjetische Ehrengäste teilnahmen. Schauplätze dieser Feierlichkeiten waren die zahlreichen sowjetischen Ehrenfriedhöfe und Denkmäler. Besondere symbolische Bedeutung besaß das am 8. Mai 1949 eingeweihte sowjetische Ehrenmal in Berlin-Treptow (s. M 2, S. 182). Diese Feiern zum „Fest der Befreiung" sollten eine eindeutige politische Botschaft vermitteln, die der Historiker Jürgen Danyel einmal treffend so zusammengefasst hat: „Die DDR habe die historische Chance, die ihr mit der Befreiung 1945 gegeben wurde, genutzt. Zusammen mit den Kommunisten, die an der Seite der Roten Armee gekämpft hatten, waren die Ostdeutschen gewissermaßen auf die Seite der Sieger übergetreten und hatten die richtigen Lehren aus der Geschichte gezogen. In dieser geschichtspolitischen Konstruktion verblasste die konkrete Erinnerung an den Nationalsozialismus und den von den Deutschen verschuldeten Krieg nahezu völlig."

Webcode:
KH639748-179

Erinnern in der Bundesrepublik Deutschland

Das Gedenken an den 8. Mai 1945 war in der Bundesrepublik Deutschland lange Zeit durch gemischte Gefühle geprägt. In den 1950er- und 1960er-Jahren erinnerten sich die einen an Niederlage bzw. Zusammenbruch und beklagten das Ende des deutschen Nationalstaates. Andere feierten die Befreiung von der Nazi-Barbarei und den politischen

M 1 Bundespräsident Richard von Weizsäcker bei seiner Rede vor dem Bundestag am 8. Mai 1985

Neubeginn. Aber auch für sie war der 8. Mai ein **sperriger Gedenktag**, wie das Zitat des Politikwissenschaftlers Wolfgang Abendroth aus dem Jahre 1965 zeigt: „Als heute vor 20 Jahren die deutsche Wehrmacht kapitulierte, wurde damit zugleich das deutsche Volk vom Dritten Reich befreit, und insoweit ist es angebracht, in diesem Tag nicht nur das Ende des Zweiten Weltkrieges und eines verbrecherischen Regimes zu sehen, sondern auch den Tag eines neuen Anfangs für Europa und für Deutschland. Aber das deutsche Volk wurde vom Dritten Reich befreit, es befreite sich nicht selbst. Deshalb begann an diesem Tag auch die Entwicklung zu unserer heutigen Situation, die der Spaltung des deutschen Volkes in zwei Staaten, die entgegengesetzten Bündnissystemen angehören." Seit Mitte der 1980er-Jahre verbindet die überwiegende Mehrheit der Deutschen mit dem Ende des Zweiten Weltkrieges die **Befreiung von einer menschenverachtenden und verbrecherischen Diktatur sowie demokratischen Neubeginn**. Zu diesem Bewusstseinswandel trug maßgeblich Bundespräsident Richard von Weizsäcker (geb. 1920, Präs. 1984–1994) bei. Im Jahre 1985, anlässlich der 40. Wiederkehr des 8. Mai 1945, bezeichnete er in einer weithin beachteten Rede das Kriegsende als Befreiung, weil damals der „Irrweg deutscher Geschichte" zum Abschluss gelangt sei.

M 2 Richard von Weizsäcker, Bundespräsident, zum 40. Jahrestag des 8. Mai 1945 (1985)

Der 8. Mai ist für uns Deutsche kein Tag zum Feiern. Die Menschen, die ihn bewusst erlebt haben, denken an ganz persönliche und damit ganz unterschiedliche Erfahrungen zu-
5 rück. […]
   Es war schwer, sich alsbald klar zu orientieren. Ungewissheit erfüllte das Land. Die militärische Kapitulation war bedingungslos. Unser Schicksal lag in der Hand der Feinde.
10 Die Vergangenheit war furchtbar gewesen, zumal auch für viele dieser Feinde. Würden sie uns nun nicht vielfach entgelten lassen, was wir ihnen angetan hatten? […] Der Blick ging zurück in einen dunklen Abgrund der
15 Vergangenheit und nach vorn in eine ungewisse dunkle Zukunft. Und dennoch wurde von Tag zu Tag klarer, was es heute für uns alle gemeinsam zu sagen gilt: Der 8. Mai war ein Tag der Befreiung. Er hat uns alle befreit
20 von dem menschenverachtenden System der nationalsozialistischen Gewaltherrschaft.
   Niemand wird um dieser Befreiung willen vergessen, welche schweren Leiden für viele
25 Menschen mit dem 8. Mai erst begannen und danach folgten. Aber wir dürfen nicht im Ende des Krieges die Ursache für Flucht, Vertreibung und Unfreiheit sehen. Sie liegt vielmehr in seinem Anfang und im Beginn jener Gewaltherrschaft, die zum Krieg führ-
30 te. Wir dürfen den 8. Mai 1945 nicht vom 30. Januar 1933 trennen.
   Wir haben wahrlich keinen Grund, uns am heutigen Tag an Siegesfesten zu beteiligen. Aber wir haben allen Grund, den 8. Mai
35 1945 als das Ende eines Irrweges deutscher Geschichte zu erkennen, das den Keim der Hoffnung auf eine bessere Zukunft barg.

Richard von Weizsäcker, Von Deutschland aus, dtv, München o. J., S. 13–15.

1 Arbeiten Sie aus M 2 heraus, welche Schwerpunkte Weizsäcker in seinem Rückblick auf das Kriegsende setzt. Nehmen Sie Stellung zu seiner These: Der 8. Mai war ein Tag der Befreiung.

**Geschichte kontrovers:
Den 8. Mai feiern**

M 3 Der Journalist Heribert Prantl (geb. 1953) schreibt in der „Süddeutschen Zeitung" (1995)

Der Streit um den 8. Mai spiegelt das Elend der deutschen Nachkriegsgeschichte wider: Die Flucht vor der Vergangenheit ist noch immer nicht zu Ende. Zwar gibt es nur noch wenige Deutsche, die die Verbrechen des Nazi-Regimes leugnen. Dafür aber gibt es immer mehr, die neben diese Verbrechen das Wort einerseits schreiben und dann ein andererseits hinzufügen: Einerseits, so heißt es, endet am 8. Mai 1945 der NS-Terror, andererseits aber beginnt mit diesem Tag der Vertreibungsterror. Man tut also so, als stünde der deutschen Schuld die Schuld der anderen gegenüber. [...] In der Tat darf man nicht vergessen, welch schwere Leiden für viele Menschen mit dem 8. Mai 1945 erst begannen. Man darf aber auch nicht vergessen, auf wen und auf welchen Tag dieses Leid zurückgeht. Die deutsche Niederlage fand nämlich nicht erst am 8. Mai 1945 statt, sondern schon am 30. Januar 1933. An diesem Tag war es rechtlich vollendet, an jenem tatsächlich beendet. Nichts und niemand vermag das Grauen dieser zwölf Jahre zu verkleinern. Das Unrecht, das nach dem 8. Mai 1945 folgte, hat darin seinen Anfang. Befreiung ist kein Zustand, sondern ein langer Weg, der Weg in die Demokratie. Der westliche Teil Deutschlands konnte sich vor fünfzig Jahren, der östliche Teil erst sehr viel später auf diesen Weg machen. [...] Den 8. Mai feiern heißt zu überlegen, was geschehen muss, damit „es" nicht wieder geschehen kann. [...]
Süddeutsche Zeitung, 11. April 1995, S. 4.

M 4 Leserbriefantwort des Historikers und Professors an der Bundeswehr-Hochschule Franz W. Seidler (geb. 1933)

Woher nehmen die Enkel das Recht, den Großeltern vorzuschreiben, was sie am Tag der bedingungslosen Kapitulation des Deutschen Reiches zu denken und zu fühlen hatten? [...] Mehr als 90 Prozent von ihnen hatten damals andere Gefühle als das der Befreiung. Niedergeschlagenheit, Trostlosigkeit, Ohnmacht, seelische Leere, Angst vor der Zukunft waren die überwiegenden Reaktionen auf die Nachricht, dass der Krieg zu Ende war. [...] Wer nach positiven Gefühlen bei den Normalbürgern sucht, findet bestenfalls die Erlösung von den Alpträumen des zu Ende gehenden Krieges, zum Beispiel von dem alliierten Bombenterror und der Jagd von Jabo-Piloten [Jabo = Jagdbomber] auf flüchtende Zivilisten auf den Straßen, von dem unberechenbaren Zugriff der Gestapo bei Verleumdungen und von der Einteilung zu Zwangsarbeiten für die Reichsverteidigung. [...] Aber im Bereich der Roten Armee, in der russisch besetzten Zone, herrschte nach dem, was man am eigenen Leib erfahren hatte, die helle Aufregung. Man war vom Regen in die Traufe gekommen: Plünderung, Vergewaltigung, Brandschatzung, Enteignung. [...]

Ebensowenig wie sich der einzelne Deutsche am Kriegsende befreit fühlte, war Deutschland befreit. Die Alliierten hatten die geplanten Strafmaßnahmen nie verheimlicht: Besetzung und Teilung des Landes, wirtschaftliche Entmachtung durch Demontagen, Beschlagnahmungen und Deportationen, Umsiedlungen, Einzug des Reichsvermögens einschließlich der Patente, Bestrafung aller Nazis. [...] Es gibt kein einziges alliiertes Dokument, das von einer „Befreiung" Deutschlands gesprochen hätte. Diese historische Lüge sollte erst das Produkt der achtziger und neunziger Jahre werden.
Süddeutsche Zeitung, 22. April 1995, S. 11.

1 Vergleichen Sie die Texte Prantls (M 3) und Seidlers (M 4) miteinander. Diskutieren Sie die unterschiedlichen Einstellungen.

2 Referat: Erarbeiten Sie ein Referat zum Thema: Der 8. Mai – ein internationaler Gedenktag?

Literaturtipp
Dominik Geppert, 8. und 9. Mai 1945: Umkämpfte Erinnerungstage, in: Etienne François u. Uwe Puschner (Hg.), Erinnerungstage. Wendepunkte der Geschichte von der Antike bis zur Gegenwart, C. H. Beck, München 2010, S. 335–355.

3 Diskussion: Wie sollen wir heute in der Bundesrepublik Deutschland und in Europa den 8. Mai begehen?

Erarbeiten Sie Präsentationen

Thema 1
Die Ausbeutung der Menschen durch Zwangsarbeit während des Zweiten Weltkrieges

Um den Mangel an Arbeitskräften in den Kriegsjahren 1939 bis 1945 auszugleichen, setzte das NS-Regime ausländische Arbeiter und Arbeiterinnen als Zwangsarbeiter ein. Hierzu gehörten u. a. Kriegsgefangene, KZ-Häftlinge und Juden.

Untersuchen Sie die Zwangsarbeit im nationalsozialistischen Deutschland. Erarbeiten Sie entweder einen Überblick oder stellen Sie ein exemplarisches Beispiel aus Ihrer Region vor.

Literaturtipps
Wolfgang Benz, Die 101 wichtigsten Fragen. Das Dritte Reich, C. H. Beck, München 2006, S. 40–44.

Wolf Gruner, Artikel „Zwangsarbeit", in: Wolfgang Benz, Hermann Graml u. Hermann Weiß (Hg.), Enzyklopädie des Nationalsozialismus, 5. Aufl., dtv, München 2007, S. 886–888.

Thema 2
Denkmäler als Erinnerungen an den Zweiten Weltkrieg

In vielen Staaten gibt es Kriegerdenkmäler, aber auch an den Holocaust erinnern sich die Menschen mithilfe von Denkmälern und Mahnmalen. Dieser politische Totenkult dient nicht nur der alltäglichen Erinnerung an die Leiden der Völker während dieses Krieges, sondern auch der feierlichen Pflege des politisch-gesellschaftlichen Gedächtnisses. Untersuchen und vergleichen Sie Denkmäler, die an die Toten des Zweiten Weltkrieges erinnern – in Deutschland wie auch in anderen Ländern.

Literaturtipps
Reinhart Koselleck, Michael Jeismann (Hg.), Der politische Totenkult. Kriegerdenkmäler in der Moderne, Fink, München 1994.

Ulrich Schlie, Die Nation erinnert sich. Die Denkmäler der Deutschen, C. H. Beck, München 2002.

M1 Russische Zwangsarbeiterin in einer deutschen Rüstungsfabrik, Fotografie, um 1943.
Die Frau trägt einen Brustaufnäher mit der Aufschrift „OST", der sie als sogenannte „Ostarbeiterin" kennzeichnet.

Webcode: KH639748-182

M2 Sowjetisches Ehrenmal in Berlin-Treptow, Fotografie von 1999.
Das am 8. Mai 1949 eingeweihte Ehrenmal besteht aus einem Ehrenfriedhof, auf dem rund 7 000 gefallene sowjetische Soldaten beigesetzt sind, und einem Mausoleum mit einer 11,6 m hohen Bronzefigur eines Sowjetsoldaten.

Überprüfen Sie Ihre Kompetenzen

M 3 Nandor Glid, Skulptur in der Gedenkstätte Yad Vashem in Jerusalem

Zentrale Begriffe

Atombomben
Bedingungslose Kapitulation
Besatzungspolitik
Blitzkrieg
„Fall Barbarossa"
Stalingrad
„Totaler Krieg"
Vernichtungskrieg
„Vichy"-Frankreich

Sachkompetenz

1 Arbeiten Sie die zentralen Kriegsziele Hitlers und des nationalsozialistischen Deutschland heraus. Untersuchen Sie dabei auch, ob das NS-Regime im Westen andere Ziele verfolgte als im Osten.
2 Untersuchen Sie Kriegsleid der Bevölkerung a) im Westen, b) im Osten und c) in Deutschland.
3 Diskutieren Sie die politischen Folgen der bedingungslosen Kapitulation für das Deutsche Reich.

Methodenkompetenz

4 Vergleichen Sie M 1 bis M 3 und untersuchen Sie, wie sich die verschiedenen Nationen mit dem Zweiten Weltkrieg und dem Völkermord an den Juden auseinandergesetzt haben.

Urteilskompetenz

5 Im Jahre 1943 umriss Heinrich Himmler vor SS-Männern in Posen (s. M 10, S. 141) seine Vorstellungen vom „germanisch-deutschen Reich" mit den Worten: „Der Osten wird die Voraussetzung sein, dass das germanische Reich in der Welt in den kommenden Jahrhunderten fähig ist, die nächsten Stöße, die früher oder später im geschichtlichen Rhythmus aus Innerasien immer wieder kommen werden, aufzuhalten, zurückzuschlagen, um abermals dann in den kommenden Generationen die Volkstumsgrenzen hinauszuschieben, um letzten Endes nur das zurückzuholen, was Goten und Vandalen, was unsere germanischen Vorfahren einst als Reich und ihr Land besessen haben." Erörtern Sie die zentralen Inhalte und Ziele dieser Reichsidee und ordnen Sie sie in die Geschichte des Nationalismus ein. Prüfen Sie dabei, ob sich diese Definition als Radikalnationalismus bezeichnen lässt.

11 Opposition gegen Hitler – „Widerstand ohne Volk"?

Kompetenzen erwerben

Sachkompetenz: – Motive, Organisationsformen und Wirkungsmöglichkeiten unterschiedlicher Widerstandsgruppen erläutern

Methodenkompetenz:
– schriftliche Quellen analysieren
– historische Spielfilme analysieren

Urteilskompetenz:
– die unterschiedliche Bewertung des Widerstands gegen das NS-Regime nach 1945 einordnen und beurteilen
– die Bedeutung des Widerstandsrechts erörtern

„Widerstand ohne Volk"?

Literaturtipps
Hartmut Mehringer, Widerstand und Emigration. Das NS-Regime und seine Gegner, dtv, München 1997.

Ger van Roon, Widerstand im Dritten Reich. Ein Überblick, 7. Aufl., C. H. Beck, München 1997.

Gerd Ueberschär, Für ein anderes Deutschland. Der deutsche Widerstand gegen den NS-Staat 1933–1945, Fischer, Frankfurt/M. 2006.

Diese gut lesbaren Bücher bieten einen hervorragenden Überblick über den Widerstand gegen den Nationalsozialismus.

Der Historiker Hans Mommsen beschrieb den Widerstand während der NS-Herrschaft einmal als „Widerstand ohne ‚Volk'". Tatsächlich fehlte oppositionellen Gruppen der Rückhalt in der Bevölkerung. Die Sicherheitsorgane schalteten durch frühzeitige Verhaftungswellen und Terror die Gegner des Nationalsozialismus weitgehend aus und verhinderten so das Entstehen einer wirksamen Opposition. Außerdem konnte Hitler bis zum Ende des Nationalsozialismus 1945 auf breite Zustimmung in der Bevölkerung zählen. Hinzu kam, dass viele Gruppen des Widerstandes isoliert operieren mussten, um sich nicht zu gefährden.

Arbeiterbewegung

Aktiven politischen Widerstand leisteten die Kommunisten, Sozialdemokraten und Gewerkschaften. Sie bauten Untergrundorganisationen auf, um Gegeninformationen zur nationalsozialistischen Propaganda zu verbreiten und Informationen über die NS-Herrschaft an das Ausland weiterzuleiten. Dazu verteilten sie heimlich hergestellte Flugblätter oder bauten Betriebszellen in den Industriebetrieben auf. Allerdings entdeckte die Gestapo diese Gruppen sehr rasch und zerschlug sie. Dieses Schicksal erlitten besonders die **Untergrundgruppen der verbotenen KPD**, deren Widerstand nach 1938 fast zum Erliegen kam. Ihre Arbeit wie auch die der Gewerkschaftsgruppen musste sich daher immer stärker auf interne Schulung und Weitergabe von Informationen beschränken. Die von Sozialdemokraten getragene Opposition konzentrierte sich zunächst auf die Verbreitung von im Ausland gedruckten Flugblättern und Broschüren, mit denen die Leser über den Charakter des Regimes informiert werden sollten. Vertrauensleute sammelten überdies Informationen für den **Exilvorstand der SPD in Prag**, der die Weltöffentlichkeit über das NS-Regime aufzuklären suchte.

Kirchen

Die Mehrheit der evangelischen Kirchenführer lehnte einen dauerhaften Konflikt mit Staat und Partei ab. Sie öffneten daher ihre Kirche dem Einfluss der „Deutschen Christen", die Christentum und nationalsozialistische Weltanschauung verbinden wollten. Die oppositionellen Pfarrer und Gemeindemitglieder fanden sich 1934 in der „Bekennenden Kirche" zusammen. Aus ihrer Sicht war das christliche Bekenntnis mit nationalsozialistischem Rassismus, kriegerischem Nationalismus und Führerkult unvereinbar. Stattdessen verteidigte die kirchliche Opposition die Autorität der Heiligen Schrift und ihren unverfälschten Glauben. Die Gestapo beobachtete häufig die Gottesdienste und verhaftete Pfarrer der „Bekennenden Kirche". Ähnlich wie den Protestanten erschien vielen Katholiken seit der Machtübernahme der Nationalsozialisten ihre Glaubenslehre zunehmend mit dem Nationalsozialismus vereinbar. Nur wenige Katholiken leisteten daher anfangs grundlegenden politischen Widerstand gegen den NS-Staat. Entschieden wandten sich jedoch Katholiken und Protestanten gegen den Massenmord an den Behinderten. Der Widerspruch gegen die „Euthanasie" durch den Münsteraner Bischof Clemens Graf von Galen (1878–1946) vom August 1941 auf katholischer und von evangelischer Seite durch Landesbischof Theophil Wurm (1868–1953) im Jahr 1940 bewirkte die Einstellung der Morde.

Bürgertum

Der bürgerliche Widerstand organisierte sich zum einen im „Kreisauer Kreis" um den Grafen Helmuth von Moltke (1907–1945). In diesem weltanschaulich breit gefächerten Gesprächskreis diskutierten hohe Offiziere, Diplomaten, Christen und Sozialdemokraten über eine Staats- und Gesellschaftsordnung für Deutschland nach der erwarteten politisch-militärischen Niederlage des NS-Staates. Die Debatten um die innenpolitische Neuordnung zielten auf eine ständisch orientierte Staatsform. Einig war man sich im Bekenntnis zu rechtsstaatlichen Prinzipien und zur Einhaltung der Menschenwürde. Wenngleich einige „Kreisauer" glaubten, die von Hitler errungenen außenpolitischen Positionen (Österreich, Sudetengebiete) erhalten zu können, lehnte man doch Hegemonialstreben ab. Als Fernziel sollte Deutschland in eine europäische Union eingeliedert werden. Zur Ermordung Hitlers konnte sich der „Kreisauer Kreis" nicht durchringen.

Ähnlich wie Moltke in Kreisau sammelte zudem der ehemalige Leipziger Oberbürgermeister Carl Goerdeler (1884–1945) Oppositionelle unterschiedlicher ideologischer und gesellschaftlicher Herkunft um sich. Der Goerdeler-Kreis verfolgte das Ziel des Staatsstreiches mithilfe des Militärs und hielt daher engen Kontakt zum Widerstand im Auswärtigen Amt und zu hohen Militärs, wie dem 1938 von Hitler entlassenen General Ludwig Beck (1880–1944). Bei allen Meinungsverschiedenheiten gab es einen Minimalkonsens darüber, dass das zukünftige Deutschland ein Rechtsstaat sein müsse, in dem der Grundsatz der Sozialpflichtigkeit des Eigentums gelten sollte. Außenpolitisch strebte man ein großes und machtvolles Deutschland an, das unter den europäischen Mächten eine Führungsrolle spielen sollte.

Literaturtipps
Joachim Fest, Staatsstreich. Der lange Weg zum 20. Juli, 2. Aufl., btb Verlag, München 1997.

Gerd Ueberschär, Stauffenberg und das Attentat des 20. Juli 1944. Darstellung, Biografie, Dokumente, 2. Aufl., Fischer, Frankfurt/M. 2006.

Christoph Strohm, Die Kirchen im Dritten Reich, C. H. Beck, München 2001.

Gut lesbare Titel über wichtige Einzelaspekte des Widerstandes gegen den NS-Staat.

Opposition gegen Hitler

M1 Claus Graf Schenk von Stauffenberg (1907–1944), Fotografie, um 1934

M2 Johann Georg Elser (1903–1945), Fotografie, um 1930

M3 Sophie Scholl (1921–1943), undatierte Fotografie

Webcode: KH639748-186

20. Juli 1944: Attentat auf Hitler

Seit Ende der 1930er-Jahre schlossen sich innerhalb des Militärs oppositionelle Offiziere zusammen, die den Kriegskurs Hitlers ablehnten. Um eine Niederlage Deutschlands in einem zukünftigen Krieg zu vermeiden, wollten diese Offiziere Hitler absetzen. Doch die außenpolitischen und militärischen Erfolge des „Führers" ließen diese Pläne mehrmals scheitern. Angesichts der Massenmorde an Juden, Polen und Russen, aber auch unter dem Eindruck der drohenden militärischen Niederlage nach der Landung der Alliierten in Frankreich, den Einbrüchen an der Ostfront und den Verhaftungen im „Kreisauer Kreis" entschloss sich Claus Graf Schenk von Stauffenberg (1907–1944) im Juli 1944 zum Attentat auf Hitler. Nach dem erfolgreichen Attentat und Putsch sollte eine neue Regierung gebildet werden. Stauffenberg besaß als Stabschef beim Ersatzheer Zutritt zum Führerhauptquartier. Am 20. Juli 1944 wollte er im Führerbunker Hitler mit einer Zeitzünderbombe töten und dann in Berlin den Staatsstreich überwachen. Weil aber die Lagebesprechung vom Führerbunker in eine Baracke verlegt worden war, überlebte Hitler den Anschlag. Als sich diese Nachricht verbreitete, brach der vorbereitete Staatsstreich in Berlin wie in allen Reichsteilen zusammen. Die an der Verschwörung beteiligten Personen wurden verhaftet und entweder standrechtlich erschossen oder nach Volksgerichtsurteilen hingerichtet.

Andere Widerstandsformen

Bereits am 8. November 1939 hatte der schwäbische Schreiner Georg Elser (1903–1945) versucht, Hitler im Münchener Bürgerbräukeller durch eine Zeitbombe zu töten. Dieses Attentat eines mutigen Einzelgängers misslang nur durch einen Zufall. Kleine Gruppen von Studenten und Jugendlichen widersetzten sich ebenfalls dem NS-Staat. So bildeten sich besonders im Rheinland spontan jugendliche Protestgruppen. Sie besaßen kein gemeinsames Programm, waren sich aber einig in ihrer Gegnerschaft zum Nationalsozialismus. Aus diesen Gruppen fanden sich die „Edelweißpiraten" zusammen, die als Erkennungszeichen ein Edelweiß trugen und sich zunächst nur durch ihr nonkonformistisches Verhalten von der „HJ" abgrenzen wollten. Einige der „Edelweißpiraten" schlossen sich in Köln Widerstandsgruppen an, verteilten Flugblätter oder beteiligten sich an Sabotageakten und Attentaten. An der Münchener Universität sammelte sich um die Geschwister Hans (1918–1943) und Sophie Scholl (1921–1943) eine studentische Widerstandsgruppe, die sich „Weiße Rose" nannte. Vom Sommer 1942 bis zum Februar 1943 verbreitete sie Flugblätter, in denen die Studenten zur Abkehr vom Nationalsozialismus aufgefordert wurden. Nach dem Abwurf ihrer letzten Flugschrift am 18. Februar 1943 wurde die Gruppe verhaftet und vom Volksgerichtshof zum Tode verurteilt.

1 Entwickeln Sie Kriterien zur Abgrenzung der unterschiedlichen Formen von Widerstand und Opposition gegen das NS-Regime. Ordnen Sie die im Text genannten Arten von Opposition und Widerstand nach ihren Kriterien in eine Tabelle ein.

Hinweise zur Arbeit mit den Materialien

Die Materialien beschäftigen sich mit **Motiven, Organisationsformen und Wirkungsmöglichkeiten der Opposition** gegen Hitler und den Nationalsozialismus. M 4 und M 5 beleuchten die Erscheinungsformen der Opposition in der **Arbeiterbewegung**. Mit dem **Widerstand der Kirchen** befasst sich M 6; das geschieht am Beispiel des evangelischen Kampfes gegen die „Euthanasie". Der politische **Widerstand von Bürgertum und Militär** wird in M 7 a, b angesprochen. Die Auseinandersetzungen von **Jugendlichen** gegen den NS-Staat werden in M 8 und M 9 behandelt. M 10 befasst sich mit dem **Vermächtnis des Widerstandes in der unmittelbaren Nachkriegszeit**. M 11 und M 12 beschäftigen sich mit den **unterschiedlichen Erscheinungsformen und Ausprägungen** widerständigem bzw. oppositionellen Verhaltens. Am Ende des Kapitels finden sich **weiterführende Arbeitsanregungen** und die Möglichkeit, die im Kapitel erworbenen **Kompetenzen zu überprüfen** (S. 192f.).

M 4 Anpassung oder Widerstand?

Willi Zahlbaum wurde 1914 geboren und verbrachte seine Kindheit im Berliner Arbeiterviertel Kreuzberg. 1931 stieß er zu der neu gegründeten, von der SPD abgespaltenen „Sozialistischen Arbeiterpartei" (SAP) und beteiligte sich ab 1933 an ihrer Untergrundarbeit. Er erinnert sich 1993:
Bei der breiten Masse der Arbeiterschaft herrschte eine Stimmung vor, die zeigte, dass man sich mit den politischen Verhältnissen inzwischen abgefunden hatte. Es gab Arbeit,
5 zwar vor allem in der Rüstungsindustrie, aber das war entscheidend. An Widerstand war bei der überwiegenden Mehrheit der Arbeiter nicht zu denken. Verhaftungen wurden selbst hinter vorgehaltener Hand nicht
10 mehr zur Kenntnis gebracht. Es herrschte Angst.
    Allerdings: Beim Gemeinschaftsempfang von Hitler-Reden in unserem Betrieb Hoffmann-Klischee […] gab's keinen Beifall! Die
15 allgemeine Stimmung unterschied: „Die da oben – wir hier unten". Weit verbreitete Furcht spielte gewiss eine große Rolle. Das NS-Regime sprach nämlich wiederholt deutliche Drohungen aus, es verwandte Begriffe
20 wie „ausmerzen". […] Ich grüßte in meinem Betrieb nie mit „Heil Hitler", spendete auch nichts dem Winterhilfswerk. In die Deutsche Arbeitsfront musste ich erst per Arbeitsgerichtsprozess gezwungen werden. Lediglich
25 ein Meister, ein alter Sozialdemokrat, unterhielt sich offen mit mir.

Hans-Rainer Sandvoß, Widerstand in Kreuzberg, Gedenkstätte Deutscher Widerstand, Berlin 1996, S. 238.

1 Erörtern Sie mithilfe von M 4 Möglichkeiten und Grenzen politischen Widerstands gegen den Nationalsozialismus.

M 5 Illegaler Handzettel der KPD aus dem Jahr 1936

1 Untersuchen Sie mithilfe von M 5 die Methoden der KPD bei der Aufklärung der Menschen über den Nationalsozialismus.

M6 Landesbischof Theophil Wurm an Reichsinnenminister Wilhelm Frick in einem Brief vom 19. Juli 1940

Aber immerhin – bis heute steht der Führer und die Partei auf dem Boden des positiven Christentums, das die Barmherzigkeit gegen leidende Volksgenossen und ihre menschen-
5 würdige Behandlung als eine Selbstverständlichkeit betrachtet. Wird nun aber eine so ernste Sache wie die Fürsorge für hunderttausende leidende und pflegebedürftige Volksgenossen lediglich vom Gesichtspunkt
10 des augenblicklichen Nutzens aus behandelt und im Sinne einer brutalen Ausrottung dieser Volksgenossen entschieden, dann ist damit der Schlussstrich unter eine verhängnisvolle Entwicklung gezogen und dem
15 Christentum als einer das individuelle und das Gemeinschaftsleben des deutschen Volkes bestimmenden Lebensmacht endgültig der Abschied gegeben. Damit ist aber auch § 24 des Parteiprogrammes hinfällig gewor-
20 den. [...] Ich kann nur im Grausen daran denken, dass so, wie begonnen wurde, fortgefahren wird. Der etwaige Nutzen dieser Maßregel wird je länger je mehr aufgewogen werden durch den Schaden, den sie stiften
25 werden. Wenn die Jugend sieht, dass dem Staat das Leben nicht mehr heilig ist, welche Folgerungen wird sie daraus für das Privatleben ziehen? Kann nicht jedes Rohheitsverbrechen damit begründet werden, dass für
30 den Betreffenden die Beseitigung eines anderen von Nutzen war? Auf dieser schiefen Ebene gibt es kein Halten mehr. Gott lässt sich nicht spotten, er kann das, was wir auf der einen Seite als Vorteil gewonnen zu haben
35 glauben, auf anderen Seiten zum Schaden und Fluch werden lassen. Entweder erkennt auch der nationalsozialistische Staat die Grenzen an, die ihm von Gott gesetzt sind, oder er begünstigt einen Sittenverfall, der
40 auch den Verfall des Staates nach sich ziehen würde. Ich kann mir denken, Herr Minister, dass dieser Einspruch als unbequem empfunden wird. Ich wage auch kaum die Hoffnung auszusprechen, dass meine Stimme gehört
45 werden wird. Wenn ich trotzdem diese Darlegungen gemacht habe, so tat ich es in erster Linie deshalb, weil die Angehörigen der betroffenen Volksgenossen von der Leitung einer Kirche einen solchen Schritt er-
50 warten. Sodann bewegt mich allerdings auch der Gedanke, dass dieser Schritt vielleicht doch zu einer ernsten Nachprüfung und zum Verlassen dieses Weges Anlass geben könnte.

Zit. nach: Joachim Beckmann, Kirchliches Jahrbuch für die evang. Kirche in Deutschland 60–71, Bertelsmann, Gütersloh 1948, S. 414f.

1 Untersuchen Sie mithilfe von M6, wie der Bischof den kirchlichen Protest gegen die Tötung von Behinderten begründet.

M7 Das Attentat vom 20. Juli 1944

a) Aus einem Gestapo-Bericht über Stauffenbergs politische Pläne vom 2. August 1944:
Die neuere Vernehmung des Hauptmanns Kaiser gibt eine Reihe von Hinweisen, dass Stauffenberg über Mittelsmänner zwei Verbindungen zur englischen Seite hatte. Den
5 Zusammenhängen wird im Augenblick im Einzelnen nachgegangen. Bereits am 25. Mai hat Kaiser für Stauffenberg eine Notiz ausgearbeitet, worüber mit der Feindseite verhandelt werden sollte:
1. Sofortiges Einstellen des Luftkrieges
10
2. Aufgabe der Invasionspläne
3. Vermeiden weiterer Blutopfer
4. Dauernde Verteidigungsfähigkeit im Osten, Räumung aller besetzten Gebiete im Norden, Westen und Süden
15
5. Vermeiden jeder Besetzung
6. Freie Regierung, selbstständige, selbst gewählte Verfassung
7. Vollkommene Mitwirkung bei der Durchführung der Waffenstillstandsbedingungen, 20 bei der Vorbereitung der Gestaltung des Friedens
8. Reichsgrenze von 1914 im Osten. Erhaltung Österreichs und der Sudeten beim Reich. Autonomie Elsass-Lothringens. Ge- 25 winnung Tirols bis Bozen, Meran
9. Tatkräftiger Wiederaufbau mit Mitwirkung am Wiederaufbau Europas
10. Selbstabrechnung mit Verbrechern am Volk
30
11. Wiedergewinnung von Ehre, Selbstachtung und Achtung

Gerhard Ritter, Carl Goerdeler und die deutsche Widerstandsbewegung, Deutsche Verlags-Anstalt, Stuttgart 1954, S. 609.

b) *Der Historiker Ludolf Herbst über den Widerstand des 20. Juli 1944 (1996):*
Der 20. Juli 1944 schließlich war der Aufstand eines sehr privaten Gewissens; denn zu diesem Zeitpunkt hatte das nationalsozialistische Deutschland nahezu 10 Mio. Juden, Polen, Russen, Zigeuner, Behinderte und vermeintlich „Asoziale" getötet. Für sie wurde der Staatsstreich nicht geplant, auch wenn das Morden bei einem Gelingen beendet worden wäre und es als Motiv zum Handeln erhebliche Bedeutung besaß. Gewiss muss man bei der Beurteilung des Widerstandes die jeweils gegebenen Handlungsmöglichkeiten berücksichtigen. Das ethische Dilemma des Widerstandes, die Macht des Reiches zu bewahren und die Verbrechen zu beenden, mit denen sie erworben worden war, war durchaus auch ein objektives Dilemma. Die Erfolge lähmten nicht nur die Handlungsmöglichkeiten, sondern mussten auch bewahrt werden, sollte der Neuanfang nicht von vornherein mit dem Odium [= üblen Beigeschmack] des Verzichts und der Niederlage belastet sein. Dieses Dilemma offenbart aber zugleich das Fehlen einer politischen Zielsetzung, die in der Lage gewesen wäre, den Gesichtspunkt der äußeren Macht zu kompensieren. Die im Widerstand engagierten „Honoratioren" besaßen sie nicht und politisch wäre sie – wie auch immer sie ausgesehen hätte – auch kaum durchsetzbar gewesen, zu sehr hatte das nationalsozialistische Herrschaftssystem jede Alternative ad absurdum geführt. Daher war es nur konsequent, dass die ethische Orientierung der Träger des Widerstands erst zur Tat befähigte, als es nur noch darum gehen konnte, ein moralisches Zeichen zu setzen, und niemand mehr davon überzeugt war, dass die Machtstellung des Reichs noch zu bewahren war.
Ludolf Herbst, Das nationalsozialistische Deutschland, edition suhrkamp, Frankfurt/M. 1996, S. 447–449.

1 Verdeutlichen Sie anhand von M 7 a und b die Ziele des bürgerlich-konservativen Widerstands. Welchen Stellenwert nimmt die Judenverfolgung ein?
2 Vergleichen Sie mit dem Arbeiterwiderstand (M 4, M 5) und der „Weißen Rose" (M 8).
3 Diskutieren Sie die Position des Historikers Herbst (M 7 b) zum Widerstand des 20. Juli.

M 8 Aus dem letzten Flugblatt der „Weißen Rose" vom Februar 1943

Kommilitonen! Kommilitoninnen!
Erschüttert steht unser Volk vor dem Untergang der Männer von Stalingrad. Dreihundertdreißigtausend deutsche Männer hat die geniale Strategie des Weltkriegsgefreiten sinn- und verantwortungslos in Tod und Verderben gehetzt. Führer, wir danken dir!
Es gärt im deutschen Volk: Wollen wir weiter einem Dilettanten das Schicksal unserer Armeen anvertrauen? Wollen wir den niederen Machtinstinkten einer Parteiclique den Rest der deutschen Jugend opfern? Nimmermehr! Der Tag der Abrechnung ist gekommen, der Abrechnung der deutschen Jugend mit der verabscheuungswürdigsten Tyrannis, die unser Volk je erduldet hat. Im Namen der deutschen Jugend fordern wir vom Staat Adolf Hitlers die persönliche Freiheit, das kostbarste Gut des Deutschen, zurück, um das er uns in der erbärmlichsten Weise betrogen. […]
Freiheit und Ehre! Zehn lange Jahre haben Hitler und seine Genossen die beiden herrlichen deutschen Worte bis zum Ekel ausgequetscht, abgedroschen, verdreht, wie es nur Dilettanten vermögen, die die höchsten Werte einer Nation vor die Säue werfen. Was ihnen Freiheit und Ehre gilt, haben sie in zehn Jahren der Zerstörung aller materiellen und geistigen Freiheit, aller sittlichen Substanzen im deutschen Volk genugsam gezeigt. Auch dem dümmsten Deutschen hat das furchtbare Blutbad die Augen geöffnet, das sie im Namen von Freiheit und Ehre der deutschen Nation in ganz Europa angerichtet haben und täglich neu anrichten. Der deutsche Name bleibt für immer geschändet, wenn nicht die deutsche Jugend endlich aufsteht, rächt und sühnt zugleich, ihre Peiniger zerschmettert und ein neues geistiges Europa aufrichtet.
Inge Scholl, Die weiße Rose, Fischer, Frankfurt/M. 1952, S. 108 ff.

1 Arbeiten Sie Motive und Ziele der „Weißen Rose" heraus.
2 Erörtern Sie die mögliche Wirkung des Flugblatts.

M9 „Einst wird kommen der Tag …", Flugblatt der „Edelweißpiraten", undatiert.
Das Blatt wurde vor allem im Ruhrgebiet und im Rheinland bis Herbst 1942 verbreitet.

1 Untersuchen Sie Text und Symbolik des Flugblatts.

M10 Der Historiker Gerd Ueberschär über die Bewertung des deutschen Widerstands nach dem Krieg (2006)

Historisch-politische Bewertung und offizielle Würdigung des Widerstandes gegen Hitlers Regime bieten seit Kriegsende ein facettenreiches Bild. Es reicht von amtlicher Anerkennung und feierlicher Verehrung bis zu kritischer Distanz und sogar direkter Ablehnung. Irritation und zwiespältige Haltung prägen vielerorts den Umgang mit den Männern und Frauen der deutschen Opposition gegen Hitler. Dies hat vielfältige Ursachen. Einerseits hängt es mit dem Desinteresse der alliierten Besatzungsmächte am Nachweis eines „anderen, besseren" Deutschland unmittelbar nach dem Ende des „Dritten Reiches" zusammen. […] Andererseits wurden die Zeitgenossen der nationalsozialistischen Herrschaft – gerade in den Jahren nach 1945 – durch paradigmatische Hervorhebung der Schicksale einzelner Widerstandskämpfer an ihre eigenen versäumten Handlungen und unterlassenen Hilfeleistungen erinnert. Es wurde ihnen dadurch öffentlich vorgehalten, dass sie eben keine Retter oder aktiven Hitlergegner mit Mut und Zivilcourage gewesen waren. Aber wer wollte schon gerne angesichts des verbrecherischen Charakters des NS-Regimes an Fehler und Schwächen in der eigenen Lebensgeschichte erinnert werden? So empfand der größte Teil der Bevölkerung kurz nach Kriegsende das Gedenken an den Widerstand sowohl als unnötiges wiederholtes Erinnern an das eigene angepasste Verhalten oder gar Versagen als auch als generelle Zumutung. Zudem erhob man die Frage, ob man nicht das eigene Land im Stich gelassen hätte, wenn man sich im Krieg generell dem Staat verweigerte. […] Angesichts der lange ambivalenten Bewertung des Widerstandes gegen Hitler stellt sich zu Recht die Frage, woran es lag, dass trotz vieler offizieller Bekenntnisse zum 20. Juli 1944 in großen Teilen der Bevölkerung das Attentat skeptisch bewertet wurde. Um darauf eine Antwort zu geben, ist es berechtigt, die schlechte Ausgangsbasis „unter der Obhut" der Alliierten in den ersten Jahren nach 1945 und die erst mit Schwierigkeiten in Gang gekommene Widerstandsforschung in Erinnerung zu rufen, deren Weg während des Kalten Krieges durch politische Eingriffsversuche gestört wurde.

Gerd Ueberschär, Für ein anderes Deutschland. Der deutsche Widerstand gegen den NS-Staat 1933–1945, Fischer, Frankfurt/M. 2006, S. 241 ff.

1 Analysieren Sie mithilfe von M10 die Gründe für die unterschiedliche Bewertung des Widerstandes seit 1945.
2 Diskutieren Sie die These, dass die skeptische Bewertung des Attentats vom 20. Juli in der deutschen Bevölkerung nach 1945 auf die „schlechte Ausgangsbasis der Obhut der Alliierten" und die „politischen Eingriffsversuche" während des Kalten Krieges zurückzuführen gewesen sei.
3 Geschichte vor Ort: Recherchieren Sie in Ihrem Heimatort oder Ihrer Region Beispiele für Widerstand gegen die NS-Diktatur.

M 11 Die Typologie des Historikers Detlev Peukert, 1982

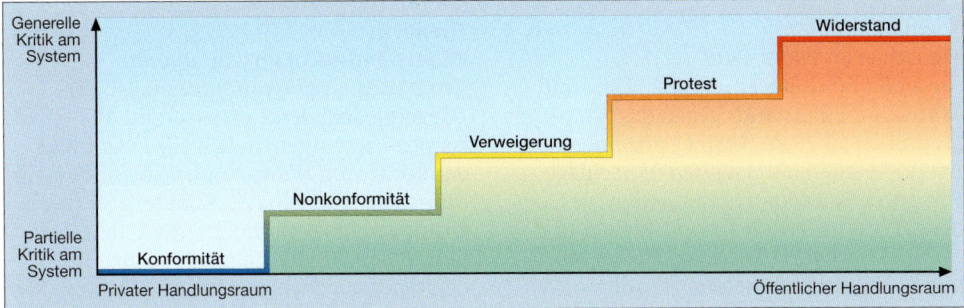

M 12 Die Historiker Martin Broszat und Elke Fröhlich über den Begriff der „Resistenz" (1987)

Resistenz […] bedeutet ganz allgemein: wirksame Abwehr, Begrenzung, Eindämmung der NS-Herrschaft oder ihres Anspruches, gleichgültig von welchen Motiven, Interessen und
5 Kräften dies bedingt war. Solche ‚Resistenz' konnte begründet sein in der Fortexistenz relativ unabhängiger Institutionen (Kirchen, Bürokratie, Wehrmacht), der Geltendmachung dem NS widerstrebender sittlich-reli-
10 giöser Normen, der Verteidigung institutioneller Kompetenzen, wirtschaftlich-sozialer Interessen oder rechtlicher, geistiger, künstlerischer Maßstäbe; wirksame Resistenz konnte Ausdruck finden in aktivem Gegen-
15 handeln von Einzelnen oder Gruppen (der verbotene Streik in einem Betrieb, die Kritik an nationalsozialistischen Maßnahmen von der Kanzel herab), in zivilem Ungehorsam (Nichtteilnahme an NS-Versammlungen,
20 Verweigerung des Hitler-Grußes, Nichtbeachtung des Verbots des Umganges mit Juden, Kriegsgefangenen u. Ä.), der Aufrechterhaltung von Gesinnungsgemeinschaften außerhalb der gleichgeschalteten NS-Organi-
25 sationen (in HJ-feindlichen Jugendcliquen, kirchlichen Gemeinschaften, bei geselligen Zusammenkünften ehemaliger Mitglieder der SPD o. Ä.) oder auch in der innerlichen Bewahrung dem NS widerstrebender Grund-
30 sätze und der dadurch bedingten Immunität gegenüber nationalsozialistischer Ideologie und Propaganda (Ablehnung von Antisemitismus und Rassenideologie, Pazifismus u. Ä.). So unterschiedlich diese Motive und
35 Formen der Einstellung oder des Reagierens waren, sie erfüllten den wirkungsgeschichtlichen Begriff der Resistenz dadurch, dass sie tatsächlich eine die NS-Herrschaft und NS-Ideologie einschränkende Wirkung hatten.
Der so gefasste Resistenzbegriff ist einerseits 40 weiter, andererseits enger als der Begriff des ‚Widerstandes' oder der ‚Opposition', wie er sich unter verhaltensgeschichtlichem Aspekt ergibt. Er umfasst Erscheinungsformen der – wirksamen – Herrschaftsbegrenzung des NS, 45 die kaum oder gar nicht als bewusste Anti-Haltungen politisch motiviert waren (z. B. auch die bäuerliche Widersetzlichkeit gegenüber bestimmten Planungen oder Lenkungen der nationalsozialistischen Reichsnähr- 50 standsorganisation), umgreift aber nicht die nur in individuellem Bewusstsein latent vorhandene, nicht in Handlungen oder kommunikative Wirkungen umgesetzte gegnerische Einstellung, auch wenn diese noch so 55 ‚ideal' gewesen ist. […]
Die Bedeutung des wirkungsgeschichtlichen Begriffs der Resistenz besteht nicht zuletzt darin, dass er den Blick öffnet für das, was im Dritten Reich an Herrschaftsbegren- 60 zung tatsächlich möglich war.

Martin Broszat/Elke Fröhlich, Alltag und Widerstand – Bayern im Nationalsozialismus, Piper, München 1987, S. 49–51.

1 Was verstehen die Autoren unter Widerstand? Welche Kriterien benutzen sie bei ihrer Definition?

2 Welche Aspekte der Wirklichkeit erfassen die Definitionen, welche nicht?

Erarbeiten Sie Präsentationen

Thema 1
Menschen im Widerstand
Ausmaß und Chancen, Motive, Ziele und Mittel des Widerstands gegen das NS-Regime lassen sich auch am Beispiel einzelner Männer und Frauen untersuchen. Vorschläge zu Personen: Cato Bontjes van Beek, Carl Goerdeler, Hans und Hilde Coppi, Arvid und Mildred Harnack, Ulrich von Hassel, Albrecht Haushofer, Liselotte Herrmann, Wilhelm Leuschner, Helmuth James Graf von Moltke, Harro und Libertas Schulze-Boysen, Josef Wirmer, Peter Graf Yorck von Wartenburg.

Es können selbstverständlich auch andere Personen herangezogen werden, die „vor Ort" gelebt und gewirkt haben oder in die Emigration gegangen sind.

Literaturtipps
Wolfgang Benz/Walther H. Pehle (Hg.), Lexikon des deutschen Widerstands, Fischer, Frankfurt/M. 1994.

Peter Steinbach/Johannes Tuchel, Lexikon des Widerstands 1933–1945, C. H. Beck, München 1994.

Thema 2
Widerstandsrecht im Grundgesetz
Art. 20 Abs. 4 des Grundgesetzes lautet: „Gegen jeden, der es unternimmt, diese Ordnung zu beseitigen, haben alle Deutschen das Recht zum Widerstand, wenn andere Abhilfe nicht möglich ist." Erläutern Sie diese Grundgesetzbestimmung und stellen Sie dar, in welchen Situationen das „Recht zum Widerstand" gegeben sein könnte. Erörtern Sie, ob eine solche Bestimmung a) den Übergang von der Weimarer Republik zum „Dritten Reich" verhindert, b) den Widerstand im Dritten Reich gestärkt hätte.

Literaturtipps
Christian Tomuschat, Das Recht des Widerstands nach staatlichem Recht und Völkerrecht, in: Über die Pflicht zum Ungehorsam gegenüber dem Staat, Horst Albach (Hg.) Wallstein, Göttingen 2007, S. 60–95.

Heiner Bielefeldt, Widerstandsrecht, in: Internationales Handbuch der Gewaltforschung, hg. v. Wilhelm Heitmeyer/John Hagan, Westdt. Verlag, Wiesbaden 2002, S. 1361–1378.

M1 Harro Schulze-Boysen (1909–1942) mit seiner späteren Ehefrau Libertas Haas-Heye (1913–1942), Fotografie, 1935

M2 Hitler besichtigt zusammen mit Mussolini den zerstörten Konferenzraum im Führerhauptquartier, Fotografie vom 20. Juli 1944

Webcode:
KH639748-192

Überprüfen Sie Ihre Kompetenzen

M 3 Szenenbild aus dem Spielfilm „Sophie Scholl – Die letzten Tage" (2005)

Zentrale Begriffe

Anpassung
Arbeiterbewegung
Attentat auf Hitler
Bürgertum
„Edelweißpiraten"
Gesellschaftliche Verweigerung
Kirchen
Militärischer Widerstand
Nonkonformismus
Opposition
Resistenz
„Weiße Rose"
Widerstand

Sachkompetenz
1 Beschreiben Sie Motive, Organisationsformen und Wirkungsmöglichkeiten ausgewählter Widerstandsgruppen.
2 Erörtern Sie, warum dem Widerstand gegen das NS-Regime der Rückhalt im Volk fehlte.

Methodenkompetenz
3 Analysieren Sie den historischen Spielfilm „Sophie Scholl – Die letzten Tage" (M 3) unter ausgewählten Aspekten, z. B. Motive für den Widerstand von Sophie und den anderen Mitgliedern der Weißen Rose, Personencharakterisierung, filmische Mittel. Hinweise finden Sie auf S. 153.

Urteilskompetenz
4 „Wenn eine Zeit von so viel Schatten verdunkelt wird wie jene 12 Jahre nationalsozialistischer Herrschaft, dann ist die Suche nach ‚Lichtpunkten', seien sie auch noch so klein, geradezu ein menschliches Bedürfnis. Je mehr solche ‚Lichtpunkte' hervorgehoben, politisch womöglich instrumentalisiert oder gar überhöht werden, muss andererseits die Kritik an der Verzerrung von Maßstäben aufflammen oder die ‚Entmythologisierung' der entrückten Helden notwendig erscheinen." Nehmen Sie Stellung zu dieser Interpretation des Widerstandes gegen das NS-Regime des Historikers Michael Kißener.

12 Aufarbeitung der NS-Vergangenheit nach 1945

Kompetenzen erwerben

Sachkompetenz:
– verschiedene Konzeptionen der deutschen Auseinandersetzung mit dem Nationalsozialismus kennzeichnen
– Unterschiede in der Aufarbeitung der NS-Vergangenheit zwischen DDR und Bundesrepublik beschreiben

Methodenkompetenz:
– Denkmäler analysieren
– Quellen und Darstellungen analysieren

Urteilskompetenz:
– Problematik von Schuld und Verantwortung beurteilen
– eine eigene Stellungnahme zur Bedeutung der nationalsozialistischen Vergangenheit für die deutsche und die individuelle Gegenwart und Zukunft formulieren
– die Bedeutung von Gedenktagen für die kollektive wie individuelle Erinnerung reflektieren

Literaturtipps
Peter Reichel, Harald Schmid, Peter Steinbach (Hg.), Der Nationalsozialismus – die zweite Geschichte. Überwindung – Deutung – Erinnerung, C. H. Beck, München 2009.

Torben Fischer, Matthias N. Lorenz (Hg.), Lexikon der „Vergangenheitsbewältigung" in Deutschland. Debatten- und Diskursgeschichte des Nationalsozialismus nach 1945, transcript, Bielefeld 2005.

Michael Kißener, Das Dritte Reich, Wissenschaftliche Buchgesellschaft, Darmstadt 2005.

Webcode:
KH639748-194

„Eine Vergangenheit bewältigen heißt, sie nicht ignorieren, heißt, nicht die Augen vor ihr verschließen, sondern heißt, sie herzhaft anpacken, der Wahrheit ins Auge schauen und alles tun, damit sich das Unheil nicht wiederholt." So definierte der CDU-Abgeordnete Ferdinand Friedensburg im Februar 1960 nach antisemitischen Vorfällen den Begriff der „Vergangenheitsbewältigung". Tatsächlich benennt dieses Schlagwort ebenso wie die sinnverwandten Bezeichnungen „Vergangenheit bewältigen" und „Auseinandersetzung mit" bzw. „Aufarbeitung der Vergangenheit" den vielschichtigen Problemkomplex der Beschäftigung mit dem Nationalsozialismus. An dieser Tätigkeit beteiligen sich Wissenschaftler unterschiedlicher Fachrichtungen sowie Journalisten, Publizisten und Schriftsteller. Auch Politiker suchen die Diskussion mitzugestalten. Bücher sind dabei nur ein Mittel zur Veröffentlichung neuer Erkenntnisse und der Verbreitung des Wissens über die NS-Geschichte. Auch andere Medien wie Zeitungen, Fernsehen, Film oder das Internet lassen sich dafür nutzen.

Seit über 50 Jahren beteiligen sich alle diese Menschen und Institutionen an der historisch-politischen Auseinandersetzung mit dem Nationalsozialismus und seiner verbrecherischen Politik. Dabei geht es nicht nur um die Erforschung der NS-Vergangenheit, sondern auch um so unterschiedliche Themen wie Gedenktage, Denkmäler, die künstlerische und pädagogische Bearbeitung und Umsetzung der historischen Stoffe. Hinzu kommt die juristische, insbesondere die strafrechtliche Auseinandersetzung mit der NS-Herrschaft. Und nicht zuletzt gehören Wiedergutmachung und Entschädigung zu den wichtigen Arbeitsfeldern. Gemeint sind damit nicht nur die finanziellen Leistungen an unterschiedliche Opfergruppen (z. B. Juden, Zwangsarbeiter), sondern auch Rehabilitierungen, Rückerstattungen oder berufliche Kompensationen.

1 Erläutern Sie die Begriffe „Vergangenheitsbewältigung", „Auseinandersetzung mit" und „Aufarbeitung der NS-Vergangenheit".

Hinweise zur Arbeit mit den Materialien

Die Auseinandersetzung mit der NS-Zeit ist immer eine dreifache: eine wissenschaftliche, eine historisch-politische und eine moralische. Die beiden letzten Elemente stehen im Zentrum der Materialien M1 bis M5. Während sich der Philosoph Karl Jaspers in M1 grundsätzlich mit der Schuld am Nationalsozialismus befasst, erörtern die verschiedenen Politiker in M2 bis M5 die vielschichtige **Problematik von Schuld und Scham** aus unterschiedlichen Sichtweisen und zu verschiedenen Zeiten. M3, der Text von Ulbricht, vermittelt außerdem einen grundsätzlichen Blick auf die **Beschäftigung der DDR mit dem Nationalsozialismus**. M6 a, b erlaubt Einblicke in die **strafrechtliche Bewältigung der NS-Verbrechen**. Dabei kommen alle drei Dimensionen zur Sprache. Der Text M7 dokumentiert die Aufarbeitung von **Schuld und Verantwortung an Holocaust bzw. Shoah** in der DDR. Die Vertiefungsseiten, S. 201 ff., befassen sich mit der Entstehung und Bedeutung des 27. Januars als Gedenktag für den Holocaust. Am Ende des Kapitels finden sich **weiterführende Arbeitsanregungen** und die Möglichkeit, die im Kapitel erworbenen **Kompetenzen zu überprüfen** (S. 204 f.).

M1 Der Philosoph Karl Jaspers über Schuld und Schuldbegriffe (1996, zuerst 1946)

Jaspers durfte während der NS-Zeit nicht lehren.
Es ist zu unterscheiden:
1. *Kriminelle Schuld:* Verbrechen bestehen in objektiv nachweisbaren Handlungen, die gegen eindeutige Gesetze verstoßen. Instanz ist das Gericht, das in formellem Verfahren die Tatbestände zuverlässig festlegt und auf diese die Gesetze anwendet.
    2. *Politische Schuld:* Sie besteht in den Handlungen der Staatsmänner und in der Staatsbürgerschaft eines Staates, infolge derer ich die Folgen der Handlungen dieses Staates tragen muss, dessen Gewalt ich unterstellt bin und durch dessen Ordnung ich mein Dasein habe (politische Haftung). Es ist jedes Menschen Mitverantwortung, wie er regiert wird. Instanz ist die Gewalt und der Wille des Siegers, in der inneren wie in der äußeren Politik. Der Erfolg entscheidet. Eine Ermäßigung von Willkür und Gewalt geschieht durch politische Klugheit, die an weitere Folgen denkt, und durch Anerkennung von Normen, die unter dem Namen von Naturrecht und Völkerrecht gelten.
    3. *Moralische Schuld:* Für Handlungen, die ich doch immer als dieser Einzelne begehe, habe ich die moralische Verantwortung, und zwar für alle meine Handlungen, auch für politische und militärische Handlungen, die ich vollziehe. Niemals gilt schlechthin „Befehl ist Befehl". Wie vielmehr Verbrechen Verbrechen bleiben, auch wenn sie befohlen sind (obgleich je nach dem Maße von Gefahr, Erpressung und Terror mildernde Umstände gelten), so bleibt jede Handlung auch der moralischen Beurteilung unterstellt. Die Instanz ist das eigene Gewissen und die Kommunikation mit dem Freunde und dem Nächsten, dem liebenden, an meiner Seele interessierten Mitmenschen.
    4. *Metaphysische Schuld:* Es gibt eine Solidarität zwischen Menschen als Menschen, welche einen jeden mitverantwortlich macht für alles Unrecht und alle Ungerechtigkeit in der Welt, insbesondere für Verbrechen, die in seiner Gegenwart oder mit seinem Wissen geschehen. Wenn ich nicht tue, was ich kann, um sie zu verhindern, so bin ich mitschuldig. Wenn ich mein Leben nicht eingesetzt habe zur Verhinderung der Ermordung anderer, sondern dabeigestanden bin, fühle ich mich auf eine Weise schuldig, die juristisch, politisch und moralisch nicht angemessen begreiflich ist. [...] Moralische Verfehlungen sind Grund der Zustände, in denen die politische Schuld und das Verbrechen erst erwachsen. [...] Zum Moralischen gehört auch die Unklarheit über die Bedeutung der Macht im menschlichen Zusammenleben. Die Verschleierung dieses Grundtatbestandes ist ebenso sehr eine Schuld wie die falsche Verabsolutierung der Macht zum allein bestimmenden Faktor der Ereignisse. Es ist das Verhängnis jedes Menschen, verstrickt zu sein in Machtverhältnisse, durch die er lebt. Dieses ist die unausweichliche

Schuld aller, die Schuld des Menschseins. Ihr wird entgegengewirkt durch Einsatz für die Macht, welche das Recht, die Menschenrechte, verwirklicht. […] Politische Schuld wird zur moralischen Schuld, wo durch die Macht der Sinn der Macht – die Verwirklichung des Rechtes, das Ethos und die Reinheit des eigenen Volkes – zerstört wird. Denn wo die Macht sich nicht selbst begrenzt, ist Gewalt und Terror und das Ende die Vernichtung von Dasein und Seele.

Karl Jaspers, Die Schuldfrage. Von der politischen Haftung Deutschlands, 2. Aufl., Piper, München 1996, S. 17–19.

1 Erläutern Sie den Schuldbegriff von Jaspers.
2 Zeigen Sie die persönlichen und politisch-sozialen Konsequenzen dieses Schuldverständnisses auf.

M2 Aus einer Rede von Bundespräsident Theodor Heuss (FDP, 1952)

Anlass der Rede am 29. November 1952 war die Eröffnung der Gedenkstätte im ehemaligen KZ Bergen-Belsen.

Wer hier als Deutscher spricht, muss sich die innere Freiheit zutrauen, die volle Grausamkeit der Verbrechen, die hier von Deutschen begangen wurden, zu erkennen. Wer sie beschönigen oder bagatellisieren wollte oder gar mit der Berufung auf den irregegangenen Gebrauch der sogenannten „Staatsräson" begründen wollte, der würde nur frech sein. […] Wir haben von den Dingen gewusst. […] Die Völker, die hier die Glieder ihres Volkes in Massengräbern wissen, gedenken ihrer, zumal die durch Hitler zu einem volkhaften Eigenbewusstsein schier gezwungenen Juden. Sie werden nie, sie können nie vergessen, was ihnen angetan wurde; die Deutschen dürfen nie vergessen, was von Menschen ihrer Volkszugehörigkeit in diesen schamreichen Jahren geschah.

Nun höre ich den Einwand: Und die anderen? Weißt du nichts von den Internierungslagern 1945/46 und ihren Rohheiten, ihrem Unrecht? Weißt du nichts von den Opfern in fremdem Gewahrsam, von dem Leid der formalistisch-grausamen Justiz, der heute noch deutsche Menschen unterworfen sind? Weißt du nichts von dem Fortbestehen der Lagermisshandlung, des Lagersterbens in der Sowjetzone, Waldheim, Torgau, Bautzen? […] Ich weiß davon und habe nie gezögert, davon zu sprechen. Aber Unrecht und Brutalität der anderen zu nennen, um sich darauf zu berufen, ist das Verfahren der moralisch Anspruchslosen, die es in allen Völkern gibt […]. Es ist kein Volk besser als das andere, es gibt in jedem solche und solche. […] Judenverfolgungen kennt die Vergangenheit in mancherlei Art. Sie waren ehedem teils Kinder des religiösen Fanatismus, teils sozialökonomische Konkurrenzgefühle. Von religiösem Fanatismus konnte nach 1933 nicht die Rede sein. Denn den Verächtern der Heiligen Schriften des Alten und des Neuen Bundes, den Feinden aller religiösen Bindungen war jedes metaphysische Problem denkbar fremd. Und das Sozialökonomische reicht nicht aus, wenn es nicht bloß an Raubmord denkt. Aber das war es nicht allein. Im Grunde drehte es sich um etwas anderes. Der Durchbruch des biologischen Naturalismus der Halbbildung führte zur Pedanterie des Mordens als schier automatischem Vorgang, ohne das bescheidene Bedürfnis nach einem bescheidenen quasi moralischen Maß. Dies gerade ist die tiefste Verderbnis dieser Zeit. Und dies ist unsere Scham, dass sich solches im Raum der Volksgeschichte vollzog, aus der Lessing und Kant, Goethe und Schiller in das Weltbewusstsein traten. Diese Scham nimmt uns niemand, niemand ab.

Theodor Heuss, Die großen Reden, Bd. 2: Der Staatsmann, Wunderlich, Tübingen 1965, S. 224–228.

M3 Aus einer Rede SED-Generalsekretärs Walter Ulbricht (1953)

Wir begehen den vierten Jahrestag der Gründung der Deutschen Demokratischen Republik. […] Durch die Vernichtung der Kriegsmaschine des faschistischen deutschen Imperialismus und die Befreiung Deutschlands von der faschistischen Knechtschaft durch die heroische Sowjetarmee war es nach 1945 möglich, in einem großen Teil Deutschlands die Wurzeln des Imperialismus zu beseitigen. Entsprechend den Bestimmungen des Potsdamer Abkommens wurde im Gebiete der sowjetischen Besatzungszone

Deutschlands der demokratische Weg beschritten. [...]

In Westdeutschland hingegen wurden mithilfe der amerikanischen, englischen und französischen Besatzungsmächte die Grundlagen des deutschen Imperialismus geschützt und wurde die Macht der Konzernherren, Bankherren und Großagrarier wieder errichtet. [...] Das Ergebnis der westdeutschen Wahlen vom 6. September[1] brachte zum Ausdruck, dass es den amerikanischen und den westdeutschen Imperialisten gelungen ist, in Westdeutschland die aggressivsten Revanchepolitiker an die Macht zu bringen, die gewillt sind, im Dienst des USA-Finanzkapitals als Stoßtrupp gegen die Sowjetunion und gegen die volksdemokratischen Staaten in Europa zu kämpfen. Die Bonner Koalition – das Bündnis der Wehrwirtschaftsführer Hitlers, der Leiter der großen Konzerne und Banken, der Hitlergenerale, der Soldaten- und SS-Verbände und des Stahlhelm – bedeutet eine direkte Bedrohung des Friedens. [...] Das Ergebnis der Verhandlungen zwischen der Regierungsdelegation der Deutschen Demokratischen Republik und der Regierung der UdSSR im August dieses Jahres hat dazu beigetragen, die Freundschaft zwischen der Deutschen Demokratischen Republik und dem Sowjetvolk weiter zu stärken. Der Erlass der Reparationen, der Staatsschulden sowie die Herabsetzung der Kosten für die sowjetischen Truppen in der Deutschen Demokratischen Republik bedeuten nicht nur eine große wirtschaftliche Hilfe, sondern haben dazu geführt, dass ab dem 1. Januar 1954 die Deutsche Demokratische Republik frei von Vorkriegsschulden, Kriegsschulden und Reparationsverpflichtungen ist, während Westdeutschland die alten Schulden Deutschlands und die neuen Schulden weiter an kapitalistische Regierungen und an das ausländische Monopolkapital zahlen muss.

Walter Ulbricht, Zur Geschichte der deutschen Arbeiterbewegung. Aus Reden und Aufsätzen, Bd. IV, 1950–1954, hg. vom Institut für Marxismus-Leninismus beim ZK der SED, Dietz, Berlin 1958, S. 650 ff.

---

1 Am 6. September 1953 wurde der 2. Deutsche Bundestag gewählt. Adenauer bildete eine Koalitionsregierung aus CDU, CSU, FDP, DP (Deutsche Partei) und GB/BHE (Gesamtdeutscher Block/Block der Heimatvertriebenen und Entrechteten).

M 4 Aus einem Gespräch Bundeskanzler Konrad Adenauers (CDU) mit dem amerikanischen Journalisten G. Bailey (1960)

Adenauer: [...] Sie werden meine Klage über mangelndes Nationalgefühl erst dann richtig verstehen, wenn Sie, wie ich, diese ganze Geschichte erlebt haben. Ich mache dem deutschen Volke daraus nicht einmal einen Vorwurf, sondern ich suche nur darauf hinzuweisen, dass es da bei uns irgendwo fehlt. Dabei denke ich [...] daran, dass man auf sein Volk auch stolz sein kann, wenn man in die weitere Vergangenheit zurückgeht und sieht, was es geleistet hat, dass zwar in schlimmen Tagen sehr viel geschehen ist, was abscheulich ist, dass das aber doch von einer relativ kleineren Schicht gemacht worden ist. [...]

Bailey: Meinen Sie, dass es praktisch möglich ist für die Deutschen, ein nationales Gefühl zu entwickeln?

Adenauer: Oh ja! Sehen Sie mal, wir haben doch auch eine reiche und große und ehrenvolle Geschichte. [...] Man muss nun nicht nur die letzten 30 Jahre nehmen. Natürlich muss man das ruhig zugeben, dass da große Verbrechen begangen worden sind. [...]

Bailey: [...] Herr Bundeskanzler, ich glaube, 1949 hat Alt-Bundespräsident Heuss gesagt, dass er die Theorie oder das Konzept der Kollektivschuld nicht annehme, aber er sagte, es gibt doch so etwas wie eine Kollektivscham, und das ist das Schlimmste, was Hitler uns angetan hat.

Adenauer: So weit würde ich nicht gehen. Es gibt keine Kollektivschuld! Ich habe ja die ganze Zeit hier durchlebt, ich bin mehrfach im Gefängnis gewesen und war im Konzentrationslager, ich stand dauernd unter Aufsicht der Nationalsozialisten; ein wahres Wunder ist es, dass ich überhaupt noch lebe. Also eine Kollektivschuld gibt es nicht, das ist nicht wahr! Eine Kollektivscham – das ist wahr und nicht wahr. Natürlich, ich schäme mich der Zeiten und schäme mich, dass so etwas bei uns vorgekommen ist. [...]

Bailey: In Gesprächen mit Deutschen, nicht nur mit jungen Deutschen, sondern auch mit älteren Menschen über 40 ist mir aufgefallen, dass sie doch etwas so in sich selbst unsicher sind, dass sie sich doch irgendwie belastet fühlen. Ich glaube, dass sie irgendwie psychologisch belastet sind von der ganzen Naziperiode her und einfach mit sich selbst nicht fertig werden können.

Adenauer: Das würde ich nicht sagen. Ich verstehe das vielleicht so: Es hat viele Leute gegeben, die in der Partei gewesen sind – ich bin nie drin gewesen! – und dabei anständige und harmlose Leute waren, die sich aber jetzt, hinterher, doch schämen. Diese Leute sprechen auch mit ihren Kindern nicht gern über die deutsche Geschichte.

Bailey: Ist das nicht vollkommen verständlich?

Adenauer: Doch, doch, das ist verständlich. Aber nach meiner Meinung muss man das den Kindern, wenn sie erwachsen genug sind, ruhig und offen sagen.

Adenauer, Teegespräche 1959–1961, bearb. v. Hanns Jürgen Küsters, Siedler, Berlin 1988, S. 355 ff.

M 5 Bundeskanzler a. D. Helmut Schmidt (SPD) über den deutschen Umgang mit der Vergangenheit (1990)

Wer als Deutscher ergründen will, was unsere Nation ausmacht, kommt nicht umhin, auch von den Verbrechen der Nazizeit zu reden. […] Geschichtsbewusstsein und das Bewusstsein der Nation gehen Hand in Hand. Wer aber ein selektives Gedächtnis pflegt, wer sich nur an die Höhepunkte und Heldentaten der eigenen Geschichte erinnern will, wer als Christ die Ketzer- und Hexenverbrennungen, als Deutscher den millionenfachen Mord an den Juden oder als Kommunist die Verbrechen des Stalinismus verdrängen und verschweigen will, der gibt Moral und Gesittung preis.

Sowohl in der DDR als auch in der Bundesrepublik gibt es den vielfältigen Versuch, zu verdrängen, zu vergessen, zu verschweigen oder Schuld auf andere abzuschieben. Es waren in der Tat der Krieg Hitlers und die Verbrechen Hitlers, aber ungezählte Deutsche waren am Krieg und an den Verbrechen beteiligt. Kein Deutscher darf dies aus dem Gedächtnis verlieren. Die kommunistischen Führer in der DDR wollten sich aus der Verantwortung stehlen und dem Volk weismachen, sie allein seien die Erben des Widerstands gegen Hitler, während die Bundesrepublik die Fortsetzung jener Kräfte darstelle, die Hitler an die Macht gebracht und damit den Zweiten Weltkrieg und alle Verbrechen der Nazizeit ermöglicht hätten. Sie haben als Geschichtsfälscher Moral und Gesittung preisgegeben. Die Wahrheit ist viel komplexer. […] Der Fehlschlag des ersten deutschen Demokratieversuchs ist Bürgertum, Kommunisten, Sozialdemokraten und Nazis gemeinsam zur Last zu legen – und die Unfähigkeit der Regierenden, der bitteren Not von sechs Millionen Arbeitslosen abzuhelfen. Aber Kommunisten und Nazis wollten die Demokratie zerstören […]. Beide hatten mit der Demokratie nichts im Sinn. So ist das atmosphärische Gemisch von Angst, Überdruss, Hass, Verzweiflung und Hoffnung entstanden, in dem der genial-demagogische Hitler Mehrheiten finden, die Macht an sich reißen und die Nation verführen konnte. Kein Deutscher kann dieses Erbe ausschlagen. […] Gewiss ist es ebenso unredlich, den Nachkommen „die ganze deutsche Geschichte nur als Verbrecheralbum" (Wolfgang Döring) vorzuführen. Die Nachkommen haben ein Recht darauf, dass ihnen die deutschen Leistungen nicht verschwiegen werden, weder in der älteren noch in der jüngsten Vergangenheit.

Helmut Schmidt, Die Deutschen und ihre Nachbarn, Siedler, Berlin 1990, S. 44 ff.

1 **Arbeitsteilige Gruppenarbeit:**
Eine Gruppe bearbeitet einen der Texte von M 2 bis M 5. Untersuchen Sie dabei:
a) Welches Verhältnis zur NS-Vergangenheit strebt der Autor an?
b) Wie ist die Beziehung der Autoren zu Schuld und Scham? Welche politischen Folgen besitzt das für ihr Land?
c) Welche Argumente führt Ulbricht (M 3) für seine These an, dass die Bundesrepublik Deutschland für die Schuld am NS-System geradestehen müsse, während die DDR von solcher Schuld befreit sei?
d) Ordnen Sie die Texte zeitlich in ihren historisch-politischen Kontext ein und analysieren Sie die politisch-ideologische Einstellung der Verfasser.

2 Diskutieren Sie Ihre Ergebnisse: Was bedeuten sie für die Aufarbeitung der NS-Vergangenheit in der Bundesrepublik Deutschland? Sehen Sie andere Möglichkeiten der Vergangenheitsbewältigung?

M6 Aus den Verhandlungen des Auschwitz-Prozesses (1964)

a) Der Journalist Bernd Naumann über den Angeklagten Robert Mulka vor Gericht (1968):
9. Januar 1964, 4. Tag
In den ersten drei Tagen des Prozesses, nach Verlesung des Eröffnungsbeschlusses, wurden die Angeklagten zur Person vernommen, nun sollen sie sich zur Sache äußern. Der Mann, dessen Name die „Strafsache gegen Mulka und andere" trägt, der 68 Jahre alte Angeklagte Karl Ludwig Robert Mulka, ehemaliger SS-Obersturmführer und Adjutant des Kommandeurs im Konzentrationslager Auschwitz, bringt seine Tätigkeit auf eine kurze und prägnante Formel: Er hat nichts gesehen und nichts befohlen. Im Übrigen hütete er sich, höheren Orts mit vorgebrachten Fragen nach der Gesetzmäßigkeit ihm zu Ohren gekommener Gefangenentötungen sein eigenes Todesurteil auszufertigen:
„Ich hatte Verantwortung meiner Familie gegenüber und vor mir selbst". [...]
Welches aber war die Tätigkeit dieses Angeklagten, des stellvertretenden Lagerkommandanten? Höß[1] selbst schreibt, es sei ihm alles zuwider gewesen, er habe es ändern wollen, auch unter den Umständen gelitten. Und Mulka? Natürlich hat auch er gelitten, aber er weiß nichts über Massenmorde, nichts über einzelne Mordtaten, hat nie das Giftgas Zyklon B angefordert, nie Lastwagen zum Transport von Menschen oder Gas bereitstellen lassen, nie von Erschießungen vor der „Schwarzen Wand" gehört. Mulka hat nur den Widerschein der Feueröfen am nächtlichen Himmel gesehen, und auch das nur sehr spät. [...]
Mulka will der Ansicht gewesen sein, in Auschwitz habe es sich um ein Schutzhaftlager gehandelt, wo Staatsfeinde zu einer anderen Denkungsweise hätten erzogen werden sollen: „So was gibt es ja! Aber es war nicht meine Aufgabe, mich um die Häftlinge zu kümmern."
„Wussten Sie nicht, dass dort Gaskammern waren?"
Mulka, nach längerem Schweigen: „Ja, aber ich hatte keine Veranlassung, danach zu fragen. Ich möchte glauben, dass es auch keine Stelle gab, wo man hätte fragen können."
„Der Kommandant?"
„Er war ein undurchsichtiger Mann; ich habe vermieden, ihn etwas zu fragen." Mulka weiß nichts von der „Sonderbehandlung", meint, dies sei die Selektion von Häftlingen gewesen. Dann gibt er erregt auf zweites Befragen zu:
„Sonderbehandlung war Mord, worüber ich tief empört war!"
„Warum hat man Sonderbehandlung auf diese Befehle geschrieben?" Es sei eine geheime Reichssache gewesen. „Jedermann war mit dem Tode bedroht, der davon wusste."
„Woher wussten Sie davon?"
„Darauf kann ich keine Antwort geben." Mulka hat, wie er erklärt, niemals Anweisungen zur Bildung von Exekutionskommandos gegeben, er glaubt, dass solche Befehle vom Reichssicherheitshauptamt (RSHA) an die Politische Abteilung der Geheimen Staatspolizei im Lager ergangen sind. Drei- oder viermal hat er Kenntnis gehabt von ankommenden Transporten mit jüdischen Häftlingen. Auch wusste er, dass man die nicht Arbeitsfähigen aussonderte zur Vergasung. Woher er es gewusst habe?
„Man sprach darüber. Aber ich habe niemals Dienst auf der Rampe gemacht."
Zit. nach: Bernd Naumann, Auschwitz. Bericht über die Strafsache Mulka u. a. vor dem Schwurgericht Frankfurt, Fischer, Frankfurt/M. 1968, S. 35–40.

[1] Rudolf Höß (1900–1947): 1940–1943/44 KZ-Kommandant von Auschwitz

b) Aus dem Gerichtsurteil:
„Der Angeklagte hat nach Auffassung des Schwurgerichts die Zustände im Lager erkannt und sie trotzdem nicht abgestellt." Obwohl er die Gedanken der SS-Führung, insbesondere den Plan in der sogenannten Judenvernichtungsfrage, skrupellos gebilligt habe, bestünden aber gewisse Zweifel daran, dass er sie mit eigenem Eifer gefördert und mit eigenem Interesse wahrgenommen habe. Gegen die Annahme der Mittäterschaft stehe eine Aussage, nach der der Angeklagte gesagt haben soll: ‚ich will meine Hände rein halten'. Es sei ihm schließlich gelungen, nach einem Jahr abgelöst zu werden, auch das müsse ein Indiz dafür genannt werden, „dass er nicht restlos alle Maßnahmen billig-

te, die seinerzeit getroffen worden sind". Mulka habe deshalb nur wegen Beihilfe zur Rechenschaft gezogen werden können.

„Ob der Angeklagte Mulka selbst eine Selektion vorgenommen hat, konnte nicht geklärt werden. Er hat aber bei der Beschaffung von Zyklon B mitgewirkt, das geht einwandfrei hervor aus dem Funkspruch vom 2. Oktober 1942, Nummer 13." Es stehe auch fest, dass er Leiter der Fahrbereitschaft war, „dass er unterrichtet war von den Aufgaben, die die Fahrbereitschaft hatte, insbesondere auch, dass er Lkws für den Transport der ankommenden Häftlinge zu den Gaskammern bereitstellte". „Der Angeklagte hat weiterhin Fernschreiben mit der Ankündigung von Transporten erhalten und weitergeleitet; er hat auch die Fertigstellung der Krematorien betrieben." Das Unrechtmäßige dieser Tötungen sei ihm bekannt gewesen […]. Mindestens dreimal habe Mulka, nach seinem eigenen Geständnis, auf der Rampe selektiert und damit das weitere Geschehen eingeleitet. „Das Gericht hat die Größe dieser Transporte auf tausend Menschen geschätzt und ist davon ausgegangen, dass mindestens ein Viertel, nämlich 250 für das Arbeitslager selektiert wurden, sodass in jedem Fall 750 Menschen der Vernichtung entgegengegangen sind, wozu der Angeklagte Beihilfe geleistet hat." „Dass der Angeklagte nie im Schutzhaftlager gewesen ist, wurde ihm nicht geglaubt." Er habe keinen Versuch gemacht, die Zustände im Lager abzustellen, den Kommandanten von allen Vorgängen zu unterrichten. Hätte er es getan, „wäre unter Umständen die Abstellung" der Bunkerentleerungen oder der Morde im Hilfskrankenhaus möglich gewesen. „Der Angeklagte war verpflichtet, aufgrund seines Amtes einzugreifen. Er hat es nicht getan. Dies ist ihm am schwersten anzulasten."

Zit. nach: Naumann, a. a. O., S. 280.

Anm. der Redaktion: Zu 14 Jahren Zuchthaus verurteilt, erhielt Mulka noch vor Rechtskraft des Urteils im Jahre 1968 Haftverschonung. 1969 verstarb er in Hamburg.

1 Erläutern, erörtern und beurteilen Sie das Verhalten des Angeklagten Mulka.
2 Bewerten Sie das Urteil über Mulka.

M 7 Der Historiker Wolfgang Jäger über die Interpretation des Holocaust in der DDR (2012)

Politiker und Historiker der DDR betrachteten den Holocaust als eines der schwersten Verbrechen des Faschismus, die historische Einmaligkeit der Judenvernichtung wurde jedoch nicht dokumentiert. Für die marxistische Geschichtsschreibung stand die Klassenfrage, nicht jedoch die Rassenfrage im Mittelpunkt. Nach diesem Geschichtsverständnis herrschten im NS-Staat die am „meisten chauvinistischen, imperialistischen und aggressiven Teile des deutschen Finanzkapitals". Sie hätten gemeinsam mit der Großindustrie mithilfe des „faschistischen" Hitler-Regimes eine von der KPD geführte proletarische Revolution in Deutschland unterdrücken und einen Eroberungskrieg vom Zaun brechen wollen, der sich vor allem gegen die kommunistische Sowjetunion gerichtet habe. Kommunisten seien die ersten und wichtigsten Gegner des nationalsozialistischen Terrors gewesen, Antikommunismus und Antibolschewismus die Hauptpfeiler der NS-Ideologie. Das bedeutete eine Relativierung des Rassismus: Die antisemitische und nationalistische Propaganda galten den Historikern der DDR als Manipulationsinstrumente zur Integration des Bürgertums und der Mittelschichten in das faschistische System sowie als Deckmantel für den Kampf gegen die revolutionäre Arbeiterbewegung und die Sowjetunion. Außerdem betonte die DDR-Geschichtsschreibung, dass die faschistische Judenpolitik dem Profitstreben der herrschenden Klasse gedient habe. Diese Deutung prägte auch die offizielle Erinnerungskultur der DDR. Der Gedenkkult gedachte nicht primär der verfolgten Juden, sondern stellte die politisch Verfolgten in den Vordergrund. Sie wurden zu Vorkämpfern und Märtyrern des antifaschistischen Kampfes erklärt. Überdies benutzte die DDR Mahn- und Gedenkfeiern dazu, antifaschistische Bündnisse und die internationale Solidarität über Parteigrenzen hinweg zu fordern.

Originalbeitrag.

1 Charakterisieren Sie die Aufarbeitung des Holocaust durch die DDR.

Der 27. Januar als Gedenktag

„Am 27. Januar 1945 wurde das Konzentrationslager Auschwitz befreit. Auschwitz steht symbolhaft für millionenfachen Mord – vor allem an Juden, aber auch an anderen Volksgruppen. Es steht für Brutalität und Unmenschlichkeit, für Verfolgung und Unterdrückung, für die in perverser Perfektion organisierte ‚Vernichtung' von Menschen." Mit diesen Worten leitete Bundespräsident Roman Herzog (geb. 1934, Bundespräs. 1994–1999) am 19. Januar 1996 seine Rede zum Gedenktag für die Opfer des Nationalsozialismus im Deutschen Bundestag ein. In der Proklamation des Bundespräsidenten vom 3. Januar 1996 hatte er **„den 27. Januar zum Tag des Gedenkens an die Opfer des Nationalsozialismus"** erklärt. An diesem Tag sollten **die Deutschen über ihre schwere Geschichtslast nachdenken**. Der Bundespräsident suchte auch nach einer Möglichkeit, speziell an die Opfer der NS-Rassenpolitik zu erinnern und diese in das nationale Gedächtnis der Deutschen einzutragen. Mit dem 27. Januar gab es jetzt eine „Schulstunde" für die gesamte Gesellschaft, die in erster Linie den Mord an den Juden, aber auch andere Opfer des nationalsozialistischen Rassismus ins Gedächtnis rief. Inzwischen ist der Holocaust-Gedenktag ein internationaler Feiertag. 2005 gedachte zum ersten Mal das Europäische Parlament in Brüssel mit einer Schweigeminute der Befreiung von Auschwitz. Ohne Gegenstimme verabschiedete das Parlament eine Resolution, die den 27. Januar zum Holocaust-Gedenktag erklärte, als Mittel gegen ein Erstarken des Antisemitismus in Europa und den Aufstieg rechter Parteien. Ebenfalls 2005 schloss sich der Generalsekretär der UNO, Kofi Annan, dieser Initiative an. Das Gedenken an die Opfer der Nazi-Barbarei war nun kein nationaler oder vorwiegend europäischer (bzw. westlicher) Gedenktag mehr, sondern er symbolisierte das globale Erinnern. Dieser Tag ist mittlerweile ein **universalistischer Tag der Menschenrechte**.

Webcode:
KH639748-201

M 1 Aus der Ansprache von Bundespräsident Roman Herzog zum Gedenktag für die Opfer des Nationalsozialismus im Deutschen Bundestag, 19. Januar 1996

Geschichte verblasst schnell, wenn sie nicht Teil des eigenen Erlebens war. Deshalb geht es darum, aus der Erinnerung immer wieder lebendige Zukunft werden zu lassen. Wir wollen nicht unser Entsetzen konservieren. Wir wollen Lehren ziehen, die auch künftigen Generationen Orientierung sind.
    Dieses Gedenken ist nicht als ein in die Zukunft wirkendes Schuldbekenntnis gemeint. Schuld ist immer höchstpersönlich, ebenso wie Vergebung. Sie vererbt sich nicht. Aber die künftige Verantwortung der Deutschen für das „Nie wieder!" ist besonders groß, weil sich früher viele Deutsche schuldig gemacht haben. Es ist wahr, dass sich Geschichte nicht wiederholt. Aber ebenso wahr ist, dass Geschichte die Voraussetzung der Gegenwart ist und dass der Umgang mit der Geschichte damit auch zum Fundament der Zukunft wird. […] Es gab und gibt viele totalitäre Bewegungen in der Welt. Intoleranz, Totalitarismus, Folter und Mord waren nicht auf den Nationalsozialismus beschränkt. Aber ohne wirkliches Beispiel war der in kalte Berechnung umgesetzte Wahn, der ganze Volksgruppen zuerst zu „Untermenschen" erklärte, dann entrechtete und schließlich ihre systematische physische „Vernichtung" organisierte. Die Nazis hatten die Definitionsmacht zu bestimmen, wer sein Leben verwirkt hatte, und sie exekutierten ihre völ-

lig irrationalen Festlegungen mit brutaler Konsequenz. Nicht einmal Gefährlichkeit für das System oder Gegnerschaft zum System waren die Selektionskriterien, sondern abstruse Kategorien, denen die Betroffenen hilflos und unentrinnbar ausgeliefert waren, denen sie auch durch unauffälligstes Verhalten nicht ausweichen konnten. Weil sie einer willkürlich bestimmten Rasse angehörten oder sonstwie vom willkürlich festgelegten Menschenbild abwichen, bezeichnete man sie als „Untermenschen", „Schädlinge" oder „lebensunwertes Leben" – Juden, Sinti und Roma, Schwerstbehinderte, Homosexuelle. Und wer erst einmal so eingestuft war, der musste – so wollte es die Ideologie – „vernichtet", ja „ausgerottet" werden.

Die Wirkungen dieser Politik waren vor allem deshalb so furchtbar, weil sie sich wohldosiert in das öffentliche Bewusstsein einschlichen, ja weil sie wohldosiert den Gehirnen infiltriert wurden. Es gab keinen *point of no return*, an dem der Sprung von der Diskriminierung und Demütigung zur „Vernichtung" für jeden erkennbar gewesen wäre. Die Gewöhnung an die „kleinen Schritte" half beim Wegschauen und das Wegschauen half, Geschehendes zu übersehen oder gar nicht wissen zu wollen. […]

Im Großen ist das alles noch verhältnismäßig einfach. Wir Deutschen haben mehr als andere lernen müssen, dass das absolut Unfassbare trotz allem geschehen kann. Die Erinnerung hat es uns aber auch erleichtert, daraus die Lehre zu ziehen, und am klarsten ist diese Lehre in Artikel 1 unseres Grundgesetzes formuliert: „Die Würde des Menschen ist unantastbar". Der Satz kennt keine Relativierung. Unter dem Grundgesetz gibt es keine „wertvollen" und „wertlosen" Menschen, keine „Herrenmenschen" und „Untermenschen", keine Volks- und Klassenfeinde, kein „lebensunwertes" Leben. Unsere Verfassung enthält also alle rechtlichen Sicherungen gegen Totalitarismus und Rassismus, mehr als jede andere Verfassung der Welt und darauf können wir stolz sein. Aber den einzelnen Menschen kann man dagegen nicht nur mit Rechtsnormen immunisieren. Dazu bedarf es zusätzlicher Anstrengungen, gerade bei denen, die das große Verbrechen nicht mehr selbst erlebt haben und denen auch nicht mehr durch Zeitzeugen Erlebtes vermittelt werden kann. […] Mit öffentlichen Feierstunden allein ist hier wenig getan, und wenn sie noch so nachdenklich verlaufen. Überhaupt erscheint es mir sinnvoll, den 27. Januar nicht als Feiertag zu begehen, auch nicht im Sinne der Feiertagsgesetze, sondern als wirklichen Tag des Gedenkens, in einer nachdenklichen Stunde inmitten der Alltagsarbeit, auch der Alltagsarbeit eines Parlamentes. […]

Ich wünsche mir, dass der 27. Januar zu einem Gedenktag des deutschen Volkes, zu einem wirklichen Tag des Gedenkens, ja des Nachdenkens wird. Nur so vermeiden wir, dass er Alibi-Wirkungen entfaltet, um die es uns am allerwenigsten gehen darf. Eine Kollektivschuld des deutschen Volkes an den Verbrechen des Nationalsozialismus können wir, wie ich schon sagte, nicht anerkennen; ein solches Eingeständnis würde zumindest denen nicht gerecht, die Leben, Freiheit und Gesundheit im Kampf gegen den Nationalsozialismus und im Einsatz für seine Opfer aufs Spiel gesetzt haben und deren Vermächtnis der Staat ist, in dem wir heute leben. Aber eine kollektive Verantwortung gibt es, und wir haben sie stets bejaht. Sie geht in zwei Richtungen:
– Zunächst darf das Erinnern nicht aufhören; denn ohne Erinnerung gibt es weder Überwindung des Bösen noch Lehren für die Zukunft.
– Und zum andern zielt die kollektive Verantwortung genau auf die Verwirklichung dieser Lehren, die immer wieder auf dasselbe hinauslaufen: Demokratie, Rechtsstaat, Menschenrechte, Würde des Menschen.

Aber hier beginnt das Problem: Wer Unfreiheit und Willkür kennt, der weiß Freiheit und Recht zu schätzen. Die Selbstverständlichkeit aber, mit der unser Volk Freiheit und Recht erleben darf, vermittelt mitunter zu wenig Gespür für die Gefahren von Willkür und Unfreiheit. Das ist das große Problem, vor dem jeder demokratische Rechtsstaat steht.

Zit. nach: www.bundespraesident.de/SharedDocs/Reden/DE/Roman-Herzog/Reden/1996/01/19960119_Rede.html (Download vom 19.01.2012).

1 Erörtern Sie die Gründe für die Ernennung des 27. Januars zum Holocaust-Gedenktag.

2 Erläutern Sie, wie Herzog die Begriffe Schuld und Verantwortung voneinander absetzt.
3 Untersuchen Sie Aufgaben und Ziele des Holocaust-Gedenktages.

M 2 Die Anglistin und Literaturwissenschaftlerin Aleida Assmann über den neuen Gedenktag (2010)

Ein deutscher Gedenktag ohne deutsche Erinnerung. – Die erste Paradoxie [= Widersprüchlichkeit] besteht in der Tatsache, dass die Deutschen eines Geschichtsereignisses
5 ‚gedenken', an das sie sich nicht ‚erinnern'. Zum Mangel an biografischen Bezügen und Erfahrungsresonanz kommt noch hinzu, dass sie sich an dieses Ereignis auch nicht spontan erinnern wollen. Der Gedenktag hat
10 somit den Charakter einer Ermahnung […].
[…] Ausweitung der Erinnerungsgemeinschaft bei Einschränkung des Erinnerungsinhalts. – Während sich die Holocaust-Erinnerungsgemeinschaft geografisch ständig
15 erweiterte, wurde sie zugleich inhaltlich beschränkt. Diejenigen, die sich erinnern, werden immer mehr, diejenigen, die erinnert werden, werden dagegen weniger. Roman Herzog hatte ausdrücklich alle Opfer natio-
20 nalsozialistischer Vernichtungspolitik ins Bewusstsein der Deutschen heben wollen. Von den Opfergruppen der Sinti und Roma, der Homosexuellen und den Opfern der Euthanasie ist im Zuge der Ausweitung der Ho-
25 locaust-Erinnerung jedoch keine Rede mehr. Es geht immer ausschließlicher um die jüdischen Opfer, von deren kultureller Erinnerungspraxis das Holocaust-Gedenken stark geprägt ist.
30 Ausschluss der zentralen Akteure. – Auf der Seite der sich ausweitenden Erinnerungsgemeinschaft gibt es eine paradoxe Leerstelle: Die Nation der Helden des 27. Januar, die Nachfahren der Roten Armee und somit der
35 Befreier von Auschwitz, haben selbst keinen Anteil an diesem Gedenken.
  Ikonisierung und Enthistorisierung. – Indem sich das Holocaust-Gedenken immer mehr auf die Gedächtnis-Ikone Auschwitz
40 einschränkt, löst es dieses Ereignis aus den gesamteuropäischen historischen Verflechtungen heraus. Mit Standardisierung und Vereinheitlichung des Gedenkens kommt es unweigerlich zu einer Ausdünnung der historischen Substanz. […]
45 Heißes und kaltes Gedächtnis. – Durch die globale Ausweitung der Trägergruppe verdünnt sich notwendig der Gehalt dieser Erinnerung. Was für die einen ein ‚heißes'
50 Gedächtnis ist, wird für die anderen zu einem ‚kalten' Gedächtnis. Eine Erinnerung, die von außen importiert und von oben verordnet wird, bleibt kalt, wenn sie nicht an bestehende nationale und regionale Erinne-
55 rungen anknüpft und auf die Bedingungen vor Ort Bezug nimmt. Das heiße Gedächtnis der nationalen Opfererfahrung durch den Stalinismus, wie es sich nach dem Zusammenbruch der Sowjetunion in den balti-
60 schen und anderen osteuropäischen Staaten herausgebildet hat, verweist ihrerseits die Holocausterinnerung in die Distanz. In westeuropäischen Ländern wie Belgien dagegen ist die politisch korrekte Holocausterinne-
65 rung willkommen, weil sie sich als eine ‚Deckerinnerung' für eine unliebsame heiße Erinnerung (wie die Kolonialgeschichte) eignet. Der 27. Januar […] ist ein neuer Gedenktag mit der Entwicklungsgeschichte einer
70 Kettenreaktion. Er hat sich über Staatengrenzen hinweg ausgebreitet […]. [Er] ist heute der wichtigste und sichtbarste transnationale historische Gedenktag. Erst auf den zweiten Blick tun sich einige Verwerfungen und
75 Probleme auf, die mit der Ausbreitung dieses Datums verbunden sind. Und auch die Grenzen derjenigen Staaten werden sichtbar, die ihn aus ganz unterschiedlichen Gründen nicht begehen: die USA und Israel, weil sie
80 ihren eigenen angestammten Holocaust-Gedenktag haben, und Russland, weil die einseitige Heroisierung Stalins einer auf das Leiden fremder Opfer ausgerichteten und an den Menschenrechten geeichten Erinnerung
85 im Wege steht.

Aleida Assmann, 27. Januar 1945: Genese und Geltung eines neuen Gedenktags, in: Etienne François u. Uwe Puschner (Hg.), Erinnerungstage. Wendepunkte der Geschichte von der Antike bis zur Gegenwart, C. H. Beck, München 2010, S. 331–333.

1 Erläutern Sie die Widersprüchlichkeiten, die Assmann aufzeigt.
2 Diskutieren Sie, wie Sie selbst oder Ihr Kurs den 27. Januar begehen könnten.

Erarbeiten Sie Präsentationen

Thema 1
Wie lässt sich ein ganzes Land und seine Bevölkerung „entnazifizieren"?
Recherchieren Sie, mit welchen Mitteln die deutsche Bevölkerung entnazifiziert werden sollte. Wen betraf die Entnazifizierung? Und wie erfolgreich waren die eingesetzten Strategien? Gehen Sie dabei auf die Unterschiede in den unterschiedlichen Besatzungszonen bzw. zwischen Bundesrepublik und DDR ein. Präsentieren Sie Ihre Ergebnisse.

Literaturtipps
Wolfgang Benz, Die 101 wichtigsten Fragen. Das Dritte Reich, C. H. Beck, München 2006, S. 140–144.

Angela Borgstedt, Die kompromittierte Gesellschaft. Entnazifizierung und Integration, in: Peter Reichel u.a. (Hg.), Der Nationalsozialismus – die zweite Geschichte, C. H. Beck, München 2009, S. 85–104.

Thema 2
Das deutsch-israelische Wiedergutmachungsabkommen
Am 10. September 1952 wurde das deutsch-israelische Wiedergutmachungsabkommen in Luxemburg unterzeichnet. Den Anhängern dieser Politik blieb stets bewusst, dass „Wiedergutmachung" ein problematischer Begriff sei. Untersuchen Sie die politische Bedeutung der deutsch-israelischen Wiedergutmachung. War sie ein Beitrag zur Friedenssicherung?

Literaturtipps
Dennis Riffel, Artikel „Wiedergutmachung", in: Wolfgang Benz, Hermann Graml u. Hermann Weiß (Hg.), Enzyklopädie des Nationalsozialismus, 5. Aufl., dtv, München 2007, S. 877f.

Constantin Goschler, Wiedergutmachungspolitik – Schulden, Schuld und Entschädigung, in: Peter Reichel u.a. (Hg.), Der Nationalsozialismus – die zweite Geschichte, C. H. Beck, München 2009, S. 62–84.

M1 Bundeskanzler Willy Brandt vor dem Mahnmal im ehemaligen Warschauer Getto, Fotografie, 1970

M2 Die KZ-Ärzte Holzlöhner und Rascher bei einem Unterkühlungsexperiment im KZ Dachau, Fotografie, 1942.
Bei den Unterkühlungsversuchen wurden die Häftlinge in Eiswasser getaucht und deren körperliche Reaktionen bis zum Eintritt des Todes aufgezeichnet. Etwa 90 Häftlinge starben dabei.

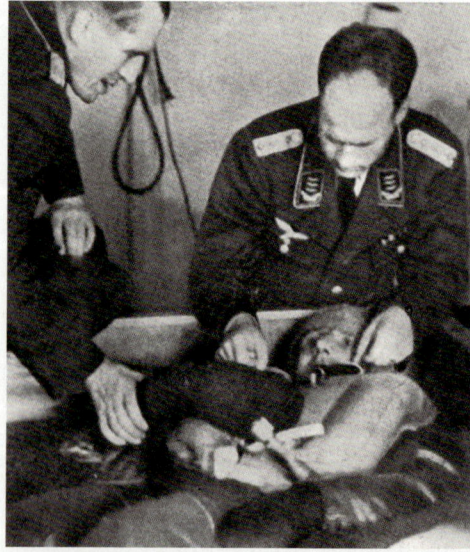

Webcode:
KH639748-204

Überprüfen Sie Ihre Kompetenzen

M 3 Denkmal für die ermordeten Juden Europas in Berlin, errichtet 2005, Teilansicht, Fotografie, 2009.
Das vom amerikanischen Architekten Peter Eisenman entworfene Denkmal besteht aus 2711 Betonstelen (die Zahl hat keine symbolische Bedeutung) in unterschiedlicher Höhe und einem unterirdischen „Ort der Information". Nach über 10-jähriger Debatte wurde es am 10. Mai 2005 eingeweiht.

Zentrale Begriffe

Aufarbeitung der NS-Vergangenheit
Auschwitz-Prozess
Denkmäler
Entnazifizierung
Gedenktag
Scham
Schuld
Vergangenheitsbewältigung
Wiedergutmachung
27. Januar

Sachkompetenz
1. Arbeiten Sie die wichtigsten Aspekte heraus, die sich mit Begriffen wie „Vergangenheitsbewältigung" oder „Aufarbeitung der NS-Vergangenheit" verbinden.
2. Erörtern Sie das Verhältnis des DDR-Staates zur Aufarbeitung der NS-Vergangenheit. Bestimmen Sie dabei auch die wichtigsten Unterschiede zur Bundesrepublik Deutschland.

Methodenkompetenz
3. Untersuchen Sie das Bild in M 2. Erörtern Sie dabei auch die Wirkungen des Bildes: Welche Empfindungen und Gefühle gehen Ihnen durch den Kopf?
4. Analysieren Sie mithilfe von M 1 und M 3 die verschiedenen Mittel und Wege, öffentlich an die NS-Vergangenheit zu erinnern. Berücksichtigen Sie dabei auch den zeitlichen Hintergrund und den historisch-politischen Kontext.

Urteilskompetenz
5. „Die zweite Schuld oder Von der Last Deutscher zu sein" heißt der Titel eines Buches, das der Publizist und Schriftsteller Ralph Giordano 1998 veröffentlichte. „Jede zweite Schuld setzt", schreibt Giordano, „eine erste voraus – hier die Schuld der Deutschen unter Hitler. Die zweite Schuld: die Verdrängung und Verleugnung der ersten nach 1945. Sie hat die politische Kultur der Bundesrepublik Deutschland bis auf den heutigen Tag wesentlich mitgeprägt, eine Hypothek, an der noch lange zu tragen sein wird." Nehmen Sie Stellung zu dieser These.

13 Lernen aus der Geschichte? – Deutschlands Selbstverständnis nach 1945

Kompetenzen erwerben

Sachkompetenz:
- die These(n) vom „deutschen Sonderweg" erläutern
- Unterschiede in der Nationalstaatsbildung zwischen Deutschland und seinen westlichen Nachbarn kennzeichnen

Methodenkompetenz:
- Karikaturen analysieren
- Darstellungen analysieren und vergleichen

Urteilskompetenz:
- beurteilen, welchen Stellenwert die Auseinandersetzung mit der Vergangenheit für das Selbstverständnis der Deutschen besitzt

Die Frage nach der deutschen Identität

Literaturtipps
Heinrich August Winkler, Der lange Weg nach Westen, Bd. I: Deutsche Geschichte vom Ende des Alten Reiches bis zum Untergang der Weimarer Republik, Bd. II: Deutsche Geschichte vom „Dritten Reich" bis zur Wiedervereinigung, C. H. Beck, München 2000–2001.

Heinrich August Winkler, Streitfragen der deutschen Geschichte. Essays zum 19. und 20. Jahrhundert, C. H. Beck, München 1997.

Helga Grebing, Der „deutsche Sonderweg" in Europa 1806–1945. Eine Kritik, Verlag W. Kohlhammer, Stuttgart 1986.

„Deutschland" war an der Wende vom 18. zum 19. Jahrhundert kein politischer, sondern allenfalls ein geografischer Begriff, der eine kulturelle und sprachliche Einheit zum Ausdruck brachte. Bis zu seiner Auflösung im Jahre 1806 bestand das Heilige Römische Reich Deutscher Nation aus einer Vielzahl von Staaten, Territorien und kleinen Herrschaften, denen die Loyalität ihrer Einwohner galt. Die Situation heute, im beginnenden 21. Jahrhundert, unterscheidet sich davon grundlegend: Seit der Wiedervereinigung Deutschlands am 3. Oktober 1990 leben die Deutschen zum zweiten Mal in einem Nationalstaat. Im Unterschied zum ersten deutschen Nationalstaat, dem 1870/71 gegründeten Deutschen Reich, ist die Bundesrepublik Deutschland kein autoritärer Obrigkeitsstaat, sondern eine parlamentarische Demokratie und fest integriert in die westliche Staatengemeinschaft.

Der „deutsche Sonderweg"

Die Vorstellung eines besonderen „deutschen Weges" entstand bereits im frühen 19. Jahrhundert, als zahlreiche Denker und Publizisten die deutsche Identität in scharfer Abgrenzung zu Frankreich und den Idealen der Französischen Revolution bestimmten. Es gab zwar auch liberale Historiker, die die neuzeitliche deutsche Geschichte als Prozess zur Freiheit deuteten, wobei sie unter Freiheit geistige, politische und bürgerliche Freiheit verstanden. Die Reformation galt dabei als „Ur-Revolution" dieses Emanzipationsvorganges, der durch die Englische, Amerikanische und Französische Revolution fortgeführt wurde. Deutschland hatte aus dieser Sicht bereits mit der Reformation diesen universalen Prozess entscheidend mitgestaltet. Mit dem Scheitern der deutschen Revolution von 1848/49 und der Reichsgründung 1870/71 prägte jedoch eine antirevolutionäre Stoßrichtung das bürgerliche Geschichtsbewusstsein in Deutschland. Die deutsche Entwicklung wurde nun von vielen konservativen und national denkenden Historikern als vorteilhafte Abweichung von der Geschichte des westlichen Europas interpretiert. Während des Ersten Weltkrieges spitzten Wissenschaftler, Schriftsteller und Intellektuelle diese These von einer kulturellen und historischen Besonderheit der deutschen Nation zu einer umfassenden Ideologie zu: Große Teile der deutschen Bildungselite glaubten, dass der **Erste Weltkrieg** (1914–1918) ein **Verteidigungskampf „deutscher Kultur" gegen „französische Zivilisation"** sei. Professoren aller Fakultäten sowie Schriftsteller und Intellektuelle stellten die **„Ideen von 1914"** gegen die Ideen von 1789, d. h. die Ideen der Französischen Revolution („Freiheit, Gleichheit, Brüderlichkeit"). Das Schlagwort „Ideen von 1914" sollte verdeutlichen, dass die Deutschen zwischen 1914 und 1918 ihren **„Sonderweg"** in die Moderne gegen die westlichen Vorstellungen der Franzosen – aber auch der Briten – verteidigten. Die „Ideen von 1914" richteten sich gegen die Tradition der europäischen Aufklärung und des Liberalismus. Anders als bei den Franzosen, so argumentierte man, ständen in Deutschland nicht die Gesellschaft, sondern der Staat, nicht das Individuum, sondern das Volk im Mittelpunkt. Alle Kräfte sollten im Krieg gebündelt und auf ein gemeinsames Ziel hin ausgerichtet werden: den Sieg über die „zerstörerische" und „verderbte" westliche Zivilisation.

Bis in die Weimarer Zeit fand diese **positive Version von einem deutschen Sonderweg** zahlreiche Anhänger in der Geschichtswissenschaft wie in der deutschen Öffentlichkeit. Die Nationalsozialisten knüpften an dieses Sonderbewusstsein an und radikalisierten die Vorstellung von einer besonderen Stellung der deutschen Nation zu einem übersteigerten Nationalismus, Militarismus und Imperialismus. Der **Radikal-Nationalismus der Nationalsozialisten** beruhte auf einer sozialdarwinistischen Interpretation der Geschichte, die als ständiger Kampf der Individuen und Völker, der Staaten und „Rassen" galt, wobei sich stets die Stärkeren gegenüber den Schwächeren durchsetzten.

Die „negative Sonderwegs-These"

Nach der totalen Niederlage des nationalsozialistischen Deutschland im Zweiten Weltkrieg (1939–1945) begannen Historiker, Sozialwissenschaftler, Publizisten, Schriftsteller und Intellektuelle damit, die deutschen Traditionen zu überprüfen. Sie suchten vor allem nach Erklärungen, warum das Deutsche Reich im Unterschied zu vergleichbaren Staaten des Westens wie Frankreich oder Großbritannien in der tief greifenden Krise der Zwischenkriegszeit nicht demokratisch blieb, sondern sich in eine auf Eroberung und Unterwerfung anderer Völker ausgerichtete faschistische Diktatur verwandelte. Die Forscher verglichen die deutsche Geschichte mit der Englands, Frankreichs oder der USA, um die Eigenarten Deutschlands herauszuarbeiten. Ein ganzes **Bündel von deutschen Sonderwegen** wurde genannt, die allerdings nicht länger positiv, sondern negativ bewertet wurden. Dabei geriet z. B. die im Vergleich zu anderen europäischen Staaten späte Nationalstaatsgründung Deutschlands in den Blick ebenso wie die blockierte Parlamentarisierung des kaiserlichen Deutschland. Kritisch beurteilten die Forscher außerdem die antiliberalen und obrigkeitsstaatlichen Orientierungen der deutschen politischen Kultur, die zur Schwächung der liberal-demokratischen Kräfte in Deutschland geführt haben. Einer der profiliertesten Vertreter der negativen Sonderwegs-These war und ist der Politikwissenschaftler und Zeithistoriker **Karl Dietrich Bracher**. Er nahm vor allem das **deutsche Staatsdenken** in den Blick. Indem Bracher darin Fehlentwicklungen aufzeigte, wollte er nicht nur die Bedingungen für den Niedergang Weimars und den Aufstieg des NS-Staates verdeutlichen. Er versuchte bei seinen Landsleuten auch eine Distanzierung von verhängnisvollen Traditionen zu bewirken, um so am Aufbau einer stabilen und friedfertigen Demokratie in der Bundesrepublik Deutschland mitzuwirken. Seit den späten 1970er- und den beginnenden 1980er-Jahren übten deutsche und ausländische Historiker Kritik an der Sonderwegs-These. Sie argumentierten, dass die deutsche Geschichte farbiger und vielfältiger gewesen sei als von den Anhängern der Sonderwegs-Interpretation behauptet. Außerdem dürfe die deutsche Vergangenheit seit der Reichsgründung 1870/71 nicht als bloße Vorgeschichte des Nationalsozialismus aufgefasst werden. Die These von einem „Sonderweg" unterstelle überdies die Vorstellung von einem „Normalweg". Aber wer bestimme dann die „Norm"? Diese Kritik führte zur Differenzierung der negativen Sonderwegs-These, nicht jedoch zu ihrer völligen Ablehnung.

Abschied von deutschen Sonderwegen

Wenige Geschichtswissenschaftler haben in den letzten Jahrzehnten die historisch-politische Debatte um die nationale Identität der Deutschen stärker mitgeprägt als der Historiker **Heinrich August Winkler**. In seinem viel beachteten und intensiv diskutierten zweibändigen Werk **„Der lange Weg nach Westen"** (2000) hat er die neuzeitliche deutsche Geschichte analysiert. Für die Gegenwart stellt Winkler den Abschied von deutschen Sonderwegen fest. Seit der Wiedervereinigung der beiden deutschen Teilstaaten 1990 lebten die Deutschen wieder in einem Nationalstaat. Die Bundesrepublik Deutschland sei ein verlässlicher Partner in der westlichen Staatengemeinschaft und besitze ihren festen Platz unter den demokratischen Verfassungsstaaten. Winkler bezeichnet das vereinigte Deutschland allerdings als **„postklassischen" Nationalstaat**. Die Bundesrepublik Deutschland sei zwar ein souveräner Nationalstaat, habe aber zugunsten der Europäischen Union auf einige Souveränitätsrechte verzichtet. Dieser postklassische deutsche Nationalstaat bedeute den Abschied von zwei Sonderwegen. Die 1949 gegründete DDR habe ein internationalistisches Staatsverständnis gepflegt und sich als Mitglied der kommunistischen Staatengemeinschaft verstanden. Das Grundgesetz des zweiten deutschen Teilstaates, der ebenfalls 1949 gegründeten Bundesrepublik Deutschland, habe von Anfang an den provisorischen Charakter des Staates betont, um den Weg zu einer Vereinigung beider deutscher Staaten frei zu halten. Karl Dietrich Bracher hat die Bundesrepublik Deutschland daher 1976 als „postnationale Demokratie unter Nationalstaaten" bezeichnet. Mit der Wiedervereinigung, so Winkler, sei auch dieser „postnationale" Sonderweg zu Ende.

Webcode:
KH639748-208

1 Skizzieren Sie, was mit der These vom deutschen Sonderweg gemeint ist.

Hinweise zur Arbeit mit den Materialien

Die Texte befassen sich erstens mit der Frage, wie die Geschichtswissenschaft der Bundesrepublik Deutschland den **Nationalsozialismus interpretiert** hat (M 1). Die Kritik des Historikers Jürgen Kocka (M 2) verdeutlicht zweitens die **Stärken und Schwächen der Interpretation des „Deutschen Sonderweges"**. Und drittens beschäftigen sich die Ausführungen des Historikers Heinrich August Winkler (M 3 a, b) mit dem deutschen **Abschied von Sonderwegen** während der deutschen Wiedervereinigung 1989/90 (M 3 a) und durch das allmähliche Zusammenwachsen der beiden deutschen Teilstaaten (M 3 b). Die Karikatur auf der **„Kompetenzen überprüfen"-Seite** (S. 213) ermöglicht einen Blick von außen auf die Wiedervereinigung (M 4).

Geschichte und Theorie: Der „deutsche Sonderweg"

M 1 Der deutsche Politikwissenschaftler und Zeithistoriker Karl Dietrich Bracher über den „Sonderweg" Deutschlands (1979, zuerst 1969)

Man kann vier große Entwicklungszusammenhänge unterscheiden, in denen sich die spezifisch politischen Voraussetzungen des Nationalsozialismus herausgebildet haben. […]

1. Die geografische Mittellage im Herzen Europas und die besondere Führungsstellung im mittelalterlichen Imperium hatten Deutschland daran gehindert, gleichzeitig mit den westlichen Nationen eine zentral regierte, historisch-national begründete Staatlichkeit zu finden, nachdem das alte Reich in lose verbundene Territorialstaaten zerfallen war. […] Die anfängliche Begeisterung für die Prinzipien der Französischen Revolution machte dann unter dem Eindruck des Terrors und der aggressiven Expansion der Revolution und Napoleons einer tief greifenden Ernüchterung Platz. Es begann die romantisch-mystische Begründung eines nationalen Sonderbewusstseins, einer Sonderstellung der Deutschen gegenüber dem Westen und seiner Revolutions- und Staatsphilosophie. […]

2. Die weltgeschichtliche Folge, die zumal nach dem Scheitern der bürgerlich-liberalen Revolution von 1848 auftrat, war eine Entfremdung und Trennung des deutschen Staatsdenkens von der westeuropäischen Entwicklung. Während das deutsche Sonderbewusstsein immer stärker antiwestliche Züge entwickelte, geriet auch die starke liberale Bewegung zunehmend in den Bann einer außenpolitisch bestimmten Freiheits- und Einheitskonzeption, die das innenpolitische Freiheits- und Verfassungsideal verdrängte. […] Das deutsche Bürgertum kapitulierte vor dem vielzitierten Wort Bismarcks, nicht durch Reden und Majoritätsbeschlüsse würden die großen Fragen der Zeit entschieden, sondern durch Eisen und Blut. […] Unter dem Eindruck der Bismarck'schen Erfolge akzeptierten weite Kreise des Bürgertums jene vulgäre, zynische Auffassung, dass es in der „Realpolitik" allein auf die Macht und nicht auf Recht und Moral ankomme. […] Machtkultur und Untertanengeist waren die beiden Pole dieser Fehlhaltung. […]

3. So war das Bismarck-Reich von Anfang an großen Spannungen ausgesetzt und mit Strukturfehlern belastet, die vom Glanz der Gründerzeit nur oberflächlich verdeckt wurden. Sie behinderten die Entfaltung eines funktionsfähigen parlamentarischen Systems und verantwortungsfreudiger Parteien. Besonders katastrophal war der Niedergang der Liberalen, die noch in den Siebzigerjahren die absolute Mehrheit im Reich und in Preußen besessen hatten. Zugleich blockierte der militärisch-bürokratische Obrigkeitsstaat die Mitwirkung der wachsenden Arbeitermassen und ihrer sozialdemokratischen und gewerkschaftlichen Organisationen. […] Es bestand eine tiefe Diskrepanz zwischen gewandelter gesellschaftlicher Struktur und politischer Ordnung, die mit der industriellen Revolution so tief geänderte soziale Situation fand keine angemessene Berücksichtigung. Nach dem Sturz Bismarcks wuchs die Neigung, dieses Problem durch eine Ablenkung des Interessendrucks nach außen (im Sinne eines Sozialimperialismus) zu neutrali-

sieren. Auch außenpolitisch verstand sich das neue deutsche Einheitsreich als „verspätete Nation". Konservative und Liberale trafen sich in der Überzeugung, Deutschland müsse möglichst rasch den nationalen und imperialen Vorsprung der Weltmächte aufholen […]. […]

4. Die reale Lage der Weimarer Republik war zwar durch die eindeutige Niederlage des Deutschen Reiches und seine rigorose Beschneidung im Versailler Friedensvertrag bestimmt. Aber gerade der Protest, die Nichtanerkennung dieses Rückschlags hat dem Gedanken des nationalen Machtstaats auf Kosten der demokratischen Neuordnung eine besondere Intensität verliehen. Die Versuche zu einer friedlichen Aufbau- und Verständigungspolitik in Europa waren auch durch das Misstrauen der Westmächte, die Schwäche des Völkerbunds und die Isolationspolitik der USA beeinträchtigt. Sie standen aber vor allem unter dem Druck eines nationalistischen Revisionismus, der zumal während der Krisen zwischen 1918 und 1923 und erneut mit dem Ausbruch der Wirtschaftskrise von 1929 weite Kreise der deutschen Bevölkerung erfasste. Die Weimarer Außenpolitik, zwischen Ost und West, Widerstand und Erfüllung, Kooperation und Revision schwankend, vermochte diese Dynamik nicht aufzufangen.

Diese ambivalente Situation spiegelte sich auch vor allem in den außenpolitischen Zielen des Nationalsozialismus. Tagespolitisch trat er als schärfster Exponent der Anti-Versailles-Bewegung auf; ideologisch griff er auf die älteren Vorstellungen von der deutschen Sonderstellung in Europa zurück und entwickelte die Doktrin von der kultur- und rassenpolitischen Führungsrolle eines künftigen „germanischen Reiches deutscher Nation". […] Hinter dem Schleier einer geschickt missbrauchten Revisionstaktik, die viele innerhalb wie außerhalb Deutschlands getäuscht hat, hielt Hitler von Anfang an unbeirrt an seinem unverrückbaren Fernziel fest: nicht nur das nationalstaatliche Territorium abzurunden, sondern den „Lebensraum" weit über den „Rassekern" des deutschen Volkes hinaus gewaltsam zu vergrößern. Hitlers Grundgedanke war die Erweiterung, ja, Sprengung des bloß nationalstaatlichen Expansionsprinzips durch das imperiale Prinzip der biologisch-rassisch bedingten Herrschaft des Stärkeren […]. […]

Die besonderen geschichtlichen Vorbelastungen und Gärungskräfte der deutschen Staats- und Nationalidee sammeln sich so in ihrer äußersten Zuspitzung in der Ideologie des Nationalsozialismus. Aber zugleich ist richtig, dass der nationalsozialistischen „Weltanschauung" im Unterschied zu Marxismus und Kommunismus keine konsistente Philosophie oder Theorie zugrunde lag. Es handelte sich um ein eklektizistisches[1] Konglomerat von Ideen und Mentalitäten, Vorstellungen und Wünschen, Emotionen der verschiedensten Herkunft, das erst durch die Manipulation einer radikalen politischen Bewegung in einer Krisensituation zusammengeschweißt worden ist. Man steht damit vor der zentralen Frage nach Notwendigkeit und Freiheit der deutschen Entwicklung zum Nationalsozialismus. Deutschlands Weg zum Dritten Reich war nicht zwangsläufig. Dass dieser Weg gerade in Deutschland und nicht in anderen Ländern beschritten werden konnte, lag sowohl am spezifischen Charakter der antidemokratischen Strömung in Deutschland wie an den besonderen Umständen, unter denen sich dann der Aufstieg des Nationalsozialismus in der Weimarer Republik vollzog. Letzte Ursache jedoch war der tiefe Bruch des deutschen mit dem westlichen Staatsdenken und die Ausbildung eines deutschen Sonderbewusstseins, das früh antiwestliche Züge annahm.

Karl Dietrich Bracher, Die deutsche Diktatur. Entstehung, Struktur, Folgen des Nationalsozialismus, 6. Aufl., Ullstein, Frankfurt/M. 1979, S. 16–23.

1 eklektizistisch: verschiedene Gedanken, Stilelemente vermischend

1 Arbeitsteilige Gruppenarbeit: Bearbeiten Sie in vier Gruppen einen der von Bracher genannten Entwicklungszusammenhänge, die den Aufstieg des Nationalsozialismus begünstigt oder gefördert haben. Arbeiten Sie die zentralen Strukturen und Prozesse heraus, die danach das Scheitern der Weimarer Demokratie verursacht haben.

2 Diskussion: Hat sich die (alte wie neue) Bundesrepublik Deutschland von den Traditionen gelöst, die Deutschland nach Bracher bis 1945 geprägt haben?

M 2 Die Kritik des Historikers Jürgen Kocka an der Sonderwegs-These (1998)

Den Nationalsozialismus aus den Traditionen des deutschen Sonderwegs abzuleiten, führt in die Irre; dazu war er zu neu, zu modern, zu sehr Teil eines europäischen Phänomens. Aber dass ihm in Deutschland so wenig Widerstand entgegengesetzt wurde, dass die Weimarer Republik gegenüber seinem Angriff so schwach und hilflos war, dass ihr Parlamentarismus so schlecht funktionierte, ihre Eliten sie kaum akzeptierten und es an Unterstützung der Republik in der politischen Kultur der Zeit so ausgeprägt fehlte, das hing sehr wohl mit den Traditionen zusammen, die aus dem Blickwinkel der Sonderweg-These immer wieder nachdrücklich analysiert worden sind. [...]

Das Sonderweg-Konzept hat nur Sinn, wenn es um die Diskussion der Frage geht, warum Deutschland unter bestimmten Bedingungen in ein totalitäres, faschistisches System pervertierte, während dies in den westlichen Ländern [...] unter ähnlichen Bedingungen nicht geschah. Dies ist die Frage, die zur kritischen Sonderweg-Perspektive auf die deutsche Geschichte führte, und hier war der Kontext, in dem die kritische Sonderweg-These ursprünglich formuliert wurde. Sie entstand auf der Grundlage der Lebenserfahrungen und Erkenntnisinteressen von zwei Generationen, der der Emigranten und Exilanten sowie der nachfolgenden Jüngeren, die sich zunehmend als Teil ‚des Westens' sahen und die Last ihrer Vergangenheit mit den Chancen ihrer Zukunft kompatibel machen wollten. Als Antwort auf jene Frage und als Teil dieses Kontextes hat die Sonderweg-These weiterhin Sinn, wenngleich in inhaltlich modifizierter Form.

Jürgen Kocka, Nach dem Ende des Sonderweges. Zur Tragfähigkeit eines Konzepts, in: Bettina Hitzer, Thomas Welskopp (Hg.), Die Bielefelder Sozialgeschichte, transcript, Bielefeld 2010, S. 269, 271.

1 Erörtern Sie, warum es in die Irre führt, wenn man den Nationalsozialismus allein aus den Traditionen des deutschen Sonderwegs erklärt.
2 Begründen Sie, warum die Sonderwegs-These nach wie vor einen gewissen Sinn besitzt.

M 3 Der deutsche Historiker Heinrich August Winkler über das nationale Selbstverständnis des wiedervereinigten Deutschland (1994 und 2000)

a) *Die Wiedervereinigung Deutschlands (1994):*
Der Ausgangspunkt der wissenschaftlichen Debatte [über den „deutschen Sonderweg"] war die Frage, warum Deutschland als einziges hochentwickeltes Industrieland im Zuge der Weltwirtschaftskrise nach 1929 sein demokratisches System zugunsten einer totalitären Diktatur von rechts aufgab. Die Antworten stimmten meist darin überein, dass Deutschland bis 1918 ein von vorindustriellen Eliten beherrschter Obrigkeitsstaat war und dass die erste deutsche Demokratie, die Weimarer Republik, vor allem an diesem autoritären Erbe zugrunde gegangen ist. Das Ende des deutschen Sonderweges kam nach dieser Deutung erst im Gefolge des „Zusammenbruchs" von 1945 [...].

In der neueren Diskussion, die lange vor der deutschen Wiedervereinigung begann, hat sich ein komplexeres Bild vom deutschen Sonderweg durchgesetzt. Neben den autoritären Traditionen wird jetzt die frühe Teildemokratisierung Deutschlands und in diesem Zusammenhang besonders das allgemeine gleiche Wahlrecht für Männer hervorgehoben, das Bismarck 1867 im Norddeutschen Bund und 1871 im Deutschen Reich einführte. Das Nebeneinander von nichtparlamentarischer Regierung und demokratischem Wahlrecht vor 1918 war einer der Widersprüche im deutschen Modernisierungsprozess, von denen später Hitler profitierte. Er konnte, seit 1930 ein autoritäres Präsidialsystem an die Stelle der gescheiterten parlamentarischen Demokratie von Weimar getreten war, an beides appellieren: an die verbreiteten Ressentiments gegenüber dem neuen, angeblich „undeutschen" Parlamentarismus und an den seit langem verbrieften, nunmehr fast wirkungslos gewordenen Anspruch des Volkes auf politische Mitbestimmung. Der tiefere Grund für das Scheitern der ersten deutschen Demokratie und für Hitlers Triumph lag mithin darin, dass es Weimar nicht gelungen war, das zwiespältige Erbe zu meistern, das ihm das Kaiserreich hinterlassen hatte.

Nach dem Ende aller deutschen Sonderwege, des antiwestlichen des Deutschen Reiches, des postnationalen der alten Bundesrepublik und des internationalistischen der DDR, ist ganz Deutschland erstmals ein demokratischer, fest in den Westen integrierter Nationalstaat. Die Konsequenzen, die sich daraus ergeben, werden den Deutschen erst allmählich bewusst. […] Vonseiten seiner östlichen Nachbarn richten sich an das vereinte Deutschland Erwartungen, denen es, wenn überhaupt, nur in engem Zusammenspiel mit seinen Verbündeten gerecht werden kann. […] Eine konstruktive Rolle in Europa und der Welt kann Deutschland aber nur spielen, wenn es für seine inneren Probleme konstruktive Lösungen findet. Die Angleichung der Lebensverhältnisse in West- und Ostdeutschland erfordert eine Kraftanstrengung, wie sie den Deutschen seit dem Wiederaufbau nach dem Zweiten Weltkrieg nicht mehr abverlangt wurde. Die volle Integration der in Deutschland lebenden Ausländer, die Deutsche werden wollen, macht die Abkehr von tief verwurzelten Traditionen notwendig, bedarf also ebenfalls einer großen Anstrengung. Die Deutschen müssen erneut lernen, eine Nation zu sein, und gleichzeitig ihren Begriff von Nation grundlegend ändern.

Heinrich August Winkler, Streitfragen der deutschen Geschichte. Essays zum 19. und 20. Jahrhundert [zuerst 1994], C. H. Beck, München 1997, S. 144 ff.

b) Deutschlands Selbstverständnis heute (2000):
Im Jahre 1945 endete der antiwestliche Sonderweg des Deutschen Reiches. 1990 endeten der postnationale Sonderweg der alten Bundesrepublik und der internationalistische Sonderweg der DDR. Das wiedervereinigte Deutschland ist keine „postnationale Demokratie unter Nationalstaaten", sondern ein demokratischer, postklassischer Nationalstaat unter anderen. […] Am Vorabend der Wiedervereinigung unterbreitete Peter Glotz[1] einige „Vorschläge zur Identität des größeren Deutschland". Das wichtigste Element der Bildungsidee, die er zusammen mit der Vereinigung entwickelt sehen wollte, lautete: „Der Holocaust als geistiger Wendepunkt der modernen deutschen Nation; natürlich nicht als das einzig wichtige, wohl aber als ein nicht hintergehbares Datum. […] Nationalbewusstsein bedeutet: Auseinandersetzung mit dieser Geschichte, mit den Erfahrungen und Motiven der Schuldigen und Unschuldigen." Glotz traf einen zentralen Punkt: Während Nationen mit alter demokratischer Tradition auf erfolgreiche Revolutionen zurückblicken können, drängt sich den Deutschen, wenn sie ihre Demokratie historisch begründen wollen, zuerst die Erinnerung an den katastrophalen Fehlschlag ihrer Revolution gegen die Demokratie in den Jahren 1933 bis 1945 auf. Die nationalsozialistische Diktatur wurde im Nachhinein zum großen *argumentum e contrario*[2] für die westliche Demokratie, für die Menschen- und Bürgerrechte. […] Doch die historische Erinnerung an das „Dritte Reich" verlangt mehr als nur den Blick auf die Jahre 1933 bis 1945 und ihre unmittelbare Vorgeschichte: Sie kommt nicht aus ohne den Versuch, den Ort dieser Epoche in der deutschen Geschichte zu bestimmen. Die Erinnerung an die Zeit des Nationalsozialismus kann auch nicht der einzige Bezugspunkt eines aufgeklärten Demokratie- und Nationalbewusstseins des vereinigten Deutschland sein. Freiheit und Einheit, Demokratie und Nation haben eine Geschichte, die weit in die Vergangenheit zurückreicht. […] Die Deutschen bedürfen der Vergegenwärtigung ihrer Geschichte aber nicht nur um ihrer selbst willen. Sie sind diese Anstrengung auch dem gemeinsamen Projekt Europa schuldig. Eine europäische Identität wird sich nicht gegen die Nationen herausbilden, sondern nur mit ihnen und durch sie. […] „Ohne Mythen und Idole lebt es sich sicherlich schwerer", hat der italienische Publizist Angelo Bolaffi 1995 bemerkt. „Aber bestimmt fällt das Denken leichter."

Heinrich August Winkler, Der lange Weg nach Westen, Bd. 2, C. H. Beck, München 2000, S. 655–657.

---

1 Peter Glotz (1939–2005): SPD-Politiker und einer der führenden Intellektuellen der Bundesrepublik
2 *argumentum e contrario*: Umkehrschluss

---

1 Fassen Sie die Kritik Winklers an den Sonderwegs-Thesen zusammen und geben Sie Winklers Interpretation von der neueren deutschen Geschichte wieder (M 3 a).

2 Erläutern Sie die These vom Ende der deutschen Sonderwege (M 3 a, b).

Überprüfen Sie Ihre Kompetenzen

M 4 Karikatur zur deutschen Wiedervereinigung, Nicholas Garland (Großbritannien), 1994

Zentrale Begriffe

Kultur
nationale Identität
Nationalstaat
negativer Sonderweg
Sonderweg
Zivilisation

Sachkompetenz
1 Charakterisieren Sie die unterschiedlichen Versionen der Sonderwegs-These.

Methodenkompetenz
2 Interpretieren Sie die Karikatur M 4. Berücksichtigen Sie die Informationen aus M 3 a.

Urteilskompetenz
3 Erörtern Sie die Folgen, die der Abschied von den deutschen Sonderwegen nach Auffassung von Winkler (M 3) für die Politik wie für die Bürger der Bundesrepublik Deutschland bedeutet.
4 Diskutieren Sie, welchen Stellenwert die Auseinandersetzung mit der deutschen Vergangenheit für das gegenwärtige Selbstverständnis der Deutschen besitzen sollte.

„Wiedergeben, einordnen, beurteilen" – Arbeitsaufträge in der Abiturklausur

Anforderungsbereich I – Wiedergeben von Sachverhalten aus einem abgegrenzten Gebiet und im gelernten Zusammenhang unter rein reproduktivem Benutzen geübter Arbeitstechniken, z. B.:

nennen, aufzählen: zielgerichtet Informationen zusammentragen, ohne sie zu kommentieren;

bezeichnen, schildern, skizzieren: historische Sachverhalte, Probleme oder Aussagen erkennen und zutreffend formulieren;

aufzeigen, beschreiben, zusammenfassen, wiedergeben: historische Sachverhalte unter Beibehaltung des Sinnes auf Wesentliches reduzieren.

Anforderungsbereich II – selbstständiges Erklären, Bearbeiten, Ordnen bekannter Inhalte und das angemessene Anwenden gelernter Inhalte und Methoden auf andere Sachverhalte, z. B.:

analysieren, untersuchen: Materialien oder historische Sachverhalte kriterienorientiert bzw. aspektgeleitet erschließen;

begründen, nachweisen: Aussagen (z. B. Urteil, These, Wertung) durch Argumente stützen, die auf historischen Beispielen und anderen Belegen gründen;

charakterisieren: historische Sachverhalte in ihren Eigenarten beschreiben und diese dann unter einem bestimmten Gesichtspunkt zusammenfassen;

einordnen: historische Sachverhalte in einen historischen Zusammenhang stellen;

erklären: historische Sachverhalte durch Wissen und Einsichten in einen Zusammenhang (Theorie, Modell, Regel, Gesetz, Funktionszusammenhang) einordnen und begründen;

erläutern: wie „erklären", aber durch zusätzliche Informationen und Beispiele verdeutlichen;

herausarbeiten: aus Materialien bestimmte historische Sachverhalte herausfinden, die nicht explizit genannt werden, und Zusammenhänge zwischen ihnen herstellen;

gegenüberstellen: wie „skizzieren", aber zusätzlich argumentierend gewichten;

widerlegen: Argumente dafür anführen, dass eine Behauptung zu Unrecht aufgestellt wird.

Anforderungsbereich III –	reflexiver Umgang mit neuen Problemstellungen, den eingesetzten Methoden und gewonnenen Erkenntnissen, um zu eigenständigen Begründungen, Folgerungen, Deutungen und Wertungen zu gelangen, z. B.:
beurteilen:	den Stellenwert historischer Sachverhalte in einem Zusammenhang bestimmen, um ohne persönlichen Wertebezug zu einem begründeten Sachurteil zu gelangen;
bewerten, Stellung nehmen:	wie „beurteilen", aber zusätzlich mit Offenlegen und Begründen eigener Wertmaßstäbe, die Pluralität einschließen und zu einem Werturteil führen, das auf den Wertvorstellungen des Grundgesetzes basiert;
entwickeln:	Analyseergebnisse synthetisieren, um zu einer eigenen Deutung zu gelangen;
sich auseinandersetzen, diskutieren:	zu einer historischen Problemstellung oder These eine Argumentation entwickeln, die zu einer begründeten Bewertung führt;
prüfen, überprüfen:	Aussagen (Hypothesen, Behauptungen, Urteile) an historischen Sachverhalten auf ihre Angemessenheit hin untersuchen;
vergleichen:	auf der Grundlage von Kriterien historische Sachverhalte problembezogen gegenüberstellen, um Gemeinsamkeiten, Unterschiede, Teilidentitäten, Ähnlichkeiten, Abweichungen oder Gegensätze zu beurteilen.

Die folgenden Arbeitsaufträge verlangen Leistungen aus den **Anforderungsbereichen I, II und III**:

interpretieren:	Sinnzusammenhänge aus Quellen erschließen und eine begründete Stellungnahme abgeben, die auf einer Analyse, Erläuterung und Bewertung beruht;
erörtern:	Argumente auf ihren Wert und ihre Stichhaltigkeit hin abwägend prüfen und auf dieser Grundlage eine eigene Stellungnahme entwickeln; die Erörterung setzt eine Analyse voraus;
darstellen:	historische Entwicklungszusammenhänge und Zustände mithilfe von Quellenkenntnissen und Deutungen beschreiben, erklären und beurteilen.

Einige Bundesländer arbeiten mit landesspezifischen Operatoren.
Sie finden diese Landesoperatoren im Internet:
Webcode: KH639748-215

Tipps zur Vorbereitung auf die Abiturthemen

Übung 1: Inhalte der Lehrplanthemen wiederholen
Das Thema „NS-Herrschaft: ‚Volksgemeinschaft' und Verbrechen" wird im vorliegenden Schulbuch in 13 Teilthemen gegliedert. Jedes Teilthema ist in Form eines Kapitels aufbereitet.
1. Ein kurzer Darstellungstext führt zu Beginn jedes Kapitels in das Teilthema ein. Daran schließt sich ein umfangreicher Materialienteil mit entsprechenden Aufgaben an. Lesen Sie die Darstellungstexte wiederholend und fertigen Sie eine Zusammenfassung an. Die Zwischenüberschriften und Fettdrucke können Ihnen hierbei Hilfestellung geben.
2. Suchen Sie sich aus jedem Kapitel drei bis vier Materialien aus und bearbeiten Sie die dazugehörigen Aufgaben.
3. Halten Sie Ihre Ergebnisse auf Karteikarten fest (s. unten).

Übung 2: Wichtige Daten merken und anwenden
Auf S. 223 finden Sie eine Zeittafel. Auf drei Arten können Sie damit für das Abitur üben:
1. Geben Sie jeden Eintrag der Zeittafel mit eigenen Worten wieder.
2. Schreiben Sie auf die Vorderseite einer Karteikarte ein Ereignis, auf die Rückseite das Datum (s. unten).
3. Vertiefen Sie Ihre Kenntnisse über zentrale Daten, indem Sie noch einmal die dazugehörigen Darstellungen und Materialien aus dem Kapitel durcharbeiten. Schreiben Sie auf Ihre Karteikarten,
   a) welche Ursachen zu einem Ereignis geführt haben,
   b) wie es abgelaufen ist,
   c) welche Folgen es gehabt hat.

Übung 3: Zentrale Begriffe verstehen und erklären
Zentrale Begriffe sind u. a. auf der Seite „Kompetenzen überprüfen" aufgeführt. Erläuterungen dazu finden Sie im entsprechenden Kapitel und im Begriffslexikon auf S. 224 f.
1. Lesen Sie zu jedem Begriff die Erläuterung.
2. Klären Sie Fremdwörter.
3. Erläutern Sie den Inhalt jedes Begriffs anhand von historischen Beispielen. Halten Sie Ihre Ergebnisse auf Karteikarten fest (s. unten).

Ergebnisse sichern – Arbeitskartei anlegen
1. Halten Sie die Ergebnisse der Übungen bis 3 auf Karteikarten fest:
   Notieren Sie auf der Vorderseite eine Frage, einen Begriff oder ein Datum, schreiben Sie auf die Rückseite Ihre Erläuterungen.
2. Wiederholen Sie mithilfe Ihrer Arbeitskartei die Inhalte, Daten und Begriffe der Schwerpunktthemen – alleine, in Partnerarbeit oder in Gruppen.

Übung 4: Methodentraining – Interpretation schriftlicher Quellen
Die Interpretation schriftlicher Quellen ist eine der zentralen Anforderungen im Abitur:
1. Prägen Sie sich die systematischen Arbeitsschritte zur Interpretation einer schriftlichen Quelle von S. 26 ein.
2. Merken Sie sich die „Faustregel" zur Analyse der formalen Merkmale schriftlicher Quellen und üben Sie die Beantwortung der „W-Fragen" anhand von fünf selbst ausgewählten schriftlichen Quellen des Schülerbuches.

„Faustregel" für die Analyse der formalen Merkmale schriftlicher Quellen:
WER sagt WO, WANN, WAS, WARUM, zu WEM und WIE?

Fachliteratur

Hinweise auf Internetseiten und Spezialliteratur zum Thema finden Sie unter
Webcode: KH 639748-217

Chronologische Überblickswerke/ Geschichtsatlanten
Der große Ploetz, hg. vom Verlag Ploetz, Göttingen 2010.
dtv-Atlas zur Weltgeschichte, einbändige Sonderausgabe, 3. Aufl., München 2010.
Putzger Historischer Weltatlas. Atlas und Chronik zur Weltgeschichte, 104. Aufl., Berlin 2011.
Tofahrn, Klaus W., Chronologie des Dritten Reiches. Ereignisse, Personen, Begriffe, Darmstadt 2003.

Lexika, Handbücher
Benz, Wolfgang, Graml, Hermann u. Weiß, Hermann (Hg.), Enzyklopädie des Nationalsozialismus, 5. Aufl., München 2007.
Benz, Wolfgang, Die 101 wichtigsten Fragen. Das Dritte Reich, 2. Aufl., München 2008.
Dülmen, Richard van (Hg.), Fischer Lexikon Geschichte, akt., vollst. überarb. und erg. Aufl., Frankfurt/M. 2003.
Goertz, Hans-Jürgen (Hg.), Geschichte. Ein Grundkurs, 3. rev. u. erw. Aufl., Reinbek 2007.
Gutjahr, Hans-Joachim (Hg.), Duden. Basiswissen Schule: Geschichte, 3., akt. Aufl., Berlin 2011.
Jordan, Stefan, Lexikon Geschichtswissenschaft. Hundert Grundbegriffe, Stuttgart 2010.
Kammer, Hilde/Bartsch, Elisabet, Lexikon Nationalsozialismus. Begriffe, Organisationen und Institutionen, 6. Aufl., Reinbek 2002.
Pleticha, Heinrich (Hg.), Geschichtslexikon. Daten, Fakten und Zusammenhänge, 5., akt. Aufl., Berlin 2004.
Hürten, Heinz (Hg.), Deutsche Geschichte in Quellen und Darstellung, Bd. 9: Weimarer Republik und Drittes Reich 1918–1945, Stuttgart 2000.
Echternkamp, Jörg, Die 101 wichtigsten Fragen. Der Zweite Weltkrieg, München 2010.

Methodentraining Geschichte
Bauer, Volker u. a. (Hg.), Methodenarbeit im Geschichtsunterricht, Berlin 1998.
Kolossa, Bernd, Methodentrainer Gesellschaftswissenschaften. Sekundarstufe II, Berlin 2000.
Rauh, Robert, Methodentrainer Geschichte Oberstufe. Quellenarbeit – Arbeitstechniken – Klausurentraining, Berlin 2010.

Theorie
Jäger, Wolfgang, Theoriemodule Geschichte Oberstufe, Berlin 2011.
Jordan, Stefan, Theorien und Methoden der Geschichtswissenschaft, Paderborn 2009.

Gesamtdarstellungen zur Weimarer Republik
Büttner, Ursula, Weimar – die überforderte Republik 1918–1933, Stuttgart 2010.
Kolb, Eberhard, Die Weimarer Republik, 7., durchges. und erw. Aufl., München 2010.
Marcowitz, Reiner, Weimarer Republik 1929–1933, 2. Aufl., Darmstadt 2009.
Mommsen, Hans, Aufstieg und Untergang der Republik von Weimar 1918–1933, 3. Aufl., Berlin 2009.

Gesamtdarstellungen zum Nationalsozialismus
Bauer, Kurt, Nationalsozialismus. Ursprünge, Anfänge, Aufstieg und Fall, Weimar 2008.
Brechtken, Magnus, Die nationalsozialistische Herrschaft 1933–1939, Darmstadt 2004.
Evans, Richard, Das Dritte Reich, 3 Bde., aus dem Englischen von Holger Fliessbach, Udo Rennert u. Martin Pfeiffer, München 2004–2009.
Hehl, Ulrich von, Nationalsozialistische Herrschaft, 2. Aufl., München 2001.
Herbst, Ludolf, Das nationalsozialistische Deutschland, Frankfurt/M. 1996.
Hildebrand, Klaus, Das Dritte Reich, 7. Aufl., München 2009.
Kershaw, Ian, Der NS-Staat. Geschichtsinterpretationen und Kontroversen im Überblick, 4., überarb. u. erw. Neuausgabe, Reinbek 2006.
Kißener, Michael, Das Dritte Reich, Darmstadt 2005.
Michalka, Wolfgang (Hg.), Deutsche Geschichte 1933–1945, Frankfurt/M. 1993.
Schmiechen-Ackermann, Detlef (Hg.), „Volksgemeinschaft": Mythos, wirkungsmächtige soziale Verheißung oder soziale Realität im „Dritten Reich"? Zwischenbilanz einer kontroversen Debatte, Paderborn 2012.
Süß, Dietmar/Süß, Winfried (Hg.), Das „Dritte Reich". Eine Einführung, 2. Aufl., München 2009.
Thamer, Hans-Ulrich, Der Nationalsozialismus, Stuttgart 2002.
Thamer, Hans-Ulrich u. Simone Erpel (Hg.), Hitler und die Deutschen. Volksgemeinschaft und Verbrechen, Dresden 2011.
Wehler, Hans-Ulrich, Deutsche Gesellschaftsgeschichte, Bd. IV: Vom Beginn des Ersten Weltkrieges bis zur Gründung der beiden deutschen Staaten 1914–1949, München 2003.
Wehler, Hans-Ulrich, Der Nationalsozialismus. Bewegung, Führerherrschaft, Verbrechen 1919 bis 1945, München 2009.
Wendt, Bernd-Jürgen, Deutschland 1933–1945, Hannover 1995.
Wildt, Michael, Geschichte des Nationalsozialismus, Göttingen 2008.

Probeklausur mit Lösungshinweisen

1. Fassen Sie nach einer quellenkritischen Einführung die Aussagen Leo Trotzkis (M 1) zusammen.
2. Erläutern Sie die Ausführungen Trotzkis zur Entwicklung in Deutschland im Jahr 1933.
3. Vergleichen Sie die Sichtweisen der Entwicklung in Deutschland im Jahr 1933 in Text (M 1) und Karikatur (M 2).
4. Nehmen Sie zu Trotzkis Darstellung eines „Führers von Volkes Gnaden" vor dem Hintergrund von Hitlers Aufstieg und des Führerkults in Deutschland Stellung.

M 1 „Porträt des Nationalsozialismus", Artikel von Leo Trotzki aus „Die Neue Weltbühne" vom 10. Juni 1933

Leo Trotzki (1879–1940), eigentlich Lew Dawidowitsch Bronstein, war ein russischer Politiker jüdischer Herkunft, der sich 1917 den Bolschewisten unter Lenin angeschlossen hatte und maßgeblich an der „Oktoberrevolution" beteiligt war. Nach der Machtübernahme der Bolschewiki bekleidete er wichtige politische Ämter. Im Kampf um die Nachfolge Lenins unterlag er Stalin und musste 1929 die Sowjetunion verlassen. Die Türkei gewährte ihm in den Jahren 1929 bis 1933 politisches Asyl. In dieser Zeit setzte er sich intensiv mit dem Nationalsozialismus auseinander. Unter dem Namen „Die Neue Weltbühne" erschien die „Weltbühne", eine demokratisch orientierte Wochenzeitschrift der bürgerlichen Linken, seit März 1933 in Prag.

Naive Leute glauben, die Königswürde stecke im König selbst, in seinem Hermelinmantel[1] und in der Krone, in seinem Fleisch und Bein. Der König ist nur darum König, weil
5 sich in seiner Person die Interessen und Vorurteile von Millionen Menschen widerspiegeln. Wenn dieses Verhältnis vom Strom der Ereignisse weggespült wird, erweist sich der König bloß als ein verbrauchter Herr mit her-
10 abhängender Unterlippe. [...]

Der Unterschied zwischen dem Führer von Gottes und dem von Volkes Gnaden ist der, dass dieser darauf angewiesen ist, sich selbst den Weg zu bahnen oder wenigstens
15 den Umständen zu helfen, ihn zu entdecken. Aber jeder Führer ist immer ein Verhältnis zwischen Menschen, ein individuelles Angebot auf eine kollektive Nachfrage. Die Erörterungen über die Persönlichkeit Hitlers sind
20 umso hitziger, je mehr man das Geheimnis seines Erfolges in ihm selbst sucht. Doch ist es schwer, eine andere politische Gestalt zu finden, die in einem solchen Maße Knoten unpersönlicher geschichtlicher Kräfte wäre.
25 Nicht jeder erbitterte Kleinbürger könnte ein Hitler werden, aber ein Stückchen Hitler steckt in jedem von ihnen.

Die Nazis geben ihrem Umsturz den usurpierten[2] Namen Revolution. In Wirklichkeit
30 lässt der Faschismus in Deutschland wie auch in Italien die Gesellschaftsordnung unangetastet [...]. Der deutsche wie der italienische Faschismus stiegen zur Macht über den Rücken des Kleinbürgertums, das sie zu ei-
35 nem Rammbock gegen die Arbeiterklasse und die Einrichtungen der Demokratie zusammenpressten. Aber der Faschismus, einmal an der Macht, ist alles andere als eine Regierung des Kleinbürgertums. Dem Fa-
40 schismus gelang es, [es] in den Dienst des Kapitals zu stellen. Solche Lösungen wie die Verstaatlichung der Trusts und die Abschaffung des „arbeits- und mühelosen Einkommens" waren nach Übernahme der Macht
45 mit einem Mal über Bord geworfen. Der Partikularismus[3] der deutschen Länder, der sich auf die Eigenarten des Kleinbürgertums stützte, hat dem politischen Zentralismus Platz gemacht, den der moderne Kapitalis-
50 mus braucht. Jeder Erfolg der nationalsozialistischen Innen- und Außenpolitik wird unvermeidlich Erdrückung des kleinen Kapitals durch das große bedeuten.

Das Programm der kleinbürgerlichen Illu-
55 sionen wird dabei nicht abgeschafft, es wird einfach von der Wirklichkeit abgetrennt und in Ritualhandlungen aufgelöst. Die Vereinigung aller Klassen läuft hinaus auf die Halbsymbolik der Arbeitsdienstpflicht und die
60 Beschlagnahme des Arbeitsfeiertages „zugunsten des Volkes". [...] Ist der Weg zur Hölle mit guten Vorsätzen gepflastert, so sind die Straßen des Dritten Reiches mit Symbolen ausgelegt.

Indem er das Programm der kleinbürger-
65 lichen Illusionen auf elende bürokratische Maskeraden reduziert, erhebt sich der Nationalsozialismus über die Nation als reinste Verkörperung des Imperialismus. Die Hoffnung darauf, dass die Hitlerregierung heute
70

oder morgen als Opfer ihres inneren Bankrotts fallen werde, ist völlig vergeblich. Das Programm war für die Nazis nötig, um an die Macht zu kommen, aber die Macht dient Hitler durchaus nicht dazu, das Programm zu erfüllen. Die gewaltsame Zusammenfassung aller Kräfte und Mittel des Volkes im Interesse des Imperialismus – die wahre geschichtliche Sendung der faschistischen Diktatur – bedeutet die Vorbereitung des Krieges; diese Aufgabe duldet keinerlei Widerstand von innen und führt zur weiteren mechanischen Zusammenballung der Macht. Den Faschismus kann man weder reformieren noch zum Abtreten bewegen. Ihn kann man nur stürzen. Der politische Weg der Naziherrschaft führt zur Alternative Krieg oder Revolution. Der erste Jahrestag der Nazidiktatur steht bevor. Alle Tendenzen des Regimes haben sich inzwischen klar und deutlich entfalten können. Die „sozialistische" Revolution, die den kleinbürgerlichen Massen die unentbehrliche der „nationalen" schien, wurde offiziell verdammt und liquidiert. Die Klassenverbrüderung gipfelt darin, dass – an einem eigens von der Regierung bestimmten Tag – die Reichen zugunsten der Armen auf Vor- und Nachtisch verzichten. Der Kampf gegen die Arbeitslosigkeit hat dazu geführt, dass man die halbe Hungerration noch einmal teilt. Alles Übrige ist Produkt der manipulierten Statistik. Die „geplante" Autarkie erweist sich als neues Stadium wirtschaftlichen Zerfalls.

Je weniger das Polizeiregime der Nazis ökonomisch leistet, desto größere Anstrengungen muss es auf außenpolitischem Gebiet unternehmen. Dies entspricht völlig der inneren Dynamik des durch und durch aggressiven deutschen Kapitals. Das Umschwenken der Naziführer auf Friedensdeklarationen kann nur Dummköpfe irreführen. Hitler hat kein anderes Mittel, die Schuld an inneren Schwierigkeiten auf äußere Feinde abzuwälzen und die Sprengkraft des Imperialismus unter dem Druck der Diktatur zu steigern.

Dieser Teil des Programms, der noch vor der Machtergreifung der Nazis offen angekündigt wurde, realisiert sich jetzt mit eiserner Logik vor den Augen der ganzen Welt. Die Zeit, die uns bis zur nächsten europäischen Katastrophe bleibt, ist befristet durch die deutsche Aufrüstung. Das ist keine Frage von Monaten, aber auch keine von Jahrzehnten. Wird Hitler nicht rechtzeitig durch innerdeutsche Kräfte aufgehalten, so wird Europa in wenigen Jahren neuerlich in Krieg gestürzt.

Leo Trotzki, Porträt des Nationalsozialismus, in: Schriften über Deutschland, hg. v. Helmut Dahmer, Bd. 2, Frankfurt/M. 1971, S. 571 ff.

1 Hermelin: Das weiße Winterfell des Hermelins galt als besonders wertvoll. Das Tragen eines Hermelinmantels wurde als das Vorrecht hoher weltlicher und kirchlicher Würdenträger erachtet und entwickelte sich zu einem Symbol der Macht.
2 usurpieren: widerrechtlich an sich reißen
3 Partikularismus: eigentlich politisches System, in dem das jeweils Untergeordnete gegenüber dem Übergeordneten an Bedeutung gewinnt; Anspielung auf die föderale Struktur der Weimarer Verfassung

M 2 „Und damit, meine Herrschaften, ist die Revolution beendet!" Karikatur aus dem „Neuen Vorwärts" vom 23. Juli 1933.
Die Wochenzeitung „Neuer Vorwärts" wurde seit dem 18. Juni 1933 vom Parteivorstand der SPD, der nach dem Parteienverbot und der beginnenden Verfolgung u. a. von SPD-Politikern nach Prag geflohen war, herausgegeben. Sie war die Exil-Ausgabe der SPD-Parteizeitung „Vorwärts" und erschien zur Zeit der Veröffentlichung der Karikatur in Karlsbad (Tschechoslowakei).

‚Und damit, meine Herrschaften, ist die Revolution beendet!

Lösungshinweise

Aufgabe 1
Formale Aspekte
Autor: Russischer Exilpolitiker Leo Trotzki (1879–1940); Anhänger der revolutionären Bewegung der Bolschewiki und führende Rolle in der „Oktoberrevolution"; ideologischer Gegensatz zum Nationalsozialismus
Textart: Vielschichtiger, analytisch-kritischer Zeitungsartikel in einer in Prag erscheinenden regimekritischen Wochenzeitschrift
Historischer Kontext: Im Juni 1933 erschienen, nur knapp fünf Monate nach der Ernennung Hitlers zum Reichskanzler am 30. Januar 1933; in diesem Zeitraum wurden wesentliche Maßnahmen für den Aufbau der nationalsozialistischen Diktatur getroffen
Thema: Unter der Überschrift „Porträt des Nationalsozialismus" Analyse des erfolgreichen Aufstiegs des Nationalsozialismus sowie der Ziele, Methoden und Gefahren nationalsozialistischer Politik

Inhaltliche Aspekte
– Die Legitimation eines Königs sei nur die Projektion von Vorurteilen und Interessen vieler, die sie in seinem Geblüt und seinen Insignien zu erkennen meinen. Ändere sich dies, so bleibe ein Mensch mit all seinen Schwächen übrig.
– Ein Führer, dessen Herrschaft auf dem Volkswillen und nicht auf einer sakralen Grundlage beruhe, sei jemand, in dem die Menschen die Befriedigung ihrer Bedürfnisse und Interessen verwirklicht sehen.
– Der Erfolg Hitlers sei nicht ihm selbst zuzuschreiben, sondern liege in überpersonalen geschichtlichen Kräften.
– Der Nationalsozialismus sei keine revolutionäre Bewegung, da er die gesellschaftlichen Strukturen nicht verändert habe.
– Die Unterstützung des gegen Arbeiterklasse und Demokratie eingestellten Kleinbürgertums habe den Aufstieg des Nationalsozialismus ermöglicht. Allerdings habe die nationalsozialistische Regierung ihre wirtschaftlichen und sozialen Wahlversprechen an das Kleinbürgertum nicht eingelöst. Eine Umstrukturierung der Gesellschaft habe nicht stattgefunden. Der zentral gelenkte nationalsozialistische Einheitsstaat verfolge die Interessen des Großkapitals. Die Hoffnungen der Kleinbürger würden durch symbolische Akte und Riten überformt.
– Die eigentliche Zielsetzung des NS-Regimes bestehe im Erringen der totalen Macht zur Vorbereitung des Krieges. Der Imperialismus wohne dem Faschismus als treibende Kraft inne. Als Gegenmaßnahme sei nur der Sturz des Regimes möglich.
– Die ökonomische Situation habe sich weiter verschlechtert, was durch gefälschte Statistiken verschleiert werde.
– Die fehlenden ökonomischen Erfolge müsse die nationalsozialistische Regierung, die den Charakter eines Polizeiregimes trage, durch außenpolitische Aggressivität auf der Suche nach Sündenböcken kompensieren. Sämtliche Friedensbeteuerungen Hitlers seien Heuchelei und Lüge.
– Hinweise auf diese aggressive und militante Zielsetzung des Nationalsozialismus habe es schon vor der Regierung Hitler gegeben. Jetzt würden sie offen umgesetzt. Die Entfesselung eines Krieges sei nach der erfolgten deutschen Aufrüstung nur noch eine Frage der Zeit. Verhindert werden könne die Katastrophe nur durch eine Revolution in Deutschland. Die Wahl bestehe folglich nur zwischen Krieg oder Revolution.

Aufgabe 2
Vorbemerkung zur Aufgabe
Der Arbeitsauftrag verlangt, die für die Bearbeitung relevanten Textstellen zu erkennen und die darin enthaltenen historischen Bezüge zu erläutern.

Lösungshinweise:
Z. 28 ff.: Ursachen und Hintergründe der Ernennung Hitlers zum Reichskanzler am 30. Januar 1933 durch Hindenburg in einem Kabinett der „nationalen Konzentration"
Z. 45 ff.: Beseitigung der föderalen Struktur der Weimarer Republik auf der Grundlage der „Verordnung zum Schutz von Volk und Staat" (Artikel 2, 3 und 4) vom 28. Februar 1933 und „Gleichschaltung" der Länder
Z. 54–64: Schaffung einer pseudoreligiösen Form eines politischen Massenkults durch Rituale wie Fackelzüge, Fahnenappelle, Hitlergruß, gemeinsame Feierstunden an den

neuen Festtagen wie dem 1. Mai – als „Feiertag der nationalen Arbeit" seit April 1933 gesetzlicher Feiertag – und Symbole wie Hakenkreuz, Fahne; „Tag von Potsdam" am 21. März 1933; Gründung der DAF im Mai 1933 als praktische Umsetzung der Volksgemeinschaft; Bündel von staatlichen Maßnahmen zur Ankurbelung der Konjunktur und Bekämpfung der Arbeitslosigkeit v. a. zwischen Mai und September 1933 („Reinhardt-Programm") mit einer Milliarde an Staatsmitteln; Bildung eines freiwilligen Arbeitsdienstes

Z. 37 ff., 72 ff., 101 ff.: Gegenüberstellung einzelner Aspekte des 25-Punkte-Programms der NSDAP vom 24. Januar 1920 hinsichtlich der gesellschaftspolitischen und sozialen Forderungen mit der historischen Realität in der ersten Hälfte des Jahres 1933; Vorzugsstellung der Industrie aufgrund der Priorität der Aufrüstung; umstrittene Rolle der Zuwendungen durch Großindustrielle an die NSDAP

Z. 72–88, 108 ff., 122 ff.: Bezüge zur Ambivalenz der NS-Außenpolitik; Diskrepanz der nationalsozialistischen Lebensraumideologie sowie des Austritts aus dem Völkerbund mit den sogenannten Friedensreden Hitlers, z. B. im Mai 1933; Verknüpfung der Maßnahmen zur Arbeitsbeschaffung mit der Aufrüstung

Z. 95 ff.: NS-Wohlfahrtseinrichtungen: Solidaraktionen mit der „Volksgemeinschaft"

Z. 99 ff.: immenser Erfolgsdruck der NS-Regierung im Hinblick auf den Abbau der acht Mio. Arbeitslosen; Manipulation der Statistik, z. B. durch Auswirkungen der Ehestandsdarlehen; Umlenken der Bedürfnisse der Bevölkerung

Z. 81 ff., 91 ff.: Erläuterung wesentlicher Maßnahmen zum Aufbau des Führerstaates Z. 108 ff.: uniformierte Parteimitglieder; Aufstellung einer Hilfspolizei aus SA, SS und Stahlhelmverbänden; Verhaftungswelle nach dem Reichstagsbrand und „Schutzhaft"; Errichtung von Konzentrationslagern seit Ende Februar; Einsatz von SA-Einheiten bei der Abstimmung des Reichstags über das „Ermächtigungsgesetz"; Zentralisierung der „Politischen Polizei" der Länder als Gestapo durch Himmler seit dem Frühjahr 1933

Aufgabe 3
Vorbemerkung zur Aufgabe
Der Operator „vergleichen" verlangt eine vergleichende Darstellung zu Ähnlichkeiten und Unterschieden von Sachverhalten. Da die Aufgabenstellung sehr allgemein gehalten ist, muss zu Beginn des Vergleichs dessen mögliche Grundlage erarbeitet werden. Da M2 mit dieser Aufgabe erstmals angesprochen wird, ist es auch notwendig, dass Sie die Karikatur zunächst einmal vorstellen und knapp beschreiben.

Vorstellung und Beschreibung von M 2:
Es handelt sich um eine Karikatur aus der SPD-Exilzeitung „Neuer Vorwärts" von dem Karikaturisten Trapp vom 23. Juli 1933, die in Form eines Schattenrisses konzipiert ist. Dargestellt ist eine Zirkusszene. Der Dompteur rechts im Vordergrund trägt einen schwarzen Frack mit Hakenkreuz am Revers, weißes Hemd mit Fliege, weiße Hose und schwarze Stiefel. Er hält den Zylinder in seiner rechten Hand und verbeugt sich vor dem Publikum. Haartracht und Gesichtszüge identifizieren ihn als Adolf Hitler. Hinter ihm liegt ein Mann mit zerrissener Kleidung am Boden, den der Dompteur offenbar soeben gebändigt hat. Er hat eine eiserne Fessel um den Hals, von der eine Kette ausgeht, die von drei Männern im Hintergrund gehalten wird; zwei von diesen tragen schwarze Anzüge und Zylinder, einer scheint einen Trachtenhut und eine karierte Hose zu tragen. Dieser und einer der beiden anderen Männer haben gerade die rechte Hand zum „Deutschen Gruß" erhoben.

Vergleich von M 1 und M 2:
Gemeinsam ist M 1 und M 2, dass sie sich aus einer politisch linken Perspektive mit dem Anspruch der Nationalsozialisten beschäftigen, in Deutschland eine Revolution durchgeführt zu haben. Beide sind zudem nahezu gleichzeitig in der Tschechoslowakei erschienen.

M 2 hat dabei eher beschreibenden Charakter: Hitler, der als „Dompteur" das durch den am Boden liegenden Mann symbolisierte Deutschland mithilfe von Machtergreifung und Gleichschaltung unter seine Kontrolle gebracht hat, erklärt danach die „Nationale Revolution" für beendet. Auch

Trotzki spricht dieses für die Nationalsozialisten positive Ergebnis an und charakterisiert die NS-Herrschaft als „Polizeiregime" (Z. 105), was der Interpretation der Karikatur sehr nahe kommt. Allerdings akzeptiert Trotzki nicht den von den Nazis gewählten Revolutionsbegriff und spricht vom „usurpierten Namen Revolution" (Z. 28 f.), geht also kritischer als die Karikatur damit um.

Die Kritik der Karikatur besteht vor allem darin, dass sie Hitler vorhält, er habe seinen „Sieg" gar nicht selbst errungen, sondern von bestimmten Kreisen wesentliche Unterstützung erhalten; die Kette des „gebändigten" Deutschland wird gehalten von zwei Zylinderträgern (die wohl das Großkapital repräsentieren) und einem Trachtenträger (der vermutlich die konservativ-nationalen Kreise Deutschlands repräsentiert). Der Aspekt, dass Hitler sich in den Dienst des Großkapitals gestellt habe, wird auch von Trotzki mehrfach kritisch angesprochen (Z. 39 ff., 95 ff., 108 f.). Er thematisiert darüber hinaus auch die Zukunft des Regimes, dessen Ende er nur durch einen Krieg oder eine nunmehr im sozialistischen Sinne verstandene Revolution für möglich hält. M 1 und M 2 sind sich in ihrer Beurteilung der Ereignisse in Deutschland 1933 also weitgehend einig, Trotzki geht aber in seiner Bewertung in mehrfacher Hinsicht über das in der Karikatur Thematisierte hinaus.

Zusätzlicher Hinweis:
Die Lösungshinweise zu dieser Aufgabe gehen von einer Zuordnung des Operators „vergleichen" zum Anforderungsbereich II aus, wie dies z. B. in Niedersachsen der Fall ist. In einer Reihe von Bundesländern ist der Operator demgegenüber dem Anforderungsbereich III zugeordnet und erfordert dann auch zusätzlich eine Beurteilung. Diese wäre zu leisten, indem Sie z. B. diskutieren, welche der beiden Darstellungen die Ereignisse angemessener oder umfassender in ihrem Wesensgehalt erfasst. Zudem ist es möglich, den Revolutionsbegriff aufzunehmen und zu beurteilen, ob Trotzkis Bezeichnung der Ereignisse als „usurpierte" Revolution noch haltbar ist; dabei wäre etwa Hans-Ulrich Wehlers Definition der „totalitären Revolution" anzuführen, die von der Karikatur im Grundsatz gestützt wird.

Aufgabe 4
Lösungshinweise:
Die Aufgabenstellung verlangt eine kritische Auseinandersetzung mit den Aussagen Trotzkis in den Zeilen 11–27. Nach der Bearbeitung des Kursheftes sind Ihnen unterschiedliche Forschungsfragen und -perspektiven vertraut, z. B. die Frage „Wie war Hitler möglich?". Auf diesem Hintergrund können Sie die Aussagen Trotzkis zu einem „Führer von Volkes Gnaden" in den Zeilen 11 f. und die Deutung Hitlers als „Knoten unpersönlicher geschichtlicher Kräfte" (Z. 23 f.) mit dem persönlichen und politischen Werdegang Hitlers sowie mit den politischen, sozialen und wirtschaftlichen Bedingungen, d. h. den „realen" Kräften, die seinen Aufstieg begünstigt und ihm den Weg zur Kanzlerschaft geebnet haben, kontrastieren. Es bietet sich weiterhin an, dass Sie in Anlehnung an die Definition Max Webers die Inszenierung der „charismatischen Herrschaft" Hitlers reflektieren. Argumente für die Diskussion sind Ihnen aus der Forschungskontroverse zwischen Wehler und Herbst bekannt (S. 59 ff.). Während Wehler die Hitler-Diktatur als „charismatische Herrschaft" und „Konsensstaat" verstanden wissen will, bei der Hitler dank seines rhetorischen Talents die deutsche Bevölkerung in seinen Bann gezogen und eine nahezu totale Zustimmung für seine Politik erzielt habe, verweist Herbst die Vorstellung eines „charismatischen Führers" in das Reich der Legenden. Diese Legende sei von Hitler zusammen mit einem kleinen Kreis von Gefolgsleuten entworfen worden, um die messianischen Erwartungen in der Bevölkerung für die NSDAP zu instrumentalisieren.
Die Angemessenheit der beiden Positionen sollten Sie auf der Grundlage Ihrer Vorkenntnisse erörtern. Hier wäre z. B. zu hinterfragen, ob Herbst dem propagandistischen Geschick Hitlers und der NSDAP zu wenig Gewicht beimisst und ob „charismatischer Führerstaat" und polykratische Herrschaftsstrukturen polarisierende Alternativen darstellen bzw. ob Wehlers Sichtweise strukturalistische Bedingungen vernachlässigt. Wehlers Sichtweise einer nationalsozialistischen Säkularreligion weist Ähnlichkeiten mit der Projektionstheorie Trotzkis auf. Einen reizvollen Diskussionsansatz bieten auch die Zeilen 25 ff.

Zeittafel

1914–1918	Erster Weltkrieg
1918	November-Revolution: **Ausrufung der Republik**, Ende der Monarchie in Deutschland (9. Nov.)
1919	Unterzeichnung des Versailler Vertrags durch Deutschland (28. Juni)
1919–1923	Krisenjahre der Weimarer Republik
1920	25-Punkte-Programm der NSDAP
1924–1929	Phase der „relativen Stabilisierung" der Weimarer Republik
1929	Börsenkrach in New York (Okt.): Beginn der Weltwirtschaftskrise
1933	30.1.: **Ernennung Hitlers zum Reichskanzler**
	28.2.: Reichstagsbrandverordnung
	24.3.: Ermächtigungsgesetz
	7.4.: „Gesetz zur Wiederherstellung des Berufsbeamtentums"
	14.7.: „Gesetz gegen die Neubildung von Parteien"
	20.7.: Reichskonkordat zwischen Deutschland und dem Vatikan
	Okt.: Austritt Deutschlands aus dem Völkerbund
1934	20.1.: „Gesetz zur Ordnung der nationalen Arbeit"
1935	März. Einführung der allgemeinen Wehrpflicht
	Sept.: „**Nürnberger Gesetze**"
1936	März: Einmarsch in das entmilitarisierte Rheinland
	Aug.: Olympiade in Berlin
	Okt.: Antikominternpakt Deutschland – Japan (1937 tritt auch Italien bei)
1936–1939	Spanischer Bürgerkrieg
1938	März: Deutsche Truppen besetzen Österreich, das als „Ostmark" dem Deutschen Reich eingegliedert wird
	Sept.: **Münchener Abkommen**
	9./10.9.: **Novemberpogrom** gegen Juden in Deutschland
1939	15.3.: Deutsche Truppen besetzen Tschechien, das als „Protektorat Böhmen und Mähren" dem Deutschen Reich eingegliedert wird
	Aug.: Hitler-Stalin-Pakt
	1. Sept.: Überfall deutscher Truppen auf Polen: **Beginn des Zweiten Weltkriegs**
	Beginn der Massenmorde und der „Euthanasie"
1940	April: Deutsche Truppen besetzen Dänemark, Norwegen und die Niederlande (Mai)
	Mai–Juni: Feldzug gegen Frankreich
1941	22.6.: Deutsche Truppen überfallen die Sowjetunion
	1. Sept.: Einführung des Judensterns im Deutschen Reich
	11.12.: Das Deutsche Reich erklärt den USA den Krieg
1942	20.1.: **Wannsee-Konferenz**
1943	(Nov./Dez.): Alliierte Kriegskonferenz in Teheran
1944	20.7.: Gescheitertes Attentat auf Hitler
1945	7./9.5.: **Bedingungslose Kapitulation** des Deutschen Reiches

Begriffslexikon

Anti-Hitler-Koalition: informelles Zweckbündnis zwischen den USA, Großbritannien und der UdSSR mit dem Ziel, Hitler zu besiegen; trotz der Spannungen zwischen Großbritannien und der UdSSR kam es ab 1941 zur Zusammenarbeit zwischen den „Großen Drei"; auf mehreren Konferenzen während des Krieges (Moskau und Teheran 1943; Dumbarton Oaks 1944; Jalta 1945) stimmten die drei Alliierten ihr militärisches Vorgehen ab und berieten darüber, wie Deutschland nach dem Krieg behandelt werden sollte.

Antisemitismus: Ablehnung oder Bekämpfung von Juden aus rassischen, religiösen oder sozialen Gründen. Der Begriff wurde im Jahre 1879 als pseudowissenschaftlicher Begriff geprägt, um sich von der religiös motivierten Judenfeindschaft (Antijudaismus) abzugrenzen. Er bezeichnet Ablehnung und Feindschaft gegenüber den Semiten, einer historischen Sprachfamilie, die neben hebräischen auch afrikanische und arabische Völker umfasst. Der Begriff ist daher nicht trennscharf. Judenfeindschaft gab es schon in der Antike und im Mittelalter. In der zweiten Hälfte des 19. Jh. entwickelte sich ein rassisch begründeter Antisemitismus, mit dem gesellschaftliche Konflikte auf die Juden als Feindbild übertragen wurden. In der NS-Ideologie bildete der Antisemitismus ein zentrales Element. Das NS-Regime setzte seinen Rassen-Antisemitismus systematisch bis zum Völkermord um.

Appeasement: s. S. 157.

„Arier": s. S. 14.

Autarkie: (griech. *autárkeia* = Selbstgenügsamkeit, Selbstständigkeit), in der Ökonomie ein Zustand, in dem eine Nationalwirtschaft sämtliche Güter und Waren durch eigene Ressourcen und Produktion abdeckt und so von Importen unabhängig ist. Die Autarkie als wirtschaftliche Unabhängigkeit war Teil des NS-Vierjahresplans, wurde aber nie komplett erreicht.

Bekennende Kirche: oppositioneller Zusammenschluss von Pfarrern und Gemeindemitgliedern. Der Grundgedanke war, dass das christliche Bekenntnis nicht mit nationalsozialistischem Rassismus, kriegerischem Nationalismus und Führerkult vereinbar war. Vor allem sollten die kirchlichen Freiheiten verteidigt und die Autorität der Schrift sowie des unverfälschten Glaubens gewahrt werden.

Bolschewismus: im weiteren Sinne gleichbedeutend mit Kommunismus. Der Name leitet sich ab von „Bolschewiki" (= Mehrheitler), den radikalen sozialistischen Anhängern Lenins in Russland, die sich 1903 für Lenin und die von ihm begründete revolutionäre Taktik entschieden hatten. Nach Lenins Theorie braucht eine revolutionäre Partei eine Avantgarde, die einen politischen Führungsanspruch erhebt. Die Bolschewiki (und entsprechend später die kommunistischen Parteien) verstanden sich als Kaderpartei, d. h. als streng von oben nach unten gegliederte Organisation, die in allen gesellschaftlichen Gruppen (Gewerkschaften, Jugend-, Kulturverbänden usw.) leitende Funktionen übernimmt, um die Massen für den Sozialismus zu gewinnen bzw. zu erziehen.

Demokratie: (griech. *demokratia* = Herrschaft des Volkes), Regierungsform, in der der Wille des Volkes ausschlaggebend ist. Die *direkte Demokratie* beruht auf der unmittelbaren Teilhabe der Bürger an den politischen Entscheidungen, sie setzt damit Überschaubarkeit der Bevölkerungszahl, des Staatsgebietes und der politischen Probleme voraus. Die moderne Form der Demokratie entwickelte sich in den europäischen Nationalstaaten als mittelbare oder *repräsentative Demokratie*, d. h., die Herrschaft wird nicht direkt vom Volk ausgeübt, sondern durch vom Volk gewählte Repräsentanten, die Abgeordneten. Kennzeichen der modernen freiheitlichen Demokratie sind: Garantie der Menschenrechte, allgemeines, gleiches, geheimes und freies Wahlrecht, Gewaltenteilung, Parlamente, Mehrparteiensystem, Minderheitenschutz.

Deutscher Sonderweg: s. S. 207 f.

Diktatur: ein auf Gewalt beruhendes, uneingeschränktes Herrschaftssystem eines Einzelnen, einer Gruppe oder Partei. In modernen Diktaturen ist die Gewaltenteilung aufgehoben; alle Lebensbereiche werden staatlich überwacht; jegliche Opposition wird unterdrückt. Typische Merkmale von Diktaturen im 20. Jh. sind staatliche Propaganda mit Aufbau von Feindbildern sowie Abschaffung der Meinungs- und Pressefreiheit; politische Machtmittel sind die Androhung und/oder die Ausübung von Terror und Gewalt. Beispiele für Diktaturen sind der Nationalsozialismus in Deutschland, der Stalinismus in der Sowjetunion, die Alleinherrschaft Francos in Spanien oder die Herrschaft der SED in der DDR. Wird die uneingeschränkte Staatsgewalt durch Befehlshaber der Streitkräfte ausgeübt, spricht man von einer Militärdiktatur (Junta).

„Euthanasie": s. S. 133.

„Führerprinzip": Im weiteren Sinne ist ein Führer jemand, der eine Gruppe von Menschen leitet. Im 20. Jh. ist die historische Bedeutung von Führer, Führerprinzip und Führerstaat untrennbar verbunden mit den Diktaturen des Faschismus (Benito Mussolini in Italien), insbesondere des Nationalsozialismus und der Person Adolf Hitlers. Der Führer vereint in sich die oberste vollziehende, gesetzgebende und richterliche Gewalt und kennt keine Gewaltenteilung; er bedarf keiner Legitimation und verlangt unbedingten Gehorsam. Seine Person wird fast kultisch verehrt. Der Führerstaat funktioniert nach dem Führerprinzip: Autorität wird in der Staats- und Parteiorganisation von oben nach unten ausgeübt, Verantwortung von unten nach oben verlagert. Das Führerprinzip wird ergänzt durch die Ideologie der → Volksgemeinschaft.

Holocaust: bez. die Vernichtung der europäischen Juden durch die Nationalsozialisten. Lange Zeit sprach man von „Endlösung", nahm dabei aber einen Begriff auf, der von den für die „Judenfrage" verantwortlichen Nationalsozialisten gebraucht worden war. Dann kam das Wort „Holocaust" auf, ein griechischer Begriff, der den Vorteil hat, die Einzigartigkeit zu vermitteln. Sein Gebrauch beruht allerdings auf einer Sinnentstellung. In der Bibel stellt der Holocaust ein vollkommenes Brandopfer dar; der Opfernde war ein Priester, das Opfer war Gott geweiht und es war vollkommen, weil das ganze Opfertier verbrannt und kein Teil für den Priester oder den Opfernden zurückbehalten wurde. Die Verwendung des Begriffs „Shoah" bedeutet den Rückgriff auf ein hebräisches Wort, das zudem die Einzigartigkeit des Geschehens zum Ausdruck bringt. Die Wortwurzel bedeutet Nichtexistenz, das Nichts, und in der Bibel (Buch Hiob III, I) entspricht es der Idee der Verheerung, der absoluten Leere oder totalen Zerstörung.

Konzentrationslager: s. S. 56.

„Kreisauer Kreis": weltanschaulich breit gefächerter Gesprächskreis, in dem hohe Offiziere, Diplomaten, Christen und Sozialdemokraten u. a. über eine Staats- und Gesellschaftsordnung nach der erwarteten Niederlage des NS-Staates diskutierten. Benannt wurde diese Gruppierung nach dem schlesischen Landgut Kreisau von Helmuth James Graf von Moltke.

„Lebensraumpolitik": s. S. 15.

„Machtergreifung": Begriff aus der nationalsozialistischen Propagandasprache. Er beschreibt selbstverherrlichend die auf Druck der konservativen Eliten erfolgte Ernennung Adolf Hitlers zum Reichskanzler am 30. Januar 1933; tatsächlich ist eher von einer Machtübertragung zu sprechen.

Monokratie: Alleinherrschaft, Herrschaft eines Einzelnen (Gegensatz: → Polykratie).

Münchener Abkommen: am 29. Sept. abgeschlossener und am 30. Sept. 1938 unterzeichneter Vertrag zwischen dem Deutschen Reich, Großbritannien, Frankreich und Italien, der die Tschechoslowakei zwang, überwiegend von Deutschen bewohnte Gebiete Böhmens (Sudetenland) an Deutschland abzutreten (3,63 Mio. Einwohner = 25 Prozent der Bevölkerung der ČSR), darüber hinaus aber eine Bestands- und Sicherheitsgarantie für die Tschechoslowakei enthielt, die von Hitler bereits im Frühjahr 1939 gebrochen wurde.

Nationalsozialismus: Bez. für die nach dem Ersten Weltkrieg in Deutschland aufkommende rechtsradikale Bewegung, die auf einem extremen Nationalismus, Rassismus und Expansionismus beruhte und die deutsche Ausprägung des Faschismus darstellte. Der Nationalsozialismus bekämpfte wie andere faschistische Bewegungen (z. B. in Italien unter Benito Mussolini 1922–1943) alle individuellen und demokratischen Freiheiten, die seit der Französischen Revolution erkämpft worden waren. Die besondere ideologische Bedeutung der expansionistischen „Lebensraumpolitik" und der „Rassenlehre" mit der Übersteigerung des „germanischen Herrenmenschen", der Antisemitismus und der Aufbau eines umfassenden Propaganda und Vernichtungsapparates heben ihn von anderen faschistischen Bewegungen ab.

Nürnberger Prozess: Prozess der Alliierten gegen die Hauptkriegsverbrecher, die sich für die Planung und Führung von Angriffskriegen, Kriegsverbrechen und Verbrechen gegen die Menschlichkeit verantworten sollten. Der Prozess fand vom 20. Nov. 1945 bis zum 1. Okt. 1946 vor dem Internationalen Militärtribunal (IMT) in Nürnberg statt. Gegen 24 Politiker, Beamte, Funktionäre der NSDAP und Generäle wurden zwölf Todesurteile (u. a. gegen Göring, Frick, Ribbentrop und Bormann [in Abwesenheit]) verhängt, sieben Angeklagte wurden zu lebenslanger Haft verurteilt (u. a. Heß), einer (Krupp) zu zwölf Jahren, einer (Dönitz) zu zehn Jahren Haft; drei wurden freigesprochen. SS, Gestapo, SD und Führerkorps der NSDAP (bis zum Ortsgruppenleiter) wurden für verbrecherisch erklärt. 1946 bis 1948 folgten dem IMT zwölf weitere Verfahren gegen 177 Angeklagte vor US-Militärgerichten in Nürnberg.

Pogrom (russisch für Verwüstung, Zerstörung, Krawall): s. S. 116.

Polykratie: bedeutet wörtlich „Vielherrschaft". Mit Blick auf die NS-Herrschaft will der Begriff sagen, dass das NS-Herrschaftsgefüge grundsätzlich nicht mehr einen Staat im modernen Sinne darstellte, sondern eine Herrschaft der Gesetzlosigkeit. Soziologisch war die deutsche Gesellschaft nach dieser Vorstellung in vier festgefügte, zentralisierte Gruppen organisiert, deren Chefs jeweils einen Interessenkompromiss zum gegenseitigen Nutzen aushandelten: die NS-Bewegung, die hohe Bürokratie, die Wehrmacht und die Monopolwirtschaft.

„Rassenlehre": bez. die pseudo-wissenschaftliche Anwendung der biologischen Unterscheidung von menschlichen Gruppen ähnlicher erblicher Merkmale (z. B. der Hautfarbe) auf das gesellschaftlich-politische Leben; dabei wird die Höher- bzw. Minderwertigkeit verschiedener „Rassen" unterstellt. Der auf das 19. Jh. zurückgehende Rassismus (Sozialdarwinismus) erfuhr im nationalsozialistischen Antisemitismus mit der systematischen Verfolgung und Vernichtung der Juden seine bisher fürchterlichste Konsequenz.

Rechtsstaat: ein Staat, in dem die Staatsgewalt mit allen staatlichen Organen, die Grundrechte und die individuelle Rechtssicherheit durch die Verfassung und die unabhängige Rechtsordnung festgelegt, kontrolliert und garantiert werden. Grundlage eines Rechtsstaates ist die Überprüfbarkeit jeglicher Staatsgewalt durch die Gerichte (Verwaltungsgerichtsbarkeit) und die Bindung der Rechtsprechung an die Verfassung.

SS-Staat: s. S. 56.

„Schutzhaft": beschönigende NS-Bezeichnung für zumeist unrechtmäßige Inhaftierung in Konzentrationslagern (ab 1933), durch SA und SS als Instrument des Terrors gegen „Volksfeinde" eingesetzt.

Totalitarismus: in der politikwissenschaftlichen Theorie eine Form der Diktatur, die dem Anspruch nach in alle sozialen Lebensbereiche einwirken und einen neuen Menschen nach einer bestimmten Ideologie schaffen soll. Typisch dafür sind Massenveranstaltungen und ein umfassendes Eindringen und Einwirken der Staatsideologie in Gesellschaft und Privatleben. Der Begriff ist in der Forschung umstritten.

Vergangenheitsbewältigung: Auseinandersetzung und Aufarbeitung der Geschichte des Nationalsozialismus durch Wissenschaftler unterschiedlicher Fachrichtungen sowie Journalisten und Schriftsteller. Im Vordergrund der Vergangenheitsbewältigung steht neben der Erforschung der NS-Vergangenheit auch die Frage von Gedenktagen und der Erinnerungskultur. Hinzu tritt die juristische und strafrechtliche Auseinandersetzung mit den Verbrechen des NS-Regimes. Nicht zuletzt zählen auch die Wiedergutmachungsleistungen und Entschädigungszahlungen an die Opfer des Holocaust zur Vergangenheitsbewältigung.

Versailler Vertrag: im Juni 1919 von Außenminister Hermann Müller in Versailles (bei Paris) unterzeichnet (1920 in Kraft); Inhalt: Alle Kolonien, Elsass-Lothringen, Danzig, das Memelland, der polnische „Korridor" sind abzutreten, nach Abstimmungen auch Eupen-Malmedy, Nordschleswig, Teile Oberschlesiens; Saargebiet wird besetzt; Reparationen (Höhe noch offen); Heeresgröße auf 100 000 Mann festgelegt (Marine 15 000); Verbot, Österreich als Teil des Reiches zu integrieren; Festschreibung der Kriegsschuld Deutschlands. Folgen: In Deutschland muss die Demokratie für die Folgen des gescheiterten Kaiserreiches eintreten.

„Volksgemeinschaft": Nach der Ideologie des Nationalsozialismus bestimmten nicht Interessen- oder Klassengegensätze Staat und Gesellschaft, sondern die Gemeinschaft, die sich dem Willen eines Führers unterordnet; die „Volksgemeinschaft" wurde als die einzige „natürliche" Lebensordnung im Staat ausgegeben. Das Prinzip der Volksgemeinschaft diente einerseits der Rechtfertigung des Verbots von Interessenorganisationen, beispielsweise von Gewerkschaften, und aller Parteien außer der NSDAP. Andererseits diente es der Verfolgung von politischen Gegnern und Minderheiten.

„völkisch": s. S. 14.

Personenlexikon

Adenauer, Konrad (1876–1967), von den Nationalsozialisten 1933 als Oberbürgermeister von Köln abgesetzt, mehrfach interniert, 1946 erster Vorsitzender der neu gegründeten Partei CDU, 1949 zum ersten Kanzler der Bundesrepublik Deutschland gewählt, Okt. 1963 Rücktritt *197 f.*

Beck, Ludwig (1880–1944), General, Widerstandskämpfer, Okt. 1938 wg. Kritik an Hitlers Kriegsvorbereitung Abschied aus dem Militär, von den Verschwörern des 20. Juli 1944 als Staatsoberhaupt vorgesehen *185*

Bismarck, Otto von (1815–1898), 1871–1890 dt. Reichskanzler *59, 152, 209, 211*

Bormann, Martin (1900–1945), Stabsleiter des Stellvertreters des Führers Rudolf Heß, 1941 Heß' Nachfolger, 1943 Sekretär des Führers, 1945 verschollen, 1946 in Nürnberg in Abwesenheit zum Tode verurteilt, seine Leiche wurde 1972 identifiziert, B. war im Mai 1945 in Berlin gestorben *123*

Brecht, Bertolt (1898–1956), dt. Schriftsteller, seit 1933 im Exil *34*

Brüning, Heinrich (1885–1975), Zentrumspolitiker, dt. Reichskanzler 1930–1932, regierte mit Notverordnungen *23*

Chamberlain, Arthur Neville (1869–1940), brit. Premierminister 1937–1940 *157, 162*

Duesterberg, Theodor (1875–1950), Führungsmitglied des Stahlhelms 1924–1933, 1934 KZ-Haft, 1943 im Widerstandskreis um Goerdeler *32*

Elser, Johann Georg (1903–1945), Schreiner, Attentat auf Hitler am 8. Nov. 1938, April 1945 im KZ erschossen *186*

Franco, Francisco (1892–1975), span. General, regierte 1936–1975 als Diktator eines klerikalfaschistischen Systems *126, 156, 162*

Frank, Hans (1900–1946), 1923 zur NSDAP, Teilnahme am Hitler-Putsch 1923, bayr. Justizminister 1933/34, Generalgouverneur im besetzten Polen, dort einer der Hauptverantwortlichen der Gewalttaten von SS und Polizei, verlor 1942 die Gunst Hitlers, 1946 in Nürnberg hingerichtet *18, 138, 176*

Frick, Wilhelm (1877–1946), 1923 Teilnahme am Hitler-Putsch, 1933 Reichsinnenminister, an antisemitischen Gesetzen beteiligt, durch Übertragung der Polizeihoheit von den Ländern auf das Reich Schaffung der Grundlage für die Allmacht der SS, 1943 Reichsprotektor in Böhmen und Mähren, 1946 in Nürnberg hingerichtet *38, 188*

Galen, Clemens August Graf von (1878–1946), seit 1933 kath. Bischof von Münster, zunächst schwankende Einstellung zum NS, wandte sich aber ab 1933 gegen Übergriffe im kirchlichen Bereich und predigte öffentlich gegen die „Euthanasie"-Aktionen, nach 1945 Kardinal *137, 185*

Gaulle, Charles de (1890–1970), frz. General, Politiker, 1940 Exil in London, 1943 Chef der frz. Exilregierung, 1945/46 provisorisches Staatsoberhaupt, Präsident der Republik 1958 bis 1969 *169*

Goebbels, Joseph (1897–1945), 1926 NSDAP-Gauleiter Berlin, seit 1930 Reichspropagandaleiter der NSDAP, 1933 Reichspropagandaminister, 1944 Bevollmächtigter für den totalen Kriegseinsatz, Selbstmord mit seiner Frau im Führerbunker der Reichskanzlei, zuvor Vergiftung seiner sechs Kinder *36, 52, 70, 91, 122, 145, 165, 171, 178*

Goerdeler, Carl-Friedrich (1884–1945), 1930 Leipziger Oberbürgermeister, 1935 Rücktritt als Reichskommissar für die Preisüberwachung, 1937 als Oberbürgermeister, politischer Kopf des bürgerlichen Widerstands, nach dem gescheiterten Attentat vom 20. Juli 1944 hingerichtet (1945) *61, 185, 192*

Göring, Hermann (1893–1946), 1923 Teilnahme am Hitler-Putsch, 1932 Reichstagspräsident, 1933 Reichsminister für Luftfahrt, 1936 Beauftragter für den Vierjahresplan, 1938 Feldmarschall, im Sept. 1939 zum Nachfolger Hitlers bestimmt, 1940 Reichsmarschall, zu Beginn des Russlandfeldzugs 1941 mit allen Kompetenzen zur wirtschaftlichen Ausbeutung der besetzten Gebiete ausgestattet, entzog sich in Nürnberg der Hinrichtung durch Gift *46 f., 52, 63, 80, 117, 123, 134*

Herzog, Roman (geb. 1934), Professor für Staatslehre und Politik, Vizepräsident des Bundesverfassungsgerichts in Karlsruhe, Mai 1994–1999 Bundespräsident der Bundesrepublik Deutschland *201, 203*

Heß, Rudolf (1894–1987), beeinflusst von der Thule-Gesellschaft, 1920 zur NSDAP, 1923 Teilnahme am Hitler-Putsch, 1933 Stellvertreter Hitlers, 1941 Alleinflug nach England, dort Verhaftung, in Nürnberg zu lebenslanger Haft verurteilt, nach 41-jähriger Haft Selbstmord in Berlin-Spandau *145*

Heuss, Theodor (1884–1963), Publizist, kritisiert die Nationalsozialisten wiederholt, erhält ab 1941 Schreibverbot, nach Kriegsende FDP-Politiker, 1949 erster Bundespräsident Westdeutschlands, erklärt 1952 die dritte Strophe des Deutschlandlieds zur Nationalhymne, Stifter des Bundesverdienstkreuzes *196 f.*

Heydrich, Reinhard (1904–1942), 1932 Chef des SD der SS, 1936 Chef der Sicherheitspolizei und des SD, 1941 von Göring mit der „Endlösung" beauftragt, stellv. Reichsprotektor von Böhmen und Mähren, 1942 Leiter der Wannsee-Konferenz, getötet durch Attentat *52, 62–64, 121, 123, 133 f., 138 f., 148*

Himmler, Heinrich (1900–1945), 1923 Teilnahme am Hitler-Putsch, 1929 Reichsführer SS, 1934 stellv. preuß. Gestapochef, seit 1936 als Reichsführer SS und Chef der dt. Polizei Herr über den gesamten NS-Unterdrückungs- und Terrorapparat, 1939 Reichskommissar für die Festigung des dt. Volkstums, 1943 Reichsinnenminister, 1944 Befehl über das Ersatzheer, 1945 in brit. Gefangenschaft, Selbstmord *52, 62–64, 127 f., 134, 141, 145–148*

Hindenburg, Paul von (1847–1934), ostelbischer Gutsbesitzer, 1916 Oberste Heeresleitung, 1925–1934 Reichspräsident, ernannte 1933 Hitler zum Reichskanzler *11, 13, 23 f., 32 f., 35 f., 40, 47*

Hitler, Adolf (1889–1945), 1920 „Führer" der NSDAP, 1923 Putschversuch, 1933 Ernennung zum Reichskanzler, Errichtung der NS-Diktatur bis 1945, entzog sich am 30. April 1945 durch Selbstmord im Bunker der Reichskanzlei der Verantwortung *6 f., 12, 18 f., 23 ff., 27, 30, 32 f., 36 f., 44, 48, 54, 57, 59–63, 80, 84, 106, 137, 146, 156, 159 f., 164, 170, 186, 192*

Hoßbach, Friedrich (1894–1980), deutscher Offizier, General der Infanterie und Armeekommandeur, Verfasser der sog. „Hoßbach-Niederschrift" von 1937 (auch „Hoßbach-Protokoll"), in der Hitlers aggressive Expansions- und Kriegspolitik festgehalten wurde. *160, 162*

Höß, Rudolf (1900–1947), 1922 zur NSDAP, 1940 bis 1943/44 KZ-Kommandant von Auschwitz, 1946 Verhaftung durch brit. Militärpolizei, entzog sich dem Todesurteil des Obersten Volksgerichts in Warschau durch Selbstmord *134, 139, 199*

Hugenberg, Alfred (1865–1951), Begründer des Alldeutschen Verbandes, DNVP-Politiker, in den 1920er-Jahren Aufbau eines Medienkonzerns, Bildung der Harzburger Front, 1933 Wirtschaftsminister, zum Rücktritt gezwungen, nach 1945 Internierung, 1951 Einstufung als „Entlasteter" *11, 32 f., 50*

Jaspers, Karl (1883–1969), dt. Philosoph, gegen Rassendoktrin und Mystizismus des NS, 1937 bis 1945 Lehrverbot *8, 195*

Jodl, Alfred (1890–1946), engster militärischer Berater Hitlers, unterzeichnete die Kapitulation, in Nürnberg hingerichtet *170*

Keitel, Wilhelm (1882–1946), 1938 Chef des OKW, 1940 Generalfeldmarschall, in Nürnberg hingerichtet *162, 170*

Klemperer, Victor (1881–1960), Professor für Romanistik, Überlebender des Holocaust; Tagebücher 1918 bis 1959 *163*

Ley, Robert (1890–1945), 1923 zur NSDAP, 1928 wg. Alkoholismus als Gauleiter Rheinland-Süd entlassen (Spitzname „Reichstrunkenbold"), 1933 Leiter der Deutschen Arbeitsfront, 1945 verhaftet, erhängte sich vor Beginn der Nürnberger Prozesse *53*

Lubbe, Marinus van der (1909–1934), kommunistischer Arbeiter, Hinrichtung für den Reichstagsbrand, unklare Schuldfrage *37*

Moltke, Helmuth James von (1907–1945), Jurist, Zentrum des Kreisauer Kreises, Jan. 1944 verhaftet, 1945 trotz Nichtbeteiligung am 20. Juli 1944 hingerichtet *175 f., 185, 192*

Mulka, Robert Karl Ludwig (1895–1969), SS-Hauptsturmführer und Adjutant des Lagerkommandanten Rudolf Höß in Auschwitz, im 1. Auschwitz-Prozess ab 1963 wegen Beihilfe zum gemeinschaftlichen Mord zu 14 Jahren Zuchthaus verurteilt *199 f.*

Mussolini, Benito (1883–1945), 1919 Gründung einer faschistischen Sammlungsbewegung in Italien, 1925–1943 Einparteien- und Führerdiktatur, Juni 1940 Kriegseintritt an der Seite Hitlers, 1943 entmachtet *126, 157, 162, 192*

Papen, Franz von (1879–1969), 1932 dt. Reichskanzler, regierte mit Notverordnungen, 1933 Vizekanzler unter Hitler, Botschafter in Ankara 1934–1944, 1947 zu acht Jahren Haft verurteilt, 1949 entlassen *11, 17, 23, 32 f., 50, 77, 85*

Ritter, Robert (1901–1951), Mediziner, seit 1937 Leiter der Rassenhygienischen und Bevölkerungsbiologischen Forschungsstelle im Reichsgesundheitsamt, seine Gutachten über Sinti und Roma bildeten die Grundlage für deren Internierung und Ermordung *129*

Röhm, Ernst (1887–1934), 1923 Teilnahme am Hitler-Putsch, Stabschef der SA, 1934 im Auftrag Hitlers ermordet *49 f., 63 ff.*

Rosenberg, Alfred (1893–1946), Mitglied der Thule-Gesellschaft, NS-Chefideologe, 1941 Reichsminister für die besetzten Ostgebiete, in Nürnberg hingerichtet *55*

Schacht, Hjalmar (1877–1970), Mitbegründer der DDP, 1923–1930 Reichsbankpräsident, Mitglied der Harzburger Front, 1933–1939 erneut Reichsbankpräsident, Wirtschaftsminister 1935–1937, zentrale Figur der NS-Aufrüstung, 1943 Kontakte zum Widerstand, 1944 Inhaftierung, 1946 acht Jahre Arbeitslager, 1950 Freispruch *80*

Schirach, Baldur von (1907–1974), 1925 zur NSDAP, seit 1933 „Reichsjugendführer", 1940 abgelöst, verantwortlich für die Deportation von 185 000 österr. Juden, 1946 zu 20 Jahren Haft verurteilt *55, 71*

Schleicher, Kurt von (1882–1934) 1932/33 Reichskanzler, regierte mit Notverordnungen, nach dem „Röhm-Putsch" ermordet *64, 85*

Schmidt, Helmut (geb. 1918), während des Weltkrieges als Soldat im Fronteinsatz, 1946 Eintritt in die SPD, 1969–1972 Verteidigungsminister der sozial-liberalen Regierungskoalition unter Willy Brandt, 1974–1982 Kanzler der Bundesrepublik Deutschland *198*

Scholl, Hans (1918–1943) Student, Widerstandskämpfer, hingerichtet *186*

Scholl, Sophie (1921–1943) Studentin, Widerstandskämpferin, hingerichtet *186, 193*

Scholtz-Klink, Gertrud (geb. 1902), 1928 zur NSDAP, 1932 Leitung des NS-Frauenwerkes, 1934 „Reichsfrauenführerin", nach 1945 als Hauptbelastete eingestuft *112*

Seldte, Franz (1882–1947), 1933 NSDAP, Gründer (1918) und Führer des Stahlhelms (bis 1935; Auflösung), 1933–1945 Reichsarbeitsminister, Tod im US-Lazarett *11, 32 f., 84*

Speer, Albert (1905–1981), Architekt, Politiker, setzte Hitlers architektonische Herrschaftsvorstellungen um, 1942 Reichsminister für Bewaffnung und Munition, zu 20 Jahren Haft verurteilt *94*

Stalin, Josef (1879–1953), sowj. Politiker, 1929 bis 1953 auf Polizei und Terror gestützte kommunistische Einparteidiktatur *147, 157 f., 169 f.*

Stauffenberg, Claus Schenk Graf von (1907 bis 1944), Offizier, anfängliche Begeisterung für den NS, Entsetzen über Polen- und Russlandfeldzüge, 1943 Chef des Stabes beim Allgemeinen Heeresamt, Bündelung des Widerstandes und Durchführung des Attentats vom 20. Juli 1944, noch am selben Tag standrechtlich erschossen *186, 188*

Thälmann, Ernst (1886–1944), Politiker und Vorsitzender der KPD (1925–1933), Verhaftung 1933, Ermordung im KZ Buchenwald *38*

Ulbricht, Walter (1893–1973): dt. Politiker (SED), trat 1912 der SPD bei, 1918 dem Spartakusbund, 1919 der KPD; seit 1927 Mitglied ihres ZK, seit 1929 des Politbüros; 1933–1935 im Exil, u. a. in der Sowjetunion, dort Organisator des Nationalkomitees „Freies Deutschland", 1945 Rückkehr nach Deutschland, stellvertretender DDR-Ministerpräsident 1949–1960; Generalsekretär des ZK der SED 1950–1953; Vorsitzender des Staatsrats 1960–1973; Erster Sekretär des ZK der SED 1953–1971. 1971 als Parteichef durch E. Honecker abgelöst. *196*

Wartenburg, Peter Graf Yorck von (1904–1944), Mitbegründer des Kreisauer Kreises, Vetter von Stauffenberg, 1942 im Wehrwirtschaftsamt, nach dem Attentat vom 20. Juli 1944 hingerichtet *109, 112, 192*

Wurm, Theophil (1868–1963), ev. Theologe, Anschluss an die Bekennende Kirche, öffentliches Eintreten gegen Euthanasie und Judenverfolgung, nach 1945 Mitautor des Stuttgarter Schuldbekenntnisses *185, 188*

Sachregister

Fettdruck: Erläuterungen im Begriffslexikon S. 224 ff.
Kursiv gesetzte Begriffe: Erläuterungen in der Marginalspalte

Achse Berlin–Rom 162
Anti-Hitler-Koalition 142
Antikominternpakt 162
Antisemitismus 6, 14, 111, 125, 135, 148, 150, 171, 191, 201
Appeasement 157
Arbeiter 17 f., 21 f., 25, 27, 32 f., 39 f., 46, 71 f., 78, 82 ff., 88, 96 f., 100 f., 184, 187
Arbeitslosigkeit 12, 59, 76 f., 80, 84 f., 92 f., 97
„Arisierungen"/Arier 14 f., 25, 27, 111, 114, 116 f., 119, 123 f., 149 f.
Außenpolitik 6, 80, 156 ff.
Autobahnbau 77, 94

Beamte 21 f., 42, 44, 46 f., 61, 65, 71, 78, 82, 115 f., 122, 146, 168
Bekennende Kirche 185
Blitzkrieg 168 f.
Blut- und Bodenideologie 14, 25, 28, 30, 70, 102
Bund Deutscher Mädel/ BDM 71, 73, 98, 102, 108, 128
Bolschewismus 81, 159 f., 164, 172, 178
Bundesrepublik Deutschland/ BRD 179, 198, 204, 206, 208, 212

Charisma 7, 37
Christlich Demokratische Union/CDU 96, 194, 197

Dänemark 80, 144, 168
Deutsche Demokratische Partei/ DDP 20 f., 44
Deutsche Demokratische Republik/DDR 179, 198, 200, 204, 208, 212
Demokratie 11 ff., 16 ff., 34, 36 f., 50, 93, 103, 164, 181, 198, 202, 206, 208, 211 f.
Deutsch-britisches Flottenabkommen 157
Deutsche Arbeitsfront/DAF 40, 57, 78, 82, 96

Deutsche Christen 185
Diktatur 7, 11 ff., 17, 32, 36 f., 41, 50, 59 f., 97, 100, 103, 180, 207, 211 f.
Deutschnationale Volkspartei/ DNVP 11, 20 ff.

Emigration 117
England siehe Großbritannien 156 ff., 160, 162, 164, 168 ff., 172
Entnazifizierung 204
Ermächtigungsgesetz 23 f., 39, 41, 43 f., 45
Europäische Union/EU 185, 208
Euthanasie 6, 133 f., 136 f., 185, 203

Familie 106, 108, 110, 118, 124
Film 37, 70, 116, 136, 152 f., 193 f.
Frankreich 80, 93, 126, 133, 144, 156 ff., 162, 165, 169, 175, 186, 206 f.
Frauen 22, 65 f., 72, 88, 98, 104, 106, 108–111, 140, 144, 147 ff., 174
„Führerprinzip" 25, 54, 59 f., 145

Generalgouvernement 66, 138, 140, 168, 176
Geheime Staatspolizei/Gestapo 56 f., 63 f., 66, 109, 111, 128 f., 140, 181, 184 f., 189, 199
Gleichschaltung 38 f., 42, 46, 52
Goerdeler-Kreis 185
Großbritannien 93, 110, 126, 157, 162, 168, 170, 207

Hitlerjugend 71, 73, 98, 105
Hitler-Stalin-Pakt 158, 163, 168 f.
Holland siehe Niederlande
Holocaust 135, 143 ff., 200 f., 203, 212
Homosexuelle 55, 65, 127, 202 f.

Industrie 17, 27, 85 ff., 91, 97 f., 102, 110, 200
Italien 81, 126, 156 f., 162 f., 169, 172

Japan 81, 162, 170

Juden 6 f., 14, 25, 28 f., 36, 51, 55 f., 63, 65, 79, 91, 93, 111, 114 ff., 132 ff., 163 f., 171, 173 ff., 186, 189, 194, 196, 198 ff., 201 f., 205
Jugend 31, 66, 70 f., 73, 98, 102, 105, 133, 140, 186, 188 f., 191
Jugoslawien 169

Kirchen 22, 44, 59, 133, 137, 185, 188, 191
Klassen/staat 51, 70, 96, 103, 104, 200
Komintern 162
Kommunistische Partei Deutschlands/KPD 20 ff., 37, 39, 96, 184, 187
Konkordat 162
Konzentrationslager/KZ 39 f., 47, 56, 60–66, 108 f., 122, 128 f., 134 f., 139 f., 142, 145, 150, 197, 199, 201, 204
„Kraft durch Freude"/KdF 71 f., 96
Kreisauer Kreis 185 f.

„Lebensraumpolitik" 14 f., 76 ff., 81, 97, 111, 132, 164, 169, 171, 210

„Machtergreifung" 11, 13, 17, 22, 23, 36, 52, 109, 145
Medizin 140, 175
Monokratie 55, 62
Münchener Abkommen 157 f., 162

Nationalsozialismus 6 ff., 11, 16 f., 19, 51, 54, 59, 60, 70, 96 f., 101, 103, 114, 121, 178, 201, 211
Nichtangriffspakt mit Polen 156
Niederlande 126, 169, 176 f.
Norwegen 168
Novemberpogrome 116 f., 121 f., 123 f., 126, 147, 149 f.
Novemberrevolution 12
Nationalsozialistische Deutsche Arbeiterpartei/NSDAP 9, 11 ff., 14, 17 ff., 27, 30, 33, 36 f., 39 f., 42, 46, 54 f., 57 f., 70, 85, 96, 98 f. 101, 105, 108, 112, 115, 118, 122, 146, 165
NS-Ideologie 7, 55, 70, 127, 135, 171, 200

NS-Ideologie 7, 55, 70, 127, 135, 171, 200
Nürnberger Gesetze 116 f., 120, 126, 147, 149
Nürnberger Prozesse 142

Österreich 66, 97, 123, 126, 157, 159, 162, 185, 188
Olympiade 54, 116

Pogrom 116
Polen 18, 98, 127, 133 f., 136 f., 146, 156 ff., 162 f., 168 f., 171, 175 ff., 186, 189
Polizei 11, 36, 46 f., 55 ff., 61 ff., 121 f., 125, 127 f., 129, 134, 140, 142, 145 ff., 149, 164, 171, 174
Polykratie 55, 62, 145
Propaganda 6, 13, 29, 36 f., 40, 46, 54, 59 f., 61, 70, 76 f., 86 f., 91 ff., 96, 98 f., 101, 103 f., 106, 108, 111, 115, 122, 125, 149 ff., 156, 160, 164, 170, 184, 191, 200

Rassenantisemitismus 14, 145, 175
„Rassenlehre" 14
Rassismus 6, 14 f., 98, 104, 110 f., 113, 116, 120, 127, 185, 200 ff.
Rechtsstaat 17, 36, 44 f., 50, 55, 97, 185, 202
„Reichskristallnacht" *siehe* Novemberpogrome
Reichssicherheitshauptamt/ RSHA 57, 63 f., 140, 199
Reichstagsbrandverordnung 38, 41, 55
Reichstagswahlen 20 ff., 38, 115
Religion 59, 97
„Röhm-Putsch" 49, 65
Rundfunk 11, 37, 70, 91
Russen *siehe* Sowjetunion 81, 98, 127, 164, 175, 186, 189

Sturmabteilung/SA 38, 40, 46 ff., 51, 63 ff., 115, 119, 122, 125
Schule 31, 33, 51, 71, 105, 115, 128
Sinti und Roma 14, 55, 65, 127 f., 202 f.

Sonderwegsdebatte 206 ff.
Sowjetunion 98, 133 f., 147, 157 f., 162 ff., 168 f., 171, 175 f., 197, 200, 203
Sozialdemokratische Partei Deutschlands/SPD 17, 20 ff., 32, 39, 45 f., 96, 187, 191, 198
Spanischer Bürgerkrieg 156, 162
Sport 31, 71, 108, 114, 116, 124
Schutzstaffel/SS 56 f., 62 ff., 127, 129, 132, 134 ff., 139, 140 f., 144, 146 f., 197, 199
SS-Staat 56, 62 ff.
Stahlhelm 11, 32 f., 46 f., 197

Tschechoslowakei 126, 157 f., 162 f.
„Totaler Krieg" 171, 178

USA 93, 110, 117, 126, 170, 197, 203, 207, 210

„**V**ergangenheitsbewältigung" 194 ff.
Versailler Vertrag 13, 97, 156 f., 159, 162 f., 210
Völkerbund 126, 156 f., 162, 164, 210
Volksgemeinschaft 6 f., 9, 14, 27 ff., 51, 55, 58, 70, 86, 96 ff., 114, 118, 124 f., 127, 133
Volksgerichtshof 57, 186

Wannsee-Konferenz 134, 139
Weimarer Republik 11, 13, 16, 19, 50, 64, 103, 149, 163, 210 f.
Weiße Rose 186, 189
Wehrmacht 49, 57, 63, 80 f., 98, 111, 134, 146 f., 157 f., 162, 170 ff., 180, 191
Weltwirtschaftskrise 12 f., 60, 79, 91 f., 93, 101, 211
Widerstand 98, 100 f., 117, 133, 169, 177, 184 ff., 198
Wiedergutmachung 194, 204
Wirtschaft 7, 12 f., 16 f., 20, 32, 59, 76-88, 91, 160, 177

Zentrum, Zentrumspartei 11, 47,
„20. Juli 1944" 109, 186, 188 ff., 192
Zwangsarbeiter 65, 94, 176 f., 182, 194

Zweiter Weltkrieg 6, 14, 98, 110 f., 132 f., 158, 163, 168 ff., 198, 207, 212

Bildquellen

Titelbild: akg-images/© VG Bild-Kunst, Bonn 2010 (Vordergrund); Umschlagbild: © Bettmann/CORBIS (Hintergrund); 6 SANDSTEIN VERLAG, Dresden; 8/M 2 akg-images/© VG Bild-Kunst, Bonn 2012; 8/M 3 ullstein bild – Archiv Gerstenberg; 9/M 4 picture-alliance/IMAGNO/Schostal Archiv; 9/M 5 akg-images; 9/M 6 Stadtarchiv Nürnberg; 9/M 7 Aufnahme des Münchner Stadtmuseums, Foto Wolfgang Pulfer; 11 bpk; 15 Deutsches Historisches Museum, Berlin; 21/M 7 1. Bundesarchiv (Plak 002-042-064); 21/M 7 2. Bundesarchiv (Plak 002-042-065); 21/M 7 3. Langewiesche-Brandt; 21/M 7 4. Bundesarchiv Koblenz (Plak 2/42/64); 29 akg-images; 31 aus: Michael Sauer, Bilder im Geschichtsunterricht, Kallmeyersche Verlagsbuchhandlung, Seelze-Velber; 34/M 1 bpk; 35 akg-images; 37 ullstein bild; 38 ullstein bild; 40 akg-images; 47/M 12 akg-images; 48/M 14 © Bettmann/CORBIS; 52 akg-images; 53 SZ Photo; 55 Fotografie: Otto Weber, Kleve – C. H. Weber; 58 © Bettmann/CORBIS; 64 Gedenkstätte Buchenwald, Archiv; 68 akg-images/© VG Bild-Kunst, Bonn 2012; 70 akg-images; 71 bpk; 72 akg-images; 73 bpk; 74/M 1 aus: Allert, Gruß, S. 15; 74/M 2 Deutsches Historisches Museum, Berlin; 75 akg-images; 78 © Michael Nicholson/CORBIS; 83/M 7 a Bundesarchiv (Plak 003-023-014); 83/M 7 b Bundesarchiv (Plak 003-023-022-T1); 84 Bundesarchiv (Plak 003-013-012); 91 Stadtarchiv Oberhausen; 94/M 1 SZ Photo/Scherl; 94/M 2 bpk; 95 Bundesarchiv (Plak 003-018-046); 97 Bundesarchiv (Plak 003-019-010); 98 Bundesarchiv (Bild 183-E10780); 99/M 3 a bpk; 99/M 3 b Bundesarchiv (Plak 003-002-046); 100 Deutsches Historisches Museum, Berlin; 103 Deutsches Historisches Museum, Berlin; 105 Zahlenbilder; 107/M 2 a Bundesarchiv (BArch, Bild 146/77/8/17); 107/M 2 b aus: Burleigh/Wippermann, The Recial State, Cambridge University Press, 1991; 107/M 2 c Staatliche Museen zu Berlin – Preußischer Kulturbesitz, Kunstbibliothek, Repro/Jahr: Dietmar Katz/2000; 108 Sammlungsbereich/Fotothek der Mahn- und Gedenkstätte Ravensbrück/Stiftung Brandenburgische Gedenkstätten (Foto Nr. 1099, Signatur: Fo II/D7); 112/M 1 Bundesarchiv Berlin; 112/M 2 Mit freundlicher Genehmigung des Chronik-Verlages im Bertelsmann Verlag; 113 SZ Photo/Scherl; 115 Stadtarchiv Mittweida; 116 ullstein bild; 119 Stadtarchiv Butzbach (D84/3Li.); 127 Bundesarchiv Koblenz (Bild 146/98/52/1A); 129/M 5 Jüdisches Museum, Frankfurt am Main; 129/M 6 aus: R. Roße, Der nationalsozialistische Völkermord an den Sinti und Roma, Wunderhorn 1999; 130 akg-images; 131 akg-images/© VG Bild-Kunst, Bonn 2012; 132 Bundesarchiv (Bild 183-B04490); 135 ullstein bild; 142 picture-alliance/IMAGNO/Austrian Archives; 143/M 13 a, c Photo Archives United States, Holocaust Memorial Museum, Washington D. C.; 143/M 13 b Stadtarchiv Eisenach; 152 CINETEXT; 154 picture-alliance/dpa/© dpa-Report; 165 C. Barryman; 166/M 1, M 2 akg-images; 167/M 3 aus: Thamer, Verführung und Gewalt; 167/M 4 bpk; 169 ullstein bild – SZ Photo/Foto UFA; 170 bpk; 174/M 6 Bundesarchiv (183F/F1006/201/2); 174/M 7 Keystone Pressedienst; 174/M 8 aus: Allgemeine Wochenzeitung der Juden in Deutschland; 177 aus: Ruud v. d. Rol/ Rian Verhoven, Anne Frank, 1993; 180 picture-alliance/dpa/© dpa-Bildarchiv; 182/M 1 ullstein bild – Archiv Gerstenberg; 182/M 2 DZ Photo/Froese, A./Caro); 183 ullstein bild – Tollkühn; 186/M 1 akg-images; 186/M 2 picture-alliance/dpa/© dpa-Bildarchiv; 186/M 3 ullstein bild; 190 Nordrhein-Westfälisches Hauptstaatsarchiv Düsseldorf „NWHSA, RW 58-3693, Bl. 60"; 192/M 1 Gedenkstätte Deutscher Widerstand, Berlin; 192/M 2 akg-images; 193 picture-alliance/dpa; 204/M 2 picture-alliance/dpa; 204/M 1 © SZ Photo; 213 Nicholas Garland

Nicht in allen Fällen war es uns möglich, die Rechteinhaber der Abbildungen ausfindig zu machen. Für eventuell entstandene Fehler oder Auslassungen bitten wir um Verständnis. Berechtigte Ansprüche werden selbstverständlich im Rahmen der üblichen Vereinbarungen abgegolten.